원불교 효사상 연구

원불교 효사상 연구

초 판 인 쇄	2016년 02월 22일
초 판 발 행	2016년 02월 27일
저　　　자	조 정 현
발 행 인	윤 석 현
발 행 처	도서출판 박문사
책 임 편 집	최인노 · 김선은
등 록 번 호	제2009-11호
우 편 주 소	서울시 도봉구 우이천로 353 성주빌딩 3층
대 표 전 화	02) 992 / 3253
전　　　송	02) 991 / 1285
홈 페 이 지	http://www.jncbms.co.kr
전 자 우 편	bakmunsa@hanmail.net

ⓒ 조정현, 2016. Printed in KOREA

ISBN 978-89-98468-89-7　93150　　　　　　　　　　정가 35,000원

원불교 효사상 연구

조 정 현 저

박문사

한국사회는 많은 종교들이 있습니다. 이제 종교는 모든 종교마다의 안과 밖의 삶이 일치된 종교인, 그 거룩함으로 세상을 변화시키는 역동적인 종교인을 배출하여 인성의 부재 및 각종 사회적 불안으로 발생하는 많은 현실적인 문제들을 세상 사람들과 같이 지혜롭게 풀어나가야 할 때라고 생각합니다.

그러려면 우리 모두가 다시 배우고 다시 가르쳐야하며 제대로 배우고 제대로 가르쳐야 합니다. 오늘날 우리는 잘 사는 것보다 바르게 사는 것을 강조해야하며 좋은 것이 옳은 것이 아니라 옳은 것이 좋은 것임을 가르쳐야 합니다. '나'보다 '우리'를 강조해야 하는 우리들의 삶이어야 하며 지금 우리에게 필요한 것은 성공적인 삶이 아니라 바른 삶입니다.

그런 점에서 모든 종교에서 가르치고 있는 인류의 소중한 가치인 효(孝)야말로 인생을 바르고 의미 있게 살아가며 사람을 비로소 사람되게 하는 인간의 고귀한 실천 가치가 아닐 수 없습니다. 그동안 원불교가 국내 4대 종교로 자리하면서 한국 사회에 생활 종교로서의 모범을 보여주며 세계 종교로 뿌리내리고 있는 이 때 조 정현 박사는 한국효학회의 역동적인 회원으로서 꾸준히 원불교 효사상을 포함한 효 관련 역사와 문화, 효실천의 연구에 심혈을 기울이는 한결 같은 모습이었습니다.

　더구나 인성교육이 매우 강조되고 있는 현실에서 '원불교 효사상'을 최초로 대외에 소개하는 책이 출판됨에 있어서 매우 기쁘게 생각하며 본서는 만시지탄의 감은 있으나 효학회 및 윤리학회를 비롯한 관련 학회와 더불어 종교와 철학, 사상 등의 참고 도서로 커다란 학문적 성과물이 되리라 생각합니다. 또한 오랫동안 본인이 저자와 함께하면서 그의 원불교 교무로서의 성직자적 자세와 본교의 겸임교수로서의 학자적 양심이 주위의 귀감이 되기에 향후 활동에도 기대가 됩니다.

　더욱이 원불교가 개교된 지 만 100년이 되는 해에 종교 사상에서 빼놓을 수 없는 '원불교 효사상'에 관한 최초의 연구 서적을 출간하게 된 것은 원불교뿐만 아니라 세계 종교와 사상사에도 큰 족적이 아닐 수 없습니다. 특히 원불교가 한국에서 시작되어 세계로 뻗어가고 있는 시점에서 효를 연구하는 세계적 모임인 국제 효학계에도 본 서적의 출판은 매우 의미가 깊다고 생각됩니다.

　아무쪼록 다시 한 번 '원불교 효사상'에 관한 본서의 출판을 마음 깊이 축하드리며 본서가 효의 세계문화로의 도약과 인류 사회가 효를 생활의 근본으로 삼아 조화와 화평의 세계를 일구어가는 길잡이가 되길 바랍니다. 또한 본서의 출판을 계기로 국내외에 '원불교 효사상'이 인류의 통교적 효사상으로 널리 알려지는 소중한 기회가 되리라 믿으며 저자의 학문적 성숙의 기연이 되길 기원합니다.

성산효대학원대학교총장 · 한국대학원대학교협의회이사장
· 인천순복음교회당회장 최 성규

　오늘날 원불교는 한국 사회에서 4대종교의 하나로 자리 잡으며 교화와 교육, 자선 복지와 종교 문화 등의 분야에서 다양한 역할을 하는 가운데 세계종교로서의 발전을 지향하고 있습니다. 원불교가 기독교, 불교, 유교와 다른 점이 있다면 무엇보다도 그 종교 자체가 우리나라에서 우리나라 사람에 의해 개창되었다는 점일 것입니다.

　이는 윤리적 관점에서 볼 때, 저로 하여금 원불교가 다른 여러 가지 다양한 종교들과 공유하고 있는 보편적인 윤리적 토대 위에 원불교만의 어떤 고유한 한국적인 문화적 특성을 지니고 있으리라는 기대를 하게 만듭니다. 그 중 하나가 바로 원불교 효사상입니다.

　기독교, 불교, 유교 등의 종교에서도 우리는 효사상을 각기 성경, 불경, 사서오경에서 찾아볼 수 있으며, 이에 대한 본격적인 연구로 박사학위논문이 나온 경우도 적지 않습니다. 사실 원불교 경전인 '정전 사은(천지은, 부모은, 동포은, 법률은)'의 명칭만 보더라도 우리는 원불교 사상에서 효사상이 차지하고 있는 비중이 크다는 것을 짐작할 수 있습니다.

　그럼에도 불구하고 아직까지 원불교에서는 효사상에 대한 본격적인 연구가 미흡했던 터였습니다. 그러던 차에 원불교 효사상을 대외적으로 알릴 수 있는 최초의 박사학위논문이 나오게 되었으며 이

논문을 기본으로 하여 그동안의 연구 업적을 모아 출판된 책이 바로 이 책입니다.

특히 최근 국가에서는 '인성교육진흥법'을 마련하여 시행에 들어간 이 시점에서, 또 이 법의 여덟 가지 덕목 중 효가 핵심 덕목의 하나로 부각되고 있는 시점에서 이 같은 책이 나오게 된 것은 매우 의미 있는 일이 아닐 수 없으며 윤리학계와 더불어 관련 학계의 참고도서로서의 기대도 큽니다.

부디 이 책이 단순히 원불교의 차원에서 효사상을 고양하는 데 그치지 않고 무너져 가고 있는 이 나라의 효문화를 다시 바로 세우는 데 크게 기여할 뿐만 아니라 인류의 정신과 도덕문화 발전에 신선한 동력인이 될 수 있기를 간절히 염원하면서 본서의 발간을 마음 깊이 축하드립니다.

한국윤리학회회장(전) · 서울대학교 윤리교육과 교수 박 찬 구이 세상에 부모 없이 태어난 사람은 단 한 명도 존재하지 않는다. 효는 우주보다 귀한 생명을 주신 부모와 자식간의 관계에서 비롯된다. 그러므로 효는 부모가 자식을 잉태하여 낳아서 기르는 가운데 자식에게 부여한 절대적 사랑과 헌신에서부터 시작되어 최초의 인연관계인 부모와 자식간에 형성된 은혜의 소산이다.

이렇듯 효는 부모와 자식 간의 관계에서 자연스럽게 발현되는 인간의 기본적 윤리이기 때문에 인류사회에 반드시 정착되어야 할 당위적 가치이다. 곧 효가 제대로 정착되고 지속된다면 인류사회가 그만큼 윤기와 정이 흐르며 살기 좋은 세상이 될 것이다.

소태산 박중빈이 창교한 원불교는 일원문화 창달과 낙원세상의 구현을 통한 세계 종교를 지향하고 있다.

그래서 소태산이 밝힌 원불교 효사상도 인류의 행복과 낙원세상의 실현을 위한 실천적 가치 체계를 지향하고 있다. 왜냐하면 소태산의 효사상이 집약되어 있는 부모은 중 부모 보은의 조목 그 첫째 항에 일원상 진리의 인과적 보응인 인생의 요도와 진공적 묘유인 공부의 요도를 신앙과 수행으로써 빠짐없이 밟으라고 밝혔기 때문이다. 원불교 효사상의 실천은 공부의 요도인 삼학팔조와 인생의 요도인 사은사요를 빠짐없이 밟아야 가능한데, 이는 일원상 진리를 신앙하고 수행하며 실천하는 것이므로 이러한 일원상 진리의 신앙과 수행은 바로 원불교적 효 실천체계의 기본이 되는 것이다.

원불교 2대 종법사인 정산은 "효는 보은의 도를 행하는 보은행에 있으며 효의 실행은 사은의 모든 은혜를 발견하는 데 있다."고 밝히면서 "효의 활용은 어느 처소 어느 시간을 막론하고 천만경계를 오직 감사 하나로 돌리는 감사생활에 있다."는 점을 강조하였다. 이를 통해 원불교 사상의 핵심은 윤리적인 면에서 '효'에 집약되어 있음을 확인할 수 있다. 왜냐하면 정산은 소태산이 밝힌 일원상 진리를 없어서는 살 수 없는 생명적 존재로 파악하고 보은하는 것이 원불교가 추구하는 효라고 밝혔기 때문이다.

부모는 자식을 낳아서 무자력한 생명체를 자력 있는 인간으로 성장할 수 있도록 기르고 교육한다. 그래서 소태산은 '부모 보은의 강령'에서 "무자력할 때에 피은된 도를 보아서 힘 미치는 대로 무자력한 사람에게 보호를 줄 것이니라."라고 밝혔다. 부모로부터 받은 생명에 대한 보은을 비단 자기 부모에만 국한시킨 것이 아니라 전 생령으로 확장한 데에서 원불교적 '무자력자 보호'의 특징을 찾아볼 수 있다.

이처럼 부모가 자식을 잉태하여 낳고 기르는 것은 존재의 근원을 영속시키는 생명 창조자로서의 위대함이고 유일무이함이다. 이러한 부모의 은혜에 대하여 감사와 공경으로 섬기고 보은불공함이 효라고 인식하는 것은 인간의 윤리 도덕적 사상체계를 구축해 온 인류 역사의 근본적인 축이라 할 수 있다. 그러므로 원불교 창시자인 소태산도 효의 가치 실현을 일원상 진리의 현실적 화현인 사은에 두어 그 의미를 신앙적 차원으로 승화시킨 것이다.

효의 근원을 추구하는 데 있어서 동·서양 종교의 효사상이 예외일 수는 없다. 모든 종교의 효사상은 인간에 대한 관심에서 출발하였으며, 윤리와 도덕적으로 완성된 인격 형성에 그 목적이 있음을 알 수 있다. 그러므로 인류의 근원적 행복에 대한 열망이 제종교의 효사상으로 투영되었다는 것은 분명한 사실이다.

'효행 장려 및 지원에 관한 법률'은 우리의 전통 문화의 계승과 고령사회 문제의 해결, 국가발전의 기반 확립과 세계문화 발전에 이바지함을 목적으로 한다. 본장을 통하여 우리의 효문화가 세계문화로 도약할 수 있도록 효의 교육과 실천을 고양하며 효를 문화적으로 브랜드화 할 것을 제언한다. 더불어 효교육이 보편화되고 사회적 효와 사회적 가족(신가족) 개념이 현실적으로 정착될 수 있도록 노력해야 한다.

효를 일원상의 진리적 측면에서 조명해 볼 때 원불교 효사상의 핵심인 '부모은'이 일원상 진리에 근원함을 밝혔다. 일원상 진리는 결국 사은과 삼학으로 원불교적 효를 구체화하는 사상적 모체가 되며 원불교 효사상의 본질 추구에 있어서도 철학적 시원이 된다.

사은 보은과 효에서는 인생의 요도인 사은에 대한 보은이 원불교 효사상의 구체적 실천임을 밝혔다. 특히 소태산이 부모 보은의 강령으로 밝힌 '무자력한 사람을 보호하는 것'이 원불교 효사상의 핵심 명제이자 휴머니즘을 초월한 인류애로 확장되는 기저가 됨을 밝혔다. 부모 보은의 조목은 원불교 효사상의 구체적 실천 조목으로 그 조항들을 실천한다면 효에 관한 한 어느 한 가지도 미흡함이 없이 소태산의 효사상을 실현하는 것이 된다.

삼학 수행과 효에서는 인생의 요도인 사은사요를 실천하는 원동력으로 삼학(정신수양, 사리연구, 작업취사)이 제시된다. 공부의 요도인 삼학은 인간 생활을 떠나지 않는 인격도야의 방법론이며, 가정 및 사회생활을 바르고 정당하게 하는 정의의 실현이다. 그러므로 삼학을 제대로 실천하지 못하는 사람이라면 부모에게 불효하고 있음을 지적하였다. 따라서 삼학의 겸비는 원불교 효사상 실현의 원동력이자 핵심 요체가 된다.

원불교 예법과 효에서는 원불교 예전에 나타난 효를 중심으로 공경과 겸양, 무계교(無計較)가 원불교 의례에 나타난 효사상의 실천에 있어 밑바탕이 됨을 알아야 하고 그 현대적 실천에 무게를 두어야 한다.

한편 모든 종교와 사상이 효를 논함에 있어 일반적으로 행위 자체를 보고 효도와 불효, 보은과 배은을 규정하지만, 소태산은 앎의 문제, 곧 인식의 문제를 중시하여 그것을 알지 못하는 것 자체가 배은이고 불효라고 밝혔다.

은적 생명성의 구현에서는 소태산이 우주만유를 은혜의 존재로 파악하고 인간 존립의 정당성을 보은에 기준하였다는 점을 밝혔다. 특히 존재의 실상을 밝히는 것 자체에 머물지 않고 존재의 현실, 현상적인 측면을 보면 모든 사람들이 부모 없이 태어날 수 없다는 필연적 사실을 강조하였다. 따라서 부모의 존재는 절대적 존재이며 부모 보은의 당위성 속에서 생명이 태어나게 된다는 부모은의 본질에 근거하여 은적 생명성의 구현을 강조하였다.

이처럼 원불교 핵심 교리에 바탕한 원불교 효사상은 부모와 자녀, 어른과 젊은이, 무자력자와 자력 있는 사람과의 상생의 생명적 존재 실현이 된다. 따라서 원불교가 지향하는 효는 절대은에 대한 절대적 불공이며 상대은에 대한 승화적 불공으로 은의 생명성을 본질로 하고 있음을 알 수 있다.

물질만능주의로 인한 정신적 고갈로 각박해진 인간의 마음을 효의 정신으로 고양시켜 병든 효와 은혜를 모르고 사는 세상을 치유할 수 있는 길은 공경과 불공의 조화를 통한 효의 실천에 있음을 밝혔다. 공경과 불공의 조화는 일원상 진리를 실천하는 길이며 그것이 원불교 효사상을 실현하는 길이요, 우주만유에 대한 경외와 모심의 정신을 확산하는 데 그 본질이 있는 것이다.

심신낙원의 지향에서는 모든 존재가 상생의 은혜적 존재로 파악되어 서로를 살려주는 은혜에 대한 감사와 공경, 보은과 불공의 생활로 공부와 실천의 방향을 제시하며 신효 · 심효 · 법효의 의미를 밝혔다. 영생보은의 실현은 천효를 중심으로 삼세부모를 모시는 것이 타인의 부모에 대한 모심이고 무자력자 보호의 보편적 확산이라는 데 그 본의가 있다. 우주만유에 대한 보은의 삶이 결국 영생을 통해서 그 실현으로 이룩되는 것이 원불교 효사상의 또 다른 본질이 됨을 밝혔다.

원불교 효사상의 현대적 구현에서는 가정해체에 대한 방안, 사회의 구조 변화에 대한 대응, 효실천을 통한 인성교육, 학교폭력에 대한 효인성교육적 대처방안, 원불교 효의 의례적 응용, 평화통일과 효도세상의 실현으로 나누어 원불교 효사상의 현대적 구현을 조명하였다. 가정해체에 대한 방안에서는 물질문명의 발달과 함께 물질 만능주의가 지배하는 오늘날, 결손가정의 증가로 가정이 위기에 처해 있음을 밝히고, 원불교 효사상을 실천함으로써 위기의 가정을 구제해야 된다는 점에 초점을 두었다.

사회의 구조 변화에 대한 대응에서는 '사회적 효'의 정착을 강조하고 있는 현 시대적 추세에서 자칫 염려되고 있는 '현대판 고려장'에 대한 실질적 대안으로서 원불교 효사상이 부각되어야 함을 강조하였다. 따라서 사회적 효의 실천 주체는 '사회적 가족'이 되어야 하며 사회적 가족은 체계화되고 정제된 효를 실천하는 주체가 되어야 한다.

또한 다문화사회가 된 한국의 현실에서 외국인을 혐오하는 제노포비아(Xenophobia)의 인식이 확산된다면 사회의 안녕과 질서는 위협받기 마련이다. 따라서 인종과 종교, 문화와 이념을 초월한 제종교와 원불교 효사상으로 다문화가정에 대한 포용과 자력 있는 생활로의 안내가 요청된다.

효실천을 통한 인성교육에서는 윤리 도덕적 위기의 현시대 상황을 극복할 수 있는 방법으로 원불교 효사상을 제시한다. 특히 오늘날 교육현장이 인성 교육을 도외시하고 성과일변도로 나가면서 가히 비정상적이라 할 수 있는 현재의 교육적 상황을 극복할 수 있는 방안으로 효교육을 뿌리로 하는 인성교육이 필요함을 인지시킨다. 또한 현재 시행되고 있는 '인성교육진흥법'의 8대 핵심 가치 덕목 중 효(孝)가 가장 강조되어야 할 덕목임을 공감하게 한다. 효를 올바르게 실천할 수 있다면 나머지 예, 정직, 책임 등은 충분히 실천할 수 있기 때문이다.

학교폭력에 대한 효인성교육적 대처방안에서는 원불교 효사상의 현장에서의 실천프로그램을 통한 인성교육으로 효제(孝悌)의 윤리를 복원하여 집단에서의 폭력을 예방할 수 있음에 초점을 두었다. 원광 효도마을 노인복지센터와 효도의 집 효인성교육 실천 프로그램은 올바른 인성함양에 그 목적이 있으며 자력이 있는 사람들의 무자력 한 사람들에 대한 적극적 관심과 배려, 모심과 섬김으로 궁극적으로 는 한국사회의 변화를 목표로 두고 있다.

원불교 효의 의례적 응용에서는 원불교 예법을 통하여 원불교 효 사상이 일반사회에 드러남을 밝힌다. 인간은 예라는 규범 속에서 사 회적 인격이 함양된다. 인간이 혼자 생활한다면 예가 필요 없을 것 이다. 그래서 유가에서는 예의 현실 생활을 중심으로 한 극기복례(克 己復禮)를 사회의 실천 요체로 삼는다. 따라서 이를 계승하는 원불교 의례는 대타적 대사회적 실천의 방법론으로 원불교 효사상이 의례 의 핵심적 요소 중 하나임을 밝힌다.

평화통일과 효도세상의 실현에서는 원불교 3대 종법사인 대산(大 山)이 33년간의 재위기간 동안 강조하였던 효와 자비의 실천을 확고 한 뿌리고 삼아 한반도의 가장 절박한 과제인 우리 민족의 평화적 통일을 완성하여 민족과 인류에 대한 근원적인 효를 실천해야 함을 밝혔다. 더불어 원불교 효사상의 본질에서 밝혔던 은적 생명성을 대 산의 효실천 사례 등을 중심으로 하여 효의 생명성으로 구체화 하였 다. 한편 대산이 주창하였던 세계평화 3대 제언 중 종교연합(UR) 창 설은 인간의 근본적인 진리와 실천을 추구하는 면에서 모든 종교가 효사상을 중심으로 서로 함께할 수 있다는 점을 밝혔다. 근본적으로 인류의 마음이 근원에 합일하려는 열망과 상생의 정신으로 살아나야 도덕이 발현되고 도덕의 핵심인 효가 살아나야 마침내 인류애가 실현되는 효도세상의 완성됨을 밝혔다.

요컨대 원불교의 효는 없어서는 살 수 없는 은혜의 존재를 발견하고 아는 것에서부터 시작한다. 설령 원망할 일이 있더라도 오히려 감사하고 성심으로 공경하는 심성의 발현을 견인한다. 그리하여 무한한 은혜에 대한 보은과 불공의 실천으로 원불교 효의 절대적 실현이 완결된다. 따라서 원불교의 효는 은혜, 감사, 공경, 보은, 불공의 효로 구체화할 수 있다. 또한 원불교의 효는 그 본질이 인간존중을 바탕으로 하기 때문에 단지 자신의 부모만을 봉양하는 소극적 효에 그치는 것이 아니라 내 이웃과 세상의 모든 무자력한 사람을 섬기고 존경하는 적극적 효로 정착되어야 한다.

바야흐로 후천개벽의 시대가 전개되고 있다. 일찍이 소태산과 정산은 한국이 도덕의 부모국과 정신의 지도국으로 거듭날 것을 밝혔다. 이것은 인류 역사적 소명이라 할 수 있으며 원불교 효사상과 일원문화 창달을 통해서 완성될 수 있는 것이다. 결국은 도덕의 부모국과 정신의 지도국이 낙원공동체의 실현을 위한 것이라면 그것을 구현하기 위하여 내세워야 할 것이 바로 원불교 효사상이라는 점을 밝힌다.

원불교 효사상 연구

제1장

서 론

원불교 효사상 연구

01
연구의 의의와 목적

현대사회는 평균 수명의 연장과 저출산으로 인하여 노인 인구가 급속도로 증가하고 있다. 가족 유형이 과거의 대가족에서 핵가족으로 변화되고, 노인부양의식이 점차 약화되면서 노인문제가 사회문제화되고 있다. 또한 산업화, 도시화의 진행으로 핵가족이 급속하게 증가하면서 가족들의 거주지가 분산 확대되었고, 이에 따라 가족 윤리가 심각한 위기에 직면해 있다.

기존의 가족 윤리가 퇴색됨에 따라 가정이 보금자리로서의 역할을 하지 못하고 있다. 여기에 포스트모더니즘 시대의 자유와 평등사상의 교육을 받아 온 신세대들의 효에 대한 인식은 갈수록 약화되고 있다. 기존의 효사상[1] 체계는 권위적이고, 순종과 복종을 요구하며, 강압적이기까지 한 측면이 있기 때문에 신세대들에게 고루한 것으로 거부되고 있는 현실이다.

이러한 이유로 국가에서도 '효행장려 및 지원에 관한 법률'을 제정하여 위기의 현대사회를 치유하고자 새로운 효문화의 정립과 효사상 확대 방안을 모색하고 있다. 이와 같은 상황 아래 생활종교를 지향하는 원불교의 입장에서 전통적인 효사상을 재해석하고 현대사회의 효문제에 대한 해결 방안을 찾고자 하는 것이 본 연구의 목적이다.

원불교의 창시자인 소태산 박중빈 대종사(少太山 朴重彬 大宗師 : 1891~1943, 이하 소태산으로 표기)[2]는 유가(儒家)의 말을 인용하여 효의 소중함에 대해 "자기 가정에서 부모에게 효도하고 형제간에 우애하는 사람으로 남에게 악할 사람이 적고, 부모에게 불효하고 형제간에 불목하는 사람으로 남에게 선할 사람이 적나니, 그러므로 유가에서 '효(孝)는 백행

---

1 조선시대를 예로 들면 효는 당시 가정과 조선 사회의 전반적인 질서와 문화를 지탱해 준 도덕규범(道德規範)의 핵심이었고 오늘날까지 우리들의 정서에 깊숙이 자리하고 있다.

2 원불교 창시자인 소태산은 1891년 전라남도 영광군 백수면 길룡리에서 태어났으며 성은 박(朴)씨, 휘(諱)는 중빈(重彬)이다. 어렸을 때부터 비상한 생각으로 우주의 대 진리를 깨치고자 스스로 의심을 일으켜 구도한 끝에 스승의 지도 없이 대각을 이루었다. '물질이 개벽되니 정신을 개벽하자'는 개교표어 아래 종교의 문을 열고 제자들과 함께 저축조합을 설립하여 근검절약, 허례폐지, 미신타파, 금주금연, 공동작업 등 새생활운동을 전개하였고 이를 토대로 간석지를 막아 제자들과 인류구원을 위한 기도를 올려 진리의 인증을 받는 동시에 새시대 새종교로서 교문을 열었다. 파란고해(波瀾苦海)의 일체 생령을 광대무량한 낙원으로 인도하는 것을 목표로 교화·교육·자선복지의 3대 분야에 바탕한 인류구원사업을 전개하였다. 그가 깨친 진리의 핵심은 '일원상 진리'이며 진리의 실천에는 인생의 요도 사은사요와 공부의 요도 삼학팔조가 있다.

(百行)의 근본이라.' 하였고, '충신(忠臣)을 효자의 문에서 구한다.' 하였
나니, 다 사실에 당연한 말씀이니라."[3]라고 하였다.

이렇게 효의 소중함을 자각한 소태산은 효사상을 원불교의 교리
전반에 걸쳐 밝히고 있으며, 그중에서도 부모은을 사은에 포함시켜
신앙으로까지 승화하여 부모은에 대한 보은행으로 효의 보편적 실
천을 강조하였다. 또한 소태산의 뒤를 이어 종통을 이은 정산 송규
종사(鼎山 宋奎 宗師 : 1900~1962, 이하 정산으로 표기)[4]는 효가 병들어 있는 세
상을 보고 "천하가 다 병들었다."라고 하였고, 부모은으로부터 시작
하여 사은의 근본적 은혜를 발견하여 보은하는 것이 효의 실행이며,
평화 안락한 세상을 만드는 길[5]이라고 하였다.

이처럼 사은에 대한 보은과 함께 신앙의 차원으로까지 강조되고
확장된 원불교 효사상은 다른 종교의 효사상과 대별되는 독특한 구
조를 갖추고 있다. 따라서 이것은 도덕적 위기와 정신적 공황 상태
의 현대사회를 치유하는 데 원불교의 효사상이 충분한 역할을 할 수

---

3 『대종경』, 「제4 인도품」 11, 원불교정화사 편, 『원불교전서』, 원불교출판사, 1992,
 p.189.
4 소태산의 종통을 이어 2대 종법사가 된 정산종사는 1900년 경상북도 성주군 초전
 면 소성동에서 태어났으며 성은 송(宋)씨 본명은 도군(道君)이다. 후에 소태산 대
 종사가 지어준 이름은 추(樞), 법명(法名)은 규(奎)이며 법호는 정산(鼎山)이다. 해
 방 이후 불법연구회(佛法硏究會)로 불리던 교단의 명칭을 원불교(圓佛敎)라는 현
 재의 명칭으로 선포한 후 소태산이 친히 저술한 『원불교 정전』을 발간하고 소태산
 의 일원주의 사상과 경륜을 이어받아 삼동윤리(三同倫理)를 제창하였다. 또한 건
 국론(建國論)을 저술하여 국가와 국민이 나가야할 길을 제시하였고 전재동포와
 월남동포들을 위해 서울·부산·익산 등지에서 전재동포구호사업을 전개하였다.
 또한 전국 각 교당을 통하여 한글 보급과 민족문화 찾기 운동을 전개하는 등 인류
 구원을 위해 교단을 이끌다가 1962년(원기 47년) 열반하였다.
5 『정산종사법어 : 제2부 법어』, 「제6 경의편」 59, 원불교정화사 편, 『원불교전서』,
 원불교출판사, 1992, pp.860-861.

있다는 기대를 갖게 한다. 여기에 본 연구의 대사회적 목적도 함의되어 있다.

앞서 제기한 효사상의 확대로 과연 위기에 처해 있는 현대사회를 치유할 수 있을 것인가? 만약 그렇다면 기존의 효사상 체계로도 충분히 그 역할이 가능하지 않는가? 이러한 문제의식을 통해 본 연구의 구체적 목적을 설정하면 다음과 같다.

한국의 근대화 과정에서 전통 종교와 신종교, 서구 종교들은 서로 사상적 갈등을 겪으면서 민중의 종교의식을 성장시켜 왔다. 이렇게 성장한 의식은 다종교 사회인 한국 사회에서 회통과 융화의 가능성을 기대[6]하게 하였고, 이러한 시대적 상황에서 원불교가 출현하였다. 여기에 민중들의 저변에는 새로운 질서의 도래를 고대하는 잠재된 의식이 형성되고 있었다. 따라서 원불교는 교리적으로 회통과 융화라는 확장된 종교의식을 모태로 출현하였다고 볼 수 있다. 그러므로 원불교 교리를 근거로 한 원불교의 효사상도 보다 넓게 확장된 효사상일 수밖에 없다는 점을 밝히고자 한다.

원불교 효사상은 소태산의 대각과 함께 잉태되었다고 할 수 있다. 왜냐하면 소태산이 깨달은 일원상 진리는 없어서는 살 수 없는 존재인 사은으로 범주화 되는데 사은에 대한 보은이 효로 직결되기 때문이다. 사은에 대한 보은이 왜 효와 직결되는가 하는 문제는 소태산과 정산의 법문에서 구체적으로 밝혀지는데 이러한 내용들을 본 논문을 통해서 고찰할 것이다.

---

6 박광수, 「원불교 출현의 역사적 배경」, 『원불교70년 정신사』, 원불교출판사, 1989, p.49.

인간이라면 누구나 부모의 은혜에 대한 지중함을 인지하고 있다. 그런데 소태산은 왜 모든 사람들이 이렇게 인지하고 있음에도 불구하고 부모은을 사은에 포함시켜 신앙의 차원으로까지 끌어올렸을까? 그 이유는 부모라는 존재가 절대적 존재로서 생명의 창조라는 유일무이한 능력의 소유자이기 때문이다. 따라서 이러한 소태산의 본의를 본 논문에서 밝히고자 한다.

대부분의 사람들이 효의 범위[7]를 부모와 자식 간의 관계로만 국한시키는 경향이 있는데, 원불교 사상에 함의되어 있는 효는 부모와 자식 간의 관계는 물론 그 범위가 무한히 확장된다는 점도 특이하다. 여기에 소태산이 부모 보은의 강령에서 밝힌 '무자력한 사람에게 보호를 주는 것'은 원불교 효사상의 중심 내용으로 효의 무한한 확장임을 밝히고자 한다.

또한 소태산은 부모에 대한 피은·보은·배은을 알지 못하는 것을 부모 배은, 즉 불효로 규정하였다. 역으로 생각하면 피은·보은·배은을 안다는 것이 보은임에 비추어 볼 때 소태산이 앎의 문제를 보은과 배은, 효와 불효의 차원으로 조명했다는 점은 간과할 수 없는 점이다. 더불어 "타인의 부모라도 내 부모와 같이 보호하라."고 밝힌 점과 '무자력자 보호'는 효의 현대적 구현에 있어서 신선한 명제가 된다. 그래서 왜 이것이 효의 현대적 구현에 새로움으로 다가올 수 있는지를 밝혀야 한다. 결국 이와 같은 연구 목적을 달성하여 효에

---

7 '효는 백행의 근본'이고 '모든 덕(德)의 근본'이라는 가르침에 의하면 효의 범위는 단순히 한 가정 내에서 부자간의 관계성으로 국한할 수 없다. 인간이 사회를 이루고 살아가는 세상에서의 모든 언행은 효와 관계됨을 알 수 있다. 따라서 효의 범위는 한정지을 수 없이 무한하다고 보아야 한다.

대한 과거 편향적 사고와 부정적 편견을 극복하고 효에 긍정적인 가치와 현대적인 당위성을 부여해야만 한다. 이런 점에서 원불교 효사상은 기존의 효사상을 바탕으로 효사상의 현대적인 위상을 확립하고 현재와 미래의 요구에 부응하는 효사상으로 자리매김하여야 한다.

전술한 연구의 목적과 의의를 달성하기 위한 선행 연구 검토와 연구의 방법 및 범위를 제시하면 다음과 같다.

02
선행 연구 검토

소태산의 교의는 '원불교 사상'이라는 이름으로 수십 년간 연구되어 왔다. 그러나 원불교 교전을 중심으로 밝힌 소태산의 원불교 효사상에 관한 학위논문은 단 2편의 석사학위논문밖에 없다. 이처럼 원불교 사상에 대해서는 그동안 많은 연구자에 의해 논의되어 왔으나 원불교 효사상을 구체적으로 다룬 논문은 극히 빈약한 편이다. 소논문이 있기는 하지만 부모은에 관련된 것이고, 직접적으로 원불교 효사상을 다룬 것은 아니다. 더구나 원불교 효사상의 실천 방법론을 제시한 논문은 전무하다고 할 수 있다.

따라서 원불교 효사상에 관한 연구는 더욱 새로이 심도 있게 논의되어야 할 과제임이 분명하다. 그래서 논자는 「원불교 효사상에 관한 연구」를 통하여 원불교 효사상과 그것의 현대적 구현 방안을 체계적으로 논구하고자 한다. 본 주제를 연구하면서 참고한 원불교 효사상과 관련된 논문[8]은 다음과 같다.

우선 최병대는 「원불교의 효 윤리 연구—효교육과 관련하여」라는 논문에서 보편화 가능성을 중심으로 효윤리 체계를 분석한 결과 순종, 친애, 존속, 대리의 효를 원불교 경전을 중심으로 밝혔다. 이 논문은 이러한 기독교적 안목의 틀로 원불교의 효를 바라보고 있다. 원불교 경전을 분석하면서 보편화 가능성을 효사상 체계 안에서 밝혔고 기독교적 시각과 관점에서 원불교 효사상을 연구한 최초의 논문[9]이라는 점이 그 특징이라 할 수 있다.

송천은의 「원불교 효사상」은 소논문으로 원불교의 효를 공경, 사랑, 섬김으로 보고 무자력자 보호의 정신과 공동체 윤리로서 원불교 효를 드러내야 한다고 밝혔다.

한정석의 「부모은」, 박대일의 「부모은과 생명구원운동」, 이성전

---

8 최병대, 「원불교의 효 윤리 연구—효교육과 관련하여」, 성산효도대학원대학교(현 성산효대학원대학교) 석사학위논문, 2004 / 박성자, 「원불교 효사상의 연구—부모은을 중심으로」, 원광대학교 석사학위논문, 1994 / 송천은, 「원불교 효사상」, 『일원문화산고』, 원불교출판사, 1994 / 한정석, 「부모은」, 《원광》 제240호, 1994 / 박대일, 「부모은과 생명구원운동」, 《원광》 제200호, 1991 / 이성전, 「부모은—무한한 사랑과 자비의 화신」, 《원광》 제150호, 1987 / 김진동, 「부모 보은에 관한 연구」, 『원불교학연구』 제9집, 원광대학교 원불교학연구반, 1979.

9 최병대의 「원불교의 효 윤리 연구—효교육과 관련하여」라는 논문은 사은신앙이 상생상화에 바탕한 실천적, 사실적, 현실적 특성을 띠고 있음을 밝혔다. 이러한 특성은 기성 종교에서 병폐로 지적되는 이기적인 기복적 신앙, 추상적이고 내세 지향적인 신앙, 도덕성의 기반을 넘어서려고만 하는 절대 초월적 신앙의 입장을 크게 전환시킨 새 종교의 특징을 극명하게 보여 준다고 하면서 더불어 원불교 효사상을 윤리적 측면에서 다루었다.

의 「부모은—무한한 사랑과 자비의 화신」은 소태산이 신앙적 차원으로 밝힌 『정전』 사은 중 '부모은'의 내용을 중심으로 밝히는 데 주안점을 두었다.

한정석은 부모은을 부모 피은, 부모 보은, 부모 배은의 순서로 밝혔고, 박대일은 부모은의 생명 본원성에 초점을 두고 생명경시풍조 등 사회문제들을 생명구원운동 차원에서 논구하였다.

이성전은 부모은을 낳고 기르며 가르친 은혜, 자비희생의 은혜, 시봉과 구원의 보은, 은혜와 구원의 윤리로 구분하여 사랑과 자비의 화신으로 규정하고 그 은혜의 절대성을 밝히고자 하였다.

김진동의 「부모 보은에 관한 연구」는 유교와 불교의 부모 보은과 원불교의 부모 보은을 대별시켜 보은 사상을 중심으로 논하고 있다. 김진동은 본 논문에서 사은사요, 삼학팔조의 실천으로 큰 법력을 얻어 성자가 되는 것이 부모에게 크게 보은하는 것이며 성불을 대효로 보는 불교의 부모 보은과 통한다고 논구하였다. 또한 원불교 부모 보은 사상이 일반적인 효의 개념과 다른 특징은 일반적인 근본적 은혜에 대한 보은, 공리주의적 사회윤리의 실천 등으로 파악하였다.

끝으로 박성자는 「원불교 효사상의 연구—부모은을 중심으로」라는 논문에서 소태산이 밝힌 사은 중 부모은을 중심으로 원불교 효사상을 논하고 있다. 이 논문은 제목에서도 밝혔듯이 사은 중 부모은을 중심으로 유교와 불교의 효사상을 비교하면서 원불교 효사상을 논구하였다. 원불교 효개념이 전통적인 유교에서의 종적인 효개념과 불교에서의 횡적인 효개념을 수용하면서, 종래의 일반적인 윤리적 관점에서의 효개념을 초월하여 조명되었음을 밝혔다.

　이처럼 박성자의 논문은 원불교 효사상이 집약되어 있는 부모은을 중심으로 논구하면서 불교와 유교의 효사상과 함께 부모은에 근거한 원불교 효사상을 중심으로 다루고 있다. 이러한 선행 연구들을 참고로 하여 본고에서는 다음의 연구 방법을 중심으로 확장된 개념의 원불교 효사상을 체계적으로 논구하고자 한다.

03
연구의 방법과 범위

○

근자에 원불교학의 방향은 여러 학문과의 교류와 만남을 통해 원불교 사상의 폭을 넓히고 있으며 그 연구의 영역도 확장되어 가고 있다. 이러한 연구 경향은 원불교학의 외연을 확장하고 내실을 기하고자 하는 방향성에 초점을 두고 있기 때문이라고 본다. 특히 원불교 사상을 연구함에 있어서 그 연구 방법은 원불교 교법에 대한 폭넓은 이해를 바탕으로 한다. 「원불교 효사상에 관한 연구」도 위와 같은 맥락에서 시도되어야 한다고 본다.

따라서 본 연구를 위한 기본 텍스트는 원불교의 여러 경전이 중심이 될 것이다. 특히 부모은을 비롯한 효와 관련된 원불교 경전의 내용을 수집, 분석하여 원불교 효사상의 본질을 밝히고자 한다. 『정전』, 『대종경』, 『정산종사법어』, 『불조요경』, 『세전』, 『예전』, 『원불교교사』, 『대종경선외록』 등을 참고하면서 원불교 효사상의 특성 등을 논구하고자 한다. 더불어 기독교의 『구약성경』, 『신약성경』, 불교의 『부모은중경』, 『대반열반경』, 『선생자경』, 『우란분경』, 유교의 『효경』, 『사서삼경』, 이슬람교의 『꾸란』 등 동·서양 종교의 경전에 밝혀진 효에 관한 사항도 비교 정리하고자 한다. 동·서양 종교를 구분함에 있어서 다소의 이견이 있을 수 있으나 편의상 유교와 불교를 동양종교의 범위에서 고찰하고, 기독교와 이슬람교를 서양종교의 범주에서 다루고자 하며 제 종교의 경전에 담겨진 효사상을 중심으로 논구하고자 한다.

원불교 교리와 효사상에서는 소태산의 구도와 대각의 소산인 일원상 진리를 근원으로 원불교 효사상이 태동했음을 논의하고자 한다. 특히 부모 보은의 조목 1조에 중심을 두고 철학, 심리학, 교육학, 사회윤리학에 관한 서적을 참고로 하여 원불교 효사상을 고찰하고자 한다. 원불교 효사상의 핵심은 사은에 대한 보은의 방법론인 인생의 요도와 전인적 인격지향의 공부의 요도에 있음을 논구하고자 한다. 소태산이 밝힌 인생의 요도와 공부의 요도를 실천하는 것이 왜 보은이며 전인적 인격 형성에 필요한 것인지를 밝히려는 것이다.

일반적으로 각종 의례는 형식에 치우친 듯한 인상을 감출 수 없다. 그러나 원불교에서는 이러한 점을 일찍부터 개혁하기 위해 의례의 간소화를 추진하였다. 특히 상·장례, 천도재 등을 간소화하여 실생활에서 시간적, 경제적 비용을 절감하는 효과를 거두고 있다. 이러한 의례의 간소화는 결국 현대사회에 시사하는 바가 매우 크다.

그리고 여러 의례를 행하는 기본적 바탕에는 반드시 효의 관점이 깔려 있다. 따라서 논자는 의례의 정체성을 효에서 찾고자 한다.

원불교 효사상의 본질에서는 철학, 유교, 사회윤리 등과 관련하여 사은을 존재론적으로 규명하면서, 존재 자체는 생명성에 그 의미가 있으며 없어서는 살 수 없는 상생의 은혜를 통해 은적 생명성이 구현됨을 밝히고자 한다. 더불어 원불교 효사상의 본질이 상생의 은혜에 대한 감사, 공경, 보은, 불공의 효로 귀결되며 궁극적으로 심신낙원의 지향과 영생보은의 실현에 있음을 밝힌다.

현 사회상을 보면, 핵가족의 보편화, 이혼가정과 결손가정의 증가로 인한 가정해체, 고령화사회, 다문화가정, 전통적인 효에 대한 신세대의 반발, 윤리 도덕의 위기, 인성 교육 부재 등이 심각한 문제로 대두되고 있다. 따라서 어떻게 하면 우리가 원불교 효사상으로 이러한 문제들을 해결할 수 있는가도 밝혀 보고자 한다.

나아가 신세대들의 효의식에 대한 긍정적 인식의 정도는 과연 어떠한가를 살펴보기 위해 논자는 원광대학교에서 '종교와 원불교' 과목을 강의하면서 수강하고 있는 학생들(2009년 3월부터 2010년 12월까지 320여 명)을 중심으로 효에 대한 학생들의 관심과 실천 정도를 파악하기 위해 보고서 형식으로 제출토록 하였다. 그 결과에 대해서는 본문에서 소개하도록 하겠다. 기타 효사상과 관련된 서적 및 자료, 신문류 등을 모두 망라하면서 본 논문의 완성도를 높일 예정이다.

본 연구의 절차는 다음과 같다.

제1장 '서론'에서 연구 목적과 선행 연구 검토, 연구 방법을 제시하여 「원불교 효사상 연구」의 당위성을 알아본다.

제2장 '효의 본질과 동·서양 종교의 효사상'에서는 효에 대한 총론적 내용을 다룰 것이다. 먼저 동양적 사유에서 어떻게 효를 나타내고 있는지 살펴보고 나서 이후 서양적 효의 개념을 통해 동·서양에서 효가 드러나는 방향성에 대해 살펴보고자 한다. 그리하여 동·서양의 종교들 모두가 그 교의에 효사상을 함의하고 있음을 밝힌다. 또한 일부에서 제기되는 효에 대한 비판과 거부감에 대해 각 종교 효사상의 본질을 연구함으로써 그 중요성과 방안을 논의하고자 한다.

제3장 '효행 장려 및 지원에 관한 법률'에서는 법률 제정의 동기와 핵심내용, 법률의 향후 과제를 논의하고자 한다. 법률 제정의 동기에서는 문화의 계승 발전과 고령사회 문제의 해결로 노인복지의 증진을 도모하고 국가의 발전과 세계문화 발전에 이바지함을 밝히고자 한다. 법률의 궁극적 목적은 전통문화 유산의 세계문화로의 도약과 효의 문화적 브랜드화로 세계 보편 문화로의 정착과 함께 한국 사회에서의 사회적 효의 정착의 필요성을 제기하고자 한다.

제4장 '원불교 교리와 효사상'은 일원상의 효적 조명, 사은 보은과 효, 삼학 수행과 효, 원불교 예법과 효의 순서로 전개한다. 일원상의 효적 조명에서는 원불교 효사상이 소태산의 대각으로 천명된 일원상 진리에 근원함을 밝히고, 사은 보은과 효에서는 보은의 구체적 방법으로써 사은사요인 인생의 요도가 원불교 효사상의 근간임을 밝힌다. 삼학 수행과 효에서는 전인적 인격 완성의 방법인 삼학이 효와 어떠한 관계가 있는지 논구하며, 이어서 원불교 예법과 효에서는 불법에 기초하여 생활 혁신을 지향하는 원불교 예법이 효사상과 어떠한 연관이 있는지 논구해 보고자 한다.

제5장 '원불교 효사상의 본질'은 은적 생명성의 구현, 공경과 불공의 조화, 심신낙원의 지향, 영생보은의 실현이란 순서로 전개한다. 그리고 은적 생명성의 구현에서는 일원상 진리를 4가지로 구별한 사은을 존재론적으로 고찰하면서 존재와 생명성과의 관계를 밝혀, 은적 생명성의 구현이 원불교 효사상에 우선하는 본질임을 도출한다. 공경과 불공의 조화에서는 우주만유에 대한 경외심을 가지고 섬기고 모시는 것이 공경과 불공의 조화임을 밝힌다.

심신낙원의 지향에서는 신효·심효·법효를 통하여 인간으로 하여금 진리의 은혜를 입게 하고 은혜를 알게 하여 공부의 방향로를 제시함이 낙원의 구현임을 밝혀 그것이 원불교적 효의 본질임을 알아본다. 영생보은의 실현에서는 타인의 부모라도 내 부모와 같이 봉양하고 세상의 모든 무자력자를 보호하며 천효를 실천함이 영생보은의 실현이고 원불교 효사상의 본질임을 논구한다.

제6장 '원불교 효사상의 현대적 구현'은 한국 문화 자체가 가정과 사회에서 효에 뿌리를 두고 있는 점에 근거하여 가정해체에 대한 방안, 사회 구조의 변화에 대한 대응, 효실천을 통한 인성교육, 학교폭력에 대한 효인성교육적 대처방안, 원불교 효의 의례적 응용, 평화통일과 효도세상의 실현의 순서로 전개한다. 이를 기반으로 한 실천적 방안의 하나로 대가족 제도의 붕괴와 핵가족의 확산 등으로 인하여 발생되는 가정해체의 문제를 해결하기 위해 원불교 효사상이 어떻게 대처할 것인지 논구한다. 여기에 '효행장려 및 지원에 관한 법률'과 함께 사회적 효가 대두되고 있는 바 사회적 가족, 즉 신가족 개념의 정착과 '사회적 가족'에 대한 인식의 확산이 무엇보다도 현대사회의 시급한 과제임을 밝히며 그 방법론을 모색한다.

또 사회의 구조 변화에 대한 대응에서는 고령화사회의 사회적 효의 실천방향과 다문화가정에서 원불교 효사상의 역할을 조명해 본다. 효실천을 통한 인성교육과 학교폭력에 대한 효인성교육적 대처방안에서는 윤리 도덕적 위기라는 현시대의 문제점을 밝히고, 인성교육을 도외시하여 삭막해진 교육 현장의 위기에 대해 원불교 효사상이 어떻게 대처할 것인가를 밝힌다. 이어서 원불교 효의 의례적 응용에서는 전통 의례 중 상례와 제례를 통한 원불교 효사상의 적용 방법을 모색해 본다.

끝으로 평화통일과 효도세상의 실현에서는 소태산과 정산에 이어 원불교 3대 종법사의 재위에 오른 대산이 추구했던 효의 생명성을 바탕으로 민족과 인류에 대한 근원적인 효의 뿌리인 자(慈)줄과 마음과 도덕 부활의 큰 줄기인 효(孝)줄을 견인하여 민족의 숙원인 평화통일과 인류의 당면과제를 해결할 수 있음을 밝힌다.

제7장 '결론'을 통해 전술한 내용들을 다시 한 번 요약하고, 효의 본질 차원에서 동·서양 종교의 효사상을 비교하여 그 중요성을 강조한다. 특히 한국 사회에 있어서 전통 문화적 유산은 효를 중심으로 문화의 기저를 형성해왔다는 점을 인식시키며 원불교 효사상의 중요성을 제시해본다. 더불어 소태산의 원불교 효사상이 현대사회의 다양한 문제들을 해결하기 위한 중요한 사상적 동기를 부여함과 동시에 종교 보편의 역사에서 차지하는 위상을 재검토하고자 한다.

따라서 총체적인 연구 방법은 원불교 효사상 관련 자료와 동·서양 종교의 효사상 관계 자료 등을 분석, 비교, 검토하면서 원불교 효사상을 찾아 정리하고 그 특징을 모색하는 방법론이 활용될 것이다.

제2장

효의 본질과 동·서양 종교의 효사상

원불교 효사상 연구

　원불교의 교의와 사상을 연구하고 구현하기 위해서는 먼저 다른 종교의 교의와 사상을 고찰해 봄이 필요하다. 원불교 효사상의 연구 역시 다른 종교의 효사상을 알아봄이 선결 과제라 할 수 있다. 효사 상은 어느 종교를 막론하고 그 교의의 기본적인 속성 중 하나이다. 따라서 본 장에서는 먼저 효의 어원과 의미, 기능과 본질을 살펴보고 인류의 역사와 함께 세계 종교로 자리하고 있는 동·서양 종교의 효사상을 고찰한다.

　효사상의 시원[1]은 동양을 중심으로 형성되어 왔고 동양 윤리는 효를 규범으로 해서 대부분의 윤리적 문제를 풀어낸다. 동양 종교 사상은 유교와 불교가 주류를 이루어 왔으므로 편의상 유교와 불교의 효사상을 중심으로 동양 종교의 효사상을 살펴보고자 한다. 또한 서양 종교 사상은 기독교를 중심으로 그 사상의 폭을 넓혀 왔으므로 기독교 사상과 함께 이슬람교에 함의되어 있는 효사상을 밝히고자 한다.

　일부에서는 효사상이 밑에서 보면 순종의 윤리이고 위에서 보면 군림의 윤리[2]라 하면서 비판하고 있다. 또한 포스트모더니즘 시대의 여성학자들과 젊은 여성들, 자유와 평등사상의 교육을 받아 온 신세대들은 효에 대한 거부감이 강하다. 효사상에 대한 이러한 반감에

---

1 한국에서의 "효사상은 한국 고대로부터의 조상숭배신앙에서 찾아지고, 이러한 한국 고유의 잠재적 신념이 유교가 전래되자 서로 접합되어 윤리적 규범으로 형성된 것이라 보인다. 여기에 불교가 전래되어 효사상은 보다 심화되고 확충될 기연을 이루었다."(이희덕, 「고려천문, 오행설과 효사상의 연구─고려유가정치사상을 중심으로」, 연세대학교 박사학위논문, 1983, pp.179-185 참조)고 보는 견해가 있다.
2 한완상, 「한국교인의 신앙충성과 윤리적 결단」, 《기독교사상》 6월호, 1977, p.89.

유교, 불교, 기독교, 이슬람교의 효사상에서 그 해답을 찾아볼 수 있으며 그러기 위해서는 각 종교 효사상의 본질을 연구해 봄이 필요하다.

아무리 좋은 사상이라 하더라도 그것이 잘못 운용되면 지탄받기 마련이다. 효사상은 인간의 삶의 질을 풍요롭게 하기 위한 사상임에는 틀림없으나 역사적으로 볼 때 적용과 방법에 있어서 문제가 있었던 것은 사실이다. 이러한 점에서 동·서양 종교 효사상의 본질을 파악하는 것이 중요하며 윤리와 도덕 부재의 세상을 치유하기 위한 효의 제종교적 실천방안을 모색하는 것도 요구된다.

01
효의 본질

○

1) 효의 어원과 의미

효에 관한 주제를 다루는 대부분의 논자들은 '효(孝)' 자(字)의 의미
를 설명할 때 일반적으로 『설문해자(說文解字)』에 나와 있는 다음과 같
은 해석을 인용한다. 효는 부모를 잘 섬기는 것으로 '노(老)'의 생략된
형태와 '자(子)'를 따라서 자식이 노인을 받드는 모양이다(『說文』: "孝, 善
事父母者, 從老省, 從子, 子承老也."). 즉 '孝' 字는 부모를 잘 섬긴다(奉養)는 의
미라고 풀면서 글자의 모양이 늙을 '노(老)' 자(字)와 아들 '자(子)' 자(字)
의 결합으로 구성되어 자식이 노인 또는 부모를 받들어 모시는 형태

라고 설명[3]한다.

그러나 좀 더 깊이 사려하면 효(孝)자는 노인 또는 부모가 자력이 없는 자녀나 젊은이를 무한한 사랑과 자비로 국한 없이 껴안는 의미의 해석이 먼저여야 한다고 본다. 그런 연후에 자녀나 젊은이들이 성장하는 과정에서 부모나 어른들의 헌신적이고 자비로운 모습을 닮아가려는 의미로 풀이함이 옳다고 본다.

효란 사람이 부모로부터 소중한 생명을 받아 사회의 한 구성원으로 장성하기까지의 과정 즉 부모와 자식 사이의 관계에서 비롯된다. 부모는 자식을 잉태하여 낳고 기르는 가운데 온갖 희생을 감내하면서 자녀에게 절대적 사랑과 자비를 베푼다. 어찌 보면 부모의 은혜는 자식을 잉태하여 우주보다 귀한 생명을 죽음을 무릅쓰고 낳아준 것만으로도 감사와 공경의 절대적 존재로 귀결될 수밖에 없다.

이러한 생명의 창조와 사랑, 자비와 인고를 통한 부모의 무한한 헌신과 희생에서 효는 시작되었으며 자식이 그러한 부모의 마음과 삶을 눈물로 뼈저리게 이해하고 흠모(欽慕)하며 조금이라도 닮아가려는 인식(認識)의 몸부림[4]이 효이다. 혹자는 효(孝)라는 글자를 자식이

---

3 김진우, 「중국고대 효사상의 전개와 국가권력」, 고려대 박사학위논문, 2006, p.19.
4 2006년 초여름 야밤에 논자의 2살 된 아들이 갑자기 동네가 떠나갈 정도로 울면서 온몸이 불덩이 같이 달아 올랐다. 부리나케 병원 응급실로 데리고 갔으나 응급조치 후에도 큰 변화는 없었다. 이윽고 담당 의사가 큰일은 없을 것 같으니 집으로 가서 차가운 수건으로 열이 올라가지 않도록 반드시 조치를 취해주라는 것이었다. 그럼에도 불구하고 아들은 여전히 힘들어하면서 열이 수그러들지 않은 채 고통스레 하였다. 그 당시 논자의 부모로서의 안타까움은 이루 헤아릴 수 없으면서 갑자기 눈물이 비 오듯이 쏟아 내렸다. 어머님 돌아가시고 흘린 눈물 이후 그렇게 많은 눈물을 흘려본 적이 없었다. 그렇게도 눈물이 펑펑 쏟아진 이유인즉 "어머님, 아버님께서 나를 기르실 적에 평생 이렇게 가슴조리고 애타하시며 키워주셨을 것"을 생각하니 눈물이 비 오듯 쏟아진 것이었다. 그래서 논자는 그로부터 '효(孝)'를

부모를 업어 봉양하는 모습의 글자라고 풀이하면서 효를 단편적으로 설명하나 내용인즉 그 이면의 사실로부터 효가 발현되었음을 알아야한다.

이처럼 효에는 부모의 생명 창조의 위대함과 절대적 사랑과 자비, 희생과 헌신을 닮아가려는 자식들의 인간으로서 비로소 사람 되게 하는 최소한의 실천 행위가 담보되어 있다. 그래서 예로부터 유교(儒敎)에서는 효를 모든 행실의 근본이라 하였고 공자(孔子)는 효를 덕의 근본[5]이라 하였다. 기독교(基督敎)에서도 십계명의 인간에 관한 계명 중에서 최우선으로 "네 부모를 공경(恭敬)하라"라고 부모에 효도할 것을 강조하였다. 더불어 부모를 공경하면 생명이 길고 복을 받을 것[6]이라고 하였다. 부모 공경의 삶을 살아가면 장수(長壽)하고 물질적 축복(祝福)도 받을 것임을 약속할 정도로 효의 실천을 중요시 하였다.

소태산도 부모에 대한 보은(報恩) 즉 효를 신앙적 차원으로까지 승화시켜 효를 인간 사회에서의 최우선 덕목으로 삼았다. 부모 보은(報恩) 즉 효(孝)를 하면 세상이 그를 귀하게 알고 자손도 그에게 효성(孝誠)할 것이며 세세생생(世世生生)에 걸쳐서 거래 간에 내가 무자력할 때일지라도 중인(衆人; 많은 사람)의 도움을 받을 것이라 하였다. 만약 부모 배은(背恩) 즉 불효(不孝)를 한다면 세상으로부터 배척(排斥)을 받게 되고 자손들도 그것을 본받아 직접 앙화(殃禍)를 끼치며 세세생생(世世生生)에 걸쳐서 거래 간에 내가 무자력할 때일지라도 중인(衆人; 많은 사

"각성(覺醒)의 눈물"이며 "깨달음의 눈물"이라고 의미 짓게 되었다. 그 눈물이야 말로 부모를 비로소 뼈저리게 인식하게 된 고귀하고 값진 눈물이었기 때문이다.
5 『효경(孝經)』, 「開宗明義」: "夫孝 德之本也".
6 『구약성경(舊約聖經)』, 「신명기」 제5장 16절.

람)의 버림을 받을 것[7]이라며 효의 중요성을 역설적으로 강조하였다.

자식이 부모를 모신다고 하는 것은 부모의 뜻을 받들어 마음을 즐겁게 해 드린다는 뜻과 몸을 편안하게 해 드린다는 뜻이 그 속에 내포되어 있다. 그러나 그 둘을 비교해 볼 때 몸을 받드는 것보다 마음을 즐겁게 해 드리는 것이 더 근본적이다. 공자(孔子)의 제자 자유(子游)가 효에 관해 질문을 했을 때, 공자는 "오늘날 효라는 것은 물질적으로 부모를 봉양하는 것을 의미하는데 개나 돼지도 사람이 능히 먹여 길러 줌이 있으니 공경하는 마음이 없으면 무엇이 다르겠는가."[8]라고 대답했으니 효에는 공경(恭敬)하는 마음이 필수적이고 또 기본[9]이 됨을 알 수 있다. 효는 보편적인 사회윤리이며 인간의 근본적인 도덕률이기 때문에 동서고금을 막론하고 어떤 인간사회에서도 중요한 윤리사상으로 받아들여질 수밖에 없다.

또한 공자는 학문을 익히기에 앞서서 효의 실천이 중요함을 강조하였다. 학문과 덕행을 닦는 젊은이들(弟子)은 가정에 들어와서는 부모에게 효도하고 사회에 나가서는 윗사람에게 공손하며, 삼가고 믿음직스러우며 널리 사람들을 사랑하되 어진 이를 친근히 할지니, 이렇게 하고도 남는 힘이 있으면 글을 배울 것이다.[10]라고 가르쳤다.

글을 배워야 할 사람들이 먼저 사람으로서의 기본 행동인 효제를

---

7 『원불교전서(圓佛敎全書)』, 「제2 교의편」 제2장 사은, 제2절 부모은 p.31.
8 『논어(論語)』 「爲政」, 子游問孝. "子曰 今之孝者, 是謂能養. 至於犬馬, 皆能有養; 不敬, 何以別乎".
9 이상순, 「효사상의 본질과 미래사회」, 『효사상과 미래사회 Filial Piety And Future Society』, 한국정신문화연구원; 현 한국학중앙연구원, 1995, p.196.
10 『論語』 「學而」 : "子曰 弟子入則孝 出則弟 謹而信 汎愛衆 而親仁 行有餘力 則以學文".

하고, 말이나 행동을 삼가고 사람 사이에 신용이 있으며, 모든 사람을 사랑하되 특별히 어진 이와 친근히 하고서도 여력이 있으면, 그것들을 이론적으로 다지기 위해 글을 배워야 한다는 것[11]은, 사람다운 사람이 되는 공부를 앞세우라는 의미이다.

이는 사람다운 사람이 되는 공부를 하는 데 있어서 가장 우선하는 것이 효의 실천임을 공자가 강조한 내용이다. 근신하며 신의를 지키고 사람을 널리 사랑하며 인을 발현하기에 효의 실천이 단초가 된다는 말이다. 효는 사람이 그 어느 것 보다 앞서서 행해야 할 당위규범이며 인간으로서 기본 행위에 해당함을 밝힌 것으로 그 중요성은 아무리 강조해도 지나치지 않을 것이다.

한편 효는 개인의 자율적인 도덕일 뿐 아니라 인간됨의 근본으로서 인간의 도리 그 자체를 의미하였다. 아울러 자녀와 부모의 관계를 화합하는 덕으로서 가정윤리의 근본이 될 뿐 아니라 사회윤리로 발전되었다. 나를 중심으로 위로는 부모님을 정성껏 모시고 아래로는 자녀를 길러서 그 자손들이 다시 조상을 모시는 윤리를 계승 발전시켜야 한다는 스스로의 윤리를 포함하고 있다.

그래서 효는 유교에 있어서의 가족 질서의 원리일 뿐 아니라 국가, 사회 질서의 원리라 한다. 이 점은 공자가 효를 가리켜 인(仁)을 실천하는 근본이라 하는 것으로 봐서도 분명하다. 왜냐하면 유교의 도덕은 공자의 인을 가장 근원적 원리로 하여 이루어지는 것이기 때문이다. 공자 철학에 일관되게 흐르는 그 근본원리는 인으로 파악[12]

---

11 박재간, 「전통적 효 개념과 현대인의 과제」, 『노인어른을 대하는 예의범절(禮儀凡節)』, 사단법인 한국노인문제 연구소, 노인복지정책연구총서, 2000, pp.17-19.

되고 있으며 효(孝)가 인(仁)의 중심에 자리하고 있다.

한편 소태산은 효의 핵심 의미를 '무자력자 보호'로 밝히며 논자는 여기에서 소태산이 효의 의미에 대한 현대적 비전을 다음과 같이 제시하였다고 본다.

첫째, 무자력자 보호는 고정 윤리를 확장 윤리로 그 폭을 국한 없이 넓혔다. 부모와 자녀, 윗사람과 아랫사람, 어른과 젊은이, 상급자와 하급자, 선진과 후진으로 국한된 윤리를 무자력자 보호라는 소태산 효사상의 핵심 강령인 "부모 보은의 강령"은 대상에 있어서의 고정성을 탈피하였다고 본다. 인간으로 태어난 이상 그 누구도 '무자력자'라는 범주에서 예외일 수 없다. 그래서 소태산이 밝힌 '무자력자'는 그 대상에 있어서 한계가 없다고 볼 수 있다.

둘째, 무자력자 보호는 수직윤리를 수평윤리, 상호윤리로 현실화시켰다. 예를 들면 아랫사람이 윗사람에게, 자식이 부모에게 하는 무조건적 공경과 봉양을 초월한 무자력자라 하면 나이, 성별, 직위 등 남녀노소에 관계없이 실행할 수 있는 실천의 윤리가 바로 원불교 효사상이다. 힘 미치는 대로 해야 하는 효는 갓난아기도 효를 할 수 있으며 하고 있다고 봐야 한다. 비록 갓난아기일지라도 해맑은 웃음을 부모에게 선사하여 부모로 하여금 직장생활에서 받은 스트레스를 풀게 만들어 준다.

셋째, 소태산의 무자력자 보호는 인류 보편의 윤리로 자리 잡을 것이다. 무자력자 보호는 어느 누구도 제외되지 않고 행할 수 있는

---

12 윤사순, 『동양사상과 한국사상』, 을유문화사, 1993, p.13.

효이기 때문에 인류 보편의 실천윤리에 힘 미치는 대로 행하는 효의 실천이므로 누구나 다 심지어는 태중의 아이조차도 옥중에 갇혀있는 사람일지라도 행할 수 있는 보편적 효 개념이다.

2) 효의 기능과 본질

효는 가족과 사회, 국가를 지탱하는 근간인 질서 유지의 기능을 하고 있다. 인의 실천원리를 효제라 하여 인을 실현하는 기본으로 효를 들고 있다. 그런데 효와 인은 다 같이 사랑을 기본으로 하고 있다. 다만 효가 혈연적으로 애정인 데 대하여, 인은 보편적 애정으로 보는 것만 다를 뿐이다.

또한 효는 가정에서는 화목으로 나타나고 사회로 확산이 되면 박애의 봉사정신이 되며, 국가로 확충이 되면 충(忠)이 되는 것이다. 그렇기 때문에 효는 "모든 행실의 근원"이라고 했고, "인(仁)을 실천하는 근본윤리"[13]라고 했다. 이처럼 효는 가정의 화목과 사회의 공익정신으로 확산되며 국가에 대한 충성으로 귀결된다.

소태산은 "자녀가 아무리 효도한다 하여도 부모가 그 자녀 생각하는 마음을 당하기 어렵다."[14]고 하였다. 그러므로 사람이 세상에서 일생을 살아가는 동안 사람으로 부터 받는 사랑 가운데 부모가 베푸는 사랑보다 더 큰 사랑은 존재하지 않는다. 이처럼 부모가 자녀에게 쏟는 애정과 자비는 하해(河海)와 같은 것이다. 그래서 부모님을 잘

---

13 최근덕, 「효와 미래사회」, 『효학연구』(창간호), 한국효학회, 2004.4, p.258.
14 『대종경(大宗經)』 신성품 9장.

섬기는 일을 효라 하고 효도(孝道)는 부모를 잘 섬기는 도리를, 효행(孝
行)은 부모를 잘 섬기는 행실을 말한다.

효의 기능을 사전적 의미에서 살펴보면 효란 부모를 정성으로 섬
기는 일[15]이며 영문으로는 'Filial Piety' 또는 'Filial Duty'라 표기하며
한글이 발음되는 데로 HYO(효)라고도 한다. HYO(효)의 의미와 기능
을 어르신과 젊은이의 조화(Harmony of Young & Old)라고 하면서 효가 세
대 간의 화목과 상호간의 공경을 위한 조화의 메신저 기능이 있음을
설명하고 있다.

효행이라 하는 것은 양친봉양(兩親奉養) 즉 자기 부모에게 그 자녀
된 도리를 다함을 이름이니 자고로 유가의 성현이나 불가의 부처나
도덕의 원리를 깨쳐 행하신 이치고 그 부모에게 불효한 이 없고 후
학에게 효도를 권장하지 아니한 자도 없다.[16] 흔히 부모의 은혜를 끝
과 깊이를 모르는 하늘과 바다에 비유한다. 호천망극(昊天罔極)은 그러
한 뜻을 담은 사자성어로, '어버이의 은혜가 하늘과 같이 넓고 크며,
하늘처럼 다함이 없다.'는 말이다.

효는 동서고금을 가리지 않고 강조된다. 그만큼 사람이 지켜야 할
중요한 덕목이 효도다. 한국에서의 효는 이미 삼국시대부터 모든 교
육기관에서 가르쳤다. 또한 효는 지식인들의 기본 교양이기도 했다.
효는 세월이 흐르면서 시대에 따라 다소 변화되기는 했다. 그러나
부모를 공경하고, 부모의 뜻을 받들어 섬기며 봉양하는 효행의 본질
에는 차이가 없다. 왜냐하면 예나 지금이나 효는 사람이 살아가는

---

15 한국어사전편찬회, 『국어대사전』, 교육도서, 1990, p.2321.
16 이공주, 「효행에 대하여」, 원광 제17호』, 원불교 원광사, 1956, p.17.

도리의 으뜸 덕목[17]이기 때문이다. 한편, 어느 시대나 효가 강조 되었 겠지만 불효는 시대적 문제로 대두되어 왔다.

다산 정약용은 그의 저서 목민심서에서 양노(養老)의 예가 무너진 뒤로 백성들이 효도에 뜻을 두지 않는 것[18]을 염려하면서 목민관들 이 어르신을 봉양하는 효행실천을 다시 일으켜 세워야 한다고 강조 하였다. 효는 앎의 문제가 아니라 삶의 태도이다. 효는 부모가 자녀 를 사랑하고 자녀를 친애하며 공경하는 것은 인륜에 앞서 천륜이기 때문이다.[19] 이렇게 효는 우리의 삶속에서 다양하게 기능하며 인륜 과 천륜의 본질을 이루고 있다.

또 "부모가 생존 시는 먼 길을 떠나지 않을 것이며, 부득이 가는 경우에는 반드시 행방을 알려야 한다."[20]는 것을 효라 하였고 "부모 를 섬김에 있어 간언하고자 할 때는 부드럽게 하고, 설령 어른이 나 의 뜻을 안 들어 주어도 여전히 공경해 모시고 부모의 뜻에 위배되 는 일이 없어야 할 것이며, 또한 부모에게 꾸중을 들어도 원망하지 않는다."[21]라고 하였다. 부모의 처소에 자주 나가 부모를 보살피고 좋은 옷과 맛있는 음식으로 봉양을 하는 것이 효라고 했다. 자식의 부모에 대한 효도는 낳아 주시고 길러 주신 부모의 큰 은혜를 깨닫 는 데서 출발한다고 했다. 그래서 부모의 은덕을 항상 고맙게 생각

---

17 김영만, 『민족 문화 상징 100』, 바른사, 2007, pp.242-243.
18 정약용 지음, 이지영 엮음, 『하룻밤에 읽는 목민심서』, 사군자, 2003, p.127.
19 유승국, 「효와 인륜사회」, 『효와 미래사회』, 한국정신문화연구원; 현 한국학중앙 연구원, 1995, p.5.
20 『論語』「里仁」: "子曰 父母在 不遠遊 遊必有方".
21 『論語』「里仁」: "子曰 事父母幾諫 見志不從 又敬不違 勞而不怨".

하고 은혜에 보답할 뜻을 가지고 있는 것이 효라고 했다.

한편 맹자는 부모에 대한 효를 어버이가 좋아하는 대로 따라야 한다는 순종의 효, 부모와 자녀간의 예의가 있어야 함을 말한 친애의 효, 부모를 정성과 물질을 가지고 봉양하여 존속케 하는 존속의 효, 하늘이 인간에게 내린 양심을 가진 신의 대리자로서 효를 행하는 대리의 효로 구분하여 말하였다.[22] 어른에 대한 정제된 순종과 기본적인 예의 발현인 효는 부모에 대하여 자식들이 갖추어야 할 가장 우선하는 도덕의 본질이며 윤리규범이다.

옛사람들은 효가 단순한 어버이와 자식 사이의 지켜야 할 윤리적 덕목이라기보다 천지자연의 법도라고 인식했다. 그러기에 『효경』에서 공자는 "대저 효는 하늘의 법도이며, 땅의 의리이고, 백성이 갈 길이라."[23]라고 했다. 그러기에 "하늘의 도를 따르고, 땅의 이로움을 나누어 지니며, 몸을 삼가 씀씀이를 절약하여 어버이를 봉양해야 한다."[24]고 했다. 또한 공자는 "효는 덕의 근본이요, 가르침이 그로 말미암아 생기는 것이다."[25]라고 했다.

그런데 『효경』 첫머리에는 "몸과 머리터럭과 살갗을 부모에게 받았으니, 감히 상하게 하지 않는 것이 효의 시작이라."[26]고 했다. 자기의 몸은 자기 개인의 것만이 아니고 "부모에게서 직접 물려받은 것"

---

22 최왕규, 「한국인의 가정갈등과 효도관에 관한 연구」, 인하대 박사학위논문, 2007, p.17.
23 『孝經』 「三才」 : "子曰, 夫孝天之經也 地之義也 民之行也".
24 『孝經』 「庶人」 : "用天之道 分地之利 謹身節用 以養父母".
25 『孝經』 「開宗明義」 : "夫孝 德之本也 孝之所由生也".
26 『孝經』 「開宗明義」 : "身體髮膚 受之父母 不敢毀傷 孝之始也".

이라는 생각에서 자기 몸의 털이나 피부까지도 손상시키지 않겠다
는 마음가짐을 지녀야만 하는 것이다. 이것은 자신의 몸을 위하는
데 그치지 않고 자기를 낳아 준 부모를 생각하는 초보적인 동기가
되기 때문에, 자기 몸의 털이나 피부까지도 손상시키지 않는 것이
효의 출발[27] 이라는 것이다.

『효경』첫머리(身體髮膚受之父母不敢毁傷孝之始也)를 현대 사회에 맞게 조
명해보면 물질의 풍요 속에 살고 있는 현대인들이 그 유혹과 욕심에
서 벗어나 부모로부터 받은 몸을 건강하게 잘 보존해야 할 의무와
책임이 있음을 말해주고 있다. 그러기 위해서는 절제된 식생활과 규
칙적인 생활 습관으로 육체의 건강을 유지해야 한다. 더불어 정신적
인 건강을 위해서도 부단히 노력해야 하며 결국 효는 사람이 건강을
잘 보존해야함에 기능하며 그 본질이 건전한 정신과 건강한 육체에
있음을 말해주고 있다.

한편『동몽선습(童蒙先習)』에서 "효는 온갖 행동의 근원이 된다(孝爲
百行之源)."고 했다. 옛 사람들은 효의 덕목에 제(悌)를 맞세웠다. 연장
자에게 공손하라는 뜻이다.『논어(論語)』에 보면 공자의 제자 유자가
이렇게 말을 했다. "그 사람됨이 부모에게 효도하고 윗사람에게 공
손하고서 윗사람을 범(犯)하는 사람은 드무니, 윗사람을 범하기를 좋
아하지 아니하면서 질서를 어지럽히는 사람은 있지 아니하다. 군자
는 근본을 힘쓸 것이니, 근본이 서야 올바른 길이 열리리니, 효제라
는 것은 인의 근본이 된다."[28]고 했다. 효제라는 것은 군자의 행동의

---

27 김학주 역저,『신완역 효경』, 명문당, 2006, p.65.
28 『論語』「學而」: "有子曰 其爲人也孝弟 而好犯上者 鮮矣 不好犯上 而好作亂者 未之有也

근본이니, 그것이 서고서야 올바른 행동의 길이 열리므로 그것은 곧 어진 행동을 하는 근본이라 할 수 있다는 것이다.

효는 가족을 중심으로 하는 자급자족적인 경제구조에서 중요한 기능을 할 수 있었다. 개인의 경제적 안전 보장이 국가에 의하기보다는 가족에 의하여 주로 보장되고 생산 활동이 사람의 육체노동으로 이루어지던 농경사회에서는 가족 간의 돈독한 인간관계가 무엇보다도 더 필요했으며 가부장의 권위에 의한 질서유지가 효율적이었을 것이다. 이러한 경제적, 사회적 안전보장과 심리적 안정의 필요는 혈연에 의한 자연적 유대관계에 의하여 비교적 잘 충족될 수 있었고, 자식에 대한 부모의 자애와 부모에 대한 자녀의 효를 강조함[29]으로 질서를 유지하는데 효율적으로 효가 기능할 수 있었다.

동양의 효는 휴머니즘의 형태다. 그래서 모든 도덕적인 행동의 기본으로 말해져 왔으나 효가 형식화되고 고정화되고 관습화되면서 개인의 진취적 기상을 억압하고 사회의 합리적 개혁을 둔화시켰던 부정적 측면도 있었던 것은 사실[30]이나 효의 본래적 기능과 가치는 만고에 불변한 것이다. 현대사회에 있어서 효는 전통적 인간관계의 질서를 유지한다는 점을 중심으로 변화하는 환경에 합리적 대응이 필요하다. 왜냐하면 효의 기능은 시대를 초월하여 윤리와 도덕을 바로세우는 버팀목이 되어 왔기 때문이다. 과학기술의 발전과 함께 야

君子務本 本立而道生 孝弟也者 其爲仁之本與".

29 손봉호, 「효사상과 정의문제」, 『효사상과 미래사회』, 효사상 국제학술회의, 1995, pp.426-427.

30 송천은, 「원불교 효사상」, 『일원문화산고』, 원불교출판사, 1994, p.259.

기된 지식정보화 시대로의 변화무쌍한 현대사회의 특징은 다양한 관점에 따라 여러 각도로 표현되고 있으나 물질만능주의와 이기주의에 따른 도덕성 상실, 인간부재, 자아상실이라는 말들로 요약될 수 있다면 옛 성현들의 가르침은 이러한 시대상황을 극복해 낼 수 있는 지혜의 보고라 할 수 있다.

그래서 인도의 시성 타고르는 인생의 문제에 있어서 방황하는 청년들이 '생애의 지침이 될 만한 책이 무엇인가'라고 물었을 때 공자의 『논어』를 최고의 가치를 지닌 인생의 지침서라고 말했고 양나라의 황간은 "거울이 제 아무리 맑아도 몸의 앞부분만을 비추지만 논어는 전신을 상하, 전후, 좌우로 다 비춰 준다."고 말한 것을 보면 공자의 어록이라 할 수 있는 논어의 중요성은 아무리 강조해도 지나치지 않을 것이다.

그런데 여기에서의 인생의 문제란 사회와 유리될 수 없는 만큼 사회의 불안 문제도 소홀히 할 수 없는 일이다. 정치적인 대립, 경제적인 불안, 사회적 불신 풍조, 가치관의 혼란과 도덕성 상실 등으로 인한 문화적 타락 등은 현대사회가 안고 있는 문제점[31]이라 할 수 있다. 여기에서 우리는 '논어가 제시하는 가르침은 무엇이며 그 핵심은 어디에 있느냐' 하는 것이다. 공자가 논어에서 가르치고자 하는 바는 한마디로 인(仁)이다.

인은 하늘이 인간에게 부여한 지극히 착한 본성으로 풀이되고 있으며 공맹사상의 중심을 이루고 있다. 인은 사랑에 바탕을 두고 있

---

31 동아일보사, 『중국의 고전 100선』, 신동아 1980년 1월호 별책부록, 동아일보사, 1980, p.199.

으며 사랑은 어버이를 사랑하고 형을 공경하는 것보다 더한 것이 없다. 그런데 여기서 주지할 점은 그 인 속에 효가 바탕하고 있다는 점이다. 그렇기 때문에 "효도와 공손함은 그 인의 근본이 되는 것이니라."라고 강조하고 있는 것이다.[32] 결국은 공자사상의 중심은 인이며 인의 가장 순수한 상태가 효(孝 : 부모자식간의 사랑)와 제(悌 : 형제간의 사랑)이다. 따라서 효제를 인간행위의 가장 중요한 덕목으로 삼고 있다. 그리하여 효를 바탕으로 수신제가를 이룬 후에 나아가 치국평천하를 완성하는 것이 바로 군자의 도리라 했다.[33] 이처럼 공자는 효를 군자의 도리와 나아갈 방향에 있어서 가장 근본적이고 핵심적인 덕목으로 강조하고 있는 것이다.

철학과 도덕학을 주로 논한 학문인 성리학을 실천[34]하고자 하는 대부분의 사상가들도 효에 관한한 그것을 가장 중요한 덕목으로 여기며 그 실천을 우선시하였음을 볼 때 효의 사상적 위치는 지대하다 할 수 있다. 정리해 보면 효의 사상적 위치는 동양사상 중 공맹사상의 핵심인 인의 바탕이 된다는 점이다. 따라서 효는 우리 생활에 있어서 훼손되거나 폄하되어서는 안 될 가장 근본적인 실천덕목이요, 인생의 문제를 지혜롭게 해결해 나갈 수 있는 열쇠가 된다는 것이다. 한국 전통사상 형성에 큰 주류라 할 수 있는 유교에서의 효는 대개 자식이 어버이를 잘 모시고 받들며 섬기는 것을 말하고 있다.

다시 말하면, 효는 부모와 자식사이에 천륜으로 조성되는 인간관

---

32 이기석 편역,『교육세대를 위한 논어선』, 배영사, 1981, p.67.
33 반덕진 편저,『서울대 선정 동서고전 200선 해제 1』, 가람기획, 1997, pp.143-144.
34 배종호저,『한국유학사』, 연세대 출판국, 1992, p.56.

계의 가장 근본적인 관계로부터 시작되며 그 부모와 자식의 관계를 가장 원만하게 하는 질서가 곧 효로 나타나는 것이다. 그리고 이러한 부모와 자식의 관계야말로 모든 인간관계에 있어서 가장 기본이 되는 것이다. 그렇기 때문에 유교에서는 효를 삼강오륜에서 가장 으뜸가는 덕목이라고 할 수 있다. "부모에 효도하고 형제끼리 우애를 지키는 것이 인의 근본이다."[35]라고 한 것처럼 효는 인덕의 근본이며 효심이 지극하면 경천사상에까지 이르는 것이다. 효심이 지극하여 효를 극진히 하면 인과 덕의 근본이 되고 경천(敬天)하는 경지에 이르면 종교도 필요치 않게 되는 것이다.

맹자도 말하기를, "사람이 배우지 않고서 할 수 있는 것은 양능이요, 생각지 않고서 아는 것은 양지다. 어린 아이는 자기 부모를 사랑하지 않는 일이 없고, 자라서는 형제를 존경할 줄 모르는 일이 없다. 친근한 일을 친애하는 것이 바로 인이요, 어른을 존경하는 것이 의다."[36] 이것을 보면, 공자와 맹자의 인생관은 사람으로서 의가 있고 보람 있는 생활을 하려면 가정에서는 부모님께 효성을 다하고 형제끼리 우애하는 것이요 사회에 나가서는 어른을 존경할 줄 알고 민중을 널리 사랑하는 것이다.

친족을 사랑하는 마음을 확장하여 일반 민중을 사랑하고 민중을 사랑하는 마음을 확장하여 만물까지도 사랑하는 것이다. 이렇게 보

---

35 민정사편집부, 『合本四書三經』, 「論語」, 學而 : "其爲人也孝弟 (……) 孝弟也者 其爲仁之本與", 1977, p.49.
36 이민수 역주, 『맹자(孟子)』, 盡心·章句(上), "人之所不學而能者 (……) 敬長義也", 1978, p.224.

면 친족을 사랑하는 마음을 확대하면 민족과 인류, 나아가 우주에까지 도달할 수 있는 것이다. 여기에 바로 인생의 가치가 있고 또 생활을 가치화 할 수 있는 것이다.[37] 유교의 효의 본질은 부모와 자식 간에 형성되는 인간관계로서 부모와 자식 간의 관계를 가장 원만하게 하는 질서가 곧 효라고 말하고 있으며, 이러한 효는 부자자효에서 출발하여 가정과 사회 및 국가의 질서 확립에로 확대되는 것이다.[38] 정산(鼎山)은 효의 의미를 보은의 도를 행하는 것에 두면서, 특히 부모에 대한 효(부모은)를 알고 실행하는 것이 사은(四恩)을 제대로 알고 불공할 수 있는 바탕임을 강조하였다. 따라서 효의 본질은 사은에 대한 감사와 보은의 불공에 있다 하겠다.

인간다운 언어와 행동을 하는 일은 인간이 짐승과 다르다는 사실에서 하나의 당위성으로 자리한다. 예절이 갖추어진 인간과 그렇지 못한 인간 사이에는 커다란 차이가 있는 것이다.[39] 이처럼 예절이 갖추어진 인간으로서 효는 반드시 구비해야 될 당위적 윤리이며 모든 예절의 바탕이 된다고 할 수 있다.

부자지간의 관계에서의 효행은 응당 지켜져야 할 사람의 도리라고 강조되고 있다. 그렇다고 종교가 효만을 강조하는 것은 아니고 그러한 감정을 이웃이나 남에게 확대하는 박애주의의 정신을 설교하는 것이지만 모두가 자식에게 베푸는 사랑과 자식들이 부모에게 바라는 박애와 인도적 사랑의 표현임을 강조하고 있다.

---

37 김경탁, 『중국철학개론』, 범학도서, 1976, p.120.
38 신장선, 「유교와 불교의 효사상 비교」, 동국대 석사학위논문, 1983, p.13.
39 류성태, 「유교의 교화개념 연구」, 『정신개벽논집 제16집』, 1997, p.120.

한편 오늘날에 있어서 효의 본질은 위로부터 아래에로의 베풂에 있음을 유의해야 한다. 이 '베풂'의 전제가 없이 아랫사람의 복종이나 희생, 헌신을 요구하는 것은 권위주의적 강탈이요, 복종주의적 강압[40]이라고 보는 시각도 있다. 효는 모든 사회윤리의 근간이고 모든 덕과 교육의 시발점이다.[41] 사람은 누구나 부모로부터 태어나 사랑을 받고 자라기 때문에 효의 본질은 위로부터의 자비에 있는 것이다.

세계의 모든 민족이 다 마찬가지겠지만 우리 민족에게는 예로부터 '효도'라는 가치관이 전해져 내려오고 있다. 효도는 하나의 가치관인 동시에 윤리요, 철학이요, 사상[42]으로 자리매김되어 왔다. 유교의 창시자인 공자는 가족에 있어서의 덕목은 효에서 출발됨으로 효가 갖는 덕목의 단서가 된다고 설파하고 있다.[43] 효는 가족의 구성원인 부모와 자녀, 부자자효로부터 출발하여 가족의 덕목으로서 필요충분한 최상의 가치라 할 수 있다. 한편 부자자효는 가족구성원을 중심으로 한 가정에서 출발한다. 가정은 인간 공동생활의 최소단위며 삶의 보금자리이다.

그런데 오늘날 가정이 핵가족화 되면서 부자자효의 의미가 많이 퇴색되어 가고 있다. 일반적으로 핵가족은 할아버지, 할머니를 제외한 부부와 자녀만으로 구성된 가족개념이다. 그러므로 가정의 모든

---

40 김용옥,『효경한글역주』, 통나무, 2009, p.157.
41 이현재,「효사상과 미래사회」,『효사상과 미래사회』, 효사상국제학술회의 기념연설, 1995, p.xxiv.
42 지교헌,『한국의 효사상』, 민속원, 1997년, pp.5-6.
43 선현규,「유교사상과 개호사상에 관한 연구」,『노인복지연구(통권 25호)』, 평화당, 2004, p.123.

것이 부부 중심으로 운영된다. 부부가 존재하면 당연히 자녀를 가지게 되고 자녀를 가지게 되면 친자관계가 형성되며, 친자관계가 형성되면 부자자효라는 윤리가 성립하게 마련이다.

그러나 문제는 부자자효(父慈子孝)라는 윤리가 핵가족이라는 테두리 안에서만 형성되어 그것이 가족 이기주의로 표출되고 있다는 점이다. 부모를 부양하지 않는 핵가족이라고 해서 효의 윤리가 쇠퇴되어야 할 이유는 있을 수 없는 것이다.[44] 핵가족이 피할 수 없는 오늘날의 현실이고 보면 부자간의 천륜을 바탕으로 가족 이기주의를 극복하는 차원에서 부자자효의 효윤리는 더욱 강조되어야 하며 우리들의 생활 속에서 실천되어야 한다.

한편, 효는 내면화된 도덕이라 할 수 있다. 도덕은 인간으로 하여금 내면화를 요구한다. 궁극적으로 도덕이 교육을 통해서 개개인의 심성에 내면화되어야 하기 때문이다. 왜냐하면 도덕은 미약한 어떤 분위기 같은 상태로는 도덕이 지속될 수가 없다. 그것은 인간과 역사의 의미에 관한 체계적인 사상 및 해석에 바탕을 두어야 한다.[45] 효사상도 인간 개개인의 마음에서부터 철저히 내면화될 때 그것이 본래의 가치로 발현될 수 있다. 그렇게 될 때 자율성과 능동적 행위가 수반되며 속박의 굴레에서 벗어나게 된다.

더불어 효가 인간의 도덕과 윤리로 자리매김 되려면 가정에서부터의 교육이 필요하다. 인간은 가정교육을 통해서 인의예지신(仁義禮

---

44 김평일, 『내리사랑 올리효도』, 가나안문화사, 2008, p.93.
45 리처드 디킨슨, 오재식·이윤모 역, 인간과 사회개발(현대신서 24)』, 대한기독교서회, 1990, p.112.

智信)과 같은 인간의 기본덕목을 배우며 순종과 공경을 익히게 된다. 인간의 정신적, 윤리적, 문화적 삶은 가정에서 배우고 익히게 되어 있다.[46] 더욱이 남을 기꺼이 도우려는 것, 배려, 친절함, 인내, 성실, 공경함, 예절, 존중, 화목과 화합 등의 중요한 덕목을 우리는 효를 통해서 배우고 익힐 수 있다. 효의 본질면에서 '인성교육진흥법'의 핵심 8대 덕목(예, 효, 정직, 책임, 존중, 배려, 소통, 협동)을 살펴보면 효가 나머지 덕목들을 근본적으로 아우르고 있음을 알 수 있다.

---

46 진교훈, 「효교육의 관점에서 본 효도법 고찰」, 『효도법 제정을 위한 학적 고찰(Ⅱ)』, 서울대학교 호암교수회관 컨벤션홀, 2003, pp.25-29.

동양 종교의 효사상

〇

1) 유교의 효

중국 역사에 있어서 최대의 이데올로기로 군림해 온 사상이 바로 유가 사상이고 그 중심이 공자이다.[47] 유교는 공자(孔子 : BC 551~478)에 의해 제창된 것으로 그 중심 사상은 인(仁)[48]이며 윤리적 근본 사상은

---

47 신영복, 『강의, 나의 동양고전 독법』, 돌베개, 2004, p.140.

48 "공자가 제자들에게 인격수양을 위하여 역설했던 최고의 덕목이자 그가 말하는 '군자'를 그 어느 것보다 강하게 규정지은 특성은 인(仁)이다. 이것은 '자비(benevolence)', '사랑(love)', '선함(goodness)', '인간다운 마음씨(human-heartedness)'로 번역되어 왔다."(F. W. 모트 저, 김용헌 역, 『중국의 철학적 기초』,

효(孝)에 두고 있다. 여기서 '인'이란 모든 인류를 사랑하는 도리를 말한다. 특히 유교의 사랑은 효로 시작된다. 따라서 효는 인의 발현이고 사람을 사랑하는 것이다.[49] 이러한 사랑을 가장 순수하게 나타내는 것이 바로 자기를 낳아서 길러 주고 가르쳐 준 부모에 대한 사랑이고 그 다음이 형제와 가족에 대한 사랑이다. 더불어 유교의 효사상은 국가의 부강과 세상의 안정까지 아우르는 대도(大道)로까지 그 의미를 확대한다.

유가(儒家)의 교학 사상에 따르면 인간의 본질은 인이다. 그리고 그것을 실현한 사람다운 사람이 군자(君子)이다. 유가의 대표적 경전인 『논어(論語)』는 군자의 모습을 집중적으로 논의하고 있다.[50] 공자에 의하면 인과 효의 관계를 『논어』에서 "군자는 근본에 힘쓰니, 근본이 확립되면 도가 생긴다. 효제(孝悌)라는 것은 인을 실천하는 근본이다."[51]라고 밝혔다.

공자는 효를 인의 구체적인 실천 덕목으로 보았고 그것의 존재 근

서광사, 1994, p.66). / "『논어』에서 인에 대한 공자의 답변은 여러 가지이다. 묻는 사람에 따라 각각 다른 대답을 하고 있다. 안연(顏淵)에게는 인이란 자기를 극복하고 예로 돌아가는 것(극기복례 : 克己復禮)이라고 답변하였고 중궁(仲弓)에게는 자기가 원치 않는 것을 남에게 하지 않는 것(기소불욕물시어인 : 己所不欲勿施於人)이라고 대답하는가 하면 사마우(司馬牛)에게는 인이란 말을 더듬는 것(기언야인: 其言也訒)이라고 대답한다. 이처럼 인의 의미는 특정한 의미로 한정하기 어려우나 공통되는 점은 타인과의 관계라는 사실이다."(신영복, 앞의 책, 『강의, 나의 동양고전 독법』, pp.172-173).

49 최준식, 『한국종교 이야기』, 한울, 1995, p.114.

50 이계학, 「교육방법론으로서의 효」, 『효사상과 미래사회』, 한국정신문화연구원(현 한국학중앙연구원), 1995, p.316.

51 "君子務本, 本立而道生. 孝弟也者, 基爲仁之本與."(『論語』, 「學而」, 『합본4서3경』, 양우당, 1980, p.89). 유교적 인간형인 군자에 있어서 갖추어야하는 덕목이 효제(孝悌)임을 알 수 있다.

거로 보았다. 인은 휴머니즘의 차원을 넘어서 그것을 인(仁)되게 하는 존재 근거가 있는데 그것이 바로 효이다. 그러므로 인은 효를 인식하는 근거이고 효는 인이 존재하는 근거로서 효와 인은 불가분리(不可分離)의 관계이며 전자가 존재(Sein)라면 후자는 생성(Werden)[52]이라 할 수 있다. 따라서 인이 없는 효는 있을 수 없고 효가 없는 인은 존재 자체가 불가능하다. 그러므로 우리가 일상생활에서 유교의 핵심 사상인 인을 가장 가깝게 느끼고 체험할 수 있게 하는 것을 효라고 할 수 있다.

유교적 효의 의미를 본질적으로 이해하기 위해서는 유교 또는 유학에 대한 앞선 이해가 필요하다. 간단히 말하면 그것은 인과 예의 문화이다. 이것은 곧 인 없는 예 없고 예 없는 인 없다는 말로 표현할 수 있으며 효 없는 인 없고 인 없는 효 없다는 말로 전환될 수 있다.

그리고 효도 인의 맥락에서 이해되어야 한다. 인은 무엇인가? 유교의 개창자 공자의 관심은 온통 인에 있었다. 인은 우리가 접하는 대상(對象, Objects)에 대한 원만한 관계이다. 특히 인간관계[53]에서는 '나'와 '남' 사이의 '막힘이 없는 상태'이다. 이를 공자의 제자 증자는 '충서'라고 풀이한다. '나의 중심' 곧 마음 속(忠, 中+心)과 '너의 마음(恕,

---

52 윤성범, 『효―서양윤리·기독교윤리·유교윤리의 비교연구』, 재단법인 대한기독교서회, 1997, pp.77-78.
53 "유교에 있어서 인간관계의 파악은 혈연에 바탕한 가족적인 관계를 기본적인 것으로서 중시하고 다음으로 사회적 국가적인 관계를 이차적인 것으로서 파악하였다. 그러나 이차적인 국가 사회적인 관계도 일차적인 가족관계로부터 비롯하고 가족적 인륜관계의 확장이 곧 국가 사회적 윤리인 것이라 볼 때 가족적 인륜의 중요성을 실감할 수 있다."(송순, 「유교·원불교사상에 나타난 가족윤리와 아동교육」, 동국대학교 박사학위논문, 1993, p.13).

如+心'이 하나로 통하는 것으로 본 것이다. 직접적으로 '남을 사랑함' 의 의미도 함축하고 있는 이 인은 무엇보다 타자에 대한 배려이다.[54]

앞서 밝혔듯이 공자는 『논어』에서 인간의 최상의 모습을 군자로 설명한다. 또한 군자는 인간의 근본적인 덕목에 힘을 쓰며 실천하는 사람이라 규정한다. 이유인즉 사람의 근본이 확립되면 도(道)가 발현 되기 때문이다. 공자는 효제(孝悌)는 인(仁)을 지지하는 근본이라 하였 고 『효경(孝經)』의 가르침에도 효는 덕(德)의 근원적인 뿌리[55]라 하였 다. 또한 『효경』에서는 사람들이 사회를 형성하고 살아가는 세상 의 윤리·도덕적 사상인 효를 다음과 같이 하늘의 권위와 연결하고 있다.

> 부모와 자식 사이의 도(道)는 자연적인 하늘의 성품이고, 임금과 신 하 간의 의리가 된다. 부모는 우리를 낳아 주셔서 상속(相續)을 더할 수 없이 크게 받은 것이고, 임금이 어버이처럼 우리에게 임하시니 두터운 은혜가 이보다 더 무거운 것이 없다.[56]

『효경』은 이렇게 인간 사회의 보편적 윤리·도덕적 사상이었던 효 를 하늘의 절대적 권위와 연결하고 있다. 위와 같은 관점은 『효경』의

---

54 이명수, 「유교의 '효'와 그 미래적 효용성의 모색」, 『효 3통 7행―성산최성규목사 목회30년기념논문집』, 성산서원, 2009, p.176.

55 "子曰 夫孝德之本也 教之所由生也."(「開宗明義」, 김학주 역저, 『신완역 효경』, 명문 당, 2006, p.63). 효가 백행의 근본이고 인(仁)의 존재근거라는 점에서 덕(德)도 같 은 맥락으로 보아야 한다.

56 "父子之道天性也, 君臣之義也. 父母生之續莫大焉, 君親臨之厚莫重焉."(『신완역 효 경』, 「聖治」, pp.102-105).

「삼재(三才)」장에서도 다음과 같이 드러난다.

> 심오하도다 효의 위대함이여! 공자가 말씀하시길 효는 하늘의 법도
> 요, 땅의 의로움이요, 사람이 행하여야 할 것이다. 하늘과 땅의 법도이
> 니 사람들이 그것을 본받아야 하는 것이다. 하늘의 밝음을 본뜨고 땅
> 의 이점을 토대로 하여, 천하를 순조로이 다스려야 한다. 그러면 그의
> 교화는 엄격하지 않아도 완성되고, 그의 정치는 엄하지 않아도 다스려
> 지게 되는 것이다.[57]

이처럼 유교의 모든 가르침은 효에서 비롯한다. 그러므로 효제는
군자가 되는 방법적인 원리이자 구체적인 교육의 내용이다. 전통적
으로 우리나라는 유(儒)·불(佛)·도(道) 삼교사상(三敎思想)을 기반으로 하
여 교화(敎化)가 이루어져 왔으며 그것을 나라의 통치 이념과 국민 생
활의 정신적 지주로 활용하여 왔다. 특히 유교 사상은 삼국시대에
이르러 제도적으로 확립되었고, 한자 문화(漢字文化)와 함께 유학이 우
리나라에 도입되었다고 할 때, 우리의 도덕과 윤리의 기본은 바로
유교에서 그 근원[58]을 찾을 수 있다.

효에 관한 유교적 중심 경전이라 할 수 있는 『효경』은 통일신라 시
대의 불교적 사회 분위기를 유교적으로 범주화하는 과정에서 『논어』,

---

57 "曾子曰, 甚哉孝之大也 子曰 夫孝天之經也, 地之義也, 民之行也, 天地之經而民是則之.
則天之明因地之利, 以順天下, 是以其敎不肅而成, 其政不嚴而治."(『신완역 효경』, 「三
才」, pp.90-95).

58 송형래, 「효와 친자간의 권리의미에 관한 상관적 연구」, 청주대학교 박사학위논
문, 1997, p.9.

『예기』, 『좌전』, 『주역』 등과 함께 그 중심에 있었다. 이러한 취지에서 국학을 설립하고 3과(科)로 구분하여 박사(博士)와 조교(助敎)를 두어 교수하였는데, 『논어』와 『효경』은 3과 공통의 필수 과목이었다. 이것을 기반으로 원성왕 4년(788년)에는 독서삼품과(讀書三品科)라는 관리 채용을 위한 일종의 국가 시험 제도[59]가 마련되었다. 이렇듯 『효경』은 고대국가로부터 오늘에 이르기까지 윤리적 기반 조성의 경전으로 자리하고 있다.

한편 공자가 강조한 인이란 여러 가지 의미를 지닌다. 공자는 극기복례(克己復禮)할 때 인(仁)이 이루어진다 하였다. 이 경우의 인은 물론 인(忍)과 통하는 것이다. 따라서 정직한 마음씨로 예에 입각하여 극기하는 인(忍)의 태도를 취할 때 갖게 되는 마음가짐이 곧 인(仁)인 셈이다. 인(仁)이란 나 자신의 이기적인 욕구를 억제하고 사회적·윤리적 규범을 잘 지키는 것이다.

원래 '인'이라는 글자는 '이인(二人)'을 상징하는 것이었다. 그러므로 이러한 글자의 본의를 고려하여 공자의 설명을 이해한다면, 인은 바로 사람과 사람 사이에서 느끼게 되는 따뜻한 인정이다.[60] 인간과

---

59 통일신라에서 왕권강화의 일환으로 신문왕 때 국학(國學)을 설립하였다. 국학에서는 3과로 구분하여 교수하였으며 3과의 과목은 (가) 『논어(論語)』·『효경(孝經)』·『예기(禮記)』·『주역(周易)』 (나) 『논어(論語)』·『효경(孝經)』·『좌전(左傳)』·『모시(毛詩)』 (다) 『논어(論語)』·『효경(孝經)』·『상서(尙書)』·『문선(文選)』으로 논어와 효경은 3과 공통의 필수 과목이었다. 국학의 입학자격은 귀족들에 한하였으며 6두품 출신이 주를 이루었다 한다. 이러한 교육기관의 정비를 기초로 원성왕 때는 독서삼품과라는 관리 채용을 위한 일종의 국가시험 제도가 설정되었다. 여기에서 『효경』과 『논어』는 필수 시험과목이었다(이기백, 『한국사신론』, 일호각, 1992, pp.118-119). 『효경』과 『논어』가 국학의 필수 시험과목이었다는 것은 한국 역사와 함께 효의 중요성이 그만큼 강조되었음을 엿볼 수 있다.

60 윤사순, 『동양 사상과 한국 사상』, 을유문화사, 1993, pp.13-14.

인간 사이에서 느낄 수 있는 따뜻한 인정이란 서로 다른 사람들과의 관계를 기반으로 하여 조성된다. 원래 독립된 개체로서 존재하는 인간은 가장 가깝게 인정을 건넬 수 있는 환경이 가정일 수밖에 없다. 가정에서 부모와 자녀의 관계는 육체적으로는 독립된 개체로서 남남의 관계로 존재하지만 삶의 내용에 있어서는 하나인 관계로 유지될 수 있기 때문이다.

이러한 부모와 자녀의 관계를 하나인 관계로 계속 유지하는 것이 부모에 대한 자녀의 효이고 자녀에 대한 부모의 사랑이다. 부모와 자녀가 하나 되는 관계가 계속 유지되면 부모를 매개로 하여 형제가 하나가 되는 관계로 확산되고 이것을 매개로 삼촌과 조카가 하나가 되는 관계로 확산된다. 이러한 확산 과정이 확대되면 결국 모든 사람과 내가 하나가 되고 따라서 인(仁)이 터득되는 것[61]이다. 첨언하면 인이 일상생활과 가정생활에서 인간 상호간의 윤리로 정착되는 것이 효이며, 효를 매개체로 하여 세상에 인륜의 근본이 확립되고 인이 현실생활에서 실현되는 것이다.

유교에서의 최고선은 도(道)가 실현되는 치국평천하(治國平天下)이며, 그 이상(理想)을 주(周)나라에서 찾았다. 그리고 질서와 조화로 하나 되는 평화스러운 보편적인 사회를 겨냥한 것으로 판단된다. 그런데 공자에 이르러 천(天)의 개념이 비인격화되고 종교적인 요소가 합리화되면서, 종교성이 약한 유토피아를 생각하게 된 것이 바로 치국

---

61 이기동, 「유교의 종교철학」, 『종교철학연구—율산송천은박사화갑기념논총』, 원광대학교 출판국, 1996, pp.560-561. 이기동은 본 논고에서 효의 확산으로 '대동세상'을 구현해야 한다고 밝혔다.

평천하로 이루어지는 협력적인 세계의 전망[62]이다. 여기에서의 협력적인 세계란 사상적인 유기적 체계를 근거로 한다. 그런 점에서 유교에서의 효사상은 그 주체적 역할을 할 수 있다.

한편 중국 역사에 있어서 중국 문화 전체가 가정을 기본으로 한다는 생각을 공자가 처음 한 것은 아니지만, 공자의 영향력 때문에 가정이 중국인의 최우선 관심사로 되었다는 것만은 분명하다. 중국 사람들은 가정을 매우 중요하게 여겼다. 중국에서는 가족에 대한 충성이 다른 어느 것에 대한 충성보다도 으뜸가는 것이었다.

그러므로 옛날에는 아버지가 된 사람이라면 누구나 가족에 대한 의무를 이행하기 위하여 책임감을 가지고 있었다. 가장은 스스로 가정 안에서 훌륭한 모범을 보임으로써 가족이 자기를 본받아 덕을 쌓도록 해야만 하였다. 공자는 이것을 극히 당연하다고 생각했기 때문에, 무엇보다도 우선 효성(孝誠)을 지극히 강조해 두지 않는다면 아버지의 선행도 아무 효과를 보지 못할 것이라고 생각했다. 이러한 공자의 입장은 중국인의 심금(心琴)을 울렸고 그때부터 중국인의 의식 속에 끊임없는 반향을 일으키게 되었다.[63] 결국 유교는 윤리의 출발을 효제(孝悌)에 두고 있으며, 그 실현 방법은 인의예지(仁義禮智)를 중심으로 하여 전개된다.

이처럼 유교에서 효가 모든 도덕의 근원을 이룬다는 것은 원시유가(原始儒家)뿐만 아니라 현재에까지 일관되게 이어오고 있다. 따라서

---

62 나학진, 「동서 종교윤리의 비교―사회 변혁을 중심으로」, 『종교와 윤리』 정신문화문고 2, 한국정신문화연구원(현 한국학중앙연구원), 1995, p.25.
63 J. B. 노스 저, 윤이흠 역, 『세계 종교사』 하, 현음사, 1992, p.948.

공자를 중심으로 한 유교사상이 최근까지 중국사회의 이념으로 기
능할 수 있었던 것이다. 여기에 효는 인간의 도리에 관한 질서를 배
우는 것에 기인하는 것이다. 이렇게 효사상은 지배층의 이데올로기
와 관련하여 급속도로 전파되어 중국 역사와 함께 토착화되고 모든
문화에 영향을 주었던 것이다.[64] 유가에서는 효를 부모를 섬기는 일
과 노후의 부모를 봉양하는 일[65]로 생각한다. 부모를 섬긴다는 것은
육신의 모심은 물론 부모를 우러러 받들고 부모의 뜻에 순종한다는
의미를 포함하는 것이다.

노후의 부모를 봉양한다 함은 단순히 의식을 공급하는 것만을 가
리키는 것이 아니라 공경과 예로써 부모의 마음을 편안하게 해 드리
는 것[66]이다. 이처럼 유교에서는 인(仁)에 그 사상의 중심을 두고 윤
리적 절대 가치로서 효를 강조하면서 도덕 사회를 구현하고자 했다.

유교 효사상의 본질적 기능을 살펴보면 우선적으로 내면화된 도
덕으로서의 기능을 들 수 있다. 인간 세상에서의 도덕의 역할을 형
식에 치우치는 경향이 있으나 그 본의는 각자의 마음에서 자연스럽
게 발현됨에 있다.

---

64 김태길, 『인간 회복 서장』 삼성문화문고 27, 삼성미술문화재단, 1980, p.202.

65 이 밀(李密)은 『진정표(陳情表)』에서 조모(祖母)에 대한 은혜를 갚기 위해 당시 조
정에서 효도로써 천하를 다스리고 모든 노인들이 동정을 받고 봉양되고 있음을 상
기하면서, 나라에서 내린 관직을 고사하고 표(表)를 올려 조모에 대한 노후 봉양이
가장 큰 일임을 임금에게 아뢰었다(김학주 역저, 『신완역 고문진보 후집』, 명문당,
1992, pp.88-92).

66 다산 정약용은 『목민심서(牧民心書)』에서 양로(養老)의 예를 강조하면서 어른에
대해 "말씀을 청할 것(걸언:乞言)"을 주문하였다(養老之禮必有乞言, 「애민육조(愛
民六條)」, 정약용 저, 이을호 역, 『목민심서(牧民心書)』, 현암사, 1977, pp.133-134).
즉 양로의 예는 반드시 어른에게 말씀을 청하는 데서부터 비롯하며 그것이 어른에
대한 공경의 예이며 모두의 마음을 편안하게 하는 것이라 볼 수 있다.

　도덕은 결코 외부에서 우리들에게 주는 속박이 아니고 인류 자신의 내심(內心)으로부터 우러나오는 요구인 것이다. 우리들의 천성은 스스로 그곳을 향해 발전하려 하며 이것은 인류가 누리는 최고의 자유이다. 공자(孔子)·맹자(孟子)는 똑같이 사람들에게 효를 가르쳤다. 이것은 공(孔)·맹(孟)이 생각하고 있는 바가 효의 도덕을 가지고 사람을 속박하려는 것이 아니고 효 또한 인심(人心)의 자연적인 요구일 뿐이다.[67] 이처럼 효는 인간 심성의 자연스런 표출로 내면화된 도덕의 기능을 가진다.

　더불어 효는 통합의 기능을 가지고 있다. 통합기능으로의 효는 무엇보다도 가족 가치의 고양에서 온다. 효의 가장 중요한 실천의 장은 가족과 더불어 가정에서 전개된다. 효는 거의 독점적으로 가족 내에서 실현된다. 효와 가족은 불가분의 관계를 갖는다. 따라서 가족에 최고 가치를 부여해야만 효가 실현될 수 있다고 본 것이다. 그러므로 가족 해체는 곧 효를 파괴하는 행위가 된다.

　이러한 이유에서 효는 사회의 해체 이전에 가족의 해체를 막고, 건전한 가족을 만드는 가장 결정적 요인[68]이 된다. 효는 최소 단위의 사회라 할 수 있는 가정을 확립하고 유지하는 근본 덕목으로 자리하고 있으며 불신과 분열을 통합으로 이끄는 매개체 역할을 한다. 이처럼 유교 효사상의 본질의 일면을 사회 통합의 기능으로 보아야 한다.

---

67 전목 저, 추헌수 역, 『중국의 역사정신』 교양총서 5, 연세대학교 출판부, 1975, pp.208-209.
68 송복, 『동양적 가치란 무엇인가』, 생각의나무, 1999, p.178.

다음으로 효는 사회 발전의 기능을 가지고 있다. 효의 사회 발전 기능은 효를 모든 행위 유형의 근본으로 삼는 데서 가능하다. 그것은 효가 가진 특징인 안인(安人)을 사회 행동으로까지 연장함으로써 생겨나는 결과이다. 사회 행동은 크게 지위를 추구하는 행위와 역할을 충실히 수행하는 행위 두 가지로 압축해 볼 수가 있다. 부모를 불안(不安)케 하지 않는 안인(安人)의 태도가 사회적으로 확장되어 지위를 추구하는 것보다는 자신의 역할을 충실히 수행하는 데 역점을 두는 것이다. 자신의 역할을 충실히 수행함으로 해서 가정을 비롯한 사회의 발전에 기여하는 것이다.

그렇다면 효의 사회발전기능 면에서 가정을 살펴보기로 한다. 주지하다시피 최초의 사회를 가정이라 한다. 가정은 사회를 구성하는 기초 단위이면서 인성 교육을 실현하는 데 있어서 가장 효과적인 집단[69]이기 때문이다. 가정과 학교의 인성 교육을 정상화시켜 가치 규범으로 정립해야 한다. 그것을 기반으로 윤리 부재에서 오는 사회의 병리 현상을 치유하는 데 도움이 될 것이다. 윤리가 없는 사회는 불안정한 사회이며 병든 사회이다. 이러한 사회의 병리 현상을 치유하고 발전시키기 위해서 효가 그 기능을 해야 한다.

한편 공자는 중국 고대의 봉건체제가 무너져 가는 난세를 극복하고자 윤리규범을 바탕으로 하여 사회질서를 재확립하고자 하였다. 윤리의 기본이 되는 효자(孝慈)[70], 특히 효의식이 강조되었는데, 부모

---

69 이상순, 「효사상의 본질과 현대사회」, 『효사상과 미래사회』, 한국정신문화연구원 (현 한국학중앙연구원), 1995, p.200.
70 안병무는 "효(孝), 자(慈)는 어떤 반성적 사유(反省的思惟 : Reflexion)를 거치기 이

의 자애와 자식의 순종은 혈연간에 일어나는 자연 발생적 인륜지정(人倫之情)이었다. 여기서 효의 순종 의식을 강조하는 것은 인륜의 실현과 천륜적 차원에서 효가 고양되고 정착되어야 함을 의미한다.

유교[71]의 효사상은 예(禮)에서 시작하여 인(仁)에 귀결하는데 인의 실천을 충과 서, 즉 계층 상호간의 양보 또는 적극적 지원 실행으로 본다. 충서는 진기지심(盡己之心), 추기급인(推己及人)이란 의미에서 보면, 인(人), 사(事), 물(物)에 성(誠)을 다하는 것으로[72] 자기 마음이 타인에 이르러서는 점차적으로 물에까지 헤아려지는 것이다. 결국 '친친(親親) → 인인(仁人) → 애물(愛物)'로 되어 효가 인을 실천하는 단서가 됨을 설명한다. 효경에서 신분에 따라 효를 달리 설명한 것도 자기에게 충실하라는 충서(忠恕)에서 근원하여 각자의 직분에 따라 책임을

전의 본연성(本然性)일 것이며 맹자(孟子)와 관련시킨다면 '측은한 마음'과 관계"된다고 본다(안병무,『성서적 실존』, 한국신학연구소, 1977, p.62). 따라서 효와 자애로움은 주위와 환경을 의식하여 나오는 행위가 아니라 인간 본연성의 발현으로 인식해야 한다. 즉 인간으로서 효와 자애로움이 없다면 인간 스스로를 포기하는 것과 다를 바 없다.

71 "맹자(孟子)는 유교를 종합해서 인(仁), 의(義), 예(禮), 지(智)라고 했다. 이것은 공자(孔子)의 교훈을 종합한 것이다. 그러나 그는 이미 추상화된 이 개념들을 그 본래적인 뜻으로 환원하려고 한다. 인보다 앞선 것은 '측은지심(惻隱之心)'이며 의보다 앞선 것은 '수오지심(羞惡之心)'이며 예보다 앞선 것은 '사양지심(辭讓之心)', 지보다 앞선 것은 '시비지심(是非之心)'이라고 한다."(안병무, 앞의 책,『성서적 실존』, p.61). 유교에 관한 맹자의 주장을 요약하면 인, 의, 예, 지를 앞선 인간의 도덕적 행위는 측은히 여기는 마음, 부끄러워할 줄 아는 마음, 사양할 줄 아는 마음, 옳고 그름을 가릴 줄 아는 마음이 자연스럽게 발현됨으로 정당화된다. / "맹자는 효를 인의예지(仁義禮智)라는 인간의 내면적 덕성을 구체적으로 나타내는 인간의 행위라고 보았다. 효야말로 인의예지를 구체화시킬 수 있는 실마리이며 역으로 말하면 인의예지는 효를 통하여 구현되는 것이다. 따라서 효도 사회화된 규범으로서의 인간의 외면적 행동이 아니라 인간 내면으로부터 절로 우러나오는 덕성이라고 보았다."(김용옥,『효경한글역주』, 통나무, 2009, p.202). 효가 인간 심성의 자연스런 덕성이라는 점에서 내면화된 도덕으로 기능한다.

72 정종복,『제자백가선』, 집문당, 1980, pp.114-115.

다하는 것을 말한다.

공자는 질서를 확립하려는 의도로 전통적인 의례나 제도 습속으로서의 예를 인간의 측면에서 탐구하여 예와 인간의 주체성을 결부시켰다. 즉 '예를 실천하는 인간'이라는 형태로 파악하여 인간의 주체성을 확립시키고 그와 같은 인간 본연의 자세를 인(仁)이라고 규정지었다. 효는 인을 예로써 실천하는 근본이 되므로 덕의 근본이 되는 것이다.[73] 이렇게 효는 자식이 부모에게 가지는 인의 발로이며, 질서를 가져오는 예를 통하여 실천되어진다. 효와 인과 예는 동시에 공유되어지는 것이다.

여기서 인과 예의 본질을 파악함으로써 효의 본질이 표명되어진다. 즉 인이 암시하는 사랑의 개념인 충서로써 가까운 부모로부터 성(誠)을 다하는 것과 질서와 실천력을 포함한 예의 파악에서 효를 알 수 있다. 부연하면, 유교는 천명(天命)을 받들고 인도(人道)를 지키는 도덕의 이념을 가진 종교로서 인간완성과 현실개조에 바탕을 둔 사상이다. 그러기에 공자는 수신제가치국평천하(修身齊家治國平天下)라 하였으며 천하를 태평(太平)케 하는 길은 내 몸부터 닦아나가는 것이 근본[74]임을 밝혔고 인과 효를 그 핵심요체로 강조하였다. 따라서 효의 근원적 뿌리를 제공한 유교는 현대적 사회질서에 어울리게 유교적 효의 본질을 전파하여야 함이 당면 과제라 할 수 있다.

---

73 김길환, 『동양윤리사상』, 일지사, 1981, p.32.
74 정태선, 「한국전통윤리에서 본 충효관」, 『공자사상과 현대』, 사사연, 1986, p.439.

2) 불교의 효

불교는 약 2,600년 전 인도의 고대 종교를 배경으로 출현하였다. 불교의 교조 석가모니는 카필라국의 왕자로 태어났다. 그는 베다를 배우고 많은 교양을 쌓았으나 자유 사상가로서 출가하여 수행 생활에 들어가 드디어 진리의 깨달음을 증득하였다. 그의 가르침은 역사적으로 원시불교, 부파불교, 대승불교, 밀교로 발전하였다. 이러한 불교는 여러 가지 면에서 최초의 세계 종교라 말할 수 있다. 그것은 불교가 정치적, 문화적, 언어적, 윤리적, 가족적인 수많은 경계들을 초월하는 종교이기 때문이다. 일반적이고 보편적인 세계적 교리를 기반으로한 불교는 기독교와 이슬람교처럼 온 세계로 널리 퍼지게 되었다.[75]

대체적으로 불교는 인도 국내에서의 전파는 극히 미약하고 국제 종교로서는 오히려 성공하였다. 이는 불교가 태동했던 인도 땅에서는 특수한 풍토성 때문에 정착하지 못했지만 깨달음에 바탕한 윤리적 삶의 방식이 지닌 보편성과 유연성 때문에 외국의 여러 나라에서는 번영을 누릴 수 있었던 것[76]으로 보인다. 따라서 불교의 효사상도 윤리적 삶의 지향성과 함께 어우러진 보편성의 차원에서 논의되어야 한다.

불교의 기본적인 종교성은 불생불멸하는 인간의 영적 생명의 영

75 Lewis Lancaster, 「The Role of Filial Piety in Buddhism」, 『Filial Piety & Future Society』, The Academy of Korean Studies, 1995, p.785.
76 정순일, 『인도불교사』, 원광대학교 출판국, 1999, p.438.

원성과 인연과의 법칙에 의한 죄복의 보응이다. 원시 경전인 『아함경』에 이러한 종교 사상이 뿌리박혀 있다. 곧 '십이인연설(十二因緣說)'이 인간 존재의 영원성과 죄복론(罪福論)의 근거가 되며 윤회와 인과의 단초가 된다. 십이인연설을 일목요연하게 구체적으로 밝힌 것이 『구사론(俱舍論)』의 업설이며 여기에서 십이인연을 삼세양중인과(三世兩重因果)로 해석함으로써 삼세실유 법체항유(三世實有 法體恒有)라는 윤회설(輪回說)과 선인선과 악인악과(善因善果 惡因惡果)라는 죄복론을 형성[77]하게 된다.

불교인들은 각자의 깨달음을 통해서 생로병사의 괴로움을 여의고 해탈과 열반을 성취하는 것을 삶의 궁극적 목표로 삼는다. 그래서 부모로 하여금 불법(佛法)에 귀의케 하여 깨달음을 얻어 해탈과 열반을 성취하게 하는 것이 다른 어떤 효도보다도 가치 있는 최상의 효라고 설하기까지 한다.[78] 불교의 최고 목표는 성불이며 실천 윤리는 대승불교의 보살관에 기초하여 전개된다.

불교의 보살행은 동체대비(同體大悲)의 자리이타 사상에 있고, 근본은 자비심이요 자비심의 원천은 공경심이며, 그 시작은 최초의 인간 관계인 부모와 자녀간의 효순심(孝順心)에 근원한다. 인간으로 태어나기가 매우 어렵다고 보는 불교에서는 연기법에 의해 부모를 만나므로 효순심을 깨달음으로 향한 근거와 바탕으로 보기도 한다. 그러므로 인간으로 태어난 은혜를 알고 충실히 살아야 하는 소중한 존재임

---

77 한종만, 『한국 불교사상의 전개』, 민족사, 1998, p.13.
78 박경준, 「현대사회와 불교의 효사상」, 『부처님이 들려주는 효 이야기』, 조계종출판사, 2000, p.85.

을 알아 보은을 하는 첫 단계가 효라는 것이다. 이처럼 불교의 효사
상은 은혜를 발견하고 은혜에 대한 보은행에서부터 출발한다.

결국 불교의 효[79]는 지은(知恩)에서 보은(報恩)에 이르기까지 일관된
다. 불교에서는 은혜를 알고 보은을 하는 것이 가장 인간다운 삶이
며, 낳아 준 부모에게만 보은하는 것이 아니라 무수한 인연을 포함
한 우주만유에 대한 보은으로 이어진다. 또 부모에게 있어서도 단생
만을 보지 않는 정신적 위안과 구제를 통하여 영원한 효를 행하게
되므로 단순한 일생의 효와는 전혀 형태가 다른 대효(大孝)[80]가 있기
마련이다.

불교는 출세간적인 수행을 말하면서 현실적인 가르침을 중시하
고 있다. 현실적인 가르침을 중시하는 데 있어 효는 자연스럽게 발
생하며 확충되는 것이다. 현실 속에서 인간은 홀로 태어나서 홀로
자랄 수 없기에 인과법과 연기법을 적용할 때 부모에게서 받은 지중
한 은혜를 갚아야 하는 것은 당연한 논리이다. 불교의 실천 윤리는
효에 관한한 적어도 은혜로 시작하여 보은으로 끝난다고 해도 과언

---

79 유교에서 한때 불교의 효를 비판적으로 보았음을 다음에서 알 수 있다. "고려시대
때 불교가 유교의 영향을 받으면서 조선 불교만이 지닌 독특한 특색을 형성하는
것은 대략 조선 중기이다. 이 시기 불교가 유교로부터 영향 받은 요소는 삼강오륜
이라 할 수 있다. 삼강오륜은 다시 인륜으로 집약되며 인륜은 최종적으로 충과 효
라는 덕목으로 압축된다. 유교측에서 불교에 가한 상투적 비판이 바로 '무부무군
지교(無父無君之敎)'라는 대목인데 이는 바로 불교가 충과 효가 결여되었다는 지
적이다. 특히 부모-자식간의 혈연적 관계를 강조하는 효에 대해서는 단순히 비판
을 위한 비판이 아니라 심정적인 호소력을 지니고 있었기 때문에 불교측에서도 이
를 거부하기 어려웠을 것이라고 보여진다. 『부모은중경』의 유행은 이와 같은 맥락
에서 비롯된 것이다."(한종만, 앞의 책, 『한국 불교사상의 전개』, p.372).
80 불교의 효는 출가를 통해서 부모를 비롯한 수많은 중생을 구제한다는 목표가 있기
때문에 이것을 가장 큰 효, 즉 대효(大孝)라 한다.

이 아니다.

따라서 불교 효사상의 핵심은 부모에 대한 공경을 중심으로 부모의 은혜를 어떻게 갚고 어떻게 천도해서 좋은 곳에 태어나게 하느냐하는 것과 부모를 공경하고 정성으로 효도하는 것에도 있다. 이러한 내용은 불교적 효사상의 대표적 경전으로 알려진『부모은중경(父母恩重經)』을 비롯하여 『대반열반경(大般涅槃經)』[81], 『우란분경(盂蘭盆經)』[82]에 잘 나타나 있다.

모든 인간은 부모로부터 태어나고 성장하는데 이러한 부모의 은

---

81 "『열반경(涅槃經)』이라 약칭하며 석존의 입멸(入滅)에 대해서 말한 경전으로 소승·대승의 두 가지『열반경』이 있다. 소승의『열반경』은 역사적으로 기록한 것으로서 입멸 전후에 걸쳐 유행(遊行)·발병(發病)·순타(純陀)의 공양·최후의 유훈(遺訓)·멸후의 비탄·사리 8분 등을 그 주요한 것으로 한다. 대승의『열반경』은 교리를 주로 하고 열반이란 사실에 불타론(佛陀論)의 종극·불교의 이상을 묘사하였다. 곧 법신이 상주(常住)한다는 근저에서 불성의 본구(本具)와 보변을 역설하였고 적극적으로의 열반을 상락아정(常樂我淨)이라 하여 소승의 소극적 열반론에 반대하는 태도를 보인다."(운허용하,『불교사전』, 통도사법보원, 1961, p.148). /『대반열반경(大般涅槃經)』에서 "재가의 사람은 네 가지 닦아 익혀야 할 법(四修習法) 중 첫 번째로 부모를 공경하고 진심으로 효도 봉양할 것"(고영섭,「불교효사상의 현대적 의미와 성찰」,『효 3통 7행—성산최성규목사목회30년기념논문집』, 성산서원, 2009, p.99 참조)을 주문하고 있다. 즉 부모를 공경하고 진심으로 효도 봉양하는 것을 인간으로서 네 가지 닦아 익힐 법의 가장 우선하는 조목으로 설정한 것이다.

82 "『우란분경(盂蘭盆經)』은 7백 자에 불과한 짧은 경전이다. 우란분이란 범어 울람바나(Ullambana)의 속어형에서 파생된 역어이다. 오람바나(烏藍婆拏)라고도 한다. 서진(西晉)의 축법호(竺法護)가 번역하였고 경전의 내용은 목련존자가 죽은 어머니의 고통을 구하던 사실을 말하며 우란분회(盂蘭盆會)는 이에 의하여 생겼다. 다른 번역으로『보은봉분경(報恩奉盆經)』이 있다. 우란분회는 도현(倒懸)이라 번역하며 이것은 지옥·아귀도에 떨어진 이의 혹심한 괴로움을 구원하기 위하여 닦는 법을 말한다.『우란분경』에는 대목건련(목련존자)이 6신통을 얻은 후 부모를 찾아보니, 죽은 어머니가 아귀도에서 고통을 받고 있으므로, 부처님께 구제할 방법을 물었다. 부처님은 지금 살아 있는 부모나 7대의 죽은 부모를 위하여 7월 15일에 여러 가지 음식과 다섯 가지 과일 등으로 시방의 대덕스님네를 공양하라 하였다. 목건련은 분부대로 행하여 어머니의 고통을 구하였다."(운허용하, 위의 책,『불교사전』, pp.643-644).

혜를 알고 갚는 것이 인간으로서 가장 원초적이며 정신적인 기초를
다지는 것이고, 인간다운 품성을 나타내는 것이다. 따라서 인간사회
의 인간적인 유대와 관계의 형성도 부모에 대한 효에서 비롯된다.
효를 잊을 때 인간으로서 품성은 상실되고 인간사회의 조화있는 성
장은 붕괴될 것이 명백하다.[83] 『부모은중경』의 가르침은 영원히 인
간과 역사와 미래를 붙들고 키워가는 진리이지만 그중에서도 오늘
날 우리에게 무엇보다도 절실한 것은 인간품성의 자각과 인간다운
덕성의 함양이다. 따라서 품성의 자각과 덕성의 함양을 위해서 『부
모은중경』에 나타난 불교적 효사상의 전개는 『효경』에 나타난 유교
적 효사상의 전개와 대비된다.

　『부모은중경』은 부모의 은혜가 심중함과 부모의 은혜 갚는 방법
을 가르치고, 『우란분경』은 돌아가신 부모를 천도하는 방법을 담고
있다.[84] 본고에서는 『부모은중경』을 중심으로 불교 효사상을 살펴보
고자 한다. 불교사상과 『부모은중경』의 관계 속에서 효를 고찰해 보
면 다음과 같다.

　위경(僞經)으로 알려진 『부모은중경』[85]은 어머니를 중심으로 한 불
교의 효정신이 드러난 불경이다. 이것은 인도의 원전이 없다고 전해
지며 처음부터 중국에서 지어진 위경이라고 하지만 효에 관한 한 불
교의 대표적인 경전이다. 우리나라에서도 지금까지 『부모은중경』이

83　배갑제 편저, 『효도대사전』, 사단법인 한국효도회, 2006, p.225.
84　석지명, 『허공의 몸을 찾아서』, 불교시대사, 1996, p.607.
85　도올 김용옥은 그의 『효경한글역주』에서 『부모은중경』을 가지산문(迦智山門)의
　　작품이라고 언급하기도 하였으나, 일반적으로 작자미상이고 위경으로 알려져 왔
　　다. 『부모은중경』에 대한 보다 깊은 연구와 현대적 시각에서의 재해석도 요구된다.

널리 유통되고 있고 단원 김홍도가 그 경의 게송에 맞게 그린 그림과 함께 불교의 효사상에 관해 알려 주는 우리나라의 대표적 불경 중 하나로 자리매김하고 있다. 이 경은 고려 말부터 유통되기 시작하여 조선시대에 널리 유행한 경전이다.[86] 재가 신도나 출가 수행자를 막론하고, 자식으로서 효도를 실천할 때에 참다운 부처님의 가르침을 받들 수 있다는 것이 『부모은중경』을 뒷받침하는 사상이다.

『부모은중경』은 부모의 은혜가 지극하다는 것을 스스로 깨달아 자발적 효심(孝心)을 불러일으키는 데 중점을 두고, 왜 부모에게 효도해야 하는가에 대한 답을 불교적인 관점에서 해명하고 있다. 이것은 효를 강조한 경전이라는 점에서 유교의 『효경』에 필적하는 귀중한 경서로 동양윤리를 논함에 있어서 빼놓을 수 없는 중요한 가치를 지닌다. 이 경전은 부모가 자식을 낳아서 기르는 과정에서의 노고를 소상하게 그리고 감동적으로 기록함으로써 사람들로 하여금 저절로 효심이 우러나도록 묘사되었다는 것이 특징이다.

내용으로 볼 때 『부모은중경』은 어머니의 은혜를 중심으로 부모의 은혜가 측량할 수 없이 넓고 깊음을 밝혔다. 부처님이 이 가르침을 설할 때 하나의 방편으로 어머니의 은혜를 표면에 내세웠을 뿐, 자식으로서 부모에 대한 은혜를 알게 하는 데는 이처럼 절절한 경전 또한 드물기 때문이다.

『부모은중경』에서는 자식을 낳아 주고 길러 준 은혜를 잉태와 출산 그리고 어려서부터의 보살핌과 장성한 후까지의 가없이 사랑하

---

86 편자 미상, 최은영 역, 『부모은중경』, 홍익출판사, 2008, pp.11-22.

는 마음의 10가지 은혜[87]를 다음과 같이 밝히고 있다.

첫째, 잉태하여 지켜 주신 은혜이다.

둘째, 해산에 이르러 고통을 감내해 주신 은혜이다.

셋째, 자식을 낳고 모든 근심을 잊으시는 은혜이다.

넷째, 쓴 것은 삼키고 단 것은 뱉어 먹여 주시는 은혜이다.

다섯째, 진자리 마른자리 갈아 뉘시는 은혜이다.

여섯째, 젖을 먹여 기르시는 은혜이다.

일곱째, 깨끗하지 않은 것을 씻어 주시는 은혜이다.

여덟째, 멀리 나간 자식을 걱정하시는 은혜이다.

아홉째, 자식을 위해서라면 나쁜 일도 마다 않으시는 은혜이다.

열째, 끝까지 자식을 애처롭게 여기시는 은혜이다.

이는 자식의 전 생애에 대한 어머니의 은혜이고, 어머니가 되고 나서 자신의 전 생애에 걸쳐 보살핀 정성이다. 자신을 위해 헌신한 어머니에 대하여 자식으로서 작은 보은이라도 해야겠다는 마음을 갖도록 하는 데 그 뜻이 있다.

어머니의 은혜를 설명함에 구체적인 예를 들면 다음과 같다. 어머니가 아이를 낳고 기르는 데 있어 3말 3되나 되는 피를 흘리고 8섬 4

---

87 "第一 회탐수호은(懷躭守護恩), 第二 임산수고은(臨産受苦恩), 第三 생자망우은(生子忘憂恩), 第四 인고토감은(咽苦吐甘恩), 第五 회간취습은(廻乾就濕恩), 第六 유포양육은(乳哺養育恩), 第七 세탁부정은(洗濁不淨恩), 第八 원행억념은(遠行憶念恩), 第九 위조악업은(爲造惡業恩), 第十 구경연민은(究竟憐愍恩)."(광덕 편역, 『父母恩重經』, 신흥출판사, 1979, pp.123-126).

말의 젖을 먹여[88] 길렀으며, 3년 동안에 어머니의 흰 젖을 먹으면서
젖먹이가 아이로 자라고 성년이 되면 예절과 올바른 삶의 방법을 가
르쳐 직업을 가질 수 있는 능력을 갖추게 한다. 이렇게 정성스럽게
애써 길러도 그 자식에 대한 관심과 사랑이 끝났다거나 깊은 정이
끊어졌다고 생각하지 못한다.

아들딸에게 병이 생기면 부모에게도 병이 생기고, 만일 자식의 병
이 나으면 자애로운 어머니는 비로소 차도가 있게 된다.[89] 자식의 고
통을 자신의 고통으로 공감하고 동정하는 어머니의 사랑을 받고 자
랐다는 것을 바로 인식하여 자식으로서 효심을 일으키라고 한다.

원초적인 생명의 태동기부터 어머니로부터 받은 은혜가 크고, 어
머니가 아이를 젖을 먹여 기를 때의 시기를 젖먹이라고 부를 정도로
아이는 어머니에게 의존하게 된다. 자신의 생명이 태동하는 시점으
로 돌아가 보고, 자신이 태어나서 오늘이 있기까지 어머니의 사랑과
보살핌을 받고 자랐다는 각성과 공감하는 마음에서 보은할 것을 역
설하고 있다. 이러한 어머니의 은혜에 대한 불교적 교육은 보은과
인성교육[90]의 함양 차원에서 현대 가정과 사회에 필요하다고 본다.

---

88 "生男養女 一廻生簡孩兒 流出三斗三升凝血 飮孃八斛四斗白乳 所以骨頭 黑了又輕."
　　(광덕 편역,『父母恩重經』, p.122). 어머니(여자)의 뼈는 해산과 육아의 결과로 검고
　　기볍다고 한다.

89 "三年之中 飮母白血 嬰孩童子 乃至盛年 將教禮義 婚嫁官學 備求資業 携賀艱辛 勤苦之
　　終 不言恩絶 男女有病 父母病生 子若病愈 慈母方差 如斯養育 願早成人."(광덕 편역,
　　『父母恩重經』, p.127).

90 근래에 불교 사찰에서는 승려양성프로그램을 대중에게 보편화시킨 템플스테이
　　를 통하여 영성 훈련 등을 주관하고 있으며, 그 반응이 매우 긍정적이다. 각 사찰마
　　다 독특한 프로그램(Ven Jeong Dae, What is Korean Buddhism?, Korean Buddhist
　　Chogye Order, 2000, p.93 참조)을 운영하고 있는데 불교적 효에 관련된 내용을 마
　　련하여 공동프로그램으로 운영한다면 우리 시대가 요구하는 인성교육과 효의 대

부모의 은혜에 대한 교육은 자신의 생명을 있게 해준 보본의 은혜에 대한 인식에서 출발하여 앞에 열거한 열 가지 은혜에 대해 깊이 깨닫게 해야 한다. 가정교육에 관한 불교적 가르침이 밝혀진 『선생자경(善生子經)』에도 자식이 부모를 섬기는 법에 대해 "첫째, 받들어 봉양하여 모자람이 없게 한다. 둘째, 무릇 할 일이 있으면 부모에게 먼저 사뢴다. 셋째, 부모의 하는 일에 순종하며 거스르지 않는다. 넷째, 부모의 바른 명령을 어기지 않는다. 다섯째, 부모가 하는 바른 작업을 끊이지 않게 하는 것이다"[91] 등으로 밝히고 있다.

『부모은중경』의 특징은 부모 보은의 막중함과 보은을 하지 않음으로써 받게 되는 무거운 죄를 말하고 있는 것이다. 부처님은 이 경을 통하여 인간이 부모에게 불효하면 사후에 무서운 지옥 세계에서 고통을 받아야 한다는 점을 강조하였다. 부처님은 이 경전에서 인간이 지옥에서의 옥고를 피하기 위해서는 부모 은혜에 보답해야 한다고 말하고, 그 은혜에 보답하는 방법을 구체적으로 제시하였다. 부처님은 부모 은혜에 보답하는 방법으로 경전을 간행하여 펴는 일을 계속하라 하였다. 경문을 널리 펴내고 권하는 것은 염불만 하는 것보다 더 많은 공덕을 쌓는 일이라는 것은 누구나 쉽게 짐작할 수 있다.[92]

한편 돈황본 『부모은중경』은 효의 문제를 정면에서 취급하여 탄

중화를 위해 중요한 역할을 하리라 본다.

91 김용표, 「불교적 가정교육의 방향」, 『부처님이 들려주는 효 이야기』, 조계종출판사, 2000, p.182.

92 대한노인신문사 노인문제연구원 편저, 『한국전통예절과 충효사상』, 대한노인신문사 출판국, 2008, pp.243-244.

생에서 양육, 그리고 성장 후의 불효라는 정경을 배경으로 부모의 은혜가 호천망극(昊天罔極)한 이유를 설한다. 그리고 부모를 위해서 이 경의 일구일게(一句一偈)를 수지(受持)·독송(讀誦)·서사(書寫)하고 한 번이라도 귀로 듣고 눈으로 본다면 모든 오역죄(五逆罪)는 사라지고 해탈할 수 있다고 말한다. 이상이『부모은중경』의 내용인데 이 경전은 어디까지나 민중을 대상으로 하여 마련되었다고 볼 수 있다. 따라서 이 경은 민중을 위한 효사상을 내면으로부터 전문적으로 설한 경[93]이라 할 수 있다. 결국 모든 인간은 부모로부터 태어나고 성장하는데 이러한 부모의 은혜를 알고 갚는 것이 인간으로서 가장 원초적이며 정신적인 기초를 다지는 것이고, 인간다운 품성을 나타내는 것이다. 이러한 점을『부모은중경』은 구체적으로 가르치고 있다는 점이 큰 특징이다.

인간 사회의 인간적인 유대와 관계의 형성도 부모에 대한 효에서 비롯된다. 효를 망각할 때 인간으로서 품성은 상실되고 인간 사회의 조화 있는 성장은 붕괴될 소지가 많다고 볼 수 있다.『부모은중경』의 가르침은 영원히 인간과 역사와 미래의 윤리 도덕적 방향을 제시해 주는 진리이다. 그중에서도 오늘날 우리에게 무엇보다도 절실한 것은 인간 품성의 자각과 인간다운 덕성의 함양이다.『부모은중경』은 이를 구현하기 위하여 효를 강조한다.

『부모은중경』에서 부모의 은혜가 한없이 넓고 깊어서 자식으로서 도저히 갚을 수 없는 상황을 "가령 어떤 사람이 왼쪽 어깨에 아버지

---

93 키무라 키요타카, 장휘옥 역,『중국불교 사상사』, 민족사, 1995, p.196.

를 업고 오른쪽 어깨에 어머니를 업고서 수미산을 백 천 번을 돌아 피부가 닳아져 뼈가 드러나고, 뼈가 닳아서 골수가 드러나더라도 부모의 깊은 은혜는 마침내 다 갚지 못한다. 또 가령 어떤 사람이 흉년을 당하여 부모를 위하여 자기의 온 몸뚱이 살을 도려내어 티끌같이 잘게 잘리도록 고통을 받으며 공양하기를 백 천 겁 동안을 계속하더라도 오히려 부모의 깊은 은혜는 다 갚지 못한다."[94]라고 밝혔다. 본 내용을 통해 부모의 은혜는 도저히 자식으로서는 다 갚을 수 없는 가없는 은혜임을 알 수 있다. 유추하면 인간이라면 생명을 담보하고라도 부모의 은혜를 갚기 위해 노력해야 함을 강조한 것이다.

『부모은중경』을 중심으로 한 불교적 효사상의 본질을 종합하면 다음과 같다.『부모은중경』에서는 항상 부모의 자애로운 은혜가 설해지고, 그에 대한 자식의 효가 설해진다. 불교의 효는 자연적 발로이며 상하의 신분적 관계나 지배복종의 관계가 아니다. 신분적인 상하의 윤리가 아니며 지배복종의 관계가 아닌 양쪽이 평등한 인간적인 입장에서 관계 맺고 있는 수평의 도덕인 것이다.[95] 이처럼 불교의 윤리는 신분적으로 엄격한 상하관계의 윤리가 아니다. 또한 지배와 복종의 관계도 아닌, 서로간의 평등한 인간적 관계이다. 이것은 일체만유가 차별 없이 평등하다는 불교의 일여평등사상에서 온 것

---

94 "假使有人 左肩擔父 右肩擔母 研皮止骨 骨穿至髓 遶須彌山 經百千匝 猶不能報 父母深恩. 假使有人 遭飢饉劫 爲於爺孃 盡基己身 臠割碎壞 猶如微塵 經百千劫 猶不能報 父母深恩."(광덕 편역,『父母恩重經』, p.129). 이외에 여섯 가지 예를 더 들면서 부모의 은혜가 가없는 은혜임을 밝혔다.

95 신성현,「불교 경전에 나타난 효」,『부처님이 들려주는 효 이야기』, 조계종출판사, 2000, p.102.

이다.

첨언하면, 불교의 실천 윤리적 측면에서 효는 지은으로 시작하여 보은으로 귀결된다.[96] 그러므로 은혜를 아는 것은 불교 실천 윤리의 시작이다. 은혜를 모르는 자는 사람이 아니라 축생보다 못하다고 여겨진다. 축생들도 은혜를 알고 보은을 하기 때문이다. 이러한 인도 불교의 보은 사상이 중국에 전래되어 중국 불교의 은혜와 보은 사상으로 전개해 나간다. 한편 중국불교에 있어서의 효의 강조는 초기 및 대승불교의 흥기 속에서 이루어진 효사상의 의미가 유교와 도교와의 논쟁을 통해 더욱 중국화와 더불어 사회실천적 의미로 재해석[97]되어졌다는 점에서 효사상이 시대상황에 맞게 적용되어야 함을 알 수 있다.

결론적으로 불교에 있어서의 효의 본질은 지은보은이고, 은혜의 대상에 대하여 보은하는 것이다. 불교적 효의 우주적 가치 확립은 동체대비의 실현이다. 이것은 윤회전생(輪廻轉生)의 연기법상의 일체 중생이 우리 조상과 부모형제 아님이 없고, 인간 심성은 자비이기 때문에 지혜의 눈으로 모든 인류에게 내 마음 내 몸처럼 자비를 베

---

96 "『대방편불보은경』에서는 '여래는 본래 나고 죽는 동안 일체의 중생이 일찍이 여래의 부모였고, 여래 또한 일찍이 중생들의 부모였느니라. (……) 쉬거나 게으름이 없이 부모에게 효도로써 봉양하거나 은혜를 알고 은혜를 갚았기 때문에 이제 위없이 바르고 평등한 바른 깨달음을 속히 이룰 수 있었느니라.'라고 설하고 있다. 여기에서 알 수 있는 것은 일체 중생이 여래의 부모였고, 여래 역시 일체 중생의 부모였음을 드러내어 인연의 은혜를 알려 주고 그 은혜를 갚아야 함이다."(고영섭, 앞의 논문, 「불교효사상의 현대적 의미와 성찰」, pp.109-110). 불교의 효사상은 인연의 은혜를 알고 그 인연에 대하여 보은하는 것이라 할 수 있다.

97 원익선, 「불교의 효사상」, 원광효도마을노인복지연구소, 《현대사회와 원불교 효사상》, 제1회 원광효도마을노인복지연구소 효학술세미나, 2009년 6월 12일.

푸는 것이 최종의 효라고 본다. 존재론적 측면에서 불교적 효행은
동체대비의 정신이 발현될 때 무한히 확장된다. 왜냐하면 효의 대상
이 나의 부모로 국한되는 것이 아니라 일체중생을 나의 부모와 같이
여기기 때문이다. 따라서 불교적 효행의 가치완성은 동체대비가 실
현될 때 그 결과가 완결된다고 볼 수 있다.

03
서양 종교의 효사상

○

1) 기독교의 효

기독교는 신(神)이 육신(肉身)으로 나타나서 인간과 함께 살았다는
종교이다. 화신(化身, incarnation)[98]의 교리를 발전시킨 종교는 여럿이

---

98 "기독교에서는 수육(受肉) 또는 화육(化肉)으로 표현하는데 신의 아들이 육신으
로 내려와서 사람과 함께 생활함을 의미한다. 여기에는 인류의 구원이라는 하나
님의 섭리가 있다. 『신약성경』 「요한복음」에 보면 예수 그리스도는 하나님의 독생
자로서 하나님의 뜻에 따라 이 땅에 내려온 하나님의 아들로서 하나님의 뜻에 온
전히 순종하여 십자가의 죽음까지 기꺼이 감당해 낸 효자의 모범을 인류에게 보여
주었다. 4복음서(마태복음, 마가복음, 누가복음, 요한복음)의 기자들은 예수 그리
스도를 하나님의 뜻에 따라 십자가의 죽음까지 감당해 낸 하나님의 아들로 묘사하

있지만 기독교만큼 화신의 교리를 강조한 종교는 없었다. 기독교의 모든 교리는 예수가 신의 속성을 완전히 갖춘 인간이라는 신앙을 중심으로 형성되어 있다.[99]

본 장에서 다루어질 기독교의 효는 『구약성경(舊約聖經)』과 『신약성경(新約聖經)』을 근거로 도출되어지며 하나님과 인간, 부모와 자녀 사이의 진정한 사랑에 바탕을 두고 있다. 사랑을 이루는 핵심적 요인은 다른 사람을 보살피고 동정하는 것이다. 기독교는 사랑의 종교로서 타인의 행복과 발전을 위하여 자신을 희생할 것을 강조한다. 그 중에서 가장 중요한 이는 부모이다.[100]

이처럼 기독교의 효는 사랑을 근간으로 하여 부자 관계로 귀결되며 기독교 윤리로 정착된다. 기독교에서 정의하는 기독교 윤리를 보면 하나님과 인간과의 관계를 수직적 혹은 일차적 관계로 보고, 이웃과 자연과의 관계를 수평적 혹은 이차적 관계로 본다. 바로 이 점이 기독교 윤리를 규정하는 특징이라고 할 수 있다. 하나님과 인간과의 관계를 근거로 하여 윤리적인 삶을 사는 것이 기독교 윤리이다. 즉 하나님 앞에서, 하나님과 함께, 하나님을 따라, 하나님을 위해 사는 삶의 윤리가 기독교 윤리[101]라고 할 수 있다. 윤리가 상호관계성을 규정한다고 할 때 사람과 사람 사이의 관계, 사람과 자연과의 관계, 사람과 하나님(신)과의 관계를 말한다. 기독교 윤리는 무엇보다

고 있다."(김시우, 『성경적 효 입문』, 다사랑, 2008, pp.158-159).

99 J. B. 노스, 앞의 책, 『세계 종교사』 하, p.304.

100 이효범, 『효란 무엇인가』, 공주대학교 출판부, 1998, p.63.

101 함창기, 『기독교와 성서의 교훈』, 총신출판사, 1998, p.103.

도 사람과 하나님과의 관계를 우선시한다.

기독교 윤리적 관점에서의 최고선은 천국이며, 죄로부터 해방되어 천국에 참여함이 궁극의 구원이다. 개인적인 차원에서 볼 때에 죄로부터 완전히 해방되어 영생에 이르는 것이 절대적 구원이지만, 사회적인 차원에서 절대적 구원의 목표는 천국의 실현으로 이룩된다. 그리고 천국은 화평 속에서 평화를 누리는 절대적 화합의 상태이기도 한 것이다. 이러한 절대적 구원은 현재성과 미래성이 공존[102]한다. 특히 구원의 현재성에 있어서 기독교 효사상은 사회적 차원의 천국을 실현하는 것이며 영생에 이르는 절대적 구원으로 연결된다.

또한 기독교 윤리의 대표적 가르침은 『구약성경』의 십계명[103]과 『신약성경』의 복음서에서 찾아볼 수 있다. 즉 모세를 통한 십계명과 「에베소서」를 중심으로 한 복음서의 교훈이 기독교 윤리의 단초이며 기독교 효에 관한 뿌리가 된다. 특히 기독교 효의 시원은 십계명 중 인간을 상대로 한 첫 계명인 제5계명에서 찾아야 한다. 하나님은 사람들에게 열 가지 계명을 내렸는데, 그중에서 처음 네 계명은 사람이 하나님에게 지켜야 할 계명이고, 다음 여섯 가지는 사람끼리 지켜야 할 계명이다. 이 후자 가운데 첫 번째가 "네 부모를 공경하라."라는 것이다.

---

102 나학진, 앞의 논문, 「동서 종교윤리의 비교—사회 변혁을 중심으로」, p.25.
103 "십계명은 내용상 두 가지로 분류할 수 있다. 1-4의 계는 하나님에 대한 의무를 나타내고 있으며, 5-10의 계는 인간에 대한 의무를 나타낸 것으로 분류된다. 말하자면 1-4의 계는 하나님과 인간과의 수직적 관계요, 5-10의 계는 횡적인 대인관계를 나타낸 것이라고 할 수 있다."(박상권, 「원불교의 계율정신—대승계, 십계명, 삼십계문 비교 고찰」, 『원불교 수행론 연구』, 원광대학교 출판국, 1996, pp.512-513). 천주교의 『공동번역 성서』에는 제4계명에 "네 부모를 공경하라."라는 내용이 있다.

그리고 열 가지 계명 중에 다른 계명에 대해서는 어떠한 복을 주겠다는 내용이 없으나, 제5계명에는 "그리하면 하나님 나 여호와가 네게 준 땅에서 네 생명이 길리라."는 약속이 담겨 있다. 사람끼리 지켜야 할 계명 가운데 이토록 땅에서 오래 살리라 한 것은 부모 공경, 곧 효도가 가장 소중하다는 뜻을 두드러지게 나타낸 것이라고 하겠다.[104]

절대자인 하나님이 언약하면서 강조한 것이 부모 공경이며 기독교적 효의 시원이다. 십계명의 제5계명을 뿌리로 하여 기독교의 효는 성서 역사와 함께 강조되어 왔으며, 초기 기독교인들에서부터 효는 삶의 중요한 테마[105]였다. 한편 한국의 기독교에서 '효'란 말은 성경의 번역과정에서 유일하게 다음에서 드러난다.

> 만일 어떤 과부에게 자녀나 손자들이 있거든 저희로 먼저 자기 집에서 효를 행하여 부모에게 보답하기를 배우게 하라 이것이 하나님 앞에 받으실 만한 것이니라[106]

기독교 효의 근원적 의미는 경건(敬虔, godliness, reverence, piety, fear)에서 비롯된다. 성경적 경건[107]은 하나님과 예수의 거룩한 성품을 닮아가

---

104 최성규, 『효학개론』, 성산효대학원대학교, 2004, p.41.
105 김용옥, 『도올의 도마복음 한글역주』 3, 통나무, 2010, p.278.
106 『신약성경』, 「디모데전서」 5:4, 김호용 편, 『한영성경전서』, 대한성서공회, 1987, p.340.
107 경건과 관련된 성경의 영문 번역에서는 godliness, reverence, fear 등을 piety로 통일하여 번역하는 추세이나 한국어 번역에서는 현재까지 직역을 위주로 다양하게 번역하고 있다.

는 것을 말하며 그것이 현실 생활 속에서 드러나야 한다. 따라서 기독교의 효는 경건을 중심으로 신(하나님)과 인간과의 관계를 부자(父子) 관계로 설정하고 그 관계를 절대적 순종과 공경, 섬김, 사랑 등으로 확장하였다. 여기에 근거하여 기독교적 효는 성경에서 다양하게 전개된다. 먼저 순종을 통한 기독교적 효의 근거는 성경 전체에서 여러 가지로 드러나 있다. 순종이란 무조건적 복종을 의미한다. 종교적인 순종은 일반 가정 및 사회에서 말하는 순종과는 구별할 필요가 있겠으나 효의 실천이라는 영역에서의 순종은 종교적 차원과 다를 바가 없다고 본다. 따라서 기독교적 순종의 효는 신과 인간과의 관계를 보다 긴밀히 연결할 뿐만 아니라 순종을 통해서 신앙심이 고양되고 인격이 함양된다고 볼 수 있다. 기독교적 순종의 효는 하나님에게 인간의 전부를 신탁하는데서 비롯된다. 또한 순종의 효는 하나님의 독생자인 예수가 인간의 몸으로 이 땅에 와서 성부(하나님)의 뜻에 따라 구원사역의 완성[108]을 위하여 십자가의 죽음도 기꺼이 받아들인 데서 그 모본을 찾을 수 있다. 예수의 십자가 고난은 세상의 모든 죄를 대속하기 위한 하나님의 계획이었고, 인류 구원을 위한 사랑의 실천임을 다음에서 확인할 수 있다.

아버지여 만일 아버지의 뜻이어든 이 잔을 내게서 옮기시옵소서 그러나 내 원대로 마옵시고 아버지의 원대로 되기를 원하나이다 하시니 사자가 하늘로부터 예수께 나타나 힘을 돕더라 예수께서 힘쓰고 애써

---

108 박철호 외, 『효, 21세기에 새롭게 조명되는 효』, 성산서원, 2007, p.30.

더욱 간절히 기도하시니 땀이 땅에 떨어지는 피방울 같이 되더라[109]

　이튿날 요한이 예수께서 자기에게 나아오심을 보고 가로되 보라 세
상 죄를 지고 가는 하나님의 어린 양이로다 내가 전에 말하기를 내 뒤
에 오는 사람이 있는데 나보다 앞선 것은 그가 나보다 먼저 계심이라
한 것이 이 사람을 가리킴이라[110]

　위에서 "세상의 죄를 지고 가는 하나님의 어린양"이라는 표현은
이미 요한복음의 사상에서 처음부터 예수의 죽음이 세상의 죄를 대
속한다는 의미를 구현하고 있다는 것을 말해준다. 예수는 유월절 날
바치는 제물로서 비유되었다. 유월절의 피로 출애굽사건이 이루어
질 수 있었고 민족적 구원이 가능했다. 따라서 예수의 피는 그런 구
원을 가능케 하는 희생의 상징이다. 출애굽은 단지 이스라엘 민족만
을 위한 것이지만 예수의 희생은 민족단위라는 편협한 패거리의식
을 초월하는 보편적 인류의 구원을 위한 것[111]으로 하나님의 계획된
역사라 할 수 있다. 이것은 율법주의와 민족주의를 넘어선 차별 없
는 인류에 대한 무한한 사랑의 보편적 구현이다.
　육신을 가진 인간으로서 죽음을 의연히 받아들일 사람은 흔치 않
다. 비록 예수가 육화된 하나님의 아들이라 할지라도 육체를 가진

---

109 『신약성경』, 「누가복음」 22:42-44, pp.135-136.
110 『신약성경』, 「요한복음」 1:29-30, p.143.
111 김용옥, 『요한복음강해』, 통나무, 2007, p.157. 위와 같은 도올의 주장은 기독교의
　벽이 없는 포용성의 전제를 강조한 것이라 볼 수 있다.

인간의 몸으로 십자가의 고통을 감내 한다는 것은 쉬운 일이 아니다. 그럼에도 불구하고 인류 구원을 위하여 십자가의 죽음을 감내한 것은 순종의 극치를 몸소 실천한 것이며 기독교적 순종의 효를 극명화한 일대 사건이다. 이러한 예수의 성부에 대한 순종의 효는 신약성서에 다음과 같이 세상의 모든 자녀들에게 권면으로 이어지며 하나님 안에서 축복과 은혜로 언약되어진다.

> 자녀들아 너희 부모를 주 안에서 순종하라 이것이 옳으니라 네 아버지와 어머니를 공경하라 이것이 약속 있는 첫 계명이니 이는 네가 잘 되고 땅에서 장수하리라[112]

> 자녀들아 모든 일에 부모에게 순종하라 이는 주 안에서 기쁘게 하는 것이니라[113]

> 내 아들아 네 아비의 명령을 지키며 네 어미의 법을 떠나지 말고 그것을 항상 네 마음에 새기며 네 목에 매라 그것이 너의 다닐 때에 너를 인도하며 너의 잘 때에 너를 보호하며 너의 깰 때에 너로 더불어 말하리니 대저 명령은 등불이요 법은 빛이요 훈계의 책망은 곧 생명의 길이라[114]

---

112 『신약성경』, 「에베소서」 6:1-3, p.316.
113 『신약성경』, 「골로새서」 3:20, p.327.
114 『구약성경』, 「잠언」 6:20-23, 김호용 편, 『한영성경전서』, 대한성서공회, 1987, p.915.

이처럼 성경은 일관되게 부모에 대한 순종을 언명한다. 더불어 부모와 자녀 간의 관계를 순종과 복종이라는 의무로 규정하며 하나님의 언약으로 인간의 번영과 창대를 기약한다. 여기에서 기독교적 효의 시작이 절대적 순종으로 규명되며 마침내 생명과 직결됨을 강조하고 있는 점은 기독교적 효가 심오한 생명성에 근거하고 있음을 보여준다. 따라서 기독교적 효의 생명성은 하나님에 대한 순종으로부터 시작하여 전 인류로의 확산에 있다고 말할 수 있다.

다음은 사랑을 통한 기독교적 효의 실천이다. 김시우는 박철호가 제시한 보편화 가능성의 효윤리 체계[115]에 사랑의 원리를 추가하였다. 기독교적 효에서 사랑의 원리는 박철호가 밝힌 효윤리 체계의 네 가지 요소를 지탱하고 상호 작용시키며 생명력을 불어넣어 주는 역할을 하여 효의 효율성을 극대화시켜 준다고 밝혔다. 여기서 말하는 사랑은 아가페적 사랑을 말한다. 이 아가페적 사랑은 하나님의 속성이며 그의 독생자인 예수그리스도를 통해서 보여진다.[116] 이러한 기독교적 사랑은 현실생활에서 "원수까지도 사랑하라"고 가르치며 한계상황일지라도 모든 것을 포용할 수 있는 인격을 요구한다.

사랑하는 자들아 우리가 서로 사랑하자 (……) 하나님이 자기의 독생자를 세상에 보내심은 저로 말미암아 우리를 살리려 하심이라 사랑

---

115 박철호는 보편화 가능성의 효윤리 체계를 순종의 효, 친애의 효, 존속의 효, 대리의 효로 조명하였다. 이에 최병대는 「원불교의 효 윤리 연구─효교육과 관련하여」라는 논문에서 원불교 효윤리를 보편화 가능성의 효윤리 체계로도 밝혔다.
116 김시우, 「성경적 효의 체계론적 연구」, 성산효도대학원대학교(현 성산효대학원대학교) 박사학위논문, 2005, pp.160-161.

은 여기 있으니 우리가 하나님을 사랑한 것이 아니요 오직 하나님이
우리를 사랑하사 우리 죄를 속하기 위하여 화목제로 그 아들을 보내셨
음이라 사랑하는 자들아 하나님이 이같이 우리를 사랑하셨은즉 우리
도 서로 사랑하는 것이 마땅하도다[117]

또 네 이웃을 사랑하고 네 원수를 미워하라 하였다는 것은 너희가
들었으나 나는 너희에게 이르노니 너희 원수를 사랑하며 너희를 핍박
하는 자를 위하여 기도하라 이같이 한즉 하늘에 계신 너희 아버지의
아들이 되리니 이는 하나님이 그 해를 악인과 선인에게 비취게 하시며
비를 의로운 자와 불의한 자에게 내리우심이니라[118]

기독교적 사랑의 효는 생명의 차원을 넘어선 인류애의 보편적 확
산으로 이어지며 인류 구원을 위한 박애(博愛)의 메시지로 볼 수 있다.
그러므로 하나님은 독생자 예수를 인간 세상의 화목제(和睦祭)로 보낸
것이다. 기독교적 사랑을 통해서 신인 하나님을 볼 수 있고 인간의
마음속에 온전히 모실 수 있음을 약속한 점도 간과할 수 없는 부분
이다. 결론적으로 기독교의 사랑[119]의 효는 원수까지도 포용하여 인
간의 모든 문제를 해결할 수 있는 효의 궁극적 경지라 할 수 있다. 더

---

117 『신약성경』, 「요한1서」 4:7-11, p.392.
118 『신약성경』, 「마태복음」 6:43-45, p.7.
119 예수는 사랑의 실천을 진실한 행동으로 할 것을 다음과 같이 언명한다. "My little
children, let us not love in word, neither in tongue; but in deed and in truth."(1John
3:18, The King James Version, The Holy Bible : Old and New Testaments, Thomas
Nelson Inc., 1976, p.157).

불어 하늘의 무한한 은혜를 사랑으로 현실화한 존재의 실현이라고
도 말할 수 있다.

더불어 기독교적 효는 공경을 통한 실천적 발현이다. 공경이란 말
은 모시어 받들어 정성으로 섬긴다는 뜻으로 윤리와 도덕을 요구하
는 인간의 역사 속에서 가장 필요한 덕목을 성경은 다음과 같이 강
조한다.

> 너는 센 머리 앞에 일어서고 노인의 얼굴을 공경하며 네 하나님을
> 경외하라 나는 여호와니라[120]

> 의인의 아비는 크게 즐거울 것이요 지혜로운 자식을 낳은 자는 그
> 를 인하여 즐거울 것이니라 네 부모를 즐겁게 하며 너 낳은 어미를 기
> 쁘게 하라[121]

위에서 밝혔듯이 자녀들로 하여금 가정에서 자신을 낳아 주고 길
러 준 부모에게 공경으로 효도할 것을 성경은 가르친다. 효란 가정
에서부터 시작하여 사회로 확산되는 윤리 체계이다. 그러므로 성경
에서는 일관적으로 효의 차원에서 공경을 강조한다. 또한 부모를 공
경하지 않고 경홀히 대하는 자는 하나님의 저주를 받을 것이라고
강력히 훈계하고 있으며 선한 일을 행하도록 아래와 같이 권면하고
있다.

---

120 『구약성경』, 「레위기」 20:32, p.176.
121 『구약성경』, 「잠언」 23:24-25, p.935.

그 부모를 경홀히 여기는 자는 저주를 받을 것이라 할 것이요 모든
백성은 아멘 할지니라[122]

선한 일을 행하는 자는 생명의 부활로, 악한 일을 행한 자는 심판의
부활로 나오리라 내가 아무것도 스스로 할 수 없노라 듣는 대로 심판
하노니 나는 나의 원대로 하려하지 않고 나를 보내신 이의 원대로 하
려는 고로 내 심판은 의로우니라[123]

어떤 사람이 주께 와서 가로되 선생님이여 내가 무슨 선한 일을 하
여야 영생을 얻으리이까 예수께서 가라사대 어찌하여 선한 일을 내게
묻느냐 선한 이는 오직 한 분이시니라 네가 생명에 들어가려면 계명들
을 지키라 가로되 어느 계명이오니이까 예수께서 가라사대 살인하지
말라, 간음하지 말라, 도적질하지 말라, 거짓증거하지 말라, 네 부모를
공경하라, 네 이웃을 네 몸과 같이 사랑하라 하신 것이니라[124]

이처럼 공경의 의무를 통하여 기독교적 효의 실천을 강조하고자
함이 성경의 여러 곳에 언급되어 있음을 알 수 있다. 기독교적 공경
의 효는 섬김을 받으러 온 것이 아닌 섬기기 위해 세상에 왔다[125]는
예수의 말에서부터 찾아야 한다. 이것을 뿌리로 하여 기독교적 공경

---

122 『구약성경』, 「신명기」 27:16, p.303.
123 『신약성경』, 「요한복음」 5:29-30, p.151.
124 『신약성경』, 「마태복음」 19:16-19, p.32.
125 안병무·이대수, 『우리가 만난 예수』, 형성사, 1991, p.94.

의 효는 그 의미와 실천이 무한히 확장된다고 볼 수 있다. 여기에 간과할 수 없는 것은 부모가 자녀에게 취해야 될 의무도 부여된다는 사실이다. 기독교적 효가 수직적 상하관계로 절대적이라 하지만 부모의 자녀에 대한 책임과 의무를 아래와 같이 요구한 점에서 기독교 효의 수평적 일면을 엿볼 수 있다.

아비들아 너희 자녀를 격노케 말지니 낙심할까 함이라[126]

또 아비들아 너희 자녀를 노엽게 하지 말고 오직 주의 교양과 훈계로 양육하라[127]

세상의 모든 부모로 하여금 하나님이 인간을 사랑한 것처럼 부모도 자녀들을 노하게 하거나 낙심하게 하지 말 것을 성경은 가르치고 있다. 부모는 하나님의 교양과 훈육으로 자녀들을 양육해야 하는 당위성을 성경은 밝히고 있다. 기독교는 사람과 사람끼리 지켜야 할 가장 소중한 윤리, 도덕적 행위가 부모 공경에 있음을 십계명에 밝히고 있다. 즉 십계명 중 5계명인 다음에서 하나님은 공경을 강조한다.

네 부모를 공경하라 그리하면 너의 하나님 나 여호와가 네게 준 땅에서 네 생명이 길리라[128]

---

126 『신약성경』, 「골로새서」 3:21, p.327.
127 『신약성경』, 「에베소서」 6:4, p.316.
128 『구약성경』, 「출애굽기」 20:12, p.113.

위의 성경 내용에 근거하여 기독교의 효의식은 대단히 강하다[129]고 보는 견해도 있다. 이러한 견해는 효의식의 본질을 논함에 있어서 기독교도 동양 종교에 버금가는 효의식이 강조되고 있음을 말해준다. 따라서 『구약성경』의 효[130]의 핵심은 공경에 있음을 알 수 있으며 성경의 곳곳에서 부모를 공경해야 한다고 강하게 교시되어 있다. 예를 들어 『구약성경』에는 공경의 명제를 다음과 같이 밝힌다.

> 너희 각 사람은 부모를 경외하고 나의 안식일을 지키라[131]

부모의 교훈을 듣고 섬기는 것은 바로 선조들이 하나님의 약속의 지탱자이며 동시에 매개자이기 때문이다. 더불어 현재의 인간이라는 생명의 한 존재로서 오늘을 있게 해 준 부모를 공경하는 것은 당연한 것이며 유일신 하나님에 대한 기본적인 도리이기 때문이다.

선조들은 그러한 의미에서 하나님을 대신하는 사람들이라고 말할 수 있다. 하나님과 조상, 나와의 관계를 돈독히 맺어주는 매개체가 공경과 감사, 순종과 사랑이다. 이러한 매개체를 통해서 하나님과 인간의 관계를 영원한 절대적 관계로 구체화한 것이 기독교적 효라고 말할 수 있다.

기독교적 효의 신앙적 차원으로의 심화는 다음과 같이 전개되어

---

129 최왕규, 「한국인의 가정갈등과 효도관에 관한 연구」, 인하대학교 박사학위논문, 2007, p.34.
130 이효범, 앞의 책, 『효란 무엇인가』, p.65.
131 『구약성경』, 「레위기」 19:3, p.175.

진다. 기독교적 효는 하나님의 축복과 은혜를 받을 수 있는 근거가 된다. 하나님의 은혜와 축복은 인간이 인간의 도리, 즉 효를 실행할 때 인간에게 내려진다. "너는 너의 하나님 여호와의 명한대로 네 부모를 공경하라 그리하면 너의 하나님 여호와가 네게 준 땅에서 네가 생명이 길고 복을 누리리라"[132] 이처럼 기독교의 효는 하나님과 부모를 공경하라는 공경의 실천을 독려하는 내용이 일반화되어 있으며 그것은 십계명뿐만 아니라 여러 곳에서 강조되고 있다.

기독교의 효는 공경을 중심으로 하나님을 아버지라 하며 신과 인간과의 관계를 공고히 하고자 한다. 이렇듯 신과 인간과의 관계를 부모와 자녀 관계로 규정하는 데서부터 기독교적 효의 신앙적 차원이 정립되었다고 볼 수 있다.

> 저가 내게 부르기를 주는 나의 아버지시요 나의 하나님이시요 나의 구원의 바위시라 하리로다[133]

이처럼 기독교에서는 효의 신앙과의 관계성을 신인 하나님과 인간과의 관계를 부자(父子) 관계로 조명하는데서 비롯된다고 볼 수 있다. 동양적인 사고에서 부모와 자녀의 관계의 의미는 인정과 정의가 건네지는 최초의 사회적 상호 인간관계인 것이다. 이러한 사회적 인간관계를 신적인 차원에서 부자 관계로 밝혔다는 것은 인간과 신과의 관계를 보다 친밀하고 공고히 한 것임에 틀림없다. 결국 신인관

---

132 『구약성경』, 「신명기」 5:16, p.270.
133 『구약성경』, 「시편」 89:26, p.867.

계를 부자 관계[134]로 밝힌 것은 하나님에 대한 절대적 공경과 믿음을 견인하며 인간으로 하여금 하나님의 사랑과 보호라는 절대적 신뢰 속에 순종과 공경이 실천된다.

이렇게 순종과 공경이 대두되면서 기독교 효사상의 뿌리를 형성하며 동시에 신앙성도 강화되었다고 볼 수 있다. 자식의 입장에서 보면 아버지라는 의미는 나를 낳아 준 생명의 창조자라는 의미이다. 하나님은 전지전능한 신이지만 아버지라는 호칭은 인간에게 보다 가깝게 다가오는 것이다. 따라서 자녀로서 아버지에 대해 공경과 순종이라는 차원에서 관계 형성을 하는 것은 당연한 사실이다. 이러한 과정을 통해서 기독교 효사상의 근본이 더욱 공고히 축적되어 왔기에 부모에 대한 불경(不敬)의 대가를 성경은 다음과 같이 강하게 밝히고 있다.

아비를 조롱하며 어미 순종하기를 싫어하는 자의 눈은 골짜기의 까마귀에게 쪼이고 독수리 새끼에게 먹히리라[135]

---

134 신(하나님)과 인간과의 관계를 부자 관계로 표현하는 데는 각별한 의미가 있다. 원래 "신의 이름은 그의 본질을 나타낸다. 이러한 일반적인 통찰은 '조상들의 하나님'이라는 표현에서 분명하게 입증될 수 있다. 왜냐하면 엄밀한 의미에서 그는 후기에 이스라엘의 하나님이 '야웨'라고 불리운 것과 같은 자신의 고유한 이름을 가지고 있지 않기 때문이다. 오히려 하나님은 한 인간과의 관계를 통해서 그 특징을 드러낸다."(W. H. 슈미트 저, 강성열 역, 『역사로 본 구약신앙』, 나눔사, 1997, p.32). 이처럼 하나님의 존재는 근본적으로 인간을 통해서 확인되고 증거되었으며 그 대표적인 관계성이 부자 관계이고 이것은 기독교적 순종과 공경의 효에 대한 근거가 된다.

135 『구약성경』, 「잠언」 30:17, p.943.

위의 내용에서 알 수 있듯이 아버지로서 하나님에 대한 순종이 사람에게 있어서 얼마나 소중한 것인가를 확인할 수 있다. 그렇다면 나이 많은 어른에게 존경을 표시하는 것은 무슨 근거가 있는 것인가?[136] 우리 인간의 본성에 존경이라는 것이 있어서 그것이 효라는 의미로 승화되는 근거는 무엇인가의 문제를 명확히 할 때 기독교적 효의 의미가 더욱 드러날 수 있다고 본다.

그러므로 성경은 노인에 대한 공경의 이유에 대해서 노인들을 경륜과 지혜를 가진 선구자로서 그리고 전통의 계승자로서 존경과 봉양의 대상이라는 점을 강조한다. 그래서 성경은 다음과 같이 밝히고 있다.

옛날을 기억하라 역대의 연대를 생각하라 네 아비에게 물으라 그가 네게 설명할 것이요 네 어른들에게 물으라 그들이 네게 이르리로다[137]

내가 말하기를 날이 많은 자가 말을 낼 것이요 해가 오랜 자가 지혜를 가르칠 것이다라 하였으나 사람의 속에는 심령이 있고 전능자의 기운이 사람에게 총명을 주시나니 대인이라고 지혜로운 것이 아니요 (……)[138] 백발은 영화의 면류관이라 의로운 길에서 얻으리라[139] 늙은 자에게 지혜가 있고 장수하는 자에게는 명철이 있느니라[140]

---

136 하인리히 오트 저, 김광식 역, 『신학해제』, 한국신학연구소, 2003, p.147.
137 『구약성경』, 「신명기」 32:7, p.313.
138 『구약성경』, 「욥기」 32:7-9, p.791.
139 『구약성경』, 「잠언」 16:31, p.927.
140 『구약성경』, 「욥기」 12:12, p.772.

　지혜와 풍부한 경험이 젊은 사람보다 훨씬 많은 노인에 대한 절대적 순종과 존경을 성경은 말해 주고 있다. 기독교적 효의 본질은 『구약성경』이나 『신약성경』을 일관하고 있는 사상인 부자 관계(父子關係)로서 곧 성부(聖父)와 성자(聖子)의 관계에서 시작된다. 기독교 진리의 핵심은 하늘에 계신 하나님 아버지와 독생자 예수 그리스도와의 관계, 즉 성부와 성자의 인격적 관계에서 규정되는 모든 가치와 진리인 것이다.

　사도신경에 있는 내용 중 그리스도는 "전능하신 하나님 우편에 앉아 계시다가"라는 구절은 하나님과 그의 아들인 그리스도와의 관계가 성부와 성자의 관계임과 더불어 매우 돈독한 관계임을 말해 준다. 이러한 관계에서 기독교의 순종과 부활의 의미를 유추[141]할 수 있으며 기독교 효의 진수를 추적해 볼 수 있다.

　즉 기독교에서는 앞서 밝힌 순종을 제일의 효로 생각하고 있음을 알 수 있으며 신앙에 있어서도 가장 강조되는 것이 순종이다. 예수의 하나님에 대한 순종, 자녀의 부모에 대한 순종을 통하여 부활이 전개되고 공경과 경건, 사랑이 발현되어 기독교적 효가 무한히 확장될 수 있음을 보여준다.

　여기에 기독교적 효는 삼위일체라는 기독교의 절대적 교리에 잘 나타나 있다. 즉 아버지와 아들과 그리고 이 양자를 연결시키는 성령이 모두 동일한 일체라는 사실이다. 그러므로 이 사상 속에는 무엇보다도 부자 관계가 기본적인 질서로 전제되어 있음을 알 수 있다.

141 서일성, 『실천효도개론』, 글로벌, 2007, p.22.

요한복음에는 하나님 아버지와 독생자 예수 그리스도의 인격적인
관계가 생생하게 다음과 같이 나타나 있다.

> 나는 아버지 안에 있고 아버지는 내 안에 계신 것을 네가 믿지 아니
> 하느냐 내가 너희에게 이르는 말이 스스로 하는 것이 아니라 아버지께
> 서 내 안에 계셔 그의 일을 하시는 것이라 내가 아버지 안에 있고 아버
> 지께서 내 안에 계심을 믿으라[142]

예수는 하나님과 자신이 일체임을 밝히고 있다. 예수의 일거수일
투족이 모두 하늘의 뜻에 따라 움직이고 행해지는 것이다. 인류를
위한 속죄의 재물이 된 것도 결국은 하나님의 원대한 뜻임을 알 수
있다. 끝까지 하나님의 뜻에 대한 신뢰와 위탁이 아들의 태도였던
것이다. 예수의 하나님에 대한 큰 효를 통해서 기독교적 효가 인류
역사에 보편화 될 수 있는 기반이 되었음을 알 수 있다. 우리가 예수
로부터 배울 것은 바로 이러한 큰 효행의 모습이다.

첨언하면 『신약성경』에 일관되어 나타나는 예수의 관심사는 대부
분이 가난하고 억눌린 사람들이다. 예수가 특별히 관심을 기울이던
사람들을 가리켜 복음서들이 부르는 이름들은 여러 가지가 있다. 가
난한 사람, 소경, 절름발이, 앓는 사람, 중풍 병자, 나병 환자, 거지,
굶주리는 사람, 우는 사람, 불쌍한 사람, 죄인, 창녀, 세리, 과부, 귀신
들린(더러운 영에 사로잡힌) 사람, 박해받는 사람, 억눌린 사람, 포로, 수

---

142 『신약성경』, 「요한복음」 14:10-11, p.172.

고하고 짐진 사람 등이다.[143] 이처럼 예수의 관심사는 대부분이 세상에서 소외된 무자력자들이다. 이들에 대한 예수의 관심이야 말로 인류에 대한 무한한 효이고 모든 행실(行實)의 준거가 된다고 본다.

2) 이슬람교의 효

이슬람교는 7세기 초 아라비아의 예언자 무하메드(Muhammad : 570~632)[144]가 완성시킨 종교를 일컫는다. 기독교·불교와 함께 세계 3대 종교의 하나로 불리고 있는 이슬람교는 유대교, 기독교와 함께 세계에서 유일신을 믿는 세 번째 종교이다.[145] 전지전능의 신 알라[146]의

---

143 앨벗 놀런 저, 정한교 역, 『그리스도교 이전의 예수』, 분도출판사, 1997, pp.39-40.
144 610년 경 알라의 계시를 받고 이슬람교를 창시했다. 박해를 피해 622년 메카에서 메디나로 갔는데 이를 '헤지라(Hegira)'라고 한다. 메디나에서 신도들을 모아 630년 메카 함락에 성공한 무하메드는 이슬람 공동체 '움마(Ummah)'를 세우고, 이를 확장했으며, 이후 이슬람교는 아라비아 전역에 퍼졌다. 『꾸란』의 계시에 접하기 이전의 무하메드의 생활은 알 수가 없으나 그는 570년에서 580년의 사이에 메카에 있는 코페이시족의 하심가에서 출생한 것으로 보인다. 고아가 된 그는 그의 조부인 아브둘 무타리브에 의하여 양육되었고 이어서 백부인 아부 탈리브 밑에서 자라게 되었다. 그가 메카에서 상업에 종사하였음은 충분한 가능성이 있으며 사실 『꾸란』에는 상업용어가 자주 쓰이고 있다. 그가 최초로 신의 소명을 받게 된 것은 615년 경, 즉 그의 나이 40에 이르렀을 때인 듯하다. 그가 최초로 신의 계시를 받았을 때 그가 받았던 놀라움과 격렬함이 『꾸란』과 하디스에 나타나 있다(차용준, 『종교 문화의 이해』 제5권, 전주대학교 출판부, 2002, p.399).
145 발터 M. 바이스 저, 임진수 역, 『이슬람교』, 예경, 2007, p.8.
146 알라는 '알'과 '일라' 두 단어를 붙여 놓은 것이다. '알'은 정관사로 '하나', '유일한'의 뜻을 가지고 있다. 알라는 하나님이라는 뜻이다. 그러므로 알라는 하나님의 유일성 및 단일성을 강조하는 하나님의 칭호이다. 알라라는 용어는 아랍어권에서 누구나 사용하는 단어이다. 기독교인도 하나님을 아랍어로 알라라고 말한다. 이 명칭은 이슬람의 강한 신본주의를 의미한다. 이슬람의 3대 사상 중 '따우히드'는 바로 알라의 통일성, 단일성 그리고 유일성을 의미한다. 알라는 절대 주권적 존재로서 99가지의 명칭으로 묘사된다. 알라는 100가지의 명칭을 가지고 있는데, 그

가르침이 대천사(大天使) 가브리엘을 통하여 무하메드에게 계시되어
완성된 이슬람교는 교육적 종교이며 누구나 이행할 수 있고 인종 차
별의 문제를 가지고 있지 않다[147]는 점을 특징으로 유일신 종교를 표
방한다.

유럽에서는 창시자의 이름을 따서 무하메드교라고 하며, 중국에
서는 위구르족을 통하여 전래 되었으므로 회회교(回回敎) 또는 청진교
(淸眞敎)라고 한다. 한국에서는 이슬람교 또는 회교로 불린다. 무하메
드는 유일신인 '알라'를 믿고 그 가르침을 폈는데, 알라의 계시를 모
은 것이 『꾸란』[148]이다. 전체가 114장으로 이루어진 『꾸란』은 13세

100번째의 마지막 명칭은 아무도 알아낼 수 없다는 것이다. 여기서 알라의 무한
성, 나타낸 것 외에는 알 수 없는 대상이라는 신앙을 고백하고 있다. 무슬림은 묵
주를 99개의 씨앗 또는 돌로 만들어 가지고 다니면서 한 알씩 움직이면서 알라의
이름을 읊는다. 이슬람교도들에게 있어서 천사는 하나님의 피조물이다. 천사들
은 신성한 빛으로 창조되고 육체로 장식된 존재이다. 천사들은 하나님의 지시에
따라 움직이며 하나님을 찬양하고 받은 임무를 이행한다. 대표적인 천사로는 가
브리엘(계시의 천사), 미카일, 이즈라일 등이 있는데, 가브리엘은 무하메드에게
하나님의 계시를 받은 천사로 가장 많이 알려져 있다. 이즈라일은 죽음의 천사로
서 부활과 심판의 날에 나팔을 불 천사이다. 그 외에도 여러 천사들이 있어서 각각
맡은 임무를 이행한다(전재옥, 『기독교와 이슬람』, 이화여자대학교 출판부, 2003,
pp.33-34).

147 폴 틸리히 저, 이계준 역, 『문화와 종교』, 전망사, 1984, p.188.

148 "『꾸란』이 14세기 동안 당시의 것과 일점 일획도 폐기되거나 수정·보완되지 않고
보존되어 내려온 정통성에 대해서는 누구도 부정할 수 없는 사실이다. 또한 지역
간의 방언화를 막아 21개 아랍 국가들의 국어를 하나로 16억 이슬람인들의 종교
언어로 그들의 정신세계와 의식구조까지 하나로 통일시켜 놓았다는 것은 『꾸란』
의 영향력 때문이다."(최영길, 「코란이 인류에게 끼친 영향과 비평」, 『외국문학』,
열음사, 1997, p.52). / "이슬람 경전은 보통 글이나 책과는 달리 신성시되며 종교적
으로나 윤리적으로 규범적인 역할을 한다. 꾸란의 경전은 총 114부나 된다. 이슬람
에서는 꾸란이 완벽한 경전이라고 한다. 이슬람의 경전관에 따르면 절대신 알라
가 인간에게 내린 경전은 하나밖에 없었는데 그 원본이 꾸란이라고 한다."(이경
애, 「꾸르안에 나타난 이슬람의 효 연구」, 성산효도대학원대학교 석사학위논문,
2005, p.19).

기 동안에 걸쳐 아랍인의 생활 방식을 굳혀 놓은 것이다.[149]

이슬람교도인 무슬림에게 신앙은 의무이다. 무슬림은 다섯 가지 신앙고백과 다섯 가지 행동 지침을 의무적으로 받아들인다. 그 다섯 가지 교리는 알라, 천사, 『꾸란』, 예언자, 그리고 심판을 포함한다.[150] 이처럼 이슬람교는 무하메드를 믿는 종교가 아니라, 무하메드를 창시자로 하여 『꾸란』을 유일한 경전으로 삼는 종교이다.

『꾸란』은 예언자 무하메드에게 계시된 책으로 예언자에게 계시된 대로 보전되어 왔다. 무슬림들은 『꾸란』이 하나님의 경전의 모판으로서 완전무결한 것이라고 믿는다. 『꾸란』은 천사 가브리엘이 무하메드 예언자에게 읊으라고 하면서 준 계시 내용이다. 이것은 무하메드가 23년 동안 받은 계시를 수록하고 있다는 것이 무슬림 신앙이다.[151] 『꾸란』은 불경이나 성경과 같이 내세를 다루는 경전이면서 동시에 이슬람인들이 현실 세계를 살아가는 인생 교본이자 이념과 체제의 뿌리이며 실증법의 모체가 되고 있다. 따라서 『꾸란』은 유대교나 기독교와는 별개의(separate from Judaism and Christianity) 이슬람이라는 새로운 종교[152]를 드러내는 하나님의 계시에 의해 완성된 경전이다.

이슬람 사회의 정치·경제·사회·문화·예술 등 제반 분야의 기본적 규범이 『꾸란』에서 유래되고 있다. 『꾸란』은 이슬람인들에게 신으로부터 내려온 영원한 신의 서사시로 찬양되고 있다.[153] 따라서 『꾸

---

149 백남철, 『효의 연구』, 계명사, 1977, pp.177-182.

150 전재옥, 앞의 책, 『기독교와 이슬람』, pp.33-34.

151 전재옥, 위의 책, 『기독교와 이슬람』, p.34.

152 Albert Hourani, A History of The Arab Peoples, Harvard University Press., 1991, p.15.

란』은 무슬림들에 의해 신성시되며 그들의 윤리와 종교에 있어서 절
대적 규범이다. 이슬람교도들은 절대적 유일신 알라가 인간에게 내
린 유일한 경전이 『꾸란』[154]이라 여기고 그것을 완벽한 경전으로 받
아들인다. 이처럼 『꾸란』은 이슬람교도들에게 있어서 유일신 알라
에 대한 신앙적 지주가 됨은 물론이요, 이슬람인들에게 정치, 경제,
문화 등 전반에 걸쳐서 가장 영향력 있는 경전이다.

이렇게 『꾸란』은 이슬람교도들인 무슬림들이 살아가는 데 필요한
것을 제시해 주고 있다. 특히 자녀가 부모에게 해야 될 의무와 사람
들에게 필요한 도리와 의무, 인간관계 등에 대하여 자세하게 언급하
고 있다. 『꾸란』은 자식의 역할과 도리를 통한 부모에 대한 의무와
일반 사람들에 대한 헌신을 이슬람적 효의 실천을 중심으로 다음과

---

153 최영길, 앞의 논문, 「코란이 인류에게 끼친 영향과 비평」, pp.35-52.
154 "알라의 말인 『꾸란』의 무오성(無誤性)에 대한 확신은 물론 무슬림들에게는 상당
히 중요하다.
『꾸란』은 잘못된 전달 방법에 의해서 와전되지 않았다는 추론도 역시 중요하다.
무하메드에게 내려진 계시의 전부는 아니지만 대부분은 그의 생존시에 기록되거
나 기억되었다. 무하메드가 내용의 논리에 따라 계시들을 여럿으로 구분해서, 이
것들이 나중에 『꾸란』의 각 장(章)들이 되었다는 지적이 있지만 이것은 확실성이
없다. 전승에 의하면 무하메드가 죽은 다음 해에 계시들을 기억하고 낭송하는 사
람들(Companions)이 전쟁에서 사망해 버릴 것을 염려한 우마르의 조언에 따라 아
브 바크르가 무하메드의 비서였던 자이드 이븐 타비트에게 계시들을 편찬하도록
하였다. 이것은 우리가 아는 바에 의하면 '종려 나뭇잎과 하얀 돌판, 그리고 사람들
의 가슴'에 의해서 이루어졌다. 포함되어 있는 자료가 다소 다르거나, 또는 어느 정
도 어법이 서로 다른 편찬물이 만들어졌다는 설득력 있는 증거가 있다. 어떤 전승
에 의하면 『꾸란』의 마지막 경전화는 무하메드의 비서가 위원장으로 되어있는 위
원회에 의해서 이루어졌다. 4개의 동일한 복사본이 만들어졌고, 이전의 모든 경전
들은 결점이 있는 것으로 간주되었다. 우스만 시대에 편찬된 경전에 대해서 약간
의 논란이 있기는 했지만 마지막에 가서는 결국 이 경전이 우세한 위치를 차지하
게 되었다."(J. B. 노스 저, 윤이흠 역, 『세계 종교사』 상, 현음사, 1992, p.474에서 재
인용).

같이 밝히고 있다. 전체 내용의 핵심은 모든 사람에 대한 관심과 이해, 사랑에 있다. 무슬림들이 폐쇄적인 사고를 가지고 있다는 사회적 통념이 있는데 이것은 사실이 아님도 다음에서 알 수 있다.

> 하나님을 경배하되 다른 것과 비유하지 말라 또한 부모에게 효도하고 친척과 고아와 불쌍한 사람들과 이웃 친척과 친척이 아닌 이웃과[155] 주변의 동료와 방랑자와 너희가 소유하고 있는 종복들에게[156] 자선을[157] 베풀라 하나님은 오만하고 거만한 자들을 사랑하시지 않으시니라[158]

이슬람교에서 가르치는 효는 하나님(알라)에 대한 경배, 즉 공경으로부터 시작된다. 이슬람에서는 인간의 신에 대한 공경은 절대 유일의 순종이어야 하며 이것을 기본으로 하여 부모를 섬기고 공경하는 효의 실천을 권면한다. 또한 노예나 포로, 이방인 등 같은 종족이나

---

155 "이웃이란 잘 아는 이웃은 물론 알지 못하는 이웃 또는 멀리 떨어져 살고 있거나 다른 지역에 거주하고 있는 잘 아는 친척, 동료들까지도 포함된다. 친척이 아닌 이웃이란 멀리서 이주하여 온 새로운 이웃과 외국인 이웃을 의미한다."(『성 꾸란―의미의 한국어 번역』, 「제4장 니싸아」 36, 사우디아라비아 왕국 파하드 국왕 꾸란 출판청, 이슬람역 1417년, pp.140-141 주 36-1).

156 "소유하고 있는 종복들이란 자유시민권이 없는 노예나 포로 또는 자기 권한 안에 있는 사람들과 동물들까지 포함한다. 모든 하나님의 피조물은 창조주의 사랑을 받을 권리가 있기 때문이다."(『성 꾸란―의미의 한국어 번역』, 「제4장 니싸아」 36, pp.140-141 주 36-2).

157 "이슬람의 근본사상은 하나님을 경배함과 아울러 동시에 창조주의 모든 피조물들에게 자선을 베푸는 일이다. 이 근본 사상은 '하나님을 사랑하고 네 이웃을 사랑하라'는 내용보다 더욱 포괄적인 의미를 갖고 있다."(『성 꾸란―의미의 한국어 번역』, 「제4장 니싸아」 36, pp.140-141 주 36-3).

158 『성 꾸란―의미의 한국어 번역』, 「제4장 니싸아」 36, pp.140-141.

민족이 아닌 다른 나라 사람일지라도 자선을 베풀라고 가르친다. 결국 이슬람이 지향하는 효의 범위는 하나님으로부터 부모는 물론 전 인류로 확산된다고 볼 수 있다. 그래서 하나님에 대한 불신을 가장 큰 죄악이라 규정하고 절대자에 대한 무조건적 공경과 순종을 뿌리로 하여 부모에 대한 효와 타자에 대한 자선으로 이어진다.

루끄만이 그의 아들에게 훈계하사 아들아 하나님을 불신하지 말라 실로 하나님을 불신함이 가장 큰 죄악이니라[159]

루끄만은 지혜를 겸비한 자의 모범으로 나타나고 있다. 그는 이 세상에서 현명한 생활을 실현하였기 때문이다. 그는 그것을 내적 생활의 가장 고귀한 가정생활에 기초를 두고 있다. 이슬람에서와 마찬가지로 그는 진실한 인간의 지혜를 역시 신성한 지혜로 보고 그 두 지혜는 분리 될 수 없는 것이라 보고 있다. 모든 지혜의 시초는 하나님의 의지와 일치하고 있다. 그러므로 사람은 자기의 부모에게 효도함과 더불어 사람에게 의로워야 한다. 왜냐하면 이 두 가지 의무는 곧 하나이기 때문이다.[160] 이슬람에서는 하나님에 대한 절대적 믿음 아래 가정이 화목하고 고귀해지며 삶의 지혜가 분출된다고 본다. 더불어 부모에 대한 효를 정의의 차원에서 조명하며 하나님에 대한 순종과 효를 동일시하는데 이슬람적 효의 본질이 있다.

---

159 『성 꾸란—의미의 한국어 번역』, 「제31장 루끄만」, 13, p.762.
160 『성 꾸란—의미의 한국어 번역』, 「제31장 루끄만」, 13, p.762 주 13-1.

주님이 명령하사 그분 외에는 경배하지 말라 했으며[161] 부모에게 효
도하라 하셨으니 그들 중 한 사람 또는 두 사람이 나이들 때 그들을 멸
시하거나 저항치 말고 고운 말을 쓰라 하셨노라[162]

부모에게 공손하고 날개를 낮추며 겸손하라 그리고 기도하라 주여
두 분에게 은혜를 베푸소서 그 두 분은 어려서부터 저를 양육하셨나
이다[163]

'자나하'는 '날개'라는 뜻으로 날개를 펴고 하늘을 높이 날던 새가
폈던 날개를 모아 새끼를 보호하고 사랑하는 것처럼 항상 부모에게
순종하고 겸손하되 특히 부모가 연로하게 되면 어미가 새끼를 보호
함에 날개를 모아 보호하듯 연로한 부모를 보호해야 한다는 교훈이
다.[164] 따라서 자녀들은 장성하면 당연히 부모를 섬기고 공경하며
정성껏 봉양해야 한다. 본 장에 언급된 구체적 내용은 『구약성경』의
「출애굽기」 20장 12절의 "네 부모를 공경하라 그리하면 너희 하나님
이나 여호와가 네게 준 땅에서 네 생명이 길리라." 라는 내용과 맥락

---

161 "본 절은 정신적 의무와 도덕적 의무를 병행시키고 있다. 인간은 하나님 외에 다른
것을 섬기지 않아야 한다. 그것은 곧 하나님만이 홀로 경배를 받을 존재이기 때문
이며 출애굽기 20장 5절에 있는 것처럼 하나님이 질투하시기 때문이 아니다. (그
것들에게 절하지 말며 그것들을 섬기지 말라 나 여호와 너의 하나님은 질투하는
하나님인즉 나를 미워하는 자의 죄를 갚되 아비로부터 아들에게로 삼사대까지 이
르게 하거니와……)"(『성 꾸란—의미의 한국어 번역』, 「제17장 이스라」, 23, p.507
주 23-1).
162 『성 꾸란—의미의 한국어 번역』, 「제17장 이스라」, 23, p.507.
163 『성 꾸란—의미의 한국어 번역』, 「제17장 이스라」, 24, p.507.
164 『성 꾸란—의미의 한국어 번역』, 「제17장 이스라」, 24, p.507 주 24-1.

을 같이 한다고 볼 수 있다.

> 하나님은 루끄만에게 지혜를 주며 하나님께 감사드리라 했거늘 감
> 사를 드리는 자는 곧 자기 자신을 위한 것이며 감사할 줄 모르는 자가
> 있다면 실로 하나님께서는 자족하시며 은혜로우시니라[165]

> 하나님은 모든 인간에게 명령하여 부모를 존경하라 했거늘 그의
> 어머니는 태아를 가짐과 이년간 젖을 먹임으로 말미암아 허약하여지
> 니라 내게 감사하고 그리고 네 부모에게 감사하라 내게로 옴이 최후이
> 니라[166]

『꾸란』「제31장 루끄만」 12장과 14장에서 강조한 내용의 핵심은
하나님에 대한 감사와 존경이다. 하나님과 부모에 대한 감사는 결국
자신을 위한 것이며 감사할 줄 모르는 사람은 하나님이 외면하리라
는 암시도 보인다. 『꾸란』에서 "부모를 존경하라."고 여러 곳에서 강
조하고 있다. 특히 부모 중 어머니의 자녀 잉태와 출산 후 양육과정
에서의 노고를 밝히고 있는 점은 『부모은중경』의 「십게찬송(十偈讚頌)」
의 일부와 비슷한 내용이라 볼 수 있다. 『부모은중경』과 『꾸란』의 본
내용에서 어머니의 수고를 드러낸 이유는 아버지에 대한 상대적 비
교 차원이 아니라 어머니의 생명 잉태와 생명 탄생의 고난[167]과 경이

---

165 『성 꾸란—의미의 한국어 번역』, 「제31장 루끄만」, 12, p.761.
166 『성 꾸란—의미의 한국어 번역』, 「제31장 루끄만」, 14, p.762.
167 "출산의 진통이 심하여 그녀는 종려나무 줄기에 기대고 말하길 이전에 죽어버렸

로움에 대한 감사와 공경으로 이해되어야 한다. 『꾸란』은 "부모에게
효도하라." 라고 권면하면서 어머니의 해산의 고통과 삼십여 개월
동안에 걸쳐서 양육하는 희생과 자비에 감사하라고 다음과 같이 가
르친다.

> 하나님은 부모에게 효도하라 인간에게 말씀하셨노라 어머니는 고
> 통으로 잉태하사 고통으로 출산하며 임신한 기간과 양육하는 기간이
> 삼십개월이라 그가 성년이 되고 나이 사십이 되면 주여 당신께서 저와
> 그리고 저의 부모에게 베풀어 주신 당신의 은혜에 저로 하여금 감사하
> 도록 하여 주소서 [168]

이슬람에서는 부모에 대한 효는 당연한 것으로 받아들인다. 따라
서 하나님과 부모에 대해 감사해야 하며 인간의 모든 행위를 의로운
일과 연계시켜 살아가도록 한다. 이러한 삶이 하나님에 대한 절대적
순종의 효로 이어진다. 그러면서 부모를 거역하는 불효도 다음과 같
이 강하게 경계하였다.

> 그러나 부모에게 거역하며 내 이전에 많은 백성들이 죽었어도 부활

다면 조용히 잊어버릴 수 있는 일인데 그때 종려나무 밑에서 천사가 그녀를 부르
더니 슬퍼하지 말라 네 주님께서 네 밑에 흐르는 냇물을 두셨노라."(『성 꾸란—의
미의 한국어 번역』, 「제19장 마리아」 23-24, pp.552-553)에서 밝힌 것처럼 어머니
가 자녀를 출산하는 해산의 수고는 죽는 것 이상으로 고통스럽다는 것을 본 장에
서 보여준다.
168 『성 꾸란—의미의 한국어 번역』, 「제46장 아흐까프」 15, pp.958-959.

하지 아니 하는데 제가 다시 부활하리라 제게 약속을 강요하나이까 라고 말하는 자 있도다 부모는 하나님께 구원을 청하며 슬픈 일이라 믿음을 가져라 실로 하나님의 약속은 진리라 하니 이것은 옛 선조의 이야기에 불과한 것입니다 라고 대답하더라[169]

이처럼 무슬림들은 『꾸란』의 가르침을 통하여 하나님과 부모에 대한 절대적 순종을 당연시 하지만 부모나 하나님에 대한 거역이나 불순종을 경계하였다. 결국 순종과 공경, 감사를 통한 효는 정의의 실현이고 실천하는 사람 각자 자신의 복으로 돌아온다.

그러면 이슬람교를 주로 신앙하는 이집트인을 예로 들어 보자. 급변하는 사회적 변화, 경제적 어려움, 정치적 발전과 기타 여러 요인들은 이집트인들의 일상에 커다란 영향을 미쳤다. 이런 여러 가지 변화 요인들로 인하여 이집트인들은 연로한 부모를 봉양하는 데 여러 가지 사회적 지원을 필요로 하게 되었다. 핵가족화로 인한 이동의 편리함, 도시화, 그리고 산업화로 인하여 친족 관계는 어느 정도 그 존립의 위기[170]를 맞게 되었으나, 어른에 대한 순종과 존경은 이어 내려오고 있다.

이슬람교는 연로한 부모와 연로한 친척들을 존경하도록 요구[171] 하고 있다. 전통적으로 연로한 모든 사람들에게도 존경을 표하는 것

---

169 『성 꾸란—의미의 한국어 번역』, 「제46장 아흐까프」 17, p.959.
170 Eglal I. Helmy, 「Filial Piety's Development in Egypt」, Filial Piety International Conference, 『Filial Piety & Future Society』, The Academy of Korean Studies, 1995, p.701.
171 박철호, 『세계의 효』, 좋은세상, 2002, p.149.

이 특징이며 또 그들을 위한 사회봉사도 이슬람 효의 한 양상이다. 특히 고령자의 증가로 인하여 노인들이 가족과 사회로부터 소외당할 가능성이 다분하기 때문에 친지들 간의 유대와 자손들의 효가 중요함을 강조하고 있다.

이슬람교는 유대교, 그리스도교를 형제의 종교로 인정하고, 경전이나 예언자를 신으로 받아들이는 등 관대한 자세를 취했다.[172] 유대교의 선민사상이나 예수의 메시아성에 대해서는 견해가 다르지만 예수의 탄생과 임종, 부활을 이슬람의 견지에서 다음과 같이 밝혔다. 『꾸란』의 「제19장 마리아」장에 보면 예수에 관하여 이슬람의 입장에서 조명하였다.

그의 부모에게도 순종하였고 또한 그는 거만하지도 아니하였으며 오만함도 없었노라[173]

그가 탄생한 날과 그가 임종하는 날과 그가 부활하는 날에 그에게 평화가 있을 것이라[174]

이와 같이 『꾸란』은 예수를 부모에게 순종하는 지극한 효자로 보고 있다. 『구약성경』에도 "순종이 제사보다 낫다."[175]는 말이 있다.

---

172 유지산, 『꾸란의 지혜』, 동서문화사, 2002, p.481.
173 『성 꾸란―의미의 한국어 번역』, 「제19장 마리아」 14, p.551.
174 『성 꾸란―의미의 한국어 번역』, 「제19장 마리아」 15, p.551.
175 『구약성경』, 「사무엘상」 15:22, p.433.

제사는 눈앞에 보이는 급박한 현실적 문제라기보다는 인간의 영속
성을 의식을 통하여 확인하고 신과의 관계를 공고히 하지만 순종은
현실적 문제이며 모든 행위의 판단기준이 된다. 순종하는 언행이 모
든 것에 우선한다면 제사를 비롯한 여타의 일들은 실천으로 이어질
수밖에 없다. 따라서 하나님은 제사보다는 순종을 우선시하고 강조
한 것이라 볼 수 있다.

그러므로 인간사회에 있어서 현재 생존해있는 부모에 대한 순종
이 강조될 수밖에 없으며 그것은 공경하는 마음이 우선해야 그 의미
가 확실히 전달될 수 있다. 즉 공경하는 마음이 순종으로 이어져 부
모나 절대자에 대한 효로 체현된다. 이슬람교는 효를 통하여 가족은
물론 이웃에게까지 따뜻한 형제애를 실천한다. 이슬람교의 효사상
은 순종과 공경, 감사에 그 본질이 있으며 그것은 인류의 평화와 행
복에 목적을 두고 있다.

> 그러나 부모가 그대로 하여금 그대가 알지 못하는 것을 숭배케 하
> 여 나를 불신한다면 그것에 대해서는 그들을 따르지 말며[176] 현세에서
> 부모에게 순종하고 내게로 향해 회개하는 자의 길을 따르라 그 후 너
> 희는 내게로 귀의하리니 그때 내가 너희에게 너희가 행한 일들을 알려
> 주리라[177]

---

[176] "부모에게 효도함이 가장 큰 하나님의 율법이요 윤리라고 계시하고 있지만 그러
나 우상을 숭배하도록 강요하는 부모의 말씀에는 순종해서는 아니 됨을 제시하
고 있다. 왜냐하면 가장 큰 죄악으로 하나님의 용서가 불가능한 것은 우상숭배이
기 때문이다. 하디쓰에서도 우상숭배와 무신론은 가장 큰 죄악이라 말하고 있
다."(『성 꾸란―의미의 한국어 번역』, 「제31장 루끄만」, 15, p.762 주 15-1).

한편 루끄만은 부모에게 효도하는 것이 알라에 대한 윤리라고 제시한다. 그러나 부모라 할지라도 유일신 알라 외에 다른 신을 자손에게 권유할 때는 부모의 명령에 거부할 것을 권면한다. 이러한 의중에는 이슬람의 알라에 대한 절대적 신앙성 강화의 차원이 있다고 본다.

이슬람교의 효를 종합하면 그 본질은 알라(하나님)에 대한 공경과 순종, 감사에 있으며 이것들을 뿌리로 하여 부모에 대한 효가 강조된다. 더불어 이슬람의 효는 이웃과 세상에 대한 자선과 형제애, 평화로 이어지며 인간의 윤리가 신과의 연결과정에서 절대적 윤리로 승화되어야 함을 강조하고 있다.

---

177 『성 꾸란—의미의 한국어 번역』, 「제31장 루끄만」, 15, p.762.

제3장

효행 장려 및 지원에 관한 법률

원불교 효사상 연구

지금부터 약 7년 전인 2007년 8월 3일 국회에서 '효행 장려 및 지원에 관한 법률'이 국회를 통과하여 2008년 8월 4일부터 시행되고 있다. 그런데 7년이 지난 오늘날 대다수 국민들은 이러한 법이 제정되었는지 조차도 모르고 있는 실정이다.

따라서 본 연구의 주된 목적은 '효행 장려 및 지원에 관한 법률'이 제정된 이유와 그 필요성을 보다 넓게 인식시키고자 하는데 있다. 이를 바탕으로 '효행 장려 및 지원에 관한 법률'이 보다 현실화된다면 동법의 사회적 당위성 확립은 물론 문화의 계승과 고령 사회 문제의 해결, 국가 발전의 기반 확립, 세계 문화 발전에 이바지하는데 있어서 진일보할 수 있다는 점이다.

특히 요즈음 사회 문제로 심각하게 거론되고 있는 부모 부양 문제, 노인 자살 문제, 노인 빈곤 문제 등 이른바 '고령 사회의 문제'를 본 '효행 장려 및 지원에 관한 법률'의 인지와 다각적 실천을 통하여 해결할 수 있는 길이 있음을 모색하고자 한다.

한국 사회가 '효행 장려 및 지원에 관한 법률'을 제정한 목적의 이면에는 교육 기관에서 인성 교육, 사회 저변에서의 사회 교육, 국가 교육을 바탕으로 효의 근본적인 정신을 고양하여 우리 사회의 도덕적 아노미 현상을 바로 잡고 사회를 정화하고자 하는데 있다.

결과적으로 본 장에서는 '효행 장려 및 지원에 관한 법률'의 핵심 내용이 널리 고양되고 그 필요성이 보다 확산되어 효의 체계와 영역이 사회 각 분야에서 강조되고 심화되어 실질적으로 사회적 가족이 주체가 된 사회적 효의 보편적 확산에 일조할 수 있음을 밝힌다.

한편, 20세기 최고의 석학이었던 아놀드 토인비는 한국이 장차 인류문명에 가장 크게 기여할 것이 있다면 그것은 부모를 공경하는 효사상일 것[1]이라고 말하였다. 이러한 우리의 효문화를 고양시키고 계승 발전시키기 위해 마련된 법이 '효행 장려 및 지원에 관한 법률'[2]이다.

이 법은 2007년 8월 3일 제정, 2008년 8월 4일 시행이 되고 2011년 개정이 이루어졌으며 "아름다운 전통 문화 유산인 효를 국가 차원에서 장려함으로써 효행을 통하여 고령 사회가 처하는 문제를 해결할 뿐만 아니라 국가가 발전할 수 있는 원동력을 얻는 외에 세계 문화의 발전에 이바지함"[3]을 목적으로 동법이 제정, 공포되었다.

이 법에서 '효'란 자녀가 부모 등을 성실하게 부양하고 이에 수반되는 봉사를 하는 것을 말한다. '효행'이란 효를 실천하는 것을 말한다. 여기에서도 효의 실천 대상을 '부모 등'으로 표현함으로써 효를 부모에만 국한 짓지 않고 있음을 볼 수 있다. 가깝게는 나의 부모부터 조부모, 타인의 부모, 이웃 등 다양한 사람에게 실천할 수 있는 것이 '효'라 할 수 있다.

우리나라의 급속한 경제발전과 함께 진행된 가족 구조 및 사회 환

---

1 손인수, 『한국인의 효도문화』, 문음사, 1997, p.488.
2 종교단체, 학계, 한국효운동단체총연합회, 한국효학회 등을 중심으로 부모 공경 및 부양을 촉진하는 법을 제정하기 위해 몇 년 동안 수차례의 학술대회, TV 및 라디오 토론, 공청회 등을 거쳐 2007년 8월 3일 국회에서 '효행 장려 및 지원에 관한 법률'이 공포되었다. 이 법이 공포되기 까지는 2003년 6월 27일 한국효학회 및 효도법 제정추진위 국회의원 모임, 성산효대학원대학교 최성규 총장을 중심으로 한 '효행법 입법과 효 학술대회'를 개최한데서부터 구체적 기류가 형성되었다. 이후 '효도법 제정을 위한 학적 고찰'이라는 주제 아래 한국학술진흥재단 및 경기문화재단 등의 후원으로 여섯 차례의 효행법 제정을 위한 학술회의 등의 노력의 결실이라 할 수 있다.
3 효행 장려 및 지원에 관한 법률, 제1장 총칙, 제1조(목적) 참조.

경의 변화는 효의 인식과 실천방법에 있어서 많은 변화를 가져 왔으며 그에 따른 사회문제로까지 확대되어가고 있는 추세이다. 이러한 시대적 상황에서 우리의 전통적인 문화유산이라 할 수 있는 '효'와 관련된 법률까지 제정, 공포한 까닭이 무엇인지 알아보고자 한다.

더불어 '효'에 관한 다양한 실천방안은 어떤 것인지 논의해야 할 필요성이 있다. 그러므로 논자는 본 내용에서 이러한 법률의 제정 동기를 바탕으로 법률의 핵심내용과 함께 어떤 방향으로 '효행 장려 및 지원에 관한 법률'이 정착되어 법률 제정의 근본적인 취지를 살려나갈지에 대한 향후 과제를 본장을 통해서 모색해 보고자 한다.

01
법률 제정의 동기

○

1) 문화의 계승과 고령 사회 문제 해결

문화란 인류 역사와 함께 인간이 이룩한 정신적, 물질적 성과물의 총체적 결과물이라 할 수 있다. 이것은 구체적으로 학문, 예술, 사상, 윤리, 도덕, 종교 등과 함께하며 뿌리를 내려온 인간의 다양한 전통적인 삶의 방식을 의미한다. 예를 들면 아랫사람이 윗사람을 모시는 관습도 생활 습관에 따라 다양할 수밖에 없다. 예로부터 우리 민족은 부모나 노인을 섬기고 보살피는데 있어서 효라는 문화적 전통을 이어오고 있다. 여기에 사람을 보살핀다는 것은 섬김의 의미나 질을 논할 때 윤리와 도덕적 잣대가 항상 판단 기준이 되었다.

효도를 한다는 것은 부모를 도덕적으로 보살피는 것이다. 따라서 효를 이해하기 위해서는 문화적 맥락에 대한 이해가 어느 정도 있어야 한다. 최근에 이르러 노인문제를 걱정하는 인사들 사이에 우리의 전통적 가치를 재조명하는데 대한 관심이 높아지고 있다. 특히 효의 재규정이 하나의 중요한 과제로 등장하였다. 그 이유는 효가 노인의 복지는 물론 젊은 세대의 도의심에 커다란 영향을 미칠 수 있기 때문이다.[4] 더불어 문화란 전통과 어우러진 인간의 고유자산이며 우리의 효문화 역시 빼놓을 수 없는 우리 민족의 아름다운 전통적 자산이라 할 수 있다.

한편 우리의 전통적 가치실현을 통한 문화의 계승은 사회가 변화하면 할수록 더 많이 요구되어진다고 할 수 있다. 그 실례가 바로 현대 한국 사회에서 일어나는 효에 대한 인식, 개념, 실천정도의 변화라 할 수 있다. 이제 효는 단순히 가족 차원을 넘어서 보다 확장된 새로운 차원에서 논의되어야 한다. 오늘날 과학기술의 발달, 그리고 경제적 이기주의와 삶의 편의 추구, 전통적인 효의 가치와 새로운 가치문화의 충돌 속에서 현대 한국 사회에서의 효는 많은 위협을 받고 있다[5]. 이러한 위협 속에서 반드시 지켜나가야 하는 것은 바로 효에 대한 올바른 인식과 실천이다.

효가 바로 서야 가정이 안정 되고, 사회가 안녕하며 더 나아가 국

---

4 성규탁, 『새 시대의 효』, 연세대학교출판부, 1995, pp.6-8.

5 유명덕, 「한국의 효를 위협하는 사회적 요인」, 『효학연구』, 한국효학회, 2005, p.134.

가가 발전하고 유지될 수 있는 원동력이 될 수 있다. 우리 전통문화
인 효를 더욱 발전시키고 유지시켜 나가는 것이 절실한 지금의 시대
적 상황이다. 다행히도 효는 오늘날 심각히 훼손되어가고 있는 전통
문화의 계승차원에서 문화적 행동으로 논의되어지고 있다.

　인간에게 있어서 문화적 행위란 인간에게 자극을 주는 대상과의
이상적 관계를 추구해가는 수단이다. 이때 인간과 대상과의 이상적
관계란 합일의 관계이며 인간에 있어서 대상과의 합일관계 추구수
단은 바로 문화이다. 인간이 대상과의 합일상태에 이르려는 이유는
무엇인가? 인간을 둘러싸고 있는 대상들은 우주의 비존재와의 합일
로 가는 과정상의 존재이기 때문에 대상과의 합일상태를 추구해가
는 것만이 우주와 가장 이상적으로 맞물릴 수 있는 방법이다. 그러
한 방법을 통해서 인간은 안정된 상태를 확보할 수 있다.[6] 효 문화의
계승은 단지 효 자체만을 계승시키는 것이 아니다.

　인류사회에서 이상적 관계를 지향하고 상호 일체감을 조성하여
사회 전체의 안정된 상태를 유지하는 보편적 수단이 되는 것이기에
효 문화의 계승은 큰 의미를 가진다고 볼 수 있다. 왜냐하면 효는 인
종과 사상, 종교 등을 초월하여 모든 반목과 갈등을 치유하고 인류
공동체를 이룰 수 있는 상생과 생명의 문화적 가치이기 때문이다.

　한편, 오늘날 전 세계적으로 고령 노인의 증가가 사회문제로 대두
되고 있다. 특히 세계에서 유래를 찾아볼 수 없이 빠른 속도로 고령
화가 진행되고 있는 우리나라는 이로 인한 사회적 불안감이 고조되

---

6 김채수, 『21세기 문화이론』, 교보문고, 1996, p.561.

고 있다. 고령사회로의 전망을 보면, 2000년 고령화 사회에서 2018 년 고령 사회, 2026년에 초고령 사회에 도달하여 고령화 사회에서 고령 사회로 가는데 18년, 고령 사회에서 초고령 사회로는 불과 8년 이 소요될 전망이다.

외국의 경우를 보면, 고령화 사회에서 고령 사회로 도달하는데 일 본은 24년, 프랑스는 115년, 미국은 73년이 소요되고, 초고령 사회에 도달하는데 일본 12년, 프랑스 39년, 미국은 21년이 소요될 전망인 것과 비교했을 때 우리나라의 위기감은 매우 심각한 것을 알 수 있 다.[7] 과거 농경사회에서 현대 산업사회, 지식정보화 사회로 발전하 면서 가족구조, 출산문화, 노인 인구 증가 등 많은 변화가 있었다.

대가족에서 핵가족으로, 혹은 전자가구라 칭할 정도로 독신가구 의 증가가 가중되고 있다. 그리고 출산문화에서도 다자녀를 선호하 는 문화가 주를 이루었던 전통사회와는 달리 저 출산 또는 무 출산 으로 젊은이들의 인식이 변화되면서 노인을 부양할 수 있는 인구가 감소하고 있는 현실이다. 그리고 의료기술의 발달, 생활수준과 환경 의 개선으로 평균수명이 증가하면서 점차 고령 사회로 진입하게 되 었다. 그에 따른 노인 인구의 증가는 앞에서 제시한 가족구조, 출산 문화의 변화와 맞물려 노인을 부양하는데 따른 부양의무자, 부양비 용 등의 감소로 이어지면서 많은 문제를 야기하고 있다. 그리고 급 속도로 고령사회로의 진입을 앞두고 있는 시점에서 무엇보다 필요 한 것은 노인을 부양할 수 있는 부양자의 역할이라 할 수 있다.

---

7 65세 이상 노인 인구가 전체 인구의 7% 이상이면 고령화 사회, 14% 이상이면 고령 사회, 20% 이상이면 초고령 사회라 한다.

과거 가족이 담당하던 부양의무를 점차 국가와 함께 담당하고 있지만 그에 따른 한계를 극복하는 것은 쉽지 않다. 그렇기 때문에 '효행 장려 및 지원에 관한 법률'을 통한 고령사회 문제의 해결책이 근본적으로 필요하기에 이 법이 제정되었다고 할 수 있다. 우리나라 헌법 제34조 4항은 "국가는 노인과 청소년의 복지향상을 위한 정책을 실시할 의무를 진다."고 밝혔고 제5항은 "신체장애자 및 질병·노령 기타의 사유로 생활 능력이 없는 국민은 법률이 정하는 바에 따라 국가의 보호를 받는다."고 명시되어 있지만 그것을 정부만이 책임지기에는 재정적으로 난관일 수밖에 없다.

더구나 노인들의 인간다운 생활을 보장하기 위한 복지기반을 국가가 전적으로 구축할 수 있다면 경로효친사상은 단지 호소하고 계몽하는 윤리차원에 머물러도 충분할 것이다. 하지만 국가의 복지정책도 제도만으로 해결할 수 없는 노인부양문제를 풀어가려면 국가가 효친의 정신적 유산에 대해서도 그 활성화를 위한 합리적인 제도를 만들고 실효성 있는 정책을 펴 나가지 않으면 안 된다. 바로 그것이 헌법이 국가에 부과한 의무를 충실히 이행하는 일이기 때문이다.[8] 이렇게 고령 노인의 급속한 증가에 따른 대책의 일환으로 이 법률의 제정 이유가 확고해지고 현실적으로 효와 관련된 다양한 실천 방향이 모색되고 있는 것이다. 따라서 우리는 전통적 효문화를 노인 고령화 문제를 해결할 수 있는 근본적 자산으로 활용해야만 한다.

---

8 김일수, 「한국법에 나타난 효도법의 원형」, 『효학연구』, 한국효학회, 2007, p.44.

2) 국가 발전의 기반 확립

현재 한국 사회는 물질적으로는 풍요롭다고 하나 한편으로는 난세(亂世)라 해도 과언은 아니다. 여기서 난세라 함은 총칼 등 무력으로 전쟁이 일어나는 것만 난세가 아니라 기강(紀綱)이 무너진 것을 난세[9]라고 한다. 근자에 자식이 부모를 살해하는 존속 살인이 일어날 정도로 우리 사회는 위기에 처해 있다. 이렇듯 우리의 전통 문화 유산인 경로효친의 기강이 무너져가고 있다는 것을 난세라 할 수 있으며 효행법의 시행 이면에는 이러한 시대적 상황에 대한 대비 차원이라는 것도 부인할 수 없다.

그래서 효행법의 목적에도 국가가 발전할 수 있는 원동력을 동법에서 구하고자 하였다. 어려운 시대적 상황에 국가 발전을 이룬다는 것은 쉬운 일이 아니나 하나의 국가가 발전하는 것은 다방면의 요소들이 결합된 총체적 결과라 할 수 있다. 특히 가정과 사회가 윤리 도덕적으로 안정되어야만 국가의 지속적이고 내실 있는 발전이 이룩될 수 있다. 이러한 견지에서 '효행 장려 및 지원에 관한 법률'은 효를 국가발전의 기반으로 규정하고 있다고 본다.

예부터 "효자의 가문에서 충신이 나온다."고 했다. 개념적으로 충과 효는 언제나 따라다녔다. 그것은 충과 효가 별개가 아니기 때문이다. 이것은 사회와 국가를 위하여 자신을 희생할 수 있는 사람이 효자이고, 부모 등 어른을 잘 봉양하는 사람이 충신이란 말이기도

---

9 봉기종, 『민족혼 세계얼』, 전학출판사, 2007, p.69.

하다. 효는 질서의 원리를 담고 있다. 효는 인간관계의 기본 질서를 중시한다. 그러므로 효를 실천하는 사람이 많으면 많을수록 사회가 안정된다. 부모님의 가르침에 순종하는 사람은 어른을 공경하고 이웃을 사랑하고 동료 간에 우정이 돈독하다.

효를 백행의 근본이라 했는데 이것은 효도하는 마음으로 일을 한다면 모든 것이 순조롭게 잘 해결된다는 뜻이다. 정치지도자가 효를 실천하면 나라가 안정된다. 종교지도자가 효를 실천하면 그가 속한 종교단체가 안정된다. 선생님이 효를 실천하면 학교사회가 안정된다. 아버지가 효를 실천하면 그 가정이 안정된다.[10] 효의 실천은 결국 가정의 안정[11]은 물론 나라의 안정까지 가져다주는 중요한 덕목이다.

이것을 바탕으로 국가 발전의 기반을 확립할 수 있는 것이다. 그래서 이 법률의 제정 목적에도 이 부분이 명시되어 있는 것이다. 결국 효를 실천하는 문화가 정착되고 사회 전반적인 이해가 확대되면 될수록 사회구성의 최소 단위인 가정이 안정되며 나아가 사회 및 국가 발전의 기반을 확립하게 될 것이다.

---

10 최성규, 「효도법이 제정되어야 나라가 산다」, 『효학연구』, 한국효학회, 2007, p.12.
11 우리나라 노인 인구는 600만 명 정도에 이르는데 부모가 치매, 중풍 등 노인성 질환으로 고통을 겪고 있는 가정이 급속도로 증가하고 있다. 이렇듯 노인성 질환이 있는 부모를 모시는 문제로 형제자매 간에 불목하여 가족 간의 불화가 증폭되는 경우도 비일비재한 상황이다. 이러한 시대적 현실에 대하여 사회적 효가 그 해결책으로 자리를 잡아가고 있다.

3) 세계 문화에 이바지

현대 사회를 글로벌화, 즉 '무국경 세계'라고 일컫듯이 전 세계가 마치 한 나라처럼 국경도 희미해지고 민족의식도 탈색[12]되어갈 것이라고 한다. 초고속화된 교통수단에 힘입어 인류는 지구촌 구석구석을 분초를 다투며 누비고 인종을 초월하는 사귐으로 문화의 공유, 감정의 교류로 공감대 형성이 가속화되어 갈 것이다. 하지만 이러한 국제사회에도 다양한 어두운 그림자가 드리우고 있는 것은 사실이다. 국제화, 정보화 사회일수록 우리 민족의 정체성을 지키기 위해 민족공동체 의식을 제고해야 하고 민족 동질성 유지에 노력해야 하며 여기에 효는 사상적으로 훌륭한 윤활유나 고리의 역할을 할 수 있을 것이다.[13]

효라는 문화가 우리나라는 물론 세계로 뻗어나가 그것이 하나의 문화로 자리 잡는 것은 물론 더 나아가 지구촌 시대에 긍정적 요소로 작용하여 미래에 닥쳐올 위기를 막아주는 역할을 할 수 있도록 지혜[14]를 모아야 한다. 그렇다면 세계인이 공감할 수 있고 세계문화 발전에 기여할 수 있는 효문화가 도출되어야 한다. 그러기 위해서는 우선 우리나라의 효 문화 정착이 중요하며 점차 그것을 세계로 전파되도록 하는 것이 필요하기에 이 법률의 제정 의미가 있다고 볼 수

---

12 우리나라만 하더라도 단일민족국가로 이어오고 있지만 현재는 다문화국가로 변화되고 있다고 보아야 한다. 즉 민족의 개념이 바뀌어가고 있다.

13 최근덕, 「효와 미래사회」, 『효학연구』, 한국효학회, 2007, pp.89-91.

14 효는 어떤 사상, 종교, 이념 등을 넘어서 함께 할 수 있는 인류 보편의 문화적 가치로 승화될 수 있는 요소가 충분하다.

있다.

결국 '효행 장려 및 지원에 관한 법률'의 최종 목적은 우리나라 안에서만 통용되는 효문화가 아니라 세계 시민들이 공감하는 효문화의 확산을 목표로 한다. 그러기 위해서는 우선적으로 어버이의 조건 없는 사랑과 자비, 은혜로부터 효가 발현됨을 알아야 한다. 여기에 전 세계인들을 하나의 가족과 국가 개념으로 설정하고 꾸준히 노력한다면 효가 세계적인 문화적 공감대를 형성해 나갈 수 있을 것이다.

법률의 핵심내용

◯

1) 전통 문화유산의 세계문화로의 도약

대한민국 임시정부의 주석이었던 백범 김구는 우리 민족이 나아
가야 할 국가적 방향을 문화의 창달을 통한 문화국가[15]로서의 세계

---

15 백범은 우리나라가 세계에서 가장 아름다운 나라가 되기를 염원했다. 그 방법은
결코 무력으로 세계를 정복하거나 경제력으로 지배하려는 것이 아니라 오직 사랑
과 평화의 문화로 우리 스스로 잘 살고 인류 전체가 의좋게 잘 사는 사해동포주의
를 주창했다. 오직 한없이 가지고 싶은 것은 높은 문화의 힘이라고 하면서 문화의
힘은 우리 자신을 행복되게 만들 고 나아가 남에게 행복을 주기 때문이라고 하였
다(이원모,『백범 일대기』, 상명출판문화사, 1982, pp.6-7, pp.294-300 참조).

적인 강국이 될 것을 주문하였다. 이것은 백범 김구가 우리 민족의 아름다운 문화유산을 통한 세계 국가로의 도약을 강조한 것으로 효는 우리의 전통문화 유산 중의 하나로서 문화 강국의 구성 요건이 될 수 있다는 것은 아무리 강조해도 지나치지 않을 것이다.

때마침 정부에서도 이에 대한 가치부여를 '효행장려 및 지원에 관한 법률' 제1조에서도 '세계 문화 발전에 이바지 함'을 목적으로 한다고 명확히 밝히고 있다. 이렇게 우리 고유의 전통문화유산인 효를 국가차원에서 장려하여 우리가 겪고 있는 문제를 해결할 뿐 아니라 세계문화의 발전에 이바지하는 것이 이 법률의 궁극적인 목표라고 명시한 것이다.

효는 우리의 문화적 규범이며, 이에 준거하여 부모와 노인을 대하는 태도와 행위의 도덕성이 판정되어져 왔다.[16] 따라서 지식정보화 시대를 추구하는 현대사회에서도 도덕과 윤리적인 규범으로 자리하고 있다. 단지 효에 대한 인식의 정도 및 실천의 방법이 급속히 변화되고 있을 뿐이다. 비르질 게오르규[17]는 노인을 공경하는 한국의 미풍양속인 효문화에 대한 예찬을 '한국 찬가'를 통해 다음과 같이 밝혔다.

"세계 어디에서도 노인이 한국에서처럼 존경받는 곳은 없다. 모든 문명화된 나라에서 노년은 혐오의 대상이기 때문에 늙는 것을 부끄러

---

16 성규탁, 『새 시대의 효』, 연세대학교출판부, 1995, p.5.
17 비르질 게오르규(Virgil Gheorghiu : 1916~1992), 루마니아 출신이며 『25시』의 작가로 나치스와 볼세비키의 학정과 현대의 악을 고발하여 전 세계에 커다란 반향을 불러일으켰다.

워하며 자동차 공장의 못쓰게 된 부속품처럼 사람들은 노인을 가려내
는데, 한국은 이와는 반대이다. 나이를 먹으면 먹을수록 존경을 받는
다. 노인은 머리에 왕관이라도 쓴 것처럼 존경을 받는다. 한국의 노인
공경은 다른 문명국의 모범이 된다."[18]

게오르규가 한국을 노인공경의 모범적인 나라라고 극찬할 당시
만 해도 비록 경제적으로는 풍요롭지 못했지만 효에 관한 인식과 실
천의 정도가 당시 문명국이라 하는 서구 선진국들의 부러움의 대상
이었던 것이다. 그 당시 비록 물질적으로는 어려웠지만 노인을 공경
하고 존중하는 전통은 살아있었다.

따라서 우리의 전통적 효문화는 굳이 법률화 되어 있지 않다 하더
라도 세계적 추세인 노인 고령화 문제에 이바지할 기반이 조성되어
인류 공동체 문화로 정착할 수 있는 여건이 충분하다고 볼 수 있다.
다만 현재의 시대적 상황이 기존의 효 관념에 대한 부분적 수정을
요하긴 하나 효의 근본정신에 있어서는 변함이 없어야 한다.

이러한 기준 아래 우리의 문화를 널리 알리고 그것이 세계적으로
공유되는 자랑스러움은 물론 효라는 아름다운 실천이 세계적으로
공유될 때 인류가 하나 되고 발전하는 것은 물론 효가 세계문화로
인정받을 수 있게 되는 것이다. 그래서 우리에게도 점차 소외되는
효라는 개념을 이 법을 통해 더욱 장려해나가고 그것이 점차 세계적
으로 뻗어나가는 것을 목표로 하고 있는 것이다.

---

18 D.B.Bromiey 저, 김정휘 역,『노인 심리학 The Psychology of Human Ageing』, 도서
출판 성원사, 1990, pp.8-9.

2) 효행 교육의 실시

'효행 장려 및 지원에 관한 법률' 제2장 효행 장려, 제5조 효행에 관한 교육의 장려 내용을 살펴보면 다음과 같다.

> ① 국가 및 지방자치단체는 유치원 및 초등학교·중학교·고등학교에서 효행교육을 실시하도록 노력하여야 한다.
>
> ② 국가 및 지방자치단체는 영유아어린이집, 사회복지시설, 평생교육기관, 군 등에서 효행교육을 실시하도록 노력하여야 한다.
>
> 〈개정 2011. 6. 7〉

이러한 내용을 토대로 볼 때 향후 우리 학생들의 기본 교육 및 사회에서 이루어지는 교육 등에서 효 교육이 실시되어야 함을 명시하고 있다. 교육만이 모든 문제의 해결이요 최선책은 아니겠지만 교육을 통하여 잊혀져가는 효의식을 살리고 효행에 대한 장려를 하는 것은 중요한 일이다. 이러한 차원에서 이 법률에서는 효행 교육의 실시에 대하여 명시하고 그것을 구체화하고 있는 것이다.

우리 한국의 가정교육을 중심으로 생각해보면, 역시 동양 가정교육의 주류를 이루는 것은 '유교의 도덕규범'이다. 그러면 유교의 도덕규범이란 무엇인가? 그것은 단적으로 말해 '효제의 정신'이요, '인'의 실현이다. 그런데 근래에 와서는 서구 문화의 빠른 유입과 지식정보화 사회의 여파로, 우리 스스로가 한국인이라는 정체성이 상실[19]되어 가고 있음을 알 수 있다. 그렇기 때문에 우리 교육의 현 주소를 알고 가장 중요한 것이 무엇인지를 깨달아 그 교육을 강화하고 발전시켜 나가는 것이 필요하다. 그것이 바로 효 교육인 것이다.

유교에서는 왜 그렇게 효를 강조했을까? 일반적으로 가장 많이 통용되는 대답은 하늘은 우리에게 인간이 될 수 있는 보편적인 인성을 부여했지만, 부모를 비롯한 조상들로부터는 자기 자신이라는 개체성과 생명을 부여받았기 때문이라는 것이다. 뿐만 아니라 수많은 희생을 감수하면서 길러 주신 은혜는 자식들이 아무리 갚으려 해도 갚을 수 없다는 것[20]이다. 이렇게 유교에서 강조한 효는 유교문화가 많은 영향을 미치고 있는 우리에게 중요한 의미를 지닌다고 볼 수 있다. 그래서 효를 중요시하고 효 교육을 강조하는 것이며 궁극적으로는 천륜을 저버릴 수 없기 때문이다.

효 교육은 평생교육이며, 더불어 사는 교육이고, 인간교육이다. 인간은 자연 상태가 아닌 만들어져가는 과정의 존재이다. 현대 사회에서 가장 큰 문제는 인간이 인간으로 하여금 소외되는 것이다.[21] 더불어 인간의 생존 여부까지 우려되는 현대 사회에서 효 교육과 그 실천을 통하여 인류의 다양한 문제를 해결할 수 있는 바탕을 마련해야한다고 본다. 특히 극단적 이기주의, 핵가족에 따른 가정 붕괴, 인성교육 부재 등의 현대 사회의 문제를 치유할 수 있는 윤리 도덕적 기반을 질서와 조화를 근간으로 하는 효의 교육과 실천에서 찾아야 할 것이다.

---

19 한기언, 『동양사상과 교육』, 법문사, 1978, p.75.
20 최준식, 『한국인에게 문화는 있는가』, 사계절, 2011, pp.41-42.
21 노상오, 「효교육의 실태와 실천방안」, 『효학연구』, 한국효학회, 2007, p.205.

3) 효문화 진흥원의 설치

이 법률 제2장 효행장려 제7조 효문화 진흥원의 설치에 관한 조항을 살펴보면 "효문화 진흥과 관련된 사업과 활동을 지원하고 장려하기 위하여 효문화 진흥원을 설치할 수 있다"라고 명시하고 있다. 효문화 진흥원은 법인으로 하며, 설치요건 및 운영 등에 관하여 필요한 사항은 보건복지부령으로 정한다고 되어 있다.

제8조의 내용을 보면 효문화 진흥원의 업무에 대하여 명시하고 있다. 효문화 진흥을 위한 연구조사, 효문화 진흥에 관한 통합정보기반 구축 및 정보제공, 효문화 진흥을 위한 교육활동, 효문화 프로그램에 관한 개발 및 평가와 지원, 효문화 진흥과 관련된 전문 인력의 양성, 효문화 진흥과 관련된 단체에 대한 지원, 그 밖에 보건복지부령으로 정하는 효문화 진흥과 관련된 업무를 수행한다.

효문화 진흥원은 효문화 진흥[22]을 위한 전반적인 업무를 수행할 수 있고, 이 법에서 명시하는 다양한 목적에 대하여 포괄하는 조항이라고 할 수 있다. 2013년 4월 현재 정부의 결정사항에 의하면 경상

---

22 현재 효문화 진흥을 위한 다양한 활동이 효단체와 학교 등을 중심으로 행해지고 있다. 그 실태를 보면 1. 효문활동-문시활동(효행문에 백일장, '효의 길'간행, '효행 사례집' 발간, 각종 효교육 자료 제작 등) 2. 효회활동-집회활동(단원 전진대회, 효 실천 캠페인, 효 실천사례 발표대회, 효행 세미나, 동아리 초청공연) 3. 효교활동-교육활동(효행교육, 명사 초청강연회, 예절교실, 단원 및 지도자 연수 등 효도 캠프, 부모/자녀 사랑의 캠프, 도/농 청소년 민박교류) 4. 효행활동-실천활동(효행편지 쓰기, 노인 공경(노인위안 잔치, 독거노인결연, 노인 무료급식), 농촌봉사, 효행 사적지 답사 등) 5. 효상활동-포상활동(전국 효행자 발굴 포상, 효행 단원 장학금 지급, 모범 단원 및 지도자 표창 등) 다양한 활동이 이루어지고 있다(성산효대학원대학교, 『효실천』, 도서출판 성산서원, 2002, p.215).

북도 영주시, 대전광역시에 효문화 진흥원 건립이 확정된 상태이다.

보건복지부 관계자는 "효문화 진흥원은 대전과 영주에 설치되며, 그 외 광역지자체에 대하여도 건립요건이 충족되면 추가로 건립될 수 있다"고 말했다. 그런데 효문화 진흥원은 효행 장려 및 지원의 행정위임을 받는 기관으로 복수 설치는 여러 가지 통제에 지장을 초래할 것[23]이라는 주장을 하는 사람들도 있다.

하지만 이러한 우려보다는 효문화 진흥원이 갖는 장점을 고려하여 효문화 진흥원의 전국 지자체별 설치를 통한 효문화 진흥에 주안점을 두는 것이 필요하며, 이 법률 역시 그것을 강조하고 있다. 만약 예산상의 어려움이 있다면 기업이나 유관 기관 및 단체에서 효문화의 진흥과 확산을 위해서 참여할 수 있는 방안도 강구해야 된다.

특히 대기업과 중소기업의 경우 기업 이윤의 사회 환원 차원에서 기업 자체적으로 효문화 발전과 진흥을 위한 계획을 세워야한다고 본다. 그러기 위해서는 우선 시범적으로 몇몇 기업을 선정하여 효 관련 기관을 세워서 실질적으로 사회 각 분야에서 효문화가 진흥될 수 있도록 독려해볼 필요가 있을 것이다.

---

23 http://www.hyonews.com/xe/725
"효문화 진흥원 대전과 영주에 설립된다", 〈효도실버신문〉, 2012.05.23.
현재 '효행 장려 및 지원에 관한 법률'에 근거하여 효문화 진흥원이 대전과 영주에 개원을 목적으로 추진되고 있는 것은 '효행 장려 및 지원에 관한 법률'에 대한 구체적 시행 성과라 할 수 있다.

03

효행법의 향후 과제

○

1) 효의 문화적 브랜드화

효의 문화적 브랜드화는 전통문화 유산의 세계문화 접목이라는 '효행 장려 및 지원에 관한 법률' 총칙 제1조의 내용에 기인한다. 이 법에서 효문화에 대해 "효문화란 효 및 경로와 관련된 교육, 문학, 미술, 음악, 연극, 영화, 국악 등을 통하여 형성되는 효 및 경로에 대한 사회적 가치를 말한다."라고 정의하고 있다.

'효행 장려 및 지원에 관한 법률' 시행과 효의 문화적 정착을 위한 효 관련 단체 및 기관 등의 노력은 배금사상이 팽배해진 현대 사회가 요구하는 필연적 과제라 할 수 있다. 다시 말해 효문화의 정책 개발은 현대인의 무의식에 내재되어 있는 기억의 흔적을 찾아가는 작업이며, 그것은 또한 창조적 상상력 속에서 인간이 더불어 살아가는 자연과 우주의 조화 속에서 공존하고 있다는 전제에서 출발하고 있음을 알 수 있다.[24] 이처럼 한국인의 효를 문화적 브랜드로 접목시켜 인류가 필요로 하는 효문화로의 정착 필요성을 강조한 이유는 분명하다고 본다.

왜냐하면 효는 우리 전통사회에서는 당연한 문화였고 세계의 유명한 석학들도 이미 한국의 효문화에 대한 국제적 관심의 폭을 확장시켰기 때문이다. 여기에 우리는 전통적으로 숭문정신이 강하게 잠재해있다는 점도 긍정적 요인으로 작용한다고 본다. 문화를 존중하는 정신은 인간 본연의 자세인 평화와 아름다움을 추구하는 정신[25]이라는 점에서 우리의 효문화도 국제적 브랜드로 자리할 가능성이 충분히 있다고 본다.

일각에서는 그것을 꼭 브랜드라는 이름으로 부르지 않아도 우리와 늘 함께하는 삶의 하나였기 때문에 문화 브랜드로까지 사람들에게 각인시켜주어야 한다는데 대하여 반론을 제기할 수도 있다. 그러나 김치, 태권도 등이 한국의 식품문화, 수련문화로 세계에 알려졌듯이 한국적 효문화도 인류 사회의 인간다운 삶을 위한 하나의 브랜드로 정착시킬 필요성이 있다고 본다.

24 선미라, 「효행장려지원법 시행과 효문화 진흥방안」, 『효행장려지원법과 국가현안 과제』, 한국 효운동단체총연합회, 2009, pp.61-62.
25 정수일, 『문명 교류사 연구』, (주)사계절출판사, 2004, p.535.

　따라서 우리는 국민의 지혜를 모아 효를 하루빨리 문화 브랜드로 정착시키고 그것을 우리 사회는 물론 국제 사회까지 널리 알리는 노력이 필요할 것이다. 이렇게 되면 효라는 하나의 문화 브랜드를 통하여 우리의 문화를 널리 알림은 물론 인류에게 꼭 필요한 조화와 질서를 근간으로 하는 삶의 방식을 공유하는 것이 될 것이다.

　더불어 효가 문화 브랜드로 정착된다면 적어도 우리가 안고 있는 노인 문제 등을 포함한 인류의 제반 문제들을 해결하고 치유할 수 있는 계기가 되리라 본다. 결국은 효가 세계적 브랜드로 부각되기 위해서는 인간 본연의 절대 가치인 효의 생명성에 근거를 두어야 할 것이다. 따라서 우리는 효를 도덕과 윤리에 근거한 인륜과 천륜의 절대성에 두고 세계적으로 확장시켜야 한다고 본다. 이러한 원칙과 함께 인류의 평화 및 행복 창출 동력원으로서의 효의 문화적 브랜드화를 추진해야 한다고 본다.

2) 효교육의 보편화

　인간이 동물과 다른 점은 가정과 사회에서 학습과 교육을 통하여 인격형성의 과정을 거친다는 점이다. 교육의 근본은 인간을 존중하고 한 인간이 자기실현을 할 수 있도록 도와주는데 있으며 인간의 품위를 지키며 잘 살 수 있도록 각자가 가진 능력을 길러주는데 있는 것이다. 우리나라에서 인간교육이 정착되기 위해서는 근본적으로 교육에 대한 범국민적인 의식개혁이 요청된다. 우리나라의 교육위기는 교육제도를 바꾸는 것으로만 해결될 일이 아니다.

우리는 학교교육은 물론이고 사회교육과 종교교육 등 각종 교육의 프로그램에서 효 교육의 의의와 그 중요성을 국민들에게 일깨워 주어 잘못된 교육적 가치관의 경정(更正)을 과감하게 시도해야 한다.[26] 왜냐하면 오늘날 윤리의 쇠락과 교육 현장의 문제들에 대한 근본적인 원인을 우리의 잘못된 가치관과 인간관에서 비롯된 점이 많기 때문이다. 그러므로 모든 교육의 뿌리라 할 수 있는 효교육의 보편화가 요구된다.

앞으로 효교육의 보편화를 위해 '효행 장려 및 지원에 관한 법률'에 포함되어 있는 효문화 진흥원을 중심으로 효교육 연구 및 교육 교재 개발을 위한 전문가를 양성하여 이러한 효교육의 교재나 자료를 개발하여 학교나 사회 효교육 기관에 배포하는 것이 중요하다.[27] 이러한 교육적 접근을 통하여 현대사회에 필요한 효교육의 내실화를 기해야한다. 더불어 효교육을 전담하여 교육할 수 있는 전담 인력의 양성도 효교육의 보편화를 위해서 시급한 부분이다.

오늘날 우리는 인간성 상실의 시대를 살아가고 있다고 말하고 있다. 따라서 효교육이 인성회복을 위한 필수적인 것으로 교육현장에서 보편화되어야 한다. 현대 우리의 학교 교육은 '도덕', '윤리와 사상' 등과 같이 효와 연계된 과목은 있으나 실재 수업 현장에서는 입시위주의 교육 때문에 효교육이 소홀히 되고 있다. 가정에서도 배금

---

26 진교훈, 「효 교육의 관점에서 본 효도법 고찰」, 『효학연구』, 한국효학회, 2007, p.57.
27 김신일, 「효교육 활성화 방안」, 『효행장려 지원법과 국가현안 과제』, 한국효운동단체 총연합회, 2009, p.33.

주의의 영향으로 인해 이해타산적인 면만을 중요시하는 물질교육과 지식교육이 우선되고 있는 것이 사실이다.

이처럼 가정과 학교에서 효교육이 등한시되면서 패륜의 증가, 경로효친 사상의 실종, 비정상적인 스승과 제자의 관계 등 각종 부작용들이 속출하고 있다. 과거 효를 존중하는 국가라는 말을 무색하게 하는 일련의 사건들은 지속적인 효교육을 통하여 예방될 수 있음에도 국가와 사회는 이를 무시하고 있는 실정이다. 이러한 교육 현실에서 자녀들은 삶의 기본적 소양을 갖추지 못하고 그저 지식만 배우고 있는데, 효교육 이야말로 인성교육을 통한 인간성 회복을 위하여 가장 절실하게 요청되는 교육이라 할 수 있을 것이다.

'효행 장려 및 지원에 관한 법률'이 정착될 수 있도록 각 분야에서 노력과 지혜를 모아야 한다. 따라서 의무교육이 시행되는 초등, 중등 교육에서라도 효행 교육[28]이 체계적으로 이루어지도록 지혜를 모아야 한다. 그리고 점차 더 나아가 유아교육부터 초·중·고·대학, 군, 평생교육기관, 기업체 등 교육 기관과 사회로 퍼져나가 효행교육이 보편화되도록 하는 것이 필요하다.

3) 사회적 효와 사회적 가족의 정착

한국 사회에서 가장 시급히 해결해야할 과제중의 하나는 노인 인

---

28 '효행 장려 및 지원에 관한 법률' 제5조 ②항에 "국가 및 지방자치단체는 영유아어린이집, 사회복지시설, 평생교육기관, 군 등에서 효행교육을 실시하도록 노력하여야 한다."라고 2011년 6월 7일 개정, 보완하였다.

구의 급속한 증가에 따른 고령 사회의 문제[29]이다. 게다가 오늘날의 가족구조가 핵가족화와 더불어 맞벌이 가정이 대부분이기 때문에 가정 내에서 노인을 모시는 일이 현실적으로 매우 어려운 상황이다.

더구나 노인 어르신의 건강에 문제가 없다면 그나마 다행이지만 만약 노인성 질환이라도 앓고 있다면 가족의 입장에서 매우 어려운 여건에 직면할 수밖에 없다. 이러한 시대적 현실에서 사회와 국가가 대신해서 노인 어르신의 돌봄을 수행하는 제도가 노인 장기요양 보험제도이다.

공교롭게도 노인 장기요양 보험제도와 효행 장려 및 지원에 관한 법률의 주무 부처는 보건복지부이다. 노인 장기요양 보험제도의 담당 기관인 보건복지부 산하 국민건강관리 보험공단은 이 제도를 시행하면서 우리의 고유 전통 실천 윤리 사상이라 할 수 있는 효를 전면에 부각시키게 된다. 이른바 '사회적 효'인데 노인 장기요양 보험제도의 시행에 있어서 실천의 핵심이 효의 대사회적 모색이라는 점이다.

보험 수혜의 대상이 원칙적으로 65세 이상의 노인이고 보면 효의 차원으로 접근한다는 것은 당연한 것이지만 '사회적 효'라는 점에서 기존의 효에 대한 인식과 관점을 확대 및 전환했다고 볼 수 있다. 과거의 효는 내 부모는 내가 모시는 개념인데 반하여 사회적 효는 어르신에 대한 돌봄과 모심을 사회나 국가가 대신한다는 개념이다.

---

29 2000년을 기점으로 우리나라는 노인인구가 7% 이상인 고령화 사회에 접어들었고 2050년에는 노인인구 비율이 34.4%로 세계의 최고령국가가 될 전망이다. 이러한 원인은 평균 수명의 증가, 의약의 발달, 출산율 감소 등에 있다.

급속도로 변하고 있는 시대적 현실과 함께 사회와 국가가 대상 가족을 대신해서 효의 실천을 모토로 노인을 봉양하는 제도가 노인장기요양보험이며 소위 사회적 효이다. 이것은 엄격한 기준에 근거한 선별적 효 실천이라 할 수 있다. 하지만 "장병에 효자 없다."라는 말도 있듯이 노인성 질환의 어려움을 겪고 있는 가족들에게는 무척 바람직한 제도라 할 수 있다.

그러므로 정부에서는 그 실천 모델을 사회적 효로 제시하고 있다. 한국 사회에서 갈수록 심화되는 노인문제에 국민 전체가 접근하고 있다는 점에서 사회적 효는 지속적으로 회자될 수밖에 없을 것이다. 그러나 사회적 효는 자칫 '현대판 고려장'[30]이 될 수 있다는 점을 일각에서 염려하고 있다는 것을 간과해서는 안 될 것이다.

사회적 효가 대두되고 있다는 것은 그것을 실천하는 실천 주체가 혈연 중심의 가족에서 새로운 가족으로의 이동을 전제하고 있다. 논자는 사회적 효 실천의 새로운 이동 주체를 '사회적 가족' 또는 '신가족'이라 칭하며 그들이 실질적 효 실천의 중심에 있음을 사회적으로 인정하고 혈연 개념의 기존 개념을 넘어서야 한다고 본다.

여기에 '효행 장려 및 지원에 관한 법률'이 마련되었다는 점은 효의 보편화와 확장이라는 차원에서 사회적 효와 함께 신가족 개념을 정착시킬 수 있는 시금석이 될 수 있다고 본다. 그러므로 사회적 가족의 현실적 이해와 보편화는 사회적 효의 안정적 정착에 필요 충분

---

30 자녀들이 부모를 노인 시설에 입소시키고 자주 찾아보지 못하게 되면 부모는 고독감과 상실감에서 헤어나질 못하게 될 수도 있다. 이러한 상황이 장기화되면 과거의 고려장이나 다를 바 없다는 의미이다.

한 조건이며 효의 현대사회적 확산 주체라 하겠다.

근자에 세상에서 다양하게 발생하고 있는 여러 가지 패륜사건과 사회문제로 심각히 거론되고 있는 제반 노인 문제들의 해결책의 하나로 '효행 장려 및 지원에 관한 법률'의 필요성과 보완책에 대한 사회적 합의를 이끌어 내도록 해야 한다. 따라서 '효행 장려 및 지원에 관한 법률'의 향후 과제를 효의 문화적 브랜드화 및 효교육의 보편화, 사회적 효와 사회적 가족의 정착으로 세분화하여 논의하는 것도 이 법이 보다 빨리 정착하여 다양한 역할을 해야함을 전제로 하고 있다는 점이다.

지금까지 '효행 장려 및 지원에 관한 법률'에 근거하여 제기한 본 내용의 목적은 우리의 효문화에 관한 시대적 상황에 민첩하게 대처해야 한다는 점에 있다. 현대 사회에 있어서 효는 다양한 각도에서 재조명되고 있으며 효를 전문으로 연구하고 교육하는 석 · 박사 과정의 교육기관[31]이 설립되어 운영될 정도로 효의 보편화에 심혈을 기울이고 있는 상황이다.

---

31 세계 유일의 효학을 전문으로 학위를 수여하는 대학원으로 '성산효대학원대학교'가 있다.

〈표 1〉 효의 영역과 체계

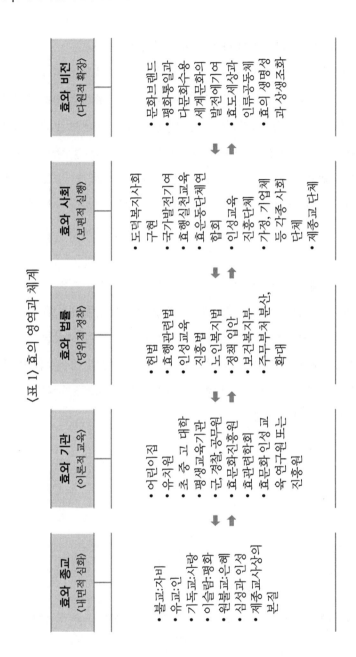

효의 종교
(내면적 심화)

- 불교:자비
- 유교:인
- 기독교:사랑
- 이슬람:평화
- 원불교:은혜
- 심성과 인성
- 제종교사상의 본질

효의 기관
(이론적 교육)

- 어린이집
- 유치원
- 초·중·고 대학
- 평생교육기관
- 군, 경찰, 공무원
- 효문화진흥원
- 효관련학회
- 효문화 인성 교육 연구원 모든 진흥원

효의 법률
(당위적 정착)

- 헌법
- 효행권련법
- 인성교육 진흥법
- 노인복지법
- 정책 입안
- 보건복지부
- 주무부처 분산, 확대

효의 사회
(보편적 실행)

- 도덕복지사회 구현
- 국가발전기여
- 효행실천교육
- 효운동단체연합회
- 인성교육 진흥단체
- 가정, 기업체 등 각종 사회 단체
- 제종교 단체

효의 비전
(다원적 확장)

- 문화브랜드
- 평화통일과 다문화수용
- 세계문화의 발전에기여
- 효도세상과 인류공동체
- 효의 생명성 과 상생조화

따라서 논자는 효와 관련된 기류가 〈표 1〉[32]과 같은 인식과 방향으로 형성되어야 하며 앞으로 지속적으로 순환, 전개될 것으로 보고 있기에 여기에 따른 관계기관의 빠른 대응이 필요하다고 본다. 〈표 1〉의 '효의 영역과 체계'를 살펴보면 효와 종교, 효와 기관, 효와 법률, 효와 사회, 효와 비전이다.

이것들을 구체적으로 논의하면 효와 사회 구조와의 다양한 관계성이 도출된다. 전통적으로 효는 가정에서부터 자연스럽게 교육되고 확장되어 왔으나 오늘날 교육과정에서 도덕, 윤리와 사상 교육으로 미미하게 이어지고 있으며 인성교육차원에서 효교육이 대두되고 있는 추세이다. 여기에 국가 정책의 일환으로 효문화 진흥 연구 조사 및 교육 활동 등을 위한 기관인 효문화 진흥원의 설립이 정책화되고 현재 예산이 집행 중에 있다.

또한 효의 사회적 실천면에서는 효운동 단체들이 다양하게 활동하면서 효교육 지도사를 배출하여 인성 및 예절교육, 전인교육 등을 목적으로 활동하고 있다. 그럼에도 불구하고 아직도 '효행 장려 및 지원에 관한 법률'의 대사회적 인식과 정착은 미약한 편이다.

결론적으로 우리는 이러한 현실을 서로 인지하고 공유하면서 효 관련 실천 및 정책이 다양성을 지니며 확장되도록 '효행 장려 및 지원에 관한 법률'의 발전적 정착을 위해 배전의 노력을 해야 한다. 예를 들면 구체적으로 복지와 관련하여 효가 사회적 효라는 이름으로

---

32 〈표 1〉 '효의 영역과 체계'는 '효행 장려 및 지원에 관한 법률'을 중심으로 법의 핵심 내용과 보완 사항, 효의 다원적 확장차원에서 작성하였다. 그 범위는 사회와 국가 및 세계를 대상으로 하였고 궁극적으로는 효도 세상과 인류 공동체 실현을 목표로 도표화 하였다.

실천되고 있다. 또한 문화 정책의 일환으로 효의 세계적 브랜드화를 위해 노력하고 있다.

이처럼 '효행 장려 및 지원에 관한 법률'은 한국 사회가 안고 있는 각종 현안과 인성교육의 부재, 경제논리로 치닫는 사회복지 문제, 고령사회, 100세 시대, 다문화 문제 등을 해결하고자 하는 차원에서도 논의되어야 하며 그 영역을 확장해야만 한다.

특히 최근의 교육 환경이 인성 교육이 결여된 성과 중심의 결과지상주의로 흐르는 추세여서 그로 인한 교육 현장의 심각성이 갈수록 부각되고 있는 실정이다. 따라서 학교 폭력 등으로 야기된 교육 현장의 문제를 해결할 수 있는 방안의 하나로 효교육 프로그램의 적극적 활용을 제언해본다.

또한 '효행 장려 및 지원에 관한 법률'의 시행 및 관장 주무 부처가 보건복지부에 국한되어 있는 현실을 개선해야 할 것도 제언한다. 왜냐하면 '효행 장려 및 지원에 관한 법률'의 성격과 목적을 세분화하여 유관 기관이라 할 수 있는 교육과학기술부, 문화체육관광부 등으로 분리, 이관하는 것도 동 법의 빠른 정착과 효율성을 위해서 필요하다고 보기 때문이다.

끝으로 〈표 1〉의 '효의 영역과 체계'안의 민관을 망라한 모든 유관 기관들은 국가의 발전과 세계 문화의 발전에 이바지함을 목표로 '효행 장려 및 지원에 관한 법률'에 대하여 보다 적극적이고 다양한 관심과 실천이 요구된다. 그리고 동법의 현실적 정착을 위해 끊임없이 연구하고 노력하며 실천해야 할 것을 다시 한 번 강조하고자 한다.

제4장

원불교 교리와 효사상

원불교 효사상 연구

앞 장에서 동·서양 종교의 효사상을 제 종교의 경전을 중심으로 살펴보았다. 이처럼 종교는 각자의 경전을 중심으로 교리와 사상을 드러낸다. 그러므로 원불교 효사상도 원불교 경전에 드러난 교리를 통하여 밝혀낼 수밖에 없다. 따라서 원불교 효사상의 이념적 근거들은 원불교의 근본교리로 구체적인 전개가 이루어진다. 본 장에서는 원불교의 구체적인 교리를 바탕으로 원불교가 표방하는 효사상을 도출하고자 한다.

먼저 일원상의 효적 조명을 통하여 원불교 효사상이 소태산의 대각으로 천명된 일원상 진리에서 근원함을 밝힌다. 소태산은 일원상 진리를 각득하고 그것을 신앙과 수행의 대상으로 표방하였다. 또한 일원상을 인간을 중심으로 맺어진 은적 관계를 네 가지로 범주지은 사은[1]으로 대별하고 서로가 없어서는 살 수 없는 절대적 은혜의 관계로 규정하였다. 이것을 근거로 하여 일원상과 원불교 효사상과의 관계성을 밝히고자 한다.

두 번째 사은 보은과 효에서는 보은의 구체적 방법으로서 사은사요인 인생의 요도가 왜 원불교 효사상과 연관성이 있는지를 밝힌다. 원불교의 교리는 우주만유의 본원이요, 제불제성의 심인인 법신불 일원상을 신앙의 대상과 수행의 표본으로 모시고, 신앙과 수행을 병진하게 하였다. 그리고 인과 보응의 이치에 바탕한 신앙을 인생의 요도인 사은사요로 실천하게 하였다. 따라서 본장에서는 보은의 방법으로서 사은사요가 어떻게 전개되는지를 살펴보고자 한다. 원불

---

1 박상권, 「은적 유기체로서의 생명」, 『원불교사상』 제22집, 원불교사상연구원, 1998, p.608.

교 효사상이 보다 구체화되어 있는 부모은의 내용을 심도 있게 분석하여 원불교 효사상의 핵심을 제시하고자 한다. 특히 앎의 유무에 따라 보은과 배은의 판단 기준이 됨을 밝히며 앎의 문제도 다루어 보고자 한다.

세 번째 삼학 수행과 효에서는 전인적 인격을 지향하며 공부의 요도인 삼학팔조가 왜 원불교 효사상과 관련이 있는지를 밝힌다. 본 장에서는 인간세상에서 요구되어지는 원만한 인격을 이루는 데 가장 필요한 법으로서 공부의 요도인 삼학팔조가 효와 어떤 상관관계가 있는가를 논하고자 한다.

끝으로 원불교 예법과 효에서는 번다한 형식을 타파하고 생활 혁신을 지향하는 원불교 의례가 원불교 효사상과 어떤 연관이 있는지를 밝히고자 한다. 또한 생활 혁신으로서의 원불교 의례는 어떠한 과정을 거치면서 형성되어 왔으며 원불교 효사상의 실천 방법론으로 원불교 의례가 어떤 역할을 하고 있는지를 밝히는 데 본 소제의 목적이 있다. 더불어 원불교 의례의 정신이 무엇인지를 논의하면서 현실생활에서 원불교 의례가 원불교 효사상의 관점에서 어떻게 파악되는가를 제시한다.

01
일원상의 효적 조명

○

1) 소태산의 대각과 효

원불교는 우주의 궁극적 진리를 대각(大覺)한 소태산에 의해 창교된 종교이다. 소태산이 생장한 전라남도 영광군 백수면 길룡리는 산중 궁촌으로 견문이 심히 적었고 그가 글공부한 시일이 2년에 불과하였으므로, 그동안 어떤 종교의 교의와 역사를 듣고 배운 바가 없었다. 소태산은 듣고 본 바가 없이 스스로 원을 발하고, 스스로 정성을 다하고, 스스로 정(定)에 들고, 스스로 대각을 성취하여, 필경은 천만 교법의 대소 본말을 일원의 이치로써 관통하여[2] 우주만유의 본원인 일원상 진리를 각득하였다. 소태산의 대각은 원불교 효사상의 도출에 있어서도 역사적 사건일 수밖에 없다. 소태산의 대각이 없었다면 원불교라는 종교도 없었을 것이고 원불교가 없었다면 원불교 효사상도 존재할 수가 없다. 따라서 소태산의 대각은 원불교의 교법과 더불어 원불교 효사상의 기저가 된다.

원불교의 교법은 소태산이 증득한 일원대도(一圓大道)를 바탕으로 모든 이들에게 법신불 본체와의 연결과 그를 통한 얼의 향상과 인생의 바른 길을 제공[3]해 주기 위한 교리 체계이다. 소태산은 일원상 진리를 신앙과 수행의 대상으로 표방하며 "현하 과학의 문명이 발달됨에 따라 물질을 사용하여야 할 사람의 정신은 점점 쇠약하고, 사람이 사용하여야 할 물질의 세력은 날로 융성하여, 쇠약한 그 정신을 항복 받아 물질의 지배를 받게 하므로, 모든 사람이 도리어 저 물질의 노예 생활을 면하지 못하게 되었으니, 그 생활에 어찌 파란고해(波瀾苦海)가 없으리요. 그러므로 진리적 종교의 신앙과 사실적 도덕의 훈련[4]으로써 정신의 세력을 확장하고, 물질의 세력을 항복 받아, 파란고해의 일체 생령을 광대무량한 낙원(樂園)으로 인도하려 함이 그 동기니라."[5]라고 원불교 개교의 동기를 선언하였다.

---

2 『원불교교사』 제1편 개벽의 여명, 원불교정회사 편, 『원불교전서』, 원불교출판사, 1992, p.1040.

3 정순일, 「신앙성을 강화한 법회의식의 모색」, 『소태산 사상과 원불교』, 월간원광사, 1991, p.173.

4 진리적 종교의 신앙은 교리적인 면을, 사실적 도덕의 훈련은 실천적인 면을 중심으로 한다. 원불교는 교리와 실천면에서 은혜와 상생, 평화, 현실낙원을 지향하는 종교이다. 그러므로 원불교 효사상은 이러한 교리적인 면과 실천적인 면을 중심으로 같은 맥락에서 조명되어야 한다고 본다.

5 『정전』, 「제1 총서편」 제1장 개교의 동기, 원불교정화사 편, 『원불교전서』, 원불교

소태산은 원불교 개교의 필연성을 인류의 정신 세력의 확장과 낙원세상의 구현에 두면서 지도강령을 표어로써 "물질이 개벽(開闢)되니 정신을 개벽하자."[6]라고 하며 외연의 확장만을 추구하는 물질의 급속한 성장에 반해 정신의 확장과 종교적 생명성의 확충을 추구하였다.

한편 '원불교'라는 교명의 의미를 살펴보면 "원은 형이상으로써 말하면 언어와 명상이 끊어진 자리라 무엇으로 이를 형용할 수 없으나, 형이하로써 말하면 우주만유가 다 이 원으로 표현되어 있으니, 이는 곧 만법의 근원인 동시에 또한 만법의 실재인지라, (······) 불(佛)은 곧 깨닫는다는 말씀이요 또는 마음이라는 뜻이니, 원의 진리가 아무리 원만하여 만법을 다 포함하였다 할지라도 깨닫는 마음이 없으면 이는 다만 빈 이치에 불과한 것이라, 그러므로 원불(圓佛) 두 글자는 원래 둘이 아닌 진리로서 서로 떠나지 못할 관계"[7]라고 정산이 밝혔다.

이렇듯 우주만유가 만법의 근원이요, 실재임을 알고 현실생활에서 근원을 반조하면서 살아가라는 의미가 '원불교'라는 교명에 담겨져 있다. 더불어 우리에게는 그것을 바탕으로 깨달음을 얻고 인간생활을 원만구족하고 지공무사하게 하라는 소명이 부여되어 있다. 소태산의 대각의 과정은 우주에 대한 끊임없는 의문과 인간에 대한 관심이었다. 이러한 과정을 통해서 일원상 진리를 각득하게 된다.

출판사, 1992, p.21.

6 『대종경』, 「제1 서품」 4, pp.95-96.

7 『정산종사법어 : 제2부 법어』, 「제4 경륜편」 1, pp.799-800.

소태산이 깨달음을 통해 밝힌 일원상 진리는 온 인류를 포함한 우주 만유에 대한 사랑과 자비의 진리이다. 그러므로 효사상의 차원에서 보면 소태산은 인류 전체에 대한 효를 실천하기 위해 일원상 진리를 밝혔다고 말할 수 있다. 특히 소태산은 부모은 중 부모 보은의 조목[8] 첫 번째 조항에서 "공부의 요도 삼학팔조와 인생의 요도 사은사요를 빠짐없이 밟을 것이요"[9]라고 밝혔다. 일원상 진리와 삼학팔조, 사은 사요는 소태산의 대각의 소산이므로 소태산의 대각 자체가 원불교 효의 본질적인 근원이요 우주만유에 대한 효의 실천이라고 보아야 할 것이다.

2) 원불교 효사상의 시원

원불교 효사상에 대해 논구하기 위해서는 위와 같이 소태산의 대 각과 효에 관한 기본적 배경과 상황을 알고 그것과 관련지어 연구해 야 한다. 특히 일원상 진리와 원불교 효사상과의 관계를 조명하기 위해서는 원불교 효사상의 뿌리이자 근원이라 할 수 있는 일원상 진 리(一圓相眞理)에 대한 이해가 있어야 한다고 본다. 이런 점에서 본 장 에서는 일원상 진리에 대해 간략히 개괄한 다음, 일원상 진리와 원 불교 효사상과의 관계성을 고찰해 본다.

소태산이 밝힌 일원상 진리는 원불교 사상을 나타내는 원불교 교

---

8 소태산이 밝힌 『정전』의 「부모은」 중 '부모 보은의 조목'은 부모 보은이 곧 효의 실 천이기 때문에 '효도의 조목' 또는 '효행 실천의 조목'이라 할 수 있다.
9 『정전』, 「제2 교의편」 제2절 부모은, 4. 부모 보은의 조목, p.32.

리의 핵심이다. 우주의 근원적 원리로서 일원상 진리는 근원적 진리의 이름이다. 일원은 진리의 이름이며 일원상은 진리를 상징하는 모양이다. 진리의 상징체인 일원상은 세상의 이치이자 우주의 원리인 일원상 진리를 함의하고 있다.

그런데 그 진리의 내용은 다양한 속성으로 언급되고 있다. 소태산은 원기 원년 대각을 이룬 후 "만유가 한 체성이며 만법이 한 근원이로다. 이 가운데 생멸 없는 도와 인과 보응되는 이치가 서로 바탕하여 한 두렷한 기틀을 지었도다."[10]라고 하여 일원상 진리의 내용을 생멸 없는 도와 인과 보응되는 이치로 밝혀 주었다.『정전(正典)』「교의편」일원상 진리 절에서는 본원과 심인과 본성, 공적영지의 광명, 진공묘유의 조화로 설명하고 있다.

일원상 서원문(一圓相 誓願文)에서는 일원상 진리를 언어도단의 입정처와 유무초월의 생사문, 천지·부모·동포·법률의 본원, 제불·조사·범부·중생의 성품 등으로 설명하고 있으며, 게송(偈頌)에서는 유(有)와 무(無)라는 속성으로 일원상 진리를 나타내고 있다.[11] 이 외에도 불변의 이치와 변화의 이치, 없는 자리와 있는 자리, 돈공·광명·조화, 공·원·정, 대·소·유·무, 원만구족과 지공무사 등으로 설명하고 있으므로 이러한 진리의 속성에 대한 바른 이해를 할 때 일원상 진리를 보다 쉽게 터득하고 활용할 수 있을 것이다. 따라서 원불교 효사상의 근원도 이러한 배경을 바탕으로 도출해야 한다.

10『대종경』,「제1 서품」1, p.95.
11『정전』,「제2 교의편」제1장 일원상, pp.23-26 참조.

3) 일원상 진리와 효

원불교 교리의 핵심이자 우주만유의 뿌리라 할 수 있는 일원상 진리는 원불교 교의에 밝혀진 사상과 다음과 같이 밀접하게 연관되어 있다. 첫째, 일원상 진리는 원불교 효사상의 근원적 원리이다. 소태산의 일원상 진리는 우주의 원리를 밝히고 있다. 소태산은 만유가 한 체성이며 만법이 한 근원이라고 하면서 생멸 없는 도와 인과 보응되는 이치가 서로 바탕하여 한 두렷한 기틀을 지었다고 하였다. 이는 일원상 진리의 내용을 밝힌 것으로 생멸 없는 도와 인과 보응되는 이치가 우주만물의 근본원리가 됨을 밝히고 있는 것이다.

이처럼 생멸없는 불생불멸(不生不滅)한 도에 근원하여 호리도 틀림없이 작용하는 인과의 이치는 효의 작용이 현실생활에서 뿐만 아니라 삼세를 통해 가능하다[12]는 논리의 근거가 된다. 그 근거는 일원상 진리에 "일원은 우주만유의 본원이며"[13]와 일원상 서원문의 "천지·부모·동포·법률의 본원이요"[14]에 핵심적으로 잘 드러나 있다. 이는 일원상 진리가 우주만유, 즉 천지·부모·동포·법률이라는 사은의 뿌리 또는 근원이 됨을 표방함과 동시에 원불교 효사상의 근본적 뿌리임을 밝힌 것이다.

---

12 일원상의 진리는 진공 묘유의 조화로서 우주 만유를 통하여 무시광겁(無始曠劫)에 은현자재(隱顯自在)한다고 소태산은 밝혔다. 이것은 원불교 효사상이 일원상 진리에 근원하기 때문에 삼세를 통한 원불교적 효의 실천을 밝혀 주고 있는 점이다.(『정전』,「제2 교의편」제1장 일원상, 제1절 일원상의 진리, p.23 참조).

13 『정전』,「제2 교의편」제1장 일원상, 제1절 일원상의 진리, p.23.

14 『정전』,「제2 교의편」제1장 일원상, 제4절 일원상 서원문, pp.24-25.

원불교 효사상의 실천면에서 보면 '일원상 서원문'에서도 일원은 능이성 유상하고 능이성 무상하여 이 우주를 존재케 함과 동시에 운전해 가고 있음을 밝히고 있다. 정산이 밝힌 '변하는 이치와 불변하는 이치'[15]라는 법문도 일원상 진리가 효실천의 근본원리가 됨을 잘 드러내 주고 있다.

둘째, 일원상 진리는 원불교 효실천의 표준이라 할 수 있다. 우리가 효를 실천한다는 것은 기본적으로 원만한 인격을 이룸과 동시에 인도대의에 벗어남이 없는 삶을 살아가는 데 있을 것이다. 그런데 이런 인격의 표준과 원만한 삶의 기준이 바로 소태산의 일원상 진리에 잘 밝혀져 있기에 일원상 진리가 효실천의 표준이 된다고 보는 것이다. 이를 종합적으로 잘 드러내 준 법문이 바로 일원상 법어(一圓相 法語)이다.

○ 이 원상은 눈을 사용할 때에 쓰는 것이니 원만구족한 것이며 지공무사한 것이로다.
○ 이 원상은 귀를 사용할 때에 쓰는 것이니 원만구족한 것이며 지공무사한 것이로다.
○ 이 원상은 코를 사용할 때에 쓰는 것이니 원만구족한 것이며 지공무사한 것이로다.

15 "이 세상은 변하는 이치와 불변하는 이치로 이룩되어 있나니, 우주의 성주괴공과 사시의 순환이며 인간의 생로병사와 길흉화복은 변하는 이치에 속한 것이요, 불변하는 이치는 여여자연하여 시종과 선후가 없는지라 이는 생멸없는 성품의 본체를 이름이니라."(『정산종사법어 : 제2부 법어』, 「제5 원리편」, 34, p.829). 변과 불변의 차원에서 원불교 효사상의 실천이 조명될 수 있다.

     ○ 이 원상은 입을 사용할 때에 쓰는 것이니 원만구족한 것이며 지공무사한 것이로다.

     ○ 이 원상은 몸을 사용할 때에 쓰는 것이니 원만구족한 것이며 지공무사한 것이로다.

     ○ 이 원상은 마음을 사용할 때에 쓰는 것이니 원만구족한 것이며 지공무사한 것이로다.[16]

소태산은 「일원상 법어」에서 사람이 사용하는 육근을 일원상과 같이 원만구족하고 지공무사하게 사용하여야 한다고 밝히고 있다. 원불교 효사상의 실천도 결국은 육근의 사용에서 시작하는 만큼 일원상 진리에 있어서 일원상 법어는 효사상 실천의 단초가 되는 것이며 일원상 진리는 원불교 효사상의 표준이 된다.

셋째, 일원상 진리는 통종교적 효사상의 모체이다. 통종교적이란 종교 간의 만남을 의미한다. 효사상은 종교 간의 만남을 통하여 종교 본연의 의미라 할 수 있는 인류와의 연계[17]를 소통시키는 통종교성을 지니고 있다. 소태산은 원불교 교법을 총설하여 이르기를 "불교는 무상 대도(無上大道)라 (……) 세계의 모든 종교도 그 근본 되는 원리는 본래 하나"[18]라고 밝혔다. 이처럼 일원상은 전통적으로 불(佛), 유(儒), 도(道) 삼교에 공통적으로 진리의 궁극성을 말하는 데에 사용되어 왔다. 더불어 일원상은 한국의 고유신앙 등 기타 모든 종교의

---

16 『정전』, 「제2 교의편」 제1장 일원상, 제5절 일원상 법어, p.26.

17 R. Panikkar, The Intrareligious Dialogue, Paulist Press, 1978, p.27.

18 『정전』, 「제1 총서편」 제2장 교법의 총설, pp.21-22.

진리관이 조화, 회통되는 통종교적(通宗敎的) 경향을 지니고 있다. 또한 소태산은 일원상 진리가 모든 성인(聖人)이 깨친 근본진리임을 밝히고 있다. 즉 일원상 진리에서 볼 때 모든 성인의 본의는 하나라는 인식이다. 종교가 서로 융통하지 못하는 원인은 세계 모든 종교의 근본 원리는 본래 하나이며 제불제성의 본의가 상통한다는 사실을 모르기 때문[19]이다. 여기에 "만유가 한 체성이며 만법이 한 근원"이라는 소태산의 가르침은 종교의 진리가 하나라는 점에서 원불교의 효사상도 제 종교의 효사상과 회통한다고 볼 수 있다.

넷째, 일원상 진리는 현실 낙원을 지향하는 효사상의 핵심적 요체이다. 소태산은 진리는 사람이 사용할 바이며 현실생활에서 수용되어야 함을 강조하였다. 진리가 현실과 괴리된 별개의 존재세계에 있다고 한다면 진리를 믿는 신앙생활과 일상생활과는 서로 관련을 지을 수 없을 뿐만 아니라 인간이 왜 신앙생활을 해야 하는가라는 종교적 회의에 떨어지고 말 것이다. 현실 속에 드러나 있는 모든 존재의 모습과 그 존재들의 법칙이 바로 진리이기 때문에 현실과 진리는 본질적으로 하나라 할 수 있다. 그러한 진리의 참 모습을 구현하는 것이 종교와 신앙생활의 목적이다.

소태산의 실생활 어록인 『대종경(大宗經)』에서는 그 내용의 대부분을 현실 생활에서 진리를 수용하는 방법과 진리적인 생활을 하는 목적 및 방향에 대해 밝히고 있다. 그리고 진리의 생활화를 밝힌 '불법시생활 생활시불법'을 중요한 교리 표어로 제시한 점도 진리의 활용

---

19 정순일, 「원불교의 삼교원융사상」, 『유·불·도 삼교의 교섭』, 원불교사상연구원, 1992, p.120.

성에 대한 중요도[20]를 현실 생활 속에서 체현하여 원불교 효사상을 심화시키는데 있다.

여기에 원불교의 교리체계는 조직적인 내용의 구성에만 있는 것이 아니라 그 교리를 인간이 실천하는 방법으로 구체화했다는 점에서 실천 윤리로서의 효와 원불교 교리체계와의 관계를 설정해 볼 수 있다. 일원상 진리가 현실과 함께하여 생활 속에서 수용된다는 점은 소태산이 밝힌 사은에서 넓게 구현된다. 이것은 부모은에서 원불교 효사상으로 구체화되어 인생의 바른 길과 공부의 정로를 제공해 주고 있다.

이상에서 살펴본 바와 같이 일원상 진리는 원불교 사상을 표현하는 원불교 교리에 있어서 가장 핵심이며 원불교 효사상의 전개에 있어서도 그 근원이 된다. 소태산의 대각도 이 일원상 진리에 대한 깨달음이었고, 교단 창립에 있어서 이념의 토대가 된 것도 바로 이 일원상 진리다. 따라서 원불교 효사상의 본질과 효사상을 추구하는 데 있어서 일원상 진리는 가장 근원적인 원리가 된다. 왜냐하면 일원상 진리는 사은으로 대별되며 원불교 효사상의 구체적 모체인 부모은(父母恩)이 사은에 포함되어 있기 때문이다.

지금까지 원불교 사상에 나타난 효사상의 근원을 논하기 위해 원불교 효사상의 최고원리로서의 일원상 진리를 살펴보았다. 다음에서는 효사상의 본질인 은사상(恩思想), 원불교 효사상이 구체화되어 표출된 사은(四恩), 삼학(三學), 원불교 예법에 구현된 효사상 체계와 그

---

20 박상권, 「원불교 신앙론」, 『원불교 신앙론 연구』, 원광대학교 출판국, 1996, p.64.

성격 등을 고찰해 보면서 원불교 교리와 효사상을 살펴본다. 또한 소태산에 이어 원불교의 2대 종법사가 된 정산과 3대 종법사인 대산 김대거 종사(大山 金大擧 宗師 : 1914~1998, 이하 대산으로 표기)의 법문도 원불교 효사상의 조명 차원에서 고찰해 보고자 한다.

02

사은 보은과 효

○

1) 사은과 효의 관계성

앞 장에서 일원상 진리와 효사상과의 관계성을 원리적 측면에서 살펴보았다. 일원상 진리가 원불교 효사상의 근원적 뿌리이며 원리이고 표준임을 알아보았다. 이제 구체적으로 진리의 외현적 실재인 사은[21]과 효의 관계성을 살펴보고자 한다. 사은은 원불교 효사상과

---

21 "원불교는 일원상 법신불 신앙과 생명 평화 모심의 구체적 실천으로서의 사은의 보은 운동이 갖는 이 시대, 극에 달한 무정한 자본주의 세상의 황량한 삶에 그 근원적 해방과 따뜻한 인간애 회복의 길을 결정적으로 가르쳐 준다."고 김지하는 밝혔다. 우리가 살고 있는 이 시대가 인간성 회복과 서로간의 신뢰와 공경을 바탕으로

어떤 관계가 있는가. 이를 알아보기 위해 사은사상에 대해 개괄한 다음 그 관계성을 밝히고자 한다.

소태산은 대각을 이루고 난 후, 마음에 홀로 기쁘고 자신이 충만 (心獨喜自負)하여 그 깨달음의 과정을 생각하면서 문득 "강연이 말하자 면 자력으로 구하는 중 사은의 도움이라."[22]라고 밝혔다. 여기에서 사은은 인간을 포함한 우주만유가 생성 발전하는 데 있어 서로 바탕 이 되고 근원이 되며 도움이 되는 관계이다.

소태산은 이처럼 서로가 없어서는 살 수 없는 관계를 은(恩)으로 천명한 것이다. 그러므로 소태산의 은 사상은 원불교 사상의 핵심이 라 할 수 있다. 예컨대 사은은 우주만유를 인간에게 사실적으로 가 까이 인식시키기 위한 네 가지 범주로서 인간 개개인, 더 나아가서 는 모든 존재자로서 개체가 어떻게 진리와 관계 맺고 있는가를 알게 하는 개념이다.[23] 그렇다면 상생상화의 원리로서 세계구원의 길을 제시하고 있는 사은은 어떤 성격을 지니고 있는가. 첫째, 사은은 신 앙의 근원이다. 일원상 진리가 우주만유의 본체적 원리의 파악이라 면 은은 우주만유의 현상적 존재 파악으로서, 일원상 진리의 구체화 가 곧 사은이다. 그렇다면 원불교의 은이 가지는 근원적인 의미는 무엇일까? 이에 대해 소태산은 사은 중 피은의 강령[24] 각각에서 잘

한 사랑의 실천인 "사은에 대한 보은행을 요구하고 있다."고 본 것은 원불교 효사 상의 시원인 일원상 진리를 사은으로 대별되는 현실생활과의 밀접한 연관성에서 바라본 것이라 할 수 있다(김지하, 『촛불, 횃불, 숯불』, 이룸, 2009, p.34 참조).

22 『원불교교사』, 「제1편 개벽의 여명」 제3장 제생의세의 경륜 1. 교법의 연원, p.1040. 소태산이 사은에 대한 은의를 대각으로 연결시킨 점은 신앙의 현실성을 직시한 것이다.

23 박상권, 앞의 논문, 「원불교 신앙론」, p.68.

밝혀 주고 있다.

천지은에서는 "천지가 없어도 이 존재를 보존하여 살 수 있을 것인가?", 부모은에서는 "부모가 아니어도 이 몸을 나타내게 되었으며 설사 나타났더라도 자력 없는 몸으로서 저절로 장양될 수 있을 것인가?", 동포은에서는 "사람도 없고 금수도 없고 초목도 없는 곳에서 나 혼자라도 살 수 있을 것인가?", 법률은에서는 "법률이 없고도 안녕질서를 유지하고 살 수 있겠는가?"라는 질문을 한 다음 "없어서는 살 수 없는 관계가 있다면 그같이 큰 은혜가 또 어디 있으리요"라는 답을 통해 은이 "없어서는 살 수 없는 관계"라는 근원적 의미를 지니고 있음을 제시해 주고 있다.

『정전』 심고와 기도에서 보면 "우리는 자신할 만한 법신불 사은의 은혜와 위력을 알았으니, 이 원만한 사은으로써 신앙의 근원을 삼아 사은의 위력을 얻어 원하는 바를 이루고 낙 있는 생활을 하자"고 하였다. 즉 우리가 불공, 심고와 기도 등을 행하면 진리의 위력이 천지·부모·동포·법률이라는 사은을 통해서 우리에게 그대로 하감, 응감되어짐을 말하는 것이다. 이처럼 사은은 인과 위력의 주체이고 죄 주고 복 주는 증거[25]로서 죄와 복의 바탕이며 처처불상 사사불공의 근거로서 신앙의 근원이 되는 것이다.

둘째, 사은은 생성존재의 근원이다. 소태산은 만유의 본원인 일원

---

24 『정전』, 「제2 교의편」 제2장 사은, pp.27-38.

25 "법신불 사은이 우리에게 죄 주고 복 주는 증거는 아무리 어리석은 사람이라도 자상히 설명하여 주면 알기도 쉽고 믿기도 쉬울 줄로 생각하는 바이나 불상이 아니면 신심이 나지 않는 사람은 불상을 모신 곳에서 제도를 받아도 좋을 것이니 (……)"(『대종경』, 「제2 교의품」 10, p.117).

상 진리를 원(圓)으로 상징하였으며 사은(四恩)으로 범주화하였다. 나와 삼라만상의 관계를 중심으로 서로를 은혜로운 관계, 즉 은(恩)으로 파악하였다. 이러한 관계를 소태산은 네 가지로 범주화하고 종교적 윤리적 입장에서 부류하였다. 소태산은 은을 한갓 인간 사회의 질서를 유지하는 데 필요한 수단이나 당위(當爲, Sollen) 개념으로만 보려고 하지 않고 우주에 깔아 있는 생명력, 조화력으로서 파악하고 부류지은 것이다. 그러므로 일원상 진리는 바로 천지은(天地恩), 부모은(父母恩), 동포은(同胞恩), 법률은(法律恩)의 사은(四恩)으로 풀이되며[26] 서로가 없어서는 살 수 없는 관계로 조명된다.

소태산은 우주만물이 존재하는 근원적 힘을 은으로 파악하였다. 사은이 만물의 생성 존재의 근원임을 한마디로 "없어서는 살 수 없는 관계"란 말로 명확히 해 주고 있다. 시작도 끝(마침)도 없고 국한도 없는 근원적 생명의 생성존재가 사은이다. 끝없이 펼쳐져 있는 우주만유의 존재는 유기적 삶의 집합체로서 서로를 살려 주는 절대상생(絕對相生)의 관계가 사은이다. 이 사은은 생생약동하는 한 기운으로 만물을 생성시키며 모든 생명체를 변화 발전시켜가는 원동력인 것이다.

셋째, 사은은 윤리의 근원이다. 인생의 요도 사은사요는 자기중심이 아닌 만물과의 관계 속에서 자기의 도리 내지는 역할을 옳게 수행해야 함을 가르쳐 준 인생의 바른 길이다. 그 중에서 사은은 신앙의 측면에서 보면 신앙의 근원이 되고, 윤리적 측면에서 보면 천하

---

26 류병덕, 『한국사상과 원불교』, 교문사, 1989, pp.361-362.

윤리의 기본 강령이 된다. 정산은 소태산의 교법이 전무후무한 법임을 3가지[27]를 들어 설명하고 있다. 그 가운데 두 번째를 보면 "사은의 큰 윤리를 밝히시어 인간과 인간 사이의 윤리뿐만 아니라 천지·부모·동포·법률과 우리 사이의 윤리 인연을 원만하게 통달시켜 주셨음이요"라 밝히고 있다. 이처럼 사은은 종래에 서로 막혔던 윤리를 다 통하게 하는 천하 윤리의 기본 바탕이 된다. 정산은 사은이 일체중생의 윤리를 두루 통하게 하는 주체[28]임을 밝혔다.

궁극적으로 사은은 상생은(相生恩)이다. 상생은은 상부상조, 상의상자(相依相資)의 생존관계 원리이다. 그러므로 모든 윤리는 사은에서 비롯해서 사은으로 귀결된다고 할 수 있다. 사은은 모든 윤리의 알파요 오메가다.[29] 이처럼 사은은 상의상자 상생의 윤리로서 세상을 구

---

27 "과거에 모든 부처님이 많이 지나가셨으나 우리 대종사의 교법처럼 원만한 교법은 전무후무하나니, 그 첫째는 일원상을 진리의 근원과 신앙의 대상과 수행의 표본으로 모시고 일체를 이 일원에 통합하여 신앙과 수행에 직접 활용케 하여 주셨음이요, 둘째는 사은의 큰 윤리를 밝히시어 인간과 인간 사이의 윤리 뿐 아니라 천지·부모·동포·법률과 우리 사이의 윤리 인연을 원만하게 통달시켜 주셨음이요, 셋째는 이적을 말씀하지 아니하시고 오직 인도상 요법으로 주체를 삼아 진리와 사실에 맞은 원만한 대도로써 대중을 제도하는 참다운 법을 삼아 주셨음이라, 아직도 대종사를 참으로 아는 이가 많지 않으나 앞으로 세상이 발달하면 할수록 대종사께서 새 주세불이심을 세상이 고루 인증하게 되리라."(『정산종사법어 : 제2부 법어』, 「제1 기연편」 11, p.762).

28 "새 세상의 새 부처님이신 우리 대종사께서 구원 겁래에 세우신 큰 서원으로 도덕이 희미한 위기에 출현하시와, (……) 종래에는 서로 막혀서 통하지 못하던 모든 도를 다 통하게 하시고 낱낱이 나누어 있던 모든 법을 다 통일하기 위하사 우주 만유의 근본이요 천만 사리의 통일체인 법신불 일원상을 크게 드러내시어 수양 연구 취사의 원만한 수행 길을 밝히시고 사은사요의 광대한 도리로써 시방 세계 일체중생의 윤리를 두루 통하여 주셨나이다."(『정산종사법어 : 제2부 법어』, 「제1 기연편」 16, p.765). 정산이 밝힌 일체중생의 원리를 두루 통하게 하는 사은은 보은이 그 중심을 이루며 효로 구체화 되어 일체중생의 윤리로 부각될 수밖에 없다고 볼 수 있다.

29 이현택, 「원불교 은사상」, 『원불교 신앙론 연구』, 원광대학교 출판국, 1996, p.209.

원하여 하나의 세계를 이루는 길을 인류에게 제시한다.

지금까지 살펴본 윤리의 근원으로서 사은은 앞으로 전개될 효와의 관계성을 규정하는 핵심이 된다. 윤리적인 관점에서 보면 소태산은 은혜는 없는 곳이 없이 어디나 함장되어 있다는 범은론적(汎恩論的) 윤리를 제시하였다. 사은의 일체세계는 진리의 자기 전개이며 인간과의 관계에서는 서로를 살리고 질서 있게 하는 생명적 은혜를 함장하고 있다는 것이다. 소태산은 우리가 입어 온 광대한 은혜와 세계에 충만한 은을 대할 때 항상 보은의 자세로 행위해야 한다는 고귀한 보은의 윤리[30] 체계를 밝힌 것이다.

이러한 소태산의 은의 윤리는 모든 관계를 은(恩)으로 천명하고 크게 네 가지로 분류하여 피은(被恩)과 보은(報恩)의 도를 밝혔는데, 이는 세상을 건지는 새 시대 윤리의 기본 강령이다. 또한 이것은 일체의 존재가 은혜로운 관계로 서로 잘 살게 하는 보편적 원리이다. 전통적인 관념 속에서의 은(恩)은 은혜로움, 남에게 은의(恩義)를 끼쳐 줌, 은혜 입음에 대한 감사 등의 윤리적 개념을 말하는 것이었으나, 소태산의 은사상은 존재론적 의미와 윤리적 의미를 함께 갖는다. 인류 공동체의 사회관계뿐 아니라 우주 대자연의 진리성까지도 모두가 나의 생존과 뗄 수 없는 생명적 관계를 맺고 있다는 것이다. 나를 비롯한 우주 내의 모든 존재에 있어서 그 존재의 형성과 존재 유지에 필연적 관계를 맺고 있는 현상을 은으로 파악하였기 때문에 소태산의 은사상은 곧 일원상 진리 자체인 것이다.

---

30 송천은, 『종교와 원불교』, 원광대학교 출판국, 1979, pp.541-543.

일반적으로 말할 때 '은(恩)'은 분명히 윤리적인 개념임에 재론의 여지가 없다. 누구에게 은혜를 입었다거나 은혜를 입혔다고 한다면 은혜를 입고 입힌 '나'와 상대되는 '너'가 있게 되며 또한 '해(害)'에 상대되는 개념인 것이다. 말하자면 나와 너는 은적 관계로 맺어질 수도 있지만 해로운 적대 관계로 맺어질 수도 있고 또한 아무런 은 과 해의 맺음이 없는 무관한 관계일 수도 있다.

그러나 우주만유의 총체적 존재양태를 범주화한 사은의 은(恩)은 그런 상대적인 관계의 은이 아니다. 바로 이 상대를 넘어섰다는 것 은 곧 절대성·궁극성을 의미하는 것이며 절대적이고 궁극적인 의미 를 갖는 '은(恩)'이기에 신앙의 대상이 될 수 있다. 그리고 궁극적 진 리의 현상적 개념인 '사은'은 나를 포함한 일체의 존재들을 생성유 지하게 하는 권능을 행사하기 때문에 그 진리를 믿어 원하는 바의 복락을 구하라고 한 것이다.[31] 이처럼 사은은 윤리성과 신앙성의 양 면적 의미를 가진 개념이다. 신앙성은 믿음을 통한 깨달음의 과정에 서 더욱 공고해진다. 윤리성은 신앙의 과정을 거치면서 형성되어지 는 인간의 기본적 본성의 발현을 말한다. 따라서 '사은'은 신앙과 윤 리적인 면에서 소태산이 밝힌 소중한 자산이라 할 수 있다.

사은에서 천지은과 부모은은 두 개의 실체화된 은혜가 아니라 하 나로 귀결되는 은혜이다. 천지은(天地恩)은 우주론적 차원에서 말한 것이고 부모은(父母恩)은 개인의 정감적 차원에서 말한 것으로 양자는 서로 상통한다.[32] 따라서 사은은 하나로 귀결되는 은혜이며 하나로

---

31 한종만, 『원불교 신앙론』, 원불교출판사, 1998, p.372.
32 김용옥, 『효경한글역주』, 통나무, 2009, p.393.

통하는 윤리이다. 사은의 존재가 없어서는 살 수 없는 하나의 은혜로 발현되며 그것에 대한 보은이 효라는 하나의 실체로 귀결된다. 그렇기 때문에 서로가 서로를 지탱해 주고 없어서는 살 수 없는 상생의 윤리로 일체화된다. 이것이 바로 원불교 효사상의 기저라 할 수 있다.

또한 정산은 "효의 실행은 부모은으로부터 시작하여 모든 은혜를 발견하는 데 있다."[33]고 하였다. 정산은 우주만유를 은혜의 관계로 파악하고 온 세상에 함장된 은혜에 대한 실존적 파악을 효의 실천으로 본 것이다. 따라서 효의 실천은 온갖 차별과 변화의 세계 속에서 순연한 부처의 본래 모습을 발견, 즉 처처(處處)에 존재하는 불(佛)의 모습을 발견할 때 사사(事事)에 불(佛)의 행(行)에 계합[34]하게 되는 찰나에서부터 발현되며 실천된다. 본고에서는 소태산이 밝힌 사은을 바탕으로 사은 보은과 원불교 효사상의 관계성을 파악해야 함은 물론 원불교 효사상의 실천의 길을 모색하기 위하여 천지은, 부모은, 동포은, 법률은과 사요 실천을 통한 효의 순서로 고찰해 본다.

2) 천지은과 부모은의 효

천지은(天地恩)이란 우주 대자연의 은혜를 말한다. 천지는 가장 멀면서도 가깝고, 가장 크면서도 작은 곳에까지 미치며 무한에서 유한

---

33 『정산종사법어 : 제2부 법어』, 「제6 경의편」 59, pp.860-861.
34 정순일, 「화엄성기사상사 연구─중국 화엄종을 중심으로」, 원광대학교 박사학위논문, 1988, p.180.

에까지 이르게 하는 세계이다. 그러면서도 우리에게 무한한 힘을 직접 내려 주는 거룩함이 있어서 이것을 단적으로 천지은이라고 한다.

소태산은 천지은의 의미를 "우리가 천지[35]에서 입은 은혜를 가장 쉽게 알고자 할진대 먼저 마땅히 천지가 없어도 이 존재를 보전하여 살 수 있을 것인가 하고 생각해 볼 것이니, 그런다면 아무리 천치요 하우자라도 천지 없어서는 살지 못할 것을 다 인증할 것이다. 없어서는 살지 못할 관계가 있다면 그와 같은 큰 은혜가 또 어디 있으리요."[36]라 하여 천지에서 입은 은혜를 없어서는 살지 못할 관계로 규정하였다.

천지은은 먼저 천지를 없어서는 살 수 없는 절대의 은혜로 인식하는 것이 중요하다. 대산은 "하늘은 만물을 다 덮어 주시고 땅은 만물을 다 실어 주시며 불성(佛聖)은 만물을 다 호념하여 화지육지(化之育之)"[37]케 하여 준다고 밝혔다. 이처럼 천지는 우주만물을 장양시켜 주는 은혜 그 자체이다.

천지의 은혜는 천지가 작용하는 여덟 가지 도, 즉 천지팔도(天地八道)로 대별할 수 있다. 그 도를 체받아 실행하는 것이 보은이 되는 동

---

35 장재(張載)는 시명(西銘)에서 "乾稱父坤稱母 予茲藐焉乃混然中處 故 天地之塞吾其體 天地之帥吾其性. : 하늘을 아버지라 부르고 땅을 어머니라 부른다. 나는 여기 미미한 존재로서 그 가운데 뒤섞이어 만물 속에 존재한다. 그러므로 천지에 가득찬 기운이 나의 몸을 이루고 있고, 천지를 주재하는 이치가 나의 본성을 이룬 것이다."라고 밝혔다(김학주 역저, 『신완역 고문진보 후집』, 명문당, 1992, pp.581-582). 천지(天地)를 부모로 여기며 천지와 인간이 혼연일체임을 장재는 밝혔다.

36 『정전』, 「제2 교의편」 제2장 사은, 제1절 천지은, p.27.

37 『대산종법사 법문집』 3, 「제1편 신성」 46. 원불교출판사, 1996, p.33.

시에 우리가 곧 천지와 합일하며 덕화가 만방에 미치게 되는 것이다. 천지의 생성의 도는 만물을 화육시켜 생존케 하는 은혜불이다. 우리가 그 천지의 팔도를 체받아 실행하면 천인합일의 대덕화와 무념보시의 대덕으로 나타나 서로 잘 사는 세계를 실현하는 것이다.

이렇게 만물을 화육시키는 천지의 도는 "지극히 밝은 것이며, 지극히 정성한 것이며, 지극히 공정한 것이며, 순리 자연한 것이며, 광대무량한 것이며, 영원불멸한 것이며, 길흉이 없는 것이며, 응용에 무념(無念)한 것"[38]으로 천지팔도라 불린다. 천지에는 도와 덕이 있다. 우주의 기운과 작용이 자동적으로 조화롭게 운행하는 것이 천지의 도이며 그 도를 행함에 따라 나타나는 결과가 천지의 덕이다.

우리는 천지팔도[39]를 일원상 진리의 작용적 측면으로 이해하며, 그 도가 행함에 따라 나타나는 오묘한 은혜를 알아야 한다. 삼라만상이 천지의 그늘에서 살고 있다는 것을 알고 천지 보은의 조목을 우리의 삶 속에서 실현해야만 한다. 우리가 천지팔도를 체받아서 천지 보은의 조목을 하나하나 실천할 때 비로소 천지은의 신앙적, 윤리적 당위성으로 귀결된다.

천지은은 연기(緣起)의 원리로도 파악해 볼 수 있다. 천지은과 우리와의 관계는 없어서는 살 수 없는 관계라 밝혀져 있다. 없어서는 살

---

38 『정전』, 「제2 교의편」 제2장 사은, p.27.
39 천지팔도는 일원의 위력이며 진리의 맥락을 이어 주는 작용을 한다. 천지의 진리와 합일하며 활용하는 결과 천지 같은 위력과 수명과 광명을 얻을 것이다. 위력이란 천지의 조화이며 수명은 여여자연하여 영원한 것이며 광명이란 인과가 소소영령한 것이다. 이것이 천지보은의 결과이다(이은석, 『정전해의』, 원불교출판사, 1985, p.116).

수 없는 관계에서 보면 불교의 연기의 원리와 상통하는 면이 있다.
이 원리는 모든 것이 서로 뗄 수 없는 인연 관계로 성립한다는 것이
다. 무엇과 무엇의 관계가 떼려야 뗄 수 없는 관계라는 것은 공통적
인 것이다. 그러나 생명적인 차원에서 없어서는 살 수 없는 관계를
설명한 것이 은사상의 특징이다. 천지 피은의 강령에서도 없어서는
살 수 없다는 기본적인 관계를 설명한 것이다.[40]

인과의 측면에서 천지은을 보면 천지 보은과 천지 배은의 결과에
구체화되어 있다. 천지 보은의 결과는 덕화만방[41]하며 지선으로 발
현된다. 그러나 천지 배은의 결과는 천벌로써 귀결되어진다. "하늘
은 공평하고 온화하며 공정하게 은혜를 베푼다."[42]는 데서 천지 보
은과 천지 배은에 따른 결과가 정확히 드러남을 알 수 있다. 천지은
에서 응용무념의 도는 만물을 근원적으로 생성 발전하게 하는 도이
다. 이것은 대가를 바라지 않고 무량은을 베푸는 부모의 한량없는
은혜와도 그 깊이와 범위에 있어서 일맥상통하는 부분이다.

『효경』에 보면 "효라는 것은 하늘의 법도이며 땅의 의리이고 사람
들의 행실이라 하였고, 따라서 하늘의 밝음을 본받고 땅의 이점을
근거로 하여 천하를 순조로이 다스려야 한다."[43]고 했다. 효는 천지
의 법칙이며 우주의 근원임을 말한다. 여기서 우리는 원불교 천지은

---

40 한정석, 『원불교 정전해의』, 동아시아, 1999, p.164.
41 『정전대의—대산종법사 법문집』 1, 7. 사은, 원불교출판사, 1977, p.30.
42 동중서 저, 신정근 역, 『동중서의 춘추번로 춘추—역사 해석학』, 태학사, 2006,
   p.833.
43 "夫孝天之經也地之義也民之行也 天地之經而民是則之 則天之明因地之利以順天下."
   (『신완역 효경』, 「三才」, p.91).

과 효와의 관계를 유교 경서에서 확인할 수 있으며 또한 일원상 진리의 원만성과 광대무량함을 유추해 볼 수 있을 것이다. 공자는 효 자체를 "매우 큰 것"[44]이라고 규정하였다. 이것은 효가 '부모를 모신다'는 기본개념으로부터 무한히 펼쳐질 수 있는 가능성을 열어 놓은 것이다. 천지은과 효의 개념도 이러한 차원에서 논의되어야 한다.

부모은을 통해 본 원불교 효사상은 다음과 같다. 우주에는 생명을 장양시키는 힘이 존재한다. 이 힘을 일원상 진리라 할 수 있다. 이러한 큰 힘을 나를 태어나게 한 부모로부터 발견하자는 것이 부모은이다. 사은 중 부모은은 원불교 효사상에 대한 지침의 포괄적 내용을 함축하고 있다. 어느 종교를 막론하고 효사상에 관한 내용을 강조하지 않은 것은 없지만, 소태산은 효사상의 대체와 핵심을 신앙적 차원에서 조명하였다. 또한 소태산은 부모은에서 원불교 효사상의 전반적인 내용을 부모 피은의 강령, 부모 피은의 조목, 부모 보은의 강령, 부모 보은의 조목, 부모 배은, 부모 보은의 결과, 부모 배은의 결과의 순서로 일목요연하게 밝혔다. 결국 부모은은 효를 다각도로 조명하는 척도가 된다는 점에서 그 의미가 크다.

먼저 원불교 개조인 소태산이 친제하여 올린 기념문을 통하여 부모은을 조명해 본다. 소태산은 '희사위 열반 공동기념제사' 기념문[45]에서 부모의 은혜로 말미암은 그 공덕이 소태산 자신의 존재 자체임을 절절히 읍소하며 부모은의 지중함을 밝혔다. '희사위 열반 공동

---

44 "甚哉 孝之大也."(『신완역 효경』, 「三才」, p.91).
45 소태산, 「희사위 열반 공동기념제사 기념문」, 〈원불교신문〉, 1997년 5월 9일자.

기념제사' 기념문의 내용은 다음과 같다.

옛글에 말씀하여 가라사대 누구나 그 부모의 공덕을 말하자면 하늘 같아서 다함이 없다고 하였으니 그 공덕이 과연 어떠한 공덕일까요. 곧 다름이 아니라 나를 낳아 주시고, 길러 주시고, 가르쳐 인도하여 주신 공덕이 있는 연고입니다. 그런 즉 이상 세 가지 공덕 내에 한 가지 공덕만 생각한다 할지라도 그 뼈에 사무친 정곡(情曲)이 한이 없거든 하물며 그 세 가지 공덕이 구족(具足)하신 부모이겠습니까. (……) 여러 분의 정성으로 이고등락(移苦登樂)이 되시며 우연한 복이 오시어 쉽게 이 회상에 출현하시어 전일에 부자와 모자의 미진한 정을 풀게 되옵고 육신의 인연과 법의 인연을 합하여 세세동락(世世同樂)하기를 믿사옵고 또한 심축하여 마지않습니다.

부주(父主)이시여— 모주(母主)이시여! 밝게 통촉하시나이까.

시창(始創) ○○년 12월 1일

소자(小子) 중빈(重彬) 재배 복고

〈원불교신문〉 1997년 5월 9일자 어버이날 기념 특별기획으로 발표된 「원각성존 소태산 대종사 친제(親制) '희사위 열반 공동기념제사' 기념문」에서 소태산은 부모가 낳아 주고 길러 주며 교육하여 인도하여 주신 은혜를 세 가지 공덕으로 밝혔다. 그 중 하나의 은혜만으로도 뼈에 사무친 정곡(情曲)이 한이 없다고 읍소하면서 그 어느 하나도 빠짐이 없이 부모가 인도하여 주심에 대하여 감읍의 심정을 밝히고 있다. 또한 소태산은 부모가 구도를 도우며 걱정해 주신 은혜에 대하여 망극함을 밝혔고, 부모은이야말로 천추에 잊지 못할 은혜로 규정하였다.

다음으로 원불교 『성가』[46]에 소개된 내용을 보면 『정전』 부모은의 내용을 중심으로 가사화되어 있다. 그 가운데 '부모은 찬송가'에서는 부모은에 대한 전반적인 내용을 가사화하여 악보에 삽입해서 지중한 부모 은혜를 성가화하였는데, 그 내용은 다음과 같다.

거룩할사 우리 부모 이 몸 낳아 주시었고
자비할사 우리 부모 이 몸 길러 주시었네
지중하온 부모 은혜 찬송하고 찬송하세
그 은혜를 본받아서 보은하며 찬송하세

갖은 희생 달다시며 모든 사랑 베푸시고
꾸중에도 정을 담아 사람될 길 이끄셨네
지중하온 부모 은혜 찬송하고 찬송하세
그 은혜를 본받아서 보은하며 찬송하세

아무 힘도 없던 이 몸 길러 주신 부모 은혜

---

46 정산은 『성가』를 단순한 노래로만 알지 말고 그 속에 진리가 내재해 있음을 알라고 다음과 같이 밝혔다. "병상에서 학인들의 성가를 들으시고, 말씀하시기를 '내 어려서 천어처럼 생각되기를 '풍류로써 세상을 건지리라.' 하였더니 옛 성인도 '풍기를 바루고 시속을 바꾸는 데에는 풍류 같음이 없다.' 하셨나니라. 성가를 일종의 노래로만 알지 말라. 그 속에 진리가 들어 있나니, 그 가사를 새기며 경건히 부르라.'"(『정산종사법어 : 제2부 법어』, 「제15 유촉편」 17, p.1010). '부모은 찬송가'도 위와 같은 맥락에서 찬송되어야 한다.

쇠약하신 늙은 부모 보호하여 갚아 보세

지중하온 부모 은혜 찬송하고 찬송하세

그 은혜를 본받아서 보은하며 찬송하세[47]

부모은 찬송가(거룩할사 우리 부모)는 원불교 교전 성가 56장에 수록되어 있다. 이것은 이공전이 작사하고 김성태가 작곡한 것으로 소태산이 강조한 부모은을 느끼고 보은의 다짐을 하는데, 양주동이 작사하고 이흥렬이 작곡한 '어머니의 마음'[48]처럼 우리 모두에게 각인될 수 있는 내용이다. 우리를 낳아 주시고 교육시켜 주신 탄생은과 양육은의 내용은 물론 무자력한 부모에 보은할 것을 내용으로 한다. 첨언하면, 훈육은(訓育恩)과 정전 부모은장에 언급된 휴머니즘을 넘어선 인간 이해의 부분이 가사화되지 않은 점과 원불교 효사상의 비전 제시가 요청된다. 따라서 그 부분을 보완하는 차원에서 논자는 다음과 같이 4절을 작사해 보았다.[49]

---

47 『성가』제6부 교리, 제57장 거룩할사 우리 부모(부모은찬송가), 원불교정화사 편, 『원불교전서』, 원불교출판사, 1992, p.67.

48 양주동이 작사한 이 노랫말(1절: 낳으실 제 괴로움 다 잊으시고 / 기르실 제 밤낮으로 애쓰는 마음 / 진자리 마른자리 갈아 뉘시며 / 손발이 다 닳도록 고생하시네 / 하늘 아래 그 무엇이 넓다 하리요 / 어머니의 희생은 가이없어라, 2절: 어려선 안고 업고 얼러 주시고 / 자라선 분 기대어 ㅣ나리는 마음 / 앓을 시 그릇될 사 자시 생각에 / 고우시던 이마 위에 주름이 가득 / 땅 위에 그 무엇이 높다 하리요 / 어머님의 정성은 지극하여라, 3절: 사람의 마음속엔 온 가지 소원 / 어머님의 마음속엔 오직 한 가지 / 아낌없이 일생을 자식 위하여 / 살과 뼈를 깎아서 바치는 마음 / 인간의 그 무엇이 거룩하리요 / 어머님의 사랑은 그지없어라)은 조선 정조 때 간행된 화산(花山) 용주사(龍珠寺) 판본의 『불설대보부모은중경(佛說大報父母恩重經)』「정종분(正宗分)」속에 나오는 십계찬송(十偈讚頌)에 기초한 것이다(김용옥, 앞의 책, 『효경한글역주』, pp.103-104).

49 소태산이 밝힌 부모은은 원불교 효사상의 핵심이 총 망라되어 있다. 원불교 효사

삼세부모 공경으로 무자력자 보호하고

사중보은 불공으로 효도세상 이룩하세

지중하온 부모 은혜 찬송하고 찬송하세

그 은혜를 본받아서 보은하며 찬송하세

  강령적으로 본 부모 피은을 살펴보면 다음과 같다. 소태산은 부모로부터 입은 은혜의 지중함을 강령적으로 다음과 같이 선언하였다.

  우리가 부모에게서 입은 은혜를 가장 쉽게 알고자 할진대, 먼저 마땅히 부모가 아니어도 이 몸을 세상에 나타내게 되었으며, 설사 나타났더라도 자력(自力) 없는 몸으로서 저절로 장양될 수 있었을 것인가 하고 생각해 볼 것이니, 그런다면 누구나 그렇지 못할 것은 다 인증할 것이다. 부모가 아니면 이 몸을 나타내지 못하고 장양되지 못한다면 그 같이 큰 은혜가 또 어디 있으리요. 대범, 사람의 생사라 하는 것은 자연의 공도요 천지의 조화라 할 것이지마는, 무자력할 때에 생육(生育)하여 주신 대은과 인도의 대의를 가르쳐 주심은 곧 부모 피은이니라.[50]

  소태산은 위와 같이 나의 개인적인 부모를 넘어서서 일체의 부모성을 진리의 한 모습으로 파악[51]하였다. 모든 은혜가 그렇듯이 부모

상이 '무자력자 보호'라는 강령을 바탕으로 모든 사상과 종교에서 밝힌 효를 포용하고 낙원세상을 지향한다는 점에서 부모은을 보다 세밀히 드러내기 위해 작사하였다.

50 『정전』, 「제2 교의편」 제2장 사은, 제2절 부모은, 1. 부모 피은의 강령, p.31.

은도 부모성 또는부모은성으로 인식될 때 그 절대성과 생명성이 부여된다. 인간의 생명자체는 만사만리의 근본이치에 의해 탄생되었다. 소태산은 이것을 자연의 공도이며 천지의 조화라 하였다. 그러므로 우리는 자연의 공도와 천지조화의 중심에 부모의 은혜가 무한한 생명성으로 자리하고 있음을 알아야 한다.

가장 먼저 쉽게 알 수 있는 것이 부모에게서 입은 은혜라는 것을 인식해야 한다. 쉽게 알 수 있고 쉽게 얻을 수 있는 것일수록 소홀할 수 있는 것이 인간의 단순한 생각이다. 그런데 쉽게 얻을 수 있는 것일수록 없어서는 안될 가장 소중한 것이 대부분이다. 예를 들면 사람은 쉽게 호흡을 하고 살지만 공기의 고마움을 느끼지 못한다. 부모의 은혜도 쉽게 알 수 있다고 당연하게 받아들인다면 그 순간부터 배은이 된다. 그러므로 소태산은 부모가 있으므로 이 몸을 나타내게 되었고, 장양될 수 있었으며, 인도의 대의를 배웠다고 강조하였다. 부모에게서 입은 이러한 세 가지 은혜는 탄생은(誕生恩), 양육은(養育恩), 훈육은(訓育恩)으로 분류된다.

첫째, 탄생은이란 우리가 부모를 통하여 이 몸을 세상에 나타내게 된 은혜를 말한다. 근본적으로 가장 존귀하고 소중한 존재는 우리들 각자 자신이다. 나라는 존재가 없다면 이 세상은 아무런 의미가 없다. 그래서 부처는 '천상천하유아독존(天上天下唯我獨尊)'[52]이라 하였다.

---

51 박상권, 앞의 논문, 「원불교 신앙론」, p.71.
52 『전등록(傳燈錄)』: "釋迦牟尼佛初生 一手指天 一手指地 周行七步 目顧四方日 天上天下唯我獨尊(석가모니불이 태어나자마자 한 손은 하늘을, 한 손은 땅을 가리키고 두루 일곱 걸음을 걸으며 사방을 둘러보며 '하늘 위와 하늘 아래에서 오직 내가 홀로 존귀하다.'고 말하였다)."

이러한 나의 육신을 얻게 한 은혜가 탄생은이다. 우주만유 중 생명체는 무수히 많다. 그중에서도 인간의 몸을 받고 탄생할 수 있었다는 것은 크나큰 축복이다. 영혼이 몸을 떠나면 바로 새 몸을 받으려고 하지만 마땅한 인연을 만나지 못하면 전도몽상된다고 한다. 인도(人道)를 벗어나 다른 곳으로 윤회할 수도 있으나, 그 많은 생령 중에서 사람의 몸을 받고 태어날 수 있었다는 은혜야말로 지중한 것이다.

영식(靈識)만 있는 자신을 생각해 본다면 그는 인간이 아니고 수라이다. 또한 사람의 몸을 받지 않고 삼악도에 수생했다고 가정할 때 인간의 몸을 얻었다는 것은 매우 다행한 일이다. 특히 온갖 고통을 겪으며 뼈와 살과 피와 기운을 나누어 주며 이 세상에 탄생하게 해 준 부모의 은혜[53]란 그 어떤 것과도 비교할 수 없다. 부모가 아니었다면 이 몸을 세상에 나타낼 수 없다는 것은 누구나 다 알 수 있다. 따라서 나를 낳아 준 탄생은이야말로 근원적 존재은이 된다. 길러 주고 가르쳐 준 은도 크지만, 몸이 없으면 기르고 가르칠 대상이 없으므로 탄생은은 근본적인 은이며 대은(大恩)이 된다.

둘째, 양육은은 부모가 자력 없는 우리의 몸을 길러 준 은혜를 뜻한다. 인간을 흔히 만물의 영장이라 한다. 그런데 '만물의 영장'이 되기까지는 무자력할 때 자력을 얻기까지 양육하여 주는 부모의 은혜가 담보되지 않으면 탄생은의 축복도 한갓 나락에 떨어질 수밖에 없다. 따라서 무자력할 때 스스로 힘을 얻을 수 있도록 길러 준 은혜 또한 지중한 것임에 틀림없다. 부모로부터 몸을 받고 이 세상에 태어

---

53 신도형, 『교전공부』, 원불교출판사, 1992, p.102.

나서 자랄 때 모든 정성과 사랑으로 키워 준 부모의 희생과 자비로
움이 없었다면 탄생의 의미도 희석될 수밖에 없다. 부모는 양육하는
과정에서 온갖 고통을 감내하며 자식에 대한 조금의 미워함도 없이
절대적 사랑으로 일생을 헌신한다. 이러한 양육은 또한 지중한 부모
의 은혜이다.

셋째, 훈육은이란 인도대의를 가르쳐 전인적 인격체로 성장할 수
있도록 이끌어 준 은혜를 말하며 '인도대의은'이라고도 한다. 소태
산은 도(道)를 이름하여 길이라 하였고, 길이라 함은 무엇이든지 떳
떳이 행하는 것을 이름한다 하였다. 또한 하늘이 행하는 것을 천도(天
道)라 하고, 땅이 행하는 것을 지도(地道)라 하고, 사람이 행하는 것을
인도(人道)[54]라 정의하였다. 소태산은 사람의 의무와 책임을 가르쳐
인류사회로 지도[55]함을 부모 피은의 조목에 두고 있다. 사람으로 태
어나서 사람답게 살아갈 수 있는 참된 도리를 가르쳐 주고 바른 길
로 안내하여 주는 은혜가 훈육은이다. 특히 소태산은 자녀를 가르치
는 데 있어서 부모 자신이 먼저 상봉하솔(上奉下率)의 도에 어긋남이
없을 것을 다음과 같이 주문하였다.

자녀를 가르치는 데에는 부모 자신이 먼저 상봉하솔의 도에 어긋남
이 없어야 할 것이니, 만일 자녀의 보는 바에 자신이 직접 불효를 한다
든지 불경을 한다든지 기타 무슨 일이나 좋지 못한 행동을 한다면 그
자녀를 지도할 위신이 없게 되는 것이요, 둘째는 그 언동이 근엄하여

54 『대종경』, 「제4 인도품」 1, pp.183-184.
55 『정전』, 「제2 교의편」 제2장 사은, 제2절 부모은, 2. 부모 피은의 조목, pp.31-32.

야 할 것이니 만일 부모를 무난하게 아는 때에는 그 자녀를 정당한 규율로 지도하기가 어려운 것이요, 셋째는 친애를 주어야 할 것이니 만일 근엄하기만 하고 친애하는 정이 건네지 아니하면 그 자녀를 진정으로 감화하지 못하는 것이요, 넷째는 모든 언약에 신용을 잃지 말아야 할 것이니 만일 신용을 잃고 보면 그 자녀에게 철저한 영(令)을 세우지 못하는 것이요, 다섯째는 상벌을 분명히 할 것이니 만일 상벌이 분명하지 못하면 그 자녀에게 참다운 각성을 주지 못하는 것이요.[56]

이외에 부모가 자녀를 가르치는 데는 자애(慈愛)와 근엄(謹嚴), 솔선수범을 바탕으로 정법신앙을 안내하고 공익심을 권장해야 한다. 또한 언행을 조심하게 하고 염치를 가르쳐서 건전한 인격으로 키워야 한다.

특히 자녀를 교육하는 데 있어서 소태산은 다음의 4가지로 자녀교육의 방향을 제시하였다.

자녀를 가르치는 데에 네 가지 법이 있나니, 첫째는 심교(心敎)라 마음에 신앙처를 두고 바르고 착하고 평탄하게 마음을 가져서 자녀로 하여금 먼저 그 마음을 체받게 하는 것이요, 둘째는 행교(行敎)라 자신이 먼저 실행하고 행동에 법도가 있어서 자녀로 하여금 저절로 그 실행을 체받게 하는 것이요, 셋째는 언교(言敎)라 매양 불보살 성현들과 위인달사들의 가언(嘉言) 선행(善行)을 많이 일러 주어 그것을 기억하여 체받

56 『대종경』, 「제4 인도품」 46, pp.209-210.

게 하며 모든 사리를 순순히 타일러서 가르치는 것이요, 넷째는 엄교
(嚴敎)라 이는 철없는 때에 부득이 위엄으로 가르치는 법이니 이는 자
주 쓸 법은 아니니라. 그러므로, 한 가정에서 자녀를 가르치되 어머니
태중으로 비롯하여 성인(成人)이 되기까지 이 네 가지 법을 아울러 쓰
면 착한 사람 되게 하는 데 큰 도움이 되리라.[57]

오늘날 문제가 되는 것은 심교, 행교가 잘 되지 않는다는 점이다.
언교와 엄교에 치우치는 경향은 전통적인 관습과 함께 이어져 오고
있으나, 한편으로는 엄교에 있어서 그 본의가 체계화되지 못하는 경
우가 빈번하다. 소자녀 가정이 주류를 이루다 보니 부모의 과잉보호
가 문제가 되어 엄한 교육이 필요함에도 불구하고 그것이 실천되지
못하고 있다는 점은 개선의 여지가 있다. 훈육은 자녀를 어떻게
가르치느냐에 있다. 그래서 소태산은 모범적인 가정을 이루는 데 있
어서 부모가 집안을 다스릴 만한 덕위와 지혜와 실행을 갖추어야 하
고, 부모 스스로 많이 배우고 먼저 경험하여 집안의 거울[58]이 되라고
강조하였다.

훈육의 핵심은 인간의 본래 성품인 생멸 없는 도와 인과 보응되
는 도[59]를 알 수 있도록 지도하는 것이다. 원불교 효의 실천 방법론
이라 할 수 있는 부모 보은의 조목 첫째 항에서 "공부의 요도 삼학팔
조와 인생의 요도 사은사요를 빠짐없이 밟을 것이요"[60]라고 소태산

---

57 『대종경』, 「제4 인도품」 45, p.209.
58 『대종경』, 「제4 인도품」 43, pp.207-208.
59 『대종경』, 「제4 인도품」 1, pp.183-184.

이 밝힌 것도 인도의 대의를 가르치는 데 있어서 무엇이 핵심이 되느냐 하는 것을 강조한 것이다.

위에서 밝힌 부모 피은에 대한 보은의 강령은 무자력한 사람에게 보호를 주자는 것에 역점을 두고 있다. 부모에 대한 피은된 바를 알고 보은의 도리를 무자력자 보호에 귀결시킨 것은 원불교적 효개념의 특징이라 할 수 있다. 무자력자 보호가 왜 부모 보은이 되는 것일까? 자력이 있는 부모나 노인에 대한 효는 원불교적 부모 보은의 강령에 기준할 때 그 범위를 어떻게 설정해야 될까? 여기에 대한 합리적인 설명이 될 때 원불교적 효의 정체성이 확고히 자리 잡을 수 있다.

그렇다면 자력 있는 사람에 대한 효[61]는 어떻게 해야 되는 것일까? 자력이 있는 사람들에게는 그러한 자력을 지속적으로 키워 나갈 수 있는 여건을 조성해 주면 된다. 비록 나이가 연로한 노인이라 할지라도 자력이 있다면 자력 생활을 지속하도록 도움을 주는 것이 원불교가 추구하는 효이다. 자력이 있음에도 불구하고 부모가 나이가 들었다 해서 자녀들이나 아랫사람에게 효도를 강요해서는 안 된다. 여기서 자력이라 함은 정신의 자주력과 육신의 자활력, 경제적 자립력을 말한다. 자력의 요건을 모두 갖춘 경우도 있지만, 육신은 건강하나 경제적 빈곤에 고통을 받거나, 경제적인 부분은 자력이 있으나

---

60 『정전』, 「제2 교의편」제2장 사은, 제2절 부모은, 4. 부모 보은의 조목, p.32.

61 "부모 보은 조목에 보면 '부모가 무자력할 경우에는 힘 미치는 대로 심지의 안락과 육체의 봉양을 드릴 것이요'라는 항목이 있다. 그러면 부모가 자력이 있을 때는 특별히 봉양을 하지 않아도 되는 것일까? 이에 대하여 소태산은 '부모가 자력이 있음에도 불구하고 자식에게 의뢰해서 사는 것은 옳지 못하다.'고 하며, 과거의 잘못된 생활 모습을 지적하고 바람직한 방향을 제시해 주었다."(박장식, 『평화의 염원』, 원불교출판사, 2005, p.248).

건강이 좋지 않은 경우가 있다. 이러한 상황에서 자력 있는 사람들이 도움을 주는 것이 바로 원불교가 추구하는 효의 방향이다.

소태산은 부모 보은의 조목에서 원불교적 효의 실천 방법과 방향을 네 가지로 제시하였다. 또한 정산은 세전 '자녀의 도'에서 "자녀는 자녀로서 지킬 바 도가 있나니 정전(正典)에 밝혀 주신 부모 보은의 조목을 일일이 실행하여 참다운 큰 효가 되게 할 것이니라."[62]라고 밝혔다. 부모에 보은하여 효를 실천하는 길은 부모 보은 조목을 하나하나 지켜 나가는 데 있다. 이러한 부모 보은의 조목은 다음과 같다.

1. 공부의 요도(要道) 삼학·팔조와 인생의 요도 사은·사요를 빠짐없이 밟을 것이요,

2. 부모가 무자력할 경우에는 힘 미치는 대로 심지(心志)의 안락과 육체의 봉양을 드릴 것이요,

3. 부모가 생존하시거나 열반(涅槃)하신 후나 힘 미치는 대로 무자력한 타인의 부모라도 내 부모와 같이 보호할 것이요,

4. 부모가 열반하신 후에는 역사와 영상을 봉안하여 길이 기념할 것이니라.[63]

위의 부모 보은의 조목 네 가지는 원불교적 효 실천 방법론이며 그

---

62 『정산종사법어 : 제1부 세전』, 「제3장 가정」 4. 자녀의 도, 『원불교전서』, 원불교출판사, 1992, p.736.
63 『정전』, 「제2 교의편」 제2장 사은, 제2절 부모은, 4. 부모 보은의 조목, p.32.

실천 방향을 제시한 내용이다. 공부의 요도 삼학팔조와 인생의 요도 사은사요를 빠짐없이 밟으라 한 것은 유교의 입신양명의 내용을 함축하면서 일원상 진리의 신앙과 수행에 원불교적 효실천의 핵심을 두고 있음을 알 수 있다. 따라서 유교적 효실천의 차원을 넘어 보다 넓고 큰 의미에서 효행 실천을 주문하고 있음을 엿볼 수 있다. 궁극적으로는 부처님의 지행을 얻고 그것을 실천하며 부처님의 사업[64]을 하는 것이 가장 큰 효임을 강조하고 있다.

부모가 무자력할 경우에 심지의 안락과 육체의 봉양을 하라 함은 노쇠한 부모의 마음을 편안히 해 주고 더불어 육신이 불편함이 없도록 보살펴 주는 것이 효임을 밝혔다. 그러나 육신의 봉양도 중요하지만 특히 마음을 편안히 해 주는 것이 더욱 중요하다. 힘 미치는 대로 무자력한 타인의 부모라도 내 부모와 같이 보호하는 것은 자력이 있는 노인은 자력 생활을 해야 된다는 점을 내포하면서 무자력자 보호의 범위를 자신의 부모에만 국한하지 않고 넓게 확대[65]하고 있음을 의미한다. 이는 원불교 효사상이 다른 종교의 효사상과 대별되는 점이다. 육신의 부모에 국한시키지 않고 세상의 모든 무자력자를 대상으로 한 폭넓은 효사상이라 할 수 있다. 무자력자 보호는 원불교적 효사상의 실천은 물론 휴머니즘을 넘어선 효의 보편적 실현이라

---

64 부처님의 사업이라 함은 그 본질에 있어서 성불제중을 지향하며 지옥중생까지도 구제하려는 무아적 대자대비행을 의미한다.

65 소태산은 '부모 보은의 강령'에서 '무자력할 때에 피은된 도를 보아서 힘 미치는 대로 무자력한 사람에게 보호를 주라.'고 밝혔다. 이는 남녀노소에 관계없이 무자력자라면 모두 보호하라는 의미이다. 이것은 소태산이 주창한 원불교 효사상 실천의 핵심이다.

는 점에서 앞으로 널리 알려져야 할 원불교 효실천 강령이다.

더불어 부모가 열반 후에 내생을 복된 길로 인도하는 추원보본(追遠報本)의 정신을 이어가는 일이 원불교 효사상의 큰 줄기로 자리 잡아야 한다. 이것은 자손 대대로 부모나 노인의 정신과 사상을 간직하며 계승한다는 점에서 추모의 정성을 놓지 않는 것이다. 인간의 생을 현세에 묶어 놓지 않고 삼세라는 큰 틀에서 상호관계를 생각하게 하는 영생의 효사상임을 의미한다. 원불교가 지향하는 효는 효실천의 장을 한 가정에 제한하지 않고 상생과 평등의 낙원사회 실현을 추구하는 효사상임을 알 수 있다. 결론적으로 원불교적 효실천 방법론의 핵심은 무자력자 보호라는 점에서 인류애의 폭넓은 확장이다.

효는 부모의 자애와 자녀의 효라는 상관적 관계에서 실현된다. 그러므로 효의 본질은 위로부터 아래로의 베풂[66]에 있기 때문에 무자력자 보호도 결국은 자력 있는 사람의 자력 없는 사람에 대한 헌신적 베풂으로 이해되어야 한다. 부모 피은의 강령을 보더라도 부모가 없어서는 살 수 없는 은혜를 베풀었기 때문에 자식의 입장에서 효도는 당연한 것으로 실천되어야 하는 것이다.

한편 원불교적 불효관을 살펴보면 다음과 같다. 전통적으로 불효를 정의할 적에 부모에 대한 불경한 행위로 규정하고 있다. 원불교에서 말하는 부모 배은이 곧 불효라 할 수 있다. 원불교에서 규정하는 불효는 인간의 행위는 물론 불효에 대한 인지여부에서부터 거론된다.

---

66 김용옥, 앞의 책, 『효경한글역주』, p.157.

부모에 대한 피은·보은·배은을 알지 못하는 것과 설사 안다 할지라
도 보은의 실행이 없는 것이니라.[67]

첫째, 부모에 대한 피은·보은·배은을 알지 못하면 불효이다. 소태
산이 부모 피은의 강령에 밝혔듯이 그 내용을 확실히 알고 인지해야
하는데도 불구하고 그렇지 못하면 그것은 배은이 된다. 여기에서 앎
의 문제가 효와 직결된다[68]는 점에 주목해야 한다. 우주와 인간을 중
심으로 맺어진 은적 관계를 네 가지로 범주(範疇)화한 것이 사은이다.
사은과의 관계로 존재를 보존하고 지속할 수 있다는 사실을 아는 것
(知恩)이 자신의 생명에 관한 본질을 아는 것, 즉 원불교적인 생명인식
론이다.[69] 일반적으로 효를 논할 때 행위 자체를 보고 효도와 불효,
보은과 배은을 규정하지만 소태산은 알지 못하는 것 자체도 배은이
고 불효라고 밝힌 점에 주목할 필요가 있다. 왜냐하면 만물의 영장
이라 자부하는 인간이 당연히 인식해야 할 것을 알지 못하는 것은
스스로 사람임을 포기하는 것이 되기 때문이다. 둘째, 보은의 실행
이 없으면 불효이다. 부모에 대한 은혜를 알고 피은된 바, 보은의 조
목, 배은의 결과 등을 안다 하여도 실천이 없는 것을 소태산은 부모
배은, 즉 불효로 규정하였다.

---

67 『정전』, 「제2 교의편」 제2장 사은, 제2절 부모은, 5. 부모 배은, p.32.

68 "앎을 이루는 것에 앞서 그 사물에 이르는 것이 아니라, '앎을 이루는 것은 사물에
  이르는 것에 있다(致知在格物).'고 하였다. 따라서 치지(致知)와 격물(格物)은 선후
  관계에 있는 것이 아니고 동시적인 것이다."(금장태, 『한국 유교의 재조명』, 전망
  사, 1982, p.75). 따라서 부모에 대한 피은, 보은, 배은을 알면 효이고 모르면 불효
  이다.

69 박상권, 앞의 논문, 「은적 유기체로서의 생명」, p.608.

소태산은 원불교적 효실천을 통하여 가정과 세상에서 사람들이 받게 될 인과의 내용을 부모 보은의 결과에서 다음과 같이 밝히고 있다.

> 우리가 부모 보은을 한다면 나는 내 부모에게 보은을 하였건마는 세상은 자연히 나를 위하고 귀히 알 것이며, 사람의 자손은 선악간에 그 부모의 행하는 것을 본받아 행하는 것이 피할 수 없는 이치인지라, 나의 자손도 마땅히 나의 보은하는 도를 본받아 나에게 효성할 것은 물론이요, 또는 무자력한 사람들을 보호한 결과 세세 생생 거래간에 혹 나의 무자력한 때가 있다 할지라도 항상 중인의 도움을 받을 것이니라.[70]

부모에게 보은을 하면 다음과 같은 세 가지의 결과[71]가 나타난다. 첫째, 원불교적 효를 실천하면 세상의 인정을 받는다. 사람이 부모에게 보은을 하면 자기 부모에게 하는 것이지만 세상이 그를 인정하고 귀한 대우를 해 준다. 부모에게 보은하여 효를 실천함으로써 사회와 세상의 인정을 받는 기준이 된다. 부모에 대한 효의 실천으로 세상이 인정하고 그 행적을 기리는 것이다. 둘째, 원불교적 효를 실천하면 자손의 귀감이 된다. 자손들이 보은하는 부모를 보고 그 도

---

70 『정전』, 「제2 교의편」 제2장 사은, 제2절 부모은, 6. 부모 보은의 결과, pp.32-33.
71 소태산은 「부모은」에서뿐만 아니라 사은 전체에서 '보은과 배은의 결과'를 밝혔다. 이것은 인연과보의 원리(인과의 원리)에 근원하며 앞으로의 세상에서는 인연에 따른 행위의 결과가 여러 생에 걸쳐서 나타나기보다는 단생에 걸쳐서 빠르게 나타난다고 하였다.

를 본받아 귀감이 되어 효성이 대대로 이어진다. 부모에 대한 효의 실천이 대대손손으로 이어져서 그 정신이 끊임없이 이어진다. 셋째, 원불교적 효를 실천하면 중인의 도움을 받는다. 무자력한 사람들을 도운 결과 영생에 걸쳐서 무자력한 상황에 봉착했을 때 중인의 도움을 받을 수 있다. 게다가 부모 보은을 실천하면 무엇보다도 실천하는 자신의 마음이 안정되고 기쁨과 보람이 축적되어 삶의 활력소가 된다는 점이 중요하다.

소태산은 부모의 은혜에 배은함으로 해서 받게 되는 과보인 원불교적 불효에 대한 결과를 부모 배은의 결과에서 다음과 같이 밝혔다.

우리가 만일 부모에게 배은을 한다면 나는 내 부모에게 배은을 하였건마는 세상은 자연히 나를 미워하고 배척할 것이요, 당장 제가 낳은 제 자손도 그것을 본받아 직접 앙화를 끼칠 것은 물론이며, 또는 세세 생생 거래간에 혹 나의 무자력한 때가 있다 할지라도 항상 중인의 버림을 받을 것이니라.[72]

부모에게 배은을 하면 다음과 같은 불행한 결과를 맞게 된다. 첫째, 불효를 하는 사람은 세상의 배척을 받게 된다. 내 부모에게 배은하는 불효를 저질렀더라도 세상은 나를 미워하고 배척하게 된다. 부모에게 배은하는 불효가 가정 내에만 국한된 문제가 아니라 사회와 세상의 지탄의 대상임을 알아야 한다. 둘째, 불효를 하는 사람은 자

---

72 『정전』, 「제2 교의편」 제2장 사은, 제2절 부모은, 7. 부모 배은의 결과, p.33.

손의 앙화가 미친다. 제가 낳은 제 자손이 배은하는 것을 본받아 앙화를 끼치는 결과가 온다. 따라서 부모 배은은 결국 자자손손으로 그 결과가 앙화의 반복으로 이어질 수 있다. 셋째, 불효를 하는 사람은 중인의 버림을 받는다. 세세생생에 걸쳐서 내가 무자력할 때 중인의 외면을 받게 된다. 사람이 일생을 사는 동안 그 누구도 항상 평탄할 수는 없다.

아무리 자력이 있는 사람이라 할지라도 다른 사람의 도움이 필요할 때가 있다. 즉 자신이 무자력할 때 누군가의 도움이 필요하다. 그런데 불효의 결과는 타인의 도움이 절실히 요청됨에도 불구하고 도움을 받을 수 없고 대중의 외면을 받게 된다. 이렇게 되면 인간이 마음의 안정을 얻지 못할 뿐만 아니라 인생 전체가 불행해 질 수밖에 없다.

이상에서 밝힌 소태산의 불효[73]에 대한 결과는 다분히 인과에 바탕하고 있다. 부모에게 배은한 불효의 결과는 세상이 배척하고 자손의 앙화가 당사자에게 미치며 대중의 버림으로 나타난다. 이것은 인과가 효의 실천 여부에 따라 확연히 드러남을 보여 주는 것이다. 결국 부모 보은과 부모 배은은 '부모에게 당한 죄복'[74]으로 귀결된다. 부모에게 당한 죄복은 부모를 통해서만이 발현될 수 있는 죄와 복이다. 따라서 부모 배은의 결과와 부모 보은의 결과는 서로 상통된다. '부모에게 당한 죄'는 불효의 결과이며 현생에서 부모의 보

---

73 "子曰 : 五刑之屬三千, 而罪莫大於不孝."(『신완역 효경』, 「五刑」, p.116). 효경의 오형장(五刑章)에서는 "효경의 오형의 종류가 삼천이나 되지만 불효보다 더 큰 죄는 없다."라고 하면서 불효를 가장 큰 죄로 규정한다.

74 『정전』, 「제3 수행편」 제10장 불공하는 법, p.80.

호와 사랑, 가르침을 받지 못할 뿐더러 세상의 지탄을 받는 것을 말한다.

인연과보(因緣果報) 차원에서 보면 불효자를 두게 되며 대중의 소외를 받게 되고 세세생생 부모 없는 고통을 받게 된다. '부모에게 당한 복'은 효행의 결과로써 현생에서 부모의 보호와 사랑, 가르침을 무한히 받게 되고 세상의 찬사를 받게 됨을 말한다. 인연과보로 보면 효자를 두게 되어 대중의 도움을 받을 뿐만 아니라 세세생생 좋은 부모와 인연을 맺게 된다.

3) 동포은과 법률은의 효

먼저 동포은(同胞恩)에서의 원불교 효사상에 대하여 고찰해 보면 다음과 같다. 동포은은 인류와 일체 생명을 가진 존재들의 은혜[75]를 말한다. 동포란 인간은 물론 금수초목(禽獸草木) 등 만물을 모두 포함하고 있는 개념이다. 따라서 원불교의 동포은은 천지만물과의 동포의식[76]을 말한다.

우리가 동포에게서 입은 은혜를 가장 쉽게 알고자 할진대 먼저 마땅히 사람도 없고 금수도 없고 초목도 없는 곳에서 나 혼자라도 살수 있을 것인가 하고 생각해 볼 것이니, 그런다면 누구나 살지 못할 것은 다 인증할 것이다. 만일, 동포의 도움이 없이, 동포의 의지가 없

---

75 송천은, 앞의 책, 『종교와 원불교』, p.538.
76 김용옥, 앞의 책, 『효경한글역주』, p.94.

이, 동포의 공급이 없이는 살 수 없다면 그 같이 큰 은혜가 또 어디 있으리오.[77]

위에서 밝힌 동포 피은의 강령은 어느 누구도 동포의 은혜가 없다면 생존할 수 없음을 강조한 것이다. 동포의 은혜는 동포 보은의 강령에서 자리이타의 도로 실현된다. 자리이타는 모두 다 이롭게 하는 것이다. 특히 다른 사람의 이로움을 나의 이로움으로 삼는 대승행을 말하며 결과적으로 더불어 잘 사는 세상을 지향한다. 이것은 동포 각 개체간의 유기적인 은적 관계를 말한다. 대산은 "동포는 우리에게 자리이타로써 대협동이 되었으니 우리도 그 도를 체받아서 서로 돕고 북돋우면 보은이 되는 동시에 내가 곧 사생의 지친(至親)이 되며 일체 동포는 자연 공생공영할 것이다."[78]라고 하였다.

이처럼 동포은의 실체는 인류의 공생공영으로 구체화되며 사생의 가장 가까운 존재로 자리매김된다. 소태산은 동포 보은의 결과에 "우리가 동포 보은을 한다면, 자리이타에서 감화를 받은 모든 동포가 서로 사랑하고 즐거워하여, 나 자신도 옹호와 우대를 받을 것이요, 개인과 개인끼리 사랑할 것이요, 가정과 가정끼리 친목할 것이요, 사회와 사회끼리 상통할 것이요, 국가와 국가끼리 평화하여 결국 상상하지 못할 이상의 세계가 될 것이니라."[79]라고 밝혔다.

동포 상호간에 보은행을 한다면 이상세계가 구현된다. 동포로부

---

77 『정전』, 「제2 교의편」 제2장 사은, 제3절 동포은, pp.33-34.
78 『정전대의—대산종법사 법문집』 1, 7. 사은, p.31.
79 『정전』, 「제2 교의편」 제2장 사은, 제3절 동포은, pp.35-36.

터 상부상조, 상의상자, 공존공영으로 피은이 된 결과가 이상세계이 다. 여기에서 보은행의 강령은 '자리이타의 도'의 실행에 있다. 자리 이타는 상호 이해관계를 인정함에 바탕을 두면서도 궁극적으로는 이해관계를 초월한 근원적이고 본질적인 은혜관계로 나아가는 것 을 말한다. 그래야만 진정한 이상세계를 실현할 수 있으며 소태산이 '개교의 동기'에서 밝힌 광대무량한 낙원세상을 이룩할 수 있는 것 이다. 소태산은 극단적 이기주의와 황금만능주의의 결과로 야기되 는 불안과 혼란의 가정 및 사회의 현상을 동포 배은의 결과에서 다 음과 같이 밝혔다.

> 우리가 만일 동포에게 배은을 한다면, 모든 동포가 서로 미워하고 싫어하며 서로 원수가 되어 개인과 개인끼리 싸움이요, 가정과 가정끼 리 혐극(嫌隙)이요, 사회와 사회끼리 반목(反目)이요, 국가와 국가끼리 평화를 보지 못하고 전쟁의 세계가 되고 말 것이니라.[80]

동포 상호간에 합력과 협조가 없이 자리이타의 도를 망각한다면 가정과 국가, 세계는 아수라장이 될 것이다. 따라서 서로 돕고 협력 하여 모든 동포가 서로 사랑하면서 살아갈 때 소태산이 개교의 동기 에서 밝힌 낙원 세상이 도래할 수 있다.

동포은은 요즘의 학문 개념으로 사회관 내지 국가론으로 분석[81]

---

80 『정전』, 「제2 교의편」 제2장 사은, 제3절 동포은, 7. 동포 배은의 결과, p.36.
81 이동화, 「원불교 윤리와 자연법」, 『원불교사상』 제4집, 원불교사상연구원, 1980, p.166.

할 수 있다. 동포 피은의 조목과 강령을 분석하면 개인이 사회에서 독립되어 존립할 수 없는 개별성과 특수성을 지적해 준다. 가족과 시민사회가 유대를 갖고 존립하는 관계가 곧 동포은이라 할 수 있다. 동포 피은의 강령은 자아의 존재관념뿐 아니라 사회적 자아, 나아가서 민족과 국가적 자아의 존재이념을 내포하고 있다.

특이한 사실은 원불교 개교 당시 시대적 요청과 함께 교단 자체에서 사농공상의 네 가지 업별에 따라 제각기 다른 강령직업 하에서 자리이타(自利利他)의 원불교 정신을 넓게 함양하라는 점이다.[82] 이것은 세상이 아무리 변해도 동포은의 구조 속에서 탈피할 수 없음을 말해 준다. 동포라는 포태 안에서 은혜를 발견하고 자리이타의 도로써 보은할 때 동포은의 윤리적 의미가 드러날 수 있으며, 동포 상호간에 서로 섬기고 공경하는 원불교적 효의 확장된 실천이 될 수 있다.

사은 중 네 번째인 법률은은 법률이 우리에게 베푼 은혜를 말한다. 소태산은 법률은을 통하여 인간본연의 안녕질서를 신앙적 차원에서 깊이 이해하고 실천하고자 한다. 더불어 법률의 은혜에 대한 보은의 실현으로 효의 확장을 통한 생명 전체의 유기적 관계를 법률은으로 정의하였다. 몽테스키외는 법을 온갖 존재 사이의 관계[83]로

---

82 이동화, 위의 논문, 「원불교 윤리와 자연법」, pp.385-386.

83 몽테스키외 저, 이명성 역, 『법의정신』, 홍신문화사, 1988, pp.9-10. 몽테스키외 (Montesquieu, Charles de Secondat : 1689~1755)는 그의 저서 『법의정신』에서 "선험적 이론으로서는 법을 연구할 수 없으며 우리들이 생활하고 있는 구체적 현실의 상황에서 출발해야 한다."고 생각했다(몽테스키외 저, 이명성 역, 위의 책, 『법의정신』, pp.488-489 역자의 말 참조). "법은 일반적인 규칙, 원칙 또는 규범이다."(에드윈 W. 패터슨 저, 엄민영·서돈각·전원배 역, 『법철학』, 을유문화사, 1963, p.26).

규정하였다. 즉, 법을 우주만유 존재 상호간의 긴밀한 관계로 파악하였다고 볼 수 있다. 이러한 법을 소태산은 사은 중 하나의 은혜로 파악하여 법률은이라 하였고, 인도정의의 공정한 법칙이라 정의하였다. 인도정의의 공정한 법칙이란 사람이 행하는 모든 행위로서 떳떳이 행해야 할 당위 규범을 말한다. 따라서 소태산이 밝힌 법률은의 의미를 확실히 알고 실천하는 것은 인륜을 실천하는 것이고 천륜을 실현하는 것이다.

인륜과 천륜의 실천은 효사상의 실현이 되기 때문에 소태산의 법률은의 의미는 원불교 효사상의 실천과 관계성이 있다고 볼 수 있다. 또한 법률은도 없어서는 살 수 없는 은혜의 존재이기 때문에 인간이라면 보은을 해야만 한다. 없어서는 살 수 없는 은혜에 대한 보은은 효의 실천으로 귀결[84]된다.

우리가 법률에서 입은 은혜를 가장 쉽게 알고자 할진대, 개인에 있어서 수신하는 법률과, 가정에 있어서 제가(齊家)하는 법률과, 사회에 있어서 사회 다스리는 법률과, 국가에 있어서 국가 다스리는 법률과, 세계에 있어서 세계 다스리는 법률이 없고도 안녕 질서를 유지하고 살수 있겠는가 생각해 볼 것이니, 그런다면 누구나 살 수 없다는 것은 다

이에 비해 소태산은 법률은을 인도정의의 공정한 법칙이라 하고 우주만유를 안녕 질서로 유지하게 해 주는 없어서는 살 수 없는 은혜로 보았다.

84 소태산은 '법률은' 중 '법률피은의 조목'에서 "때를 따라 성자들이 출현하여 종교와 도덕으로써 우리에게 정로(正路)를 밝게 하여 주심이요"를 그 첫 번째 조목으로 밝혔다. 시대를 따라 출현한 역대 성현들의 종교적 가르침과 윤리 도덕적 사상은 인류 세계에 바른 길을 제시해 주고 있다. 원불교 효사상은 이런 점에서 종교와 윤리, 도덕적 사상으로써 법률은에도 내재되어 있다고 볼 수 있다.

인증할 것이다. 없어서는 살 수 없다면 그 같이 큰 은혜가 또 어디 있으리요. 대범, 법률이라 하는 것은 인도 정의의 공정한 법칙을 이름이니, 인도 정의의 공정한 법칙은 개인에 비치면 개인이 도움을 얻을 것이요, 가정에 비치면 가정이 도움을 얻을 것이요, 사회에 비치면 사회가 도움을 얻을 것이요, 국가에 비치면 국가가 도움을 얻을 것이요, 세계에 비치면 세계가 도움을 얻을 것이니라.[85]

소태산이 밝힌 법률 피은의 강령에서 법률의 은혜는 세상과 우주 만유를 안녕질서로써 유지하게 해 준다. 특히 수신하는 법률과 제가 하는 법률 자체가 효행을 뿌리로 하여 적용될 수밖에 없다. 인륜의 근본인 효를 알고 실천하는 것이 수신과 제가의 근본적인 덕목이 되기 때문이다. 결국 법률은도 없어서는 살 수 없는 절대적 존재인 것이다. 특히 법률을 인도정의의 공정한 법칙으로 정의한 것은 법의 윤리적 실천과 함께 무한한 선용을 밝힌 것이며 세상의 발전을 지향한 것이다. 이것은 법률 보은의 결과에서 잘 나타나 있다.

우리가 법률 보은을 한다면, 우리 자신도 법률의 보호를 받아, 갈수록 구속은 없어지고 자유를 얻게 될 것이요, 각자의 인격도 향상되며 세상도 질서가 정연하고 사·농·공·상이 더욱 발달하여 다시없는 안락 세계(安樂世界)가 될 것이며, 또는 입법(立法), 치법(治法)의 은혜도 갚음이 될 것이니라.[86]

---

85 『정전』, 「제2 교의편」 제2장 사은, 제4절 법률은, 1. 법률 피은의 강령, pp.36-37.
86 『정전』, 「제2 교의편」 제2장 사은, 제4절 법률은, 6. 법률 보은의 결과, pp.38-39.

대산은 법률은이 "대보호은으로서 자유세계"를 지향하며 준법지
계[87]를 전제로 한다고『정전대의』에서 밝혔다.

소태산은 법률 배은의 결과에서 "우리가 만일 법률에 배은을 한다
면, 우리 자신도 법률이 용서하지 아니하여, 부자유(不自由)와 구속을
받게 될 것이요, 각자의 인격도 타락되며 세상도 질서가 문란하여
소란한 수라장(修羅場)이 될 것이니라."[88]고 하였다. 사은에 대한 배은
은 인간의 마음에서부터 우주만유에 이르기까지 파란고해를 야기
한다. 따라서 사은에 대한 신앙적, 윤리적인 보은행이 요구되어 지
는 것이다.

법률은[89]과 효와의 관계를 정리하면 수신하는 법률과 제가하는
법률 등이 없다면 안녕질서를 유지하고 살 수 없다. 효를 근본으로
하여 자신을 닦고 가정을 다스리는 가운데 인정이 건네지고 질서가
확립되며 사회가 평안해진다. 그래서 법률은은 인도정의의 공정한
법칙으로서 없어서는 살 수 없는 은혜이며 보은의 대상이다. 이처럼
없어서는 살 수 없는 은혜인 법률은에 대한 보은행은 절대적 불공으
로 이루어지며 원불교 효사상 실천방법론의 하나이다.

87『정전대의―대산종법사 법문집』1, 7. 사은, p.31.

88『정전』,「제2 교의편」제2장 사은, 제4절 법률은, 7. 법률 배은의 결과, p.39.

89 송천은은 '법률은'이 "인류의 질서를 확립해 주는 바른 규범을 말한다(송천은, 앞
    의 책,『종교와 원불교』, p.538)"고 하였다. 법률은이 인간이 사회생활을 하는데 있
    어서 질서를 확립해 주고 올바른 규범을 제시해 준다는 점에서 효와 상관관계가
    밀접하며 정법의 은혜에 대한 보은 차원에서 효의 실천으로 조명해야 한다. 또한
    '법률은'이 '인류의 질서 확립'이라는 점에서 인류에 대한 효차원으로 생각해볼
    수 있다.

4) 사요 실천을 통한 효

원불교적 효의 실천으로써 사요를 살펴보면 다음과 같다. 사요는 신앙생활을 실천행으로까지 이끌어서 대사회적(對社會的)으로 보은행(報恩行)을 하도록 한 것[90]인 바, 자력양성(自力養成), 지자본위(智者本位), 타자녀교육(他子女教育), 공도자숭배(公道者崇拜)를 말한다. 사요는 일원의 원만평등한 진리에 근거하여 육도세계의 일체생령을 구원하는 기본 작업으로 먼저 인류 사회에 전반세계(氈盤世界)를 건설하는 묘방이며 인류가 고루 다 같이 향상 발전할 수 있는 인류 상호간의 대불공법이다.[91] 따라서 사요의 실천은 대사회적 효의 실천이라 할 수 있으며, 이러한 사요를 실천하면 이 사회는 모두가 다 같이 잘 사는 평등사회가 실현된다. 또한 불평등한 사회에서 사요의 실천을 통해 무자력자를 보호하는 것은 부모 보은의 강령인 '무자력자 보호의 도'를 실천하는 것으로 부모 보은의 확장된 실천이요 효라고 할 수 있다. 이러한 사요를 그 강령을 중심으로 순서적으로 보면 다음과 같다.

첫째, 자력 양성의 강령에서는 "자력이 없는 어린이가 되든지, 노혼(老昏)한 늙은이가 되든지, 어찌할 수 없는 병든 이가 되든지 하면이

---

90 류병덕, 「원불교의 사회관」, 『원불교사상』 제10 · 11집, 원불교사상연구원, 1987, p.144.

91 신도형, 앞의 책, 『교전공부』, pp.143-145. / 이성택은 '사요불공의 특징'을 인간불공, 역할불공, 단체불공, 사회불공으로 구분하였으며 '사요의 사회적 성격'을 사회윤리로서의 사요와 사회정의로서의 사요(이성택, 「신앙 방법으로서의 사요의 재인식」, 『원불교 신앙론 연구』, 원광대학교 출판국, 1996, pp.398-409 참조)로 분류하여 사요에 대한 불공, 윤리, 정의 차원에서의 접근을 시도하였다.

어니와, 그렇지 아니한 바에는 자력을 공부삼아 양성하여 사람으로
서 면할 수 없는 자기의 의무와 책임을 다하는 동시에, 힘 미치는 대
로는 자력 없는 사람에게 보호를 주자는 것"[92]이다. 이처럼 소태산
이 밝힌 '힘 미치는 대로는 자력 없는 사람에게 보호를 주자.'는 것이
자력 양성에 나타나는 효사상이다. 부모은에서 부모 보은의 강령에
'무자력자 보호'가 효임을 밝혔다. 따라서 자력 양성은 '무자력자 보
호'라는 점에서 넓은 의미의 효의 실천이고 효의 무한한 확장이며
인류애의 실천이다.

대산은 "사람으로서는 누구나 고루 교육을 받고 직업(경제활동)을
갖도록 서로 권장하되 남녀간에 자력이 부족한 사람은 무슨 방법으
로든지 먼저 교육을 받으며 직업(경제활동)을 가져서 가정·사회·국가·
세계에 의무와 책임을 같이 이행할 수 있는 자주력을 세워 놓아야
권리가 동일해져서 자연 인권평등이 될 것이다."[93]라고 하여 자력
양성 실천의 결과로써 '인권평등'을 강조하였다.

둘째, 지자본위의 강령에서는 "지자는 우자(愚者)를 가르치고 우자
는 지자에게 배우는 것이 원칙적으로 당연한 일이니, 어떠한 처지에
있든지 배울 것을 구할 때에는 불합리한 차별 제도에 끌릴 것이 아
니라 오직 구하는 사람의 목적만 달하자는 것이니라."[94]라며 지자본
위의 실천을 강조하였고, 대산은 "과거 불합리한 차별제도를 버리고

---

92 『정전』, 「제2 교의편」 제3장 사요, 제1절 자력 양성, 1. 자력 양성의 강령, p.39.
93 『정전대의―대산종법사 법문집』 1, 8. 사요, p.33. / 장하열은 자력양성을 "평등한
   사회를 이루어 가는 가장 기초적인 원리(장하열, 「원불교 교무론 연구」, 원광대
   교 박사학위논문, 2002, p.189)"로 조명하였다.
94 『정전』, 「제2 교의편」 제3장 사요, 제2절 지자 본위, 1. 지자 본위의 강령, 1992, p.41.

지우차별만 세워 놓아야 각자가 배우기에 힘써서 사람마다 지자가 되는 동시에 온 인류의 지식은 자연 평등하게 될 것이다."[95]라고 하여 지자본위 실천의 결과로써 '지식평등'을 강조하였다.

한편 '지자본위의 강령'에서 지자가 우자를 가르치고 우자는 지자에게 배우는 것이 당연하다 하였다. 원불교 효사상의 강령이라 할 수 있는 부모 보은의 강령을 보면 "무자력할 때에 피은된 도를 보아서 힘 미치는 대로 무자력한 사람에게 보호를 줄 것이니라."라고 했다. 여기에서 무자력의 부분을 정신의 자주력, 육신의 자활력, 경제의 자립력의 구비 여부로 판단한다면 우자의 경우 정신의 자주력 부분이 지자에 비하여 부족하다 볼 수 있다.

따라서 지식평등을 위한 지자본위는 원불교 효사상의 강령과 상통한다고 볼 수 있다. 또한 지자본위는 '과거 불합리한 차별'의 부분을 합리적으로 접근하는 것이다. 이것 또한 원불교 효사상의 실천이다. 왜냐하면 불합리를 주장하는 사람들은 합리적 입장에서 볼 때 무자력자라 볼 수 있기 때문이다.

그리고 지자본위의 조목에서 솔성의 도와 인사의 덕행, 정사를 하는 것, 생활에 대한 지식, 학문과 기술, 기타 모든 상식이 자기 이상이 되고 보면 스승으로 알라고 하였다. 솔성의 도 등 기타 모든 상식이 부족하면, 그 이상 되는 사람이 자력자라 볼 수 있다. 그렇다면 스승으로 모심을 받는 자가 자력 있는 사람으로서 무자력자인 솔성의 도 등이 부족한 사람들을 보호해야 한다. 이것 또한 원불교적 효의

---

95 『정전대의─대산종법사 법문집』1, 8. 사요, p.34.

실천이라 할 수 있다.

셋째, 타자녀 교육의 강령에서는 "교육의 기관이 편소하거나 그 정신이 자타의 국한을 벗어나지 못하고 보면 세상의 문명이 지체되므로, 교육의 기관을 확장하고 자타의 국한을 벗어나, 모든 후진을 두루 교육함으로써 세상의 문명을 촉진시키고 일체 동포가 다같이 낙원의 생활을 하자는 것이니라."[96]라며 타자녀 교육의 실천을 강조하였고, 대산은 "선진자는 후진자를 가르치는 것이 의무인 동시에 인생의 고귀한 가치가 여기에 있는 것이니 자기 자녀에게만 국집하지 말고 개인이나 국가나 세계가 다같이 교육기관을 많이 설치하여 가르치는 정신을 양성하여야 자연 교육이 골라질 것이다."[97]라고 하여 타자녀 교육 실천의 결과로써 '교육평등'을 강조하였다.

타자녀 교육은 그 교육의 대상자가 무자력자이다. 그러한 무자력자들을 자력 있는 사람들이 자신의 자녀가 아니더라도 교육을 시키는 것이 타자녀 교육이다. 유산자(경제적 자립력이 있는 사람)가 무산자(경제적 자립력이 없는 사람)를 가르치는 것도 무자력자 보호로서 부모 보은의 강령에 나타난 원불교 효사상의 실천과 연계할 수 있다.

넷째, 공도자 숭배의 강령에서는 "세계에서 공도자 숭배를 극진히 하면 세계를 위하는 공도자가 많이 날 것이요, 국가에서 공도자 숭배를 극진히 하면 국가를 위하는 공도자가 많이 날 것이요, 사회나 종교계에서 공도자 숭배를 극진히 하면 사회나 종교를 위하는 공도

---

96 『정전』, 「제2 교의편」 제3장 사요, 제3절 타자녀 교육, 1. 타자녀 교육의 강령, 1992, p.43.
97 『정전대의─대산종법사 법문집』 1, 8. 사요, p.35.

자가 많이 날 것이니, 우리는 세계나 국가나 사회나 교단을 위하여 여러 방면으로 공헌한 사람들을 그 공적에 따라 자녀가 부모에게 하는 도리로써 숭배하자는 것이며, 우리 각자도 그 공도 정신을 체받아서 공도를 위하여 활동하자는 것이니라."[98]라며 공도자 숭배의 실천을 강조하였다.

또한 대산은 "세상은 나 혼자만 잘 살 수 없는 것이요 나와 내 가정이 잘 살기로 하면 먼저 남과 이웃이 좋아져야 할 것을 깊이 각성하여 각자가 불보살의 희생적 대자대비의 정신을 체받아야 전인류의 생활이 자연 골라질 것이요, 따라서 개인도 좋아질 것이다."[99]라고 하여 공도자 숭배 실천의 결과로서 '생활평등'을 강조하였다.

공도자 숭배에서 나타난 원불교 효사상은 다음과 같다. 먼저 공도자 숭배의 강령에서 여러 방면으로 공헌한 사람들에게 자녀가 부모에게 하는 도리로써 숭배해야 한다고 했다. 이러한 행위 자체가 효사상의 확장된 실천이라 할 수 있다. 더불어 '공도자 숭배의 조목'에서 효사상의 실천이 요청된다. 그것은 대중을 위하여 공도에 헌신한 사람이 노쇠하여 무자력할 때 봉양해야 하는 것이다. 이것은 결국 소태산이 타인의 부모라도 내 부모처럼 보호하라고 밝힌 부모 보은의 조목을 실천하는 길이다.

한편 공도자의 열반 후에는 상주가 되어 상장을 부담하며 영상과 역사를 보관하여 길이 기념하는 것도 부모 보은의 조목과 직결된다. 전직 대통령들이 열반하였을 때 원불교 교례로 의식을 거행한 것도

---

98 『정전』, 「제2 교의편」 제3장 사요, 제4절 공도자 숭배, 1. 공도자 숭배의 강령, p.44.
99 『정전대의─대산종법사 법문집』 1, 8. 사요, p.36.

공도자 숭배의 차원이며 원불교적 효(천효)의 실천이라 할 수 있다. 이렇듯 대사회적 효의 실천이라 할 수 있는 사요[100]를 생활화하면 인권평등, 지식평등, 교육평등, 생활평등이 실현되는 평등사회가 된다. 마침내는 평등사회와 더불어 효도 세상이 구현된다.

---

[100] "소태산은 병든 사회의 치유 원리를 제시한다는 점에서 사요를 밝혔다. 또한 병든 사회를 치료해서 완전한 사회건설과 은혜의 관계로써 원만한 사회를 이룩하고자 사요가 제시되었다. 사은이 만유와의 윤리라면 사요는 사회와의 윤리이다. 원불교 초기 교서에 보면 일원상이나 사은, 삼학보다도 사요를 중시하였다. 왜냐하면 병든 사회를 고쳐서 치료하는 것이 종교의 사명이요 종교의 본분이었기 때문이다. 그래야 대중으로부터 격리되지 않으며 대중을 선도할 수 있는 교법이 될 수 있기 때문이다."(이은석, 앞의 책, 『정전해의』, pp.136-137 참조). 원불교 효사상과 사요 실천과의 관계도 이와 같은 현실생활을 중시하여 원만한 사회를 이룩한다는 맥락에서 조명되고 구현해야 할 것이다.

03
삼학 수행과 효

○

1) 보은 실천과 삼학

소태산은 삼학의 병진(竝進)을 통해 부처의 인격[101]을 요구하고 그
러한 인격을 바탕으로 없어서는 살 수 없는 은혜세상에서 보은의 삶

---

[101] 부처의 인격은 윤리와 도덕성이 겸비된 인격이라 할 수 있다. 윤리와 도덕성은 사
람에 있어서 그 인격을 가늠하는 척도이다. 그러므로 사람의 사람다움은 그 사람
개개인에 내재해 있는 윤리와 도덕성에서 찾을 수밖에 없다. 그런 점에서 효는 가
장 중요시되는 윤리, 도덕적 가치 중의 하나라 할 수 있다. 효를 알고 실천하는 인격
이야말로 도덕성이 겸비된 인격이라 할 수 있기 때문이다. 소태산이 효의 중요성
을 강조할 수밖에 없었던 까닭도 여기에 있다고 볼 수 있다.

을 지향하였다. 삼학은 보은 실천을 통하여 소태산이 각득한 일원상 진리를 수용하고 생활 속에서 실천하고 체험하는 길을 제시해 준다. 또한 일체중생의 본성[102]인 일원상 진리를 실현하고 인간의 도덕성을 회복하는 원불교 효사상의 실천은 삼학의 완성을 통한 보은행에서 비롯된다.

소태산은 부모 보은의 조목 첫 번째 조항에서 "공부의 요도 삼학 팔조를 빠짐없이 밟을 것이요"[103]라고 밝혔다. 없어서는 살 수 없는 부모에게서 입은 은혜에 보은할 수 있는 방향을 제시해 준 내용이다. 보은의 방법론적인 인생의 요도에서 보은의 도를 행하면 그것이 바로 원불교 효사상의 실천이 된다고 하였다. 이처럼 공부의 요도 삼학팔조를 빠짐없이 밟는 것은 부모 보은이 되므로 이는 원불교 효사상의 실천으로 귀결되어지는 것이다.

소태산은 공부의 요도와 인생의 요도를 빠짐없이 밟으면 그것이 부모 보은이 된다고 밝혔다. 공부의 요도는 지혜와 정견을 얻는 길이고 인생의 요도는 부처행을 이루는 길임을 소태산은 강조하였다. 이렇게 부처님의 지행을 실천함으로 세상에 이름이 드러나 부모의 이름까지 드높이게 됨을 다음과 같이 소태산은 밝혔다.

공부의 요도를 지내고 나면 (……) 자녀로 말미암아 부모의 영명(令名)이 천추에 길이 전하여 만인의 존모할 바 될 것이니, 어찌 단촉한 일생에 시봉만 드리는 것에 비하겠는가. 그러므로 이는 실로 무량한 보

102 『정전』, 「제2 교의편」 제1장 일원상, 제1절 일원상의 진리, p.23.
103 『정전』, 「제2 교의편」 제2장 사은, 제2절 부모은, p.32.

은이 되나니라.[104]

정산도 공부의 요도와 인생의 요도를 밟음이 부모 보은 되는 내역을 더 자상히 알고 싶다는 한 학인의 질문에 다음과 같이 말하였다.

그 부모의 영명이 천추에 영전됨이요, 그러한 불보살을 세상에 희사한 공덕으로 자연 하늘 복이 돌아감이요, 현생과 후생을 통하여 도덕 있는 자녀의 감화를 받기가 쉬움이니라.[105]

이처럼 소태산과 정산은 공부의 요도와 인생의 요도를 밟는 것이 부처의 지견과 실행을 얻는 길이며 원불교 효사상의 실천임을 밝혔다. 그러므로 공부의 요도를 지내고 나면 부처님의 지견을 얻고, 인생의 요도를 밟고 나면 부처님의 실행을 얻게 된다. 자녀된 자로서 부처님의 지행을 얻어 부처님의 사업을 이룬다면 세상에 이름이 드러나 자연히 부모의 은혜까지 세상에 드러나게 된다. 이것은 단촉한 일생에 시봉만 드리는 것에 비할 수가 없는 무량한 보은이 된다. 즉 공부의 요도를 빠짐없이 밟으면 단순히 한 생의 효에 그치는 것이 아니라 영생에 걸쳐 수많은 사람들의 귀감이 되는 원불교적 효행 실천의 지남이 된다는 것이다.

『효경(孝經)』에 보면 "몸을 반드시 세우고(立身 : 떳떳한 인간으로 성장함) 인생의 정도를 걸어가는 것(行道), 그렇게 하여 아름다운 이름을 후세

---

104 『대종경』, 「제6 변의품」 25, pp.249-250.
105 『정산종사법어 : 제2부 법어』, 「제6 경의편」 7, pp.840-841.

에 떨치는 것, 그리고 내 이름으로 부모까지 영예롭게 만드는 것, 이 것이야말로 효의 종착이다."[106]라며 입신양명을 효의 종착지라 하였다. 삼학[107] 수행을 통하여 원만한 인격이 되면 입신양명을 이룰 수 있고 그것이 유교가 지향하는 효와도 궁극적으로는 상관관계가 있음을 알 수 있다.

소태산에 의하면 삼학은 공부의 요도로 인간이 걸어야 할 과제를 바르게 실천하게 하는 것임을 밝히고 있다. 삼학 공부를 통해서 성불의 문이 열리며 능히 인간이 살아가는 표준 길을 계발하는 것이다.[108] 이처럼 삼학이 인간의 현실생활의 표준이 되고 실천수행의 정로이고 보면 효행실천과 삼학을 함께 생각하지 않을 수 없다. 그래서 자기완성의 마땅한 도덕을 소태산은 삼학으로 밝혀 놓았다.

삼학은 일원의 진리에 근거한 것이며 바로 자기 자신의 본성에 근거한 것으로 그 본성을 원만히 성취하도록 한 것이다. 그리하여 부족함이 없이 고루 갖추어진 인격과 어떠한 외부 경계에도 흔들리지

---

106 김용옥, 앞의 책, 『효경한글역주』, p.325.
107 "원불교 수행의 특징은 병진을 통하여 어디에 막힘이 없고 간단이 없으며 일방에 떨어지지 아니한다는 특징이 있지만 구경에 가서는 보은봉공 하는 수행이라는데 특징이 있다. 수행의 결과는 반드시 개인을 위해서만 사용되고 쓰여질 수 없는 것이다. 만일 수행이 개인의 구제나 안심입명만을 위한 것이라면 그것은 큰 가치가 없는 것이다. 그러므로 수행은 반드시 신앙적인 면으로 볼 때 보은의 행위가 되는 것이며 활용적인 측면에서 볼 때 봉공의 방법이 되는 것이다. 이러한 수행의 관점은 사대강령의 결과를 무아봉공이라고 한 데서도 발견되어진다. 원불교 수행의 특징이 무아봉공하는 수행이라는 것은 수행의 과정 자체가 보은봉공으로 연결되어야 할 것이다. 즉 보은봉공 하는 그 자체가 수행이 되어야 한다. 그리고 수행의 결과 삼대력도 보은봉공으로 활용되어야 한다."(이성택, 「원불교 수행론」, 수위단 회사무처, 『원불교사상시론』1집, 원불교출판사, 1982, p.38).
108 한기두, 『원불교정전연구-교의편』, 원광대학교 출판국, 1996, p.249.

않고 불의를 멀리하며 정의를 수호하는 전인적인 인격을 이루어 내는 것이다.

소태산은 삼학의 수행을 바탕으로 사람다운 인격체가 형성될 수 있는 길을 제시하였다. 사람다운 인격체라 하면 전인적 인격의 모습을 갖추는 것이다. 어느 한쪽으로 치우침 없이 지성과 덕성을 비롯하여 모든 사람들의 모범이 되는 인격의 형성은 삼학을 통해 실현할 수 있다. 원불교가 지향하고 있는 마음공부의 바탕도 정신수양, 사리연구, 작업취사의 삼학이며 그것은 사람으로 하여금 윤리, 도덕성을 고루 함양시키는 근원이 된다. 따라서 삼학은 사회 개개인의 인격의 고양은 물론 가정 및 사회윤리의 원만한 실천을 함의하고 있는 윤리, 도덕적 가치실현의 매개체가 된다. 그렇기 때문에 삼학은 다양한 사람들의 현실 생활 속에서 그 수행과 실천이 수반되며 생활 종교로서의 원불교적 가치관 형성의 원천이 된다.

결국 삼학은 현재의 인간의 삶 속에서 인격도야를 통하여 도덕 및 윤리적으로 완벽한 사회적 인격체를 구현함에 그 실천의 본의가 있다. 소태산이 원불교 효사상 실천의 구체적 조목인 부모 보은의 조목에서 "공부의 요도인 삼학팔조를 빠짐없이 밟으라"[109] 라고 밝힌 이유도 여기에 있다고 본다. 삼학은 인간 생활을 떠나지 않는 인격 수련이며 윤리 지향의 수행이다. 따라서 원불교 삼학은 윤리와 도덕적 바탕이 된다. 그러므로 우리는 삼학수행으로 부처가 되는 삶[110]을

---

109 『정전』, 「제2 교의편」 제2장 사은, 제2절 부모은, p.32.
110 Jang Eung-Cheol, The Moon of the Mind Rises in Empty Space, Seoul Selection, 2011, p.114.

지향하여 그것이 원불교 효사상 실천의 정로임을 알아야 한다.

이렇게 전인적 인격을 지향하는 삼학을 통해 형성된 완벽한 사회적 인격체는 삼학 수행의 결과인 삼대력을 갖춘 인격이라 할 수 있다. 삼대력을 구비한 사람은 비로소 인격의 완성을 보게 된다. 그것은 인류에 대한 한 인간으로서 개개인이 인간성을 잃지 않고 새로운 이상향의 세상을 열어 가는 밑거름[111]이 되며 은혜의 세상에 대한 보은행이 되는 것이다.

우리가 삼학으로 심신을 완전무결하게 사용[112]할 때 낙원세상이 된다. 곧 정신수양의 결과로 수양력을 얻고, 사리연구의 결과로 연구력을 얻으며, 작업취사의 결과로 취사력을 얻은 완성된 인격체들이 만들어 가는 효도세상이 구현된다. 이처럼 삼학 수행을 통해서 완성된 인격을 겸비하고 인간성을 북돋아 가는 세상을 지향하는 삶이 큰 효[113]가 된다. 특히 마음의 여유와 신중한 판단의 겨를이 부족한 상황아래 성과만을 요구하는 현대사회에 있어서 삼학 수행은 원만한 인성 형성에 가교가 된다고 볼 수 있다. 결론적으로 원불교적 효는 삼학 수행에서부터 시작된다고 보아야 한다.

---

111 버어트란드 러셀 저, 최혁순 역, 『무엇을 위해 살 것인가』, 문예출판사, 1978, p.256.
112 Ibid, The Moon of the Mind Rises in Empty Space, p.115.
113 원불교는 성불제중(成佛濟衆)을 목표로 한다. 성불제중의 구체적 방법은 삼학과 사은의 공부와 실천에 있다. 삼학 수행의 과정을 철저히 밟아서 법위등급을 잘 밟아 가면 부모 보은의 첫 번째 조항을 실현하게 되어 부모뿐만 아니라 온 세상 사람들에게 보은을 하는 대효의 주체자가 된다. 삼학의 정신수양을 예로 들면 정신수양이란 수행자체가 성불제중으로 가는 것이고 성불제중은 효의 모든 면을 총합하여 큰 효를 달성하는 것이다.

2) 삼대력과 전인적 인격

인간의 모든 행동과 그 결과는 사람들이 각기 소유하고 있는 한마음[114]에서 비롯된다. 원불교 효사상 실천의 단초가 되는 마음공부는 정신수양에서부터 시작된다. 소태산은 정신수양의 요지를 "정신이라 함은 마음이 두렷하고 고요하여 분별성과 주착심이 없는 경지를 이름이요, 수양이라 함은 안으로 분별성과 주착심을 없이 하며 밖으로 산란하게 하는 경계에 끌리지 아니하며 두렷하고 고요한 정신을 양성함을 이름이니라."[115]라고 밝히고 있다. 이와 같이 우리의 온전한 정신을 양성하는 것이 정신수양인데, 이러한 정신수양 공부를 오래오래 계속하면 정신이 철석같이 견고하여 천만경계를 응용할 때에 마음에 자주의 힘이 생겨 결국 수양력을 얻게 된다.

다음으로 사리연구는 모든 일의 분석과 판단에 있어서 막힘없는

---

114 정산은 "사람이 육신이 병들지언정 근본 마음은 병이 없나니, 그 병듦이 없는 마음으로써 육신을 치료하면 육신이 따라서 건강을 얻을 수 있다(『정산종사법어 : 제2부 법어』,「제8 응기편」 59, p.904)."고 밝히며 마음을 찾는 공부에 주력하기를 부촉하였다. / 『중용(中庸)』: "喜怒哀樂之未發謂之中 發而皆中節 謂之和 : 희로애락이 미처 드러나지 않은 것을 중(中)이라 하고 드러나되 모두 절도에 맞는 것을 화(和)라 한다."(「天人論」,「中庸」,『합본4서3경』, 양우당, 1980, p.52). 원래 자기 마음을 다스릴 줄 아는 것이 아니라 항상 희로애락의 마음을 경계하고 반성함으로써 얻게 되는 것이다. 그러므로 마음의 본성은 인간 스스로 찾아 나가야 한다. /"노하기를 더디하는 자는 용사보다 낫고 자기의 마음을 다스리는 자는 성을 빼앗는 자보다 나으니라."(『구약성경』,「잠언」 16:32, p.927). / 장준하는 『민족주의자의 길』에서 '정신의 무기고'와 '국민의 정신무장'을 강조하였다(장준하, 『민족주의자의 길』, 사상계, 1985, pp.128-129). '정신의 무기고'란 어떤 상황에도 정의롭게 취사하는 마음의 힘을 말하며 '국민의 정신무장'은 기필코 정의를 수호하겠다는 의지로 온 국민이 정신의 힘을 길러야 함을 의미한다.

115 『정전』,「제2 교의편」제4장 삼학, 제1절 정신 수양, 1. 정신 수양의 요지, p.46.

지혜력 증진의 바탕이 된다. 소태산은 사리연구의 요지에서 "사(事)라 함은 인간의 시·비·이·해(是非利害)를 이름이요, 이(理)라 함은 곧 천조(天造)의 대소유무(大小有無)를 이름이니, 대(大)라 함은 우주만유의 본체를 이름이요, 소(小)라 함은 만상이 형형색색으로 구별되어 있음을 이름이요, 유무라 함은 천지의 춘·하·추·동 사시순환과, 풍·운·우·로·상·설(風雲雨露霜雪)과 만물의 생·로·병·사와, 흥·망·성·쇠의 변태를 이름이며, 연구라 함은 사리를 연마하고 궁구함을 이름"[116]이라고 그 핵심을 밝혔다. 사리연구는 인간의 시·비·이·해와 천조의 대소유무를 연마하고 궁구하는 공부인데, 이러한 사리연구 공부를 오래오래 계속하면 천만사리를 분석하고 판단하는 데 걸림 없이 아는 지혜의 힘이 생겨 결국 연구력을 얻게 된다.

마지막으로 작업취사는 정의와 불의를 각각 취하고 버릴 수 있는 대실천력을 지향한다. 소태산은 작업취사의 요지에서 "작업이라 함은 무슨 일에나 안·이·비·설·신·의 육근을 작용함을 이름이요, 취사라 함은 정의는 취하고 불의는 버림을 이름이니라."[117]라고 밝히고 있다. 작업취사는 안·이·비·설·신·의 육근을 작용할 때에 정의는 취하고 불의는 버리는 공부인데, 이러한 작업취사 공부를 오래오래 계속하면, 모든 일을 응용할 때에 정의는 용맹 있게 취하고, 불의는 용맹 있게 버리는 실행의 힘을 얻어 결국 취사력을 얻게 된다.

소태산이 밝힌 일원상은 우주의 궁극적 진리로서 인간이 지향하는 최고의 인격표준이므로 인간은 삼학을 통하여 그 진리와 합일된

---

116 『정전』, 「제2 교의편」 제4장 삼학, 제2절 사리 연구, 1. 사리 연구의 요지, pp.47-48.
117 『정전』, 「제2 교의편」 제4장 삼학, 제3절 작업 취사, 1. 작업 취사의 요지, p.49.

전인적 인격을 이룰 수 있다.[118] 그러므로 인간이 목표로 하는 전인적 인격은 효행실천의 바탕이 되며 삼학의 실천을 통한 삼대력의 증진에 의해서 완성된다. 삼대력은 정신수양, 사리연구, 작업취사를 말한다. 이는 일원상 진리의 원만구족하고 지공무사한 성품을 깨치고 양성하고 사용하는 수행방법이다.

일반적으로 정신수양은 두렷하고 고요한 성품을 체득해서 일심정력을 얻는 것이며, 사리연구는 대소유무와 시비이해의 본래 밝은 성품을 깨쳐서 이치에도 걸림이 없고 일에도 막힘이 없는 연구력을 얻는 것이며, 작업취사는 지공무사한 성품에 바탕해서 정의를 죽기로써 실행하는 취사력을 얻는 것을 말한다.[119] 정신을 수양하고 사리를 연구하며 정의[120]를 실행하는 것은 본래의 성품을 찾아서 인간으

---

118 백준흠, 「원불교의 도덕관」, 원광대학교 종교문제연구소, 『한국종교』 제20집, 동남풍, 1995, p.99.

119 한종만, 「원불교의 삼학 수행과 고락의 문제」, 『원불교사상』 제17·18집, 원불교사상연구원, 1994, p.365.

120 『정의론』을 저술한 존 롤즈와 『정의란 무엇인가』를 저술한 마이클 샌델의 정의관을 다음과 같이 비교해본다. 더불어 소태산이 밝힌 정의관을 함께 비교해보면 세상에서 회자되는 정의에 관하여 알 수 있다. "사상 체계의 제1덕목을 진리라고 한다면 정의는 사회 제도의 제1덕목이다. 이론이 아무리 정치(精緻)하고 간명하다 할지라도 그것이 진리가 아니라면 배척되거나 수정되어야 하듯이 법이나 제도가 아무리 효율적이고 정연하다 할지라도 그것이 정당하지 못하면 개선되거나 폐기되어야 한다."(존 롤즈(John Rawls) 저, 황경식 역, 『정의론』, 이학사, 2005, p.36). / 마이클 샌델(Michael J.Sandel)은 정의를 이해하는 세 가지 방식을 논점으로 제시한다. 첫째는 행복의 극대화이고, 둘째는 정의를 자유와 연관 지어 개인의 권리 존중을 강조한 이론이며, 셋째는 정의가 미덕 그리고 좋은 삶과 밀접히 연관된다고 보는 이론이다(마이클 샌델 저, 이창신 역, 『정의란 무엇인가』, 김영사, 2010, pp.33-35 참조). 소태산이 밝힌 정의의 기준으로 위 논점을 조명해 보면 행복과 자유, 미덕과 좋은 삶은 사욕을 초월한 공익의 차원에서 의미부여가 된다고 할 수 있으며, 원불교 효사상의 차원에서는 정의가 미덕과 좋은 삶의 차원에서 논의된다는 것은 효의 본질을 보다 심화시킬 수 있는 논제라 본다.

로서의 도리를 다하자는 것이다. 그것은 끊임없이 변화하는 우리의 마음을 잘 다스려 어떤 일에도 제한이 없이 실천함을 말한다. 삼대력의 조화야말로 전인적 인격형성의 핵심요체이다.

전인적 인격을 가늠하는데 있어서 인식과 실천이 전제되지 않을 수 없음에 비추어 볼 때 부모 보은의 조목에 대한 효의 실천은 매우 중요한 요소임에 틀림없다. 첨언하면, 원불교 효사상의 실현을 위해서 마음의 자주력과 함께 정확한 분석과 판단을 통한 막힘없는 지혜가 분출되어야 한다. 이어서 원불교 효사상의 실천이라는 정의의 실현[121]이 발현될 때 삼대력이 완성되며 전인적 인격의 초석이 된다.

3) 삼학병진과 효

인간은 은혜의 대상에 대하여 보은해야 한다는 마음과 함께 그것을 실천하고자 노력해야 한다. 삼학의 병진은 원불교 효사상의 실천을 위한 전인적 인격형성의 방법론이다. 소태산은 삼학이 비록 과목은 다르나 "실지로 공부를 해 나가는 데에는 서로 떠날 수 없는 연관이 있어서 마치 쇠스랑의 세 발과도 같나니, (……) 그러므로 삼학을 병진하는 것은 서로 그 힘을 어울려 공부를 지체없이 전진하게 하자는 것"[122]이라며 삼학의 병진을 강조하였다.

---

121 사회정의의 실현이 어려운 것은 무엇이 사회정의인지 몰라서가 아니라 양심이 옳다고 판단하는 바를 따라서 실천하는 일이 어렵기 때문이다(김태길, 「사회정의, 그 이념과 현실」, 크리스챤 아카데미 편저, 『정의의 철학』, 영학출판사, 1984, p.27). 효의 문제도 인간이라면 실천해야 할 당위적 규범이지만 양심의 판단에 따른 자연스런 실천이 뒷받침되지 못하고 있는 사회적 현실이 문제이다.

소태산이 밝힌 삼학의 병진은 어느 한편에 치우침이 없고 편벽됨이 없는 인격의 완성을 목표로 한다. 그래서 수양을 한다 해도 연구와 취사가 함께 해야 하며 연구를 하는 과정에도 수양과 취사가 병행되어야 한다. 취사를 함에 있어서도 수양과 연구의 뒷받침이 있어야 한다. 인간이 편벽된 마음과 행동으로 사람으로서의 역할을 다할 수 없다. 더구나 소태산은 유가에서의 효는 백행의 근본임을 인용하면서 효행실천을 강조하였다. 삼학병진을 통한 원만한 인격의 구비가 결국은 전인적 인격의 완성이며 효행의 표준이 된다. 그러므로 삼학의 균형 있는 공부방법이 요청된다.

삼학을 공부하여 나아갈 때에는 편의상 각 분야로 제시되어 있기도 하나 실제로 쓰임에 있어서는 한가지로 쓰인다. 예를 들면 수양을 할 때에는 연구와 취사의 보조를 받아 더욱 수양을 잘 할 수 있게 되며, 연구를 할 때에도 수양을 기반으로 하여 취사해 가면서 연구를 하게 되며, 취사를 할 때에도 수양에 근거하여 연구의 힘을 얻어 취사하게 된다. 또한 이렇게 되어야만 각각을 잘 활용할 수 있게 되며 일마다 바르게 행할 수 있는 것이다. 이것이 곧 삼학병진이다. 이 삼학병진 공부는 동정이나 처소에 구애될 수가 없다.[123]

오늘날 물질문명의 발달로 야기된 정신의 쇠약 즉 윤리, 도덕적인 타락의 현실을 극복할 수 있는 바탕을 삼학의 실천에서부터 조성해야 한다. 현대사회에서 인간은 많은 문제 속에 살아가고 있다. 그중에서도 가정과 사회에서 야기되는 문제 중 가장 부각되는 것이 바로

---

122 『대종경』, 「제2 교의품」 21, pp.124-125.
123 김영두, 「원불교 선사상의 연구」, 원광대학교 박사학위논문, 1990, p.143.

윤리와 도덕성의 문제이다.

소태산은 윤리와 도덕성 회복의 길을 삼학을 병진하는 데에서 주 문하고 있다. 심신을 원만하게 수호하고, 사리를 원만하게 알며, 심 신을 원만하게 사용[124]하는 삼학병진이야말로 도덕적 인간, 윤리적 인격체의 형성을 위한 필요충분조건이 된다.

어른을 공경하고 모시는 마음이 없이 부처를 발견한다는 것은 불 가능하다. 따라서 효행 실천은 참마음 발견을 위한 바탕이 되어야 하며 삼학의 실천으로부터 발현될 수 있다. 더욱이 원불교 효사상의 실천에 있어서도 효는 모든 행실의 근본이 되어 인간행동의 사표가 되기 때문에 소태산이 밝힌 삼학의 병진이야말로 효사상 실천의 든 든한 버팀목이라 할 수 있다. 삼학의 실천은 전인적 인격 형성을 목 적으로 하기 때문이다. 결국 삼학의 병진은 원불교적 효실천의 진수 라고 말할 수 있다.

4) 팔조와 효

지금까지 원불교 수행의 방법으로 삼학에서의 원불교 효사상을 살펴보았다. 이제는 원불교 효사상의 실천을 위한 삼학의 수행을 통 하여 효행 실천을 촉진시켜 주는 진행사조와 방해하는 장벽인 사연 사조, 즉 팔조(八條)에 대하여 알아보기로 한다.

먼저 진행사조[125]는 신과 분과 의와 성으로 구성되어 있다. 신(信)

---

124 『정전』, 「제2 교의편」 제1장 일원상, 제4절 일원상 서원문, pp.24-25.
125 『정전』, 「제2 교의편」 제5장 팔조, 제1절 진행 사조, pp.50-51.

은 믿음이며 만사를 이루려 할 때에 마음을 정하는 원동력(原動力)이다. 분(忿)은 용장한 전진심으로 만사를 이루려 할 때에 권면하고 촉진하는 원동력이다. 의(疑)는 일과 이치에 모르는 것을 발견하여 알고자 하는 것이며 만사를 이루려 할 때에 모르는 것을 알아내는 원동력이다. 성(誠)은 간단없는 마음이며 만사를 이루려 할 때에 그 목적을 달하게 하는 원동력이다.

다음으로 사연사조[126]는 불신과 탐욕과 나와 우로 구성되어 있다. 불신(不信)은 신의 반대로 믿지 아니하는 것이며 만사를 이루려 할 때에 결정을 얻지 못하게 하는 것이다. 탐욕(貪慾)은 모든 일을 상도에 벗어나서 과히 취함을 이름이며, 나(懶)는 만사를 이루려 할 때에 하기 싫어함을 의미한다. 우(愚)는 대소 유무와 시비 이해를 전혀 알지 못하고 자행 자지함을 이름이다.

진행사조와 사연사조는 삼학 수행과 밀접한 관계가 있다. 진행사조는 삼대력을 증장(增長)시키는 저력이다. 반면에 사연사조는 삼학 공부를 방해하는 힘으로 진행사조와 반대의 역할을 한다. 삼학이 수행자가 가야 할 길이고 수레라면, 진행사조는 동력이며, 사연사조는 그 동력을 방해하는 장벽[127]이다. 작업취사의 기준에서 진행사조는 정의로 구분하여 반드시 취해야 하며, 사연사조는 불의로 구분해서 반드시 버려야 할 것이다. 그러므로 원불교 효사상의 관점에서 보면 진행사조는 효의 실천[128]이고 사연사조는 불효로 봐야 한다.

---

126 『정전』, 「제2 교의편」 제5장 팔조, 제2절 사연 사조, pp.51-52.
127 신도형, 앞의 책, 『교전공부』, pp.198-199.
128 진리적인 차원에서 신, 분, 의, 성은 개인이 대효를 실현하기 위한 인격완성의 중요

한편 진행사조는 삼학 수행의 보조과목으로 한정된 것이 아니라 그 자체가 독립된 수행 방법론임을 알 수 있다. 그리고 사연사조도 부분적으로는 진행사조와 배대하여 연관성을 가진 면이 있지만 역시 수행에 있어 금기 조건으로 독립성을 가진 교리이다. 이렇게 해서 팔조는 근원적 진리인 일원상 진리를 정점으로 진리적 종교의 신앙과 사실적 도덕의 훈련을 뒷받침하는 수행의 과목이며, 동시에 인생의 요도인 사은 보은과 사요 실현으로 적극 이끌어 주는 역할[129]을 하며 완성된 인격 형성의 매개체 역할을 한다.

진행사조를 실천하면 사연사조는 자연스럽게 없어지며 사연사조를 제거하면 진행사조는 힘을 얻어 삼학 수행으로 이어진다. 따라서 진행사조는 삼학 수행의 효과적 달성을 위해 증진시켜야 할 것이고 사연사조는 반드시 버려야 할 것이다. 이것을 바탕으로 사은에 대한 보은과 사요의 실현이 발현된다. 이처럼 팔조가 사은 보은과 사요 실현으로 적극 이끌어 주는 역할을 하기 때문에 팔조의 수행은 원불교 효사상의 실천을 위한 덕목이라 할 수 있다.

종합하여 정리하면 인생의 요도와 공부의 요도는 병든 세상, 즉 보은의 도를 행하지 않으므로 윤리, 도덕적으로 타락하게 되며 불효로 인하여 인심이 땅에 떨어진 세상을 치료해 낼 수 있는 약재와 의술이다. 인생의 요도 사은사요와 공부의 요도 삼학팔조는 의사가 환자를 치료하는 의술이요 약재[130]에 해당한다. 아무리 좋은 의술이라

한 요소이므로 진행 사조의 적극적인 실천은 진정한 의미의 효를 실현하는 것이다.
129 박상권, 「팔조에 대한 연구」, 『원불교사상』 제26집, 원불교사상연구원, 2002, p.20.
130 『정전』, 「제2 교의편」 제6장 인생의 요도와 공부의 요도, p.52.

도 환자를 치료할 수 있는 좋은 약이 있어야 한다. 또한 좋은 약은 있어도 의사의 적절한 처방이 없다면 환자는 치유될 수 없다. 의술과 약재는 환자에게 절대 필요한 것이다.

첨언하면 정산은 보은행이 없는 세상을 병든 세상이라 하였다. 즉, 효가 실천되지 않는 세상은 치료가 필요하다는 점을 강조한 것이다. 따라서 소태산은 병든 세상의 치유를 위한 약재와 의술로 인생의 요도 사은사요와 공부의 요도 삼학팔조를 밝힌 것이다. 정산이 본 병든 세상은 소태산의 인생의 요도와 공부의 요도라는 약재와 의술로 치유될 수 있는 것이다. 따라서 이것들은 병든 세상을 치료하여 효도 세상으로 거듭나게 하는 명의와 명약인 것이다. 참고로 '소태산의 효'를 사은 중 '부모은'을 토대로 하여 〈표 2〉 소태산의 효'로 정리하였다.

〈표 2〉 소태산의 효

분류	핵심내용	세부내용
효의 실천 주체	보은 불공행	자력자 또는 힘 미치는 사람이면 효의 실천 주체가 되어야 한다.
효의 실천 객체	피은의 대상	무자력자는 모두 힘 미치는 해당 자력자에게 도움을 받을 수 있다.
효의 강령	부모 피은의 강령	1. 마땅히 부모가 아니어도 이 몸을 세상에 나타내게 되었겠는가? 2. 자력(自力) 없는 몸으로서 저절로 장양될 수 있었을 것인가? 3. 부모가 아니면 이 몸을 나타내지 못하고 장양되지 못한다면 그 같이 큰 은혜가 또 어디 있겠는가!

분류	핵심내용	세부내용
효의 강령	부모 보은의 강령	무자력할 때에 피은된 도를 보아서 힘 미치는 대로[131] 무자력한 사람에게 보호를 줄 것
효실천 방법론	부모 피은의 조목	1. 부모가 있으므로 만사 만리의 근본되는 이 몸[132]을 얻게 됨. 2. 모든 사랑을 이에 다 하사 온갖 수고를 잊으시고 자력을 얻을 때까지 양육하고 보호하여 주심. 3. 사람의 의무와 책임을 가르쳐 인류 사회로 지도하심.
	부모 보은의 조목	1. 공부의 요도(要道) 삼학 · 팔조와 인생의 요도 사은 · 사요를 빠짐 없이 밟을 것. 2. 부모가 무자력할 경우에는 힘 미치는 대로 심지(心志)의 안락과 육체의 봉양을 드릴 것. 3. 부모가 생존하시거나 열반(涅槃)하신 후나 힘 미치는 대로 무자력한 타인의 부모라도 내 부모와 같이 보호할 것. 4. 부모가 열반하신 후에는 역사와 영상을 봉안하여 길이 기념할 것.
효의 실천 결과	부모 보은의 결과	1. 세상은 자연히 나를 위하고 귀히 알 것임. 2. 나의 자손도 나의 보은하는 도를 본받아 나에게 효성할 것임. 3. 무자력한 사람들을 보호한 결과 세세생생 거래 간에 혹 나의 무자력한 때가 있다 할지라도 항상 중인의 도움을 받을 것임.

---

131 소태산이 밝힌 효 실천의 주체는 '힘 미치는 사람' 이다. '힘 미치는 사람' 이란 어떤 상황에 있는 사람일지라도 자신이 당한 처지에 따라 효를 실천할 수 있는 주체를 의미 한다고 본다. 아직 태어나지 못한 태아에서부터 노인에 이르기까지 생명이 있는 한 보은할 수 있다는 점을 밝혀준 것으로 본다. 이렇듯 소태산은 효 실천의 주체를 국한 없이 확장시킨 점에 주목하지 않을 수 없다.

132 논자는 여기서의 '몸'의 의미가 우주보다 귀한 '생명'을 의미한다고 보며 사람의 몸은 소우주라 할 정도로 소중함을 소태산은 '만사 만리의 근본'이라고 밝혔다고

분류	핵심내용	세부내용
불효의 내용	부모 배은	1. 부모에 대한 피은·보은·배은을 알지 못하는 것. 2. 설사 안다 할지라도 보은의 실행이 없는 것.
불효의 결과	부모 배은의 결과	1. 세상은 자연히 나를 미워하고 배척할 것. 2. 제가 낳은 제 자손도 그것을 본받아 직접 앙화를 끼칠 것임. 3. 나의 무자력한 때가 있다 할지라도 항상 중인의 버림을 받을 것.

본다. 유교의 『孝經』 제1장에서도 몸과 생명의 소중함을 밝히며 신체발부(身體髮膚), 즉 우리 몸과 생명을 건강히 잘 보존하는 것(不敢毁傷)이 효의 시작이라고 하였고 기독교의 『聖經』에서도 사람의 몸을 성전(聖殿)이라고 밝혔다.

04
원불교 예법과 효

○

1) 원불교 예법 수용의 의의

원불교는 유교 사상 가운데 예법을 적극적으로 수용하였다. 원불교에서 유교 사상, 그중에서도 특히 예법을 중시하고 이를 적극적으로 받아들인 이유는 영육쌍전과 물질개벽의 이념에서 나타나듯이 이중적 가치를 동시에 추구[133]하는데 있으며 원불교적 효의 구체적 실현에 있다.

---

133 정순일, 「원불교의 삼교원융사상」 I, 『원불교사상』 제17·18집, 원불교사상연구원, 1994, p.557.

『예전』총서편을 보면 "사람으로서 만일 예가 없고 보면 최령의 가치를 이루지 못할 것이며, 뿐만 아니라 공중도덕과 사회질서를 유지하기 어려울 것이니, 예법을 정하는 것이 우리 인류 생활에 어찌 중요한 일이 아니리요."[134]라고 밝혔다.

『예전』통례편 총설을 보면 "사람이 세상에 살자면 반드시 예가 있어야 하나니, 만일 이 예를 알지 못하고 모든 동작을 매양 절차에 맞추지 아니하면 비록 자기의 몸을 자기가 사용할지라도 상대편에서는 이를 시비하며 세상은 자연히 질서가 문란하게 될지라, 그러므로, 어느 처소 어느 경우를 막론하고 예는 가히 잠깐도 떠나지 못할 것이니라."[135]라고 예법의 필요성을 밝히고 있다.

예를 지킴으로써 인간이 지닌 최령의 가치 즉 자아완성의 길로 나아갈 수 있다는 관점이다. 형식을 통해서 내용의 완성을 기할 수 있다는 것이다. 또한 공중도덕과 사회질서를 유지하는 데 필요하다는 관점[136]이다. 이러한 예법의 필요성을 기저로 하여 원불교 의례는 실행되고 있으며, 그 변천 과정을 간단히 살펴보면 다음과 같다.

소태산은 당시의 예법이 너무 번거하여 사람들의 생활에 많은 구속을 주고, 경제 방면에도 공연한 허비를 내어 사회의 발전에 장해가 있음을 개탄하면서 1926년(원기 11년) 2월에 허례를 폐지하고 예(禮)의 근본정신을 드러내고자 신정의례를 발표[137]하였다. 그로부터 9년

---

134 『예전』, 「총서편」, 원불교정화사 편, 『원불교전서』, 원불교출판사, 1992, p.553.

135 『예전』, 「제1 통례편」 제1장 총설, p.556.

136 정순일, 위의 논문, 「원불교의 삼교원융사상」 I, p.569.

137 『원불교교사』, 「제2편 회상의 창립」 제2장 새 제도의 마련, 3. 의례제도의 개혁과 4기념례, p.1077. 신정의례는 원불교 예법혁신 운동의 효시라 할 수 있다.

후인 1935년(원기 20년)에 『예전』을 편찬 발행하였으며 그 후로 더욱
수정 보완하여 1968년(원기 53년)에 다시 발행하였다.

원불교 예법은 소태산이 밝힌 "그대들은 마땅히 불법을 활용하여
생활의 향상을 도모할지언정 불법에 사로잡힌 바 되어 일생을 헛되
이 지내지 말라."[138]라는 원불교 교법의 특징을 실제로 일용의 범절
로 생활화하는 것이며 일상생활에서 실천되는 평범한 도를 통한 진
리의 실현을 드러내는 것으로 볼 수 있다.[139] 이처럼 원불교 예법은
불법과 생활과의 일체감을 우선으로 하여 실제 생활의 발전과 향상
을 도모한다.

따라서 그 내용은 사회생활 속에서 인간과 인간과의 관계를 원만
히 유지하고 발전시키기 위해 필요한 문제를 예의규범으로 정한 통
례편, 도덕과 효사상의 가장 기초적인 실천의 바탕인 가정생활에 있
어서 출생으로부터 성년·결혼·회갑·상장(喪葬)·제사에 이르기까지
인간 일생의 예법을 규정한 가례편, 원불교 교단에서 각종 종교의식
을 행하는 규범을 정한 교례편으로 구성되어 있다. 원불교의 모든
예법이나 예식 행사는 이 예전에 근거하여 행하게 되며 과거의 번잡
한 형식을 개선하여 우리의 전통 의례를 법고창신(法古創新)의 정신으
로 바루어 놓은 것이다.

---

138 『대종경』, 「제3 수행품」 51, p.173.
139 이성전, 「원불교 윤리관」, 『원불교사상시론』 제3집, 수위단회사무처, 1998, p.262.

2) 원불교 의례의 특징

원불교 의례에는 그 바탕에 공경의 근본정신이 흐르고 있다. 공경심은 동·서양의 윤리에 있어서 중핵적 가치이다. 특히 동양의 전통윤리에 있어서 공경은 예의 근본정신으로 자리하고 있다. 더불어 원불교 효사상을 실천하는 행동의 요체로 자리하고 있다. 원불교『예전』에서는 예의 근본정신을 여기에 두고 있다. 소태산은 "예의 근본이란 무엇인가. 첫째는 널리 공경함이니 천만 사물을 대할 때에 항상 공경 일념을 잃지 않는 것이요, 둘째는 매양 겸양함이니 천만 사물을 대할 때에 항상 나를 낮추고 상대편을 높이는 정신을 잃지 않는 것이요, 셋째는 계교하지 않음이니 천만 예법을 행할 때에 항상 내가 실례함이 없는가 살피고 상대편의 실례에 계교하지 않는 정신을 가지는 것."[140]이라고 예의 근본정신을 밝혔다. 그는 예의 근본을 공경심과 함께 겸양과 무계교(계교하지 않음)로 밝혔다.

이와 같이 예전에서는 기본적인 예의 정신인 '공경심' 이외에 '겸양'과 '계교하지 않음'을 들고 있다. 정산은 "예의 근본정신은 공경이요, 우리 예전의 요지는 널리 공경하고 공을 존숭(尊崇)하자는 데 있나니라."[141]라고 밝히고 있다. 공경은 소태산과 정산이 공통적으로 밝힌 예의 근본정신으로 현실세계에서도 동·서양을 막론하고 두루 통용되는 원리이다. 따라서 원불교 효사상의 실천에 있어서도 예의 근본정신인 공경심이 결여된다면 진정한 효라 할 수 없다. 왜냐하면

---

140 『예전』, 「총서편」, p.554.
141 『정산종사법어 : 제2부 법어』, 「제2 예도편」 1, p.768.

공경은 '무자력자 보호'라는 원불교적 효의 실천에 있어서 중요한 요소이기 때문이다.

　예의 실천에 있어서 이러한 공경의 근본정신은 어느 시대 어느 장소를 물론하고 동일하게 적용되어야 하지만, 예의 형식은 때와 장소에 따라 변화가 필요하다. 정산은 "예(禮)를 밝히는 데 있어서 만고(萬古)에 바꾸지 아니할 예의 체(體)[142]가 있고 수시로 변역(變易)할 예(禮)의 용(用)이 있나니 예의 체를 바꾸면 그 법(法)이 서지 못하고 예의 용을 수시로 변역(變易)할 줄 모르면 그 법이 쓰이지 못하나니라."[143]라고 하였다. 여기에서 예의 체는 공경심으로 이해해야 하고 예의 용은 그것을 바탕으로 하여 현실적으로 변역 활용하여 사용하는 데 있다. 예의 근본인 차별법이 없는 체(體)의 자리는 곧 마음에 있어서는 공경 일념의 자리요, 원리적으로 보면 곧 진리와 하나인 자리이며, 차별법이 있는 용(用)의 자리란 현상 세계에서 일에 따라 법도 있게 활용함을 가리킴이니 그 근본은 같은 자리지만 현실적으로는 다양하게 구분되어 적극 활용되어야 할 묘용(妙用)의 자리인 것이다.

　『예전』 총서편에 보면 "예의는 상하 계급의 차별법을 많이 사용하는지라, 무슨 방면으로든지 차별법만 잘 밝히면 이를 예의의 정체(正體)로 알기 쉬우나, 원리에 있어서는 외경에 나타나기 전에 먼저 마음을 찾고, 차별법이 없는 자리에 주(住)하여 다시 차별법을 쓰는 것

---

142 여기에서 체(體)의 의미는 자타평등의 원리이며 공경심이 바탕이 된다. 그래야 처처불상 사사불공이 실현되며 그 결과로 나오는 공경심이 용(用)이 된다. 공경심의 체는 자타평등이고 여기에서 나오는 공경심 자체가 용이다. 결론적으로 체와 용은 분리하여 생각할 수 없는 경지라 할 수 있다.
143 『정산종사법어 : 제2부 법어』, 「제2 예도편」 1, p.768.

이 곧 예의의 전체를 닦는 것이며, 예의의 전체를 닦은 후에야 모든 예법이 다 본원에 돌아와서 천만 작용을 할지라도 지엽에 흐르는 폐단이 없을 것이니, 예를 공부하는 이가 마땅히 이에 크게 힘쓸 것이니라."[144]라고 밝히고 있다.

그러므로 이 양면을 알아야 비로소 예의 전체를 닦는 것이라 했으니 이러한 예의 원리에서 불공과 수행의 정신과 상통되는 원리를 찾아볼 수 있다.[145] 이와 같이 원불교 의례는 공경심을 만고에 바꾸지 아니할 예의 체로 삼고, 때와 장소에 따라 예의 용을 수시로 변역한다. 이는 차별법이 없는 공경의 자리에 주(住)하여 다시 차별법을 쓰는 것으로 여기에 원불교 의례의 생활 혁신적 성격이 또한 들어 있다. 원불교 의례의 생활 혁신적 성격은 원불교 예법의 특징이라 할 수 있으며, 이러한 원불교 예법의 특징[146]을 구체적으로 보면 시대성, 생활성, 실질성, 공익성, 원만종합성[147]으로 대별된다.

---

144 『예전』, 「총서편」, p.554.

145 김영두, 「혁신예법과 새 생활운동」, 『원불교 70년 정신사』, 원불교출판사, 1989, p.185.

146 "원불교 예법의 특징을 한정석은 그의 논문 「원불교 예법의 특징」에서 시대성, 실질성, 생활성으로 구분하여 설명하고 또한 그 제정과 실천의 기본정신을 중도성, 공익성, 평등성, 내실성으로 구분하여 원불교 예법이 갖는 기본정신과 특징을 정리하고 있다. 한편 김영두는 원불교 예법의 특징을 「원불교 혁신 예법의 특징」에 관한 논문에서 시대성, 대중성, 중도실천성, 근본정신성, 공익성, 원만종합성으로 요약한다. 김성장은 원불교 의례에 관한 그의 논문 「원불교 의례의 특징」에서 그 특징을 근본정신은 더욱 드러내고 형식은 간소화함과 절약한 비용을 헌공함으로써 공익정신을 선양하고 인연 작복을 잘함과 처처불상 사사불공(處處佛像 事事佛供)의 정신으로 보은불공하게 함을 들고 있다."(이성전, 앞의 논문, 「원불교 윤리관」, p.271).

147 김영두는 원불교 예법의 특징을 다음의 다섯 가지로 밝혔다. "첫째, 시대성을 말함은 원불교 예법의 제정동기(制定動機)와 그 특징이 한마디로 과거의 예법을 혁신하여 새로운 시대에 알맞은 예법을 제정하고 실천하게 하는 데 있기 때문이다. 둘

이러한 정신은 『대종경』 인도품 등에 소상히 밝혀져 있다. 즉, 관혼상제의 모든 의식에다 절약을 주로 함이 옳은지를 묻는 한 제자의 질문에 소태산이 답하기를 "모든 의식에 과도한 낭비는 다 삼갈 것이나, 공익사업에 헌공(獻貢)하는 바도 없이 한갓 인색한 마음으로 절약만 하는 것은 혁신 예법의 본의가 아니며 또한 같은 절약 가운데도 혼례(婚禮)는 새 생활의 비롯이니 절약을 주로 하여 생활의 근기를 세워 줌이 더욱 옳을 것이요, 장례(葬禮)는 일생의 마침이니 열반인의 공덕에 비추어 후인의 도리에 소홀함이 없게 하는 것이 또한 옳으리라."[148]라고 교시한 데서 혁신예법의 본의가 어디에 있는지를 파악할 수 있는 것이다. 여기에서 우리는 원불교 혁신예법이 관혼상제 등의 예법 실천에 있어서 중도 정신을 살려 적절한 예를 행하되 공익에 헌공하는 정신을 특히 강조하고 있음을 찾아 볼 수 있다.

정산도 "넉넉한 이는 그 한때의 소비를 절약하여 교화, 교육, 자선 등 공익사업에 이용한다면 이것은 참으로 영원한 기념이 되는 동시에 당인에게도 명복이 쌓이게 되고 사회에도 그만한 이익이 되지 않겠는가."[149]라고 밝혔다. 이를 통해서 공익사업의 정신과 결과를 알

째, 생활성을 말함은 현실생활 속에서의 실천성을 전제로 제정 제시되었다는 것이다. 셋째, 실질성을 말함은 과거 형식주의 예법 실천이나 과불급이 있기 쉬운 예법 생활을 벗어나서 예의 근본정신에 바탕하여 현실 속에서 자신의 형편에 알맞은 실천을 하자는 것이다. 넷째, 공익성을 말함은 원불교 예법의 정신이 절차나 형식이나 인사의 도리나 보본행에만 있지 아니하고 관혼상제 등의 의례를 행함에 있어서 전술한 바와 같이 실질적으로 간소하게 하되 소홀함이 없게 하고 가능한 한 절약된 금액을 사회 공익을 위해 쓰자는 데 있기 때문이다. 다섯째, 원만종합성은 원불교 예법이 통례편, 가례편, 교례편을 통해 개인, 가정, 교단의 예법을 두루 밝혔다는 점과 예의 체와 용을 밝힌 점에서 드러난다."(김영두, 「정산종사의 예사상」, 『원불교사상』 제15집, 원불교사상연구원, 1992, pp.287-290 참조).
148 『대종경』, 「제4 인도품」 50, p.212.

수 있는 것이며, 원불교에서 교단적으로 모든 의식을 통한 수입을
교화, 교육, 자선 등의 공익사업에 쓰도록 밝혀져 있는 것도 낙원세
상을 이룩하기 위한 방안이다.

원불교 예전은 예의 정의와 필요성과 번다한 예법 개혁의 필연성
등을 밝힌 후, 통례편에서는 일상생활 속에서의 예법을 여러 가지로
밝혔다. 또한 가례편에서는 가정의례로서 출생으로부터 제사에 이
르기까지 과거의 예법을 혁신하여 현실과 대중에게 적절하고 원만
하게 체계화시켰다. 마지막으로 교례편에서는 원불교 교단에서 행
하는 의례를 전체적으로 종합 정리해 놓았다.

또한 전체적으로는 예의 근본정신을 밝히고 이에 근거하여 적절
한 예의 작법을 과불급 없는 중도적으로 천명하고 제시하였으므로
원만하고도 종합적인 혁신예법이라고 할 수 있는 것이다. 과거의 예
법에서는 이러한 종합적인 성격을 찾아보기가 어려운 것이다.[150] 위
와 같은 원불교 예법의 특징은 과거의 번잡한 번문욕례(繁文縟禮)를 시
대적 현실에 맞게 개정한 혁신예법이라는 점을 전제로 현실생활과
시대에 맞게 대중화될 수 있도록 하는 데 그 중심이 있다.

3) 원불교 의례에 나타난 효사상

생활 혁신[151]으로서의 원불교 의례에 나타난 효사상은 여러 가지

---

149 『정산종사법어 : 제2부 법어』, 「제2 예도편」 5, p.770.
150 김영두, 앞의 논문, 「정산종사의 예사상」, pp.287-290.
151 생활혁신에 관한 소태산과 정산의 법문은 다음과 같다. "'관혼 상제의 모든 의식에

로 언급되어 있다. 원불교 효사상의 실천에 있어서 예의 근본정신인 공경심이 배어나지 않고는 진정한 효라 할 수 없을 것이다. 원불교 의례에는 이러한 예의 근본정신인 공경이 바탕에 깔려 있으므로 원불교 의례의 실천이 곧 효로 연결된다고 볼 수 있다. 한편, 효는 경(敬)의 어머니이고, 경은 효의 자녀이다. 그리고 경은 인격의 실체인 동시에 인(仁)이 마음에 발현된 상태이다. 성리학자(性理學者)들은 효를 통해서 자연스럽게 확충되는 경이 인격의 실체일 뿐만 아니라 인식의 근거가 된다고 하였다.[152] 따라서 공경, 즉 경을 강조하고 있는 원불교 예전의 방향은 효의 근본정신과 함께한다고 볼 수 있다.

그러므로 원불교 의례를 구성하는 통례와 가례와 교례의 실천은 모두 효로 연결된다고 할 수 있다. 그중에서도 가례는 특히 효의 실행이 직접적으로 나타나는 의례이다. 원불교 가례[153]는 출생, 성년, 혼인, 회갑, 상장, 재(齋), 제사 등의 의례가 있는데, 출생을 비롯한 대

다 절약을 위주함이 가하오리까.' 대종사 말씀하시었다. '모든 예식에 과도한 낭비는 삼갈 것이나, 공익 사업에 헌공하는 바도 없이 한갓 인색한 마음으로 절약만 하는 것은 혁신 예법의 본의가 아니며, 또한 같은 절약 가운데도 혼례는 새 생활의 비롯이니 절약을 주로하여 생활의 근거를 세워 줌이 더욱 옳을 것이요, 장례는 일생의 마침이니 열반인의 공덕에 비추어 후인의 도리에 소홀함이 없게 하는 것이 또한 옳으니라.'"(『원시반본장』 14. 이공전, 『대종경선외록』, 원불교출판사, 1985, pp.132-133). "모든 의식에 장엄과 음식을 성대히 차리는 것이 현장에서는 대단히 광채 나는 일이나 그것은 한때의 소비에 지나지 못하는 것이며, 또는 생활이 가난한 이는 그로 인하여 장래에 곤궁을 불러 들이는 수가 없지 않나니, (……) 그러므로 정도에 맞게 간소 절약하여 생활에 위협을 받지 않도록 하자는 것이요, 헌공금을 주례자가 개인 생활에 유용한다면 부처님을 빙자하여 사리를 취하는 데 불과하지마는 그것으로써 공익사업에 이용한다면 이른 바 자리이타요 끊임없는 공덕이 될 것이니라."(『정산종사법어 : 제2부 법어』, 「제2 예도편」, p.770).
152 이계학, 앞의 논문, 「교육방법론으로서의 효」, p.334.
153 『예전』, 「제2 가례편」, pp.603-627 참조.

부분의 가례는 부모 보은의 강령인 '무자력자 보호의 도'를 실현하는 의례로 볼 수 있다.

출생은 사람이 세상에 나오는 처음이므로 그 일생에 제일 중요한 시기이며, 가정과 사회에서는 후사(後事)를 맡길 새 주인을 맞이하는 것으로 인간에 더할 수 없는 큰일이다. 이러한 출생의 예는 태교의 법과 산모의 위생과 산아의 장래 혜복에 중점이 두어져 있어 세상에 처음 나오는 무자력한 아이를 잘 보호하도록 되어 있다.

회갑, 상장, 재 그리고 제사의 가례는 부모에 대한 직접적인 효의 표현이라 할 수 있다. 공자는『논어』위정편에서 효의 개념을 어기지 않는 것이라 하였다. 공자가 여기에서 밝힌 무위(無違)의 의미는 "부모가 생존시에는 예로써 섬기고, 돌아가시면 예로써 장사를 지내며, 예로써 제사를 모셔야 한다."[154]는 의미이다. 효도는 부모가 열반했다고 해서 끝나는 것이 아니기 때문에 부모의 생사에 관계없이 예로써 공경을 다하라는 공자의 가르침이 이 내용에 드러나 있음을 알 수 있다. 그런 의미에서 출생 후 60주년을 맞이하는 기념일인 회갑은 부모가 살아 있을 때에 예를 다하는 한 방편이다. 그리고 사람의 일생을 마치고 보내는 의식인, 상장과 열반인의 천도를 위하여 베푸는 법요 행사인 재는 부모가 열반하였을 때 예로써 장사 지내는 것이다. 또한 열반인에 대하여 추모의 정성을 바치는 제사는 예를 어기지 않고 예를 다하여 효를 실천하는 것이다.

특히 열반인의 천도를 위하여 베푸는 법요 행사인 재는 초재(初齋)

---

154 "孟懿子問孝. 子曰 : 無違. 樊遲御, 子告之曰 : 孟孫問孝於我, 我對曰, 無違. 樊遲曰, 何謂 也. 子曰, 生, 事之以禮, 死, 葬之以禮, 祭之以禮."(『論語』,「爲政」, p.93).

로부터 종재(終齋)에 이르기까지 7·7 헌재(獻齋)를 계속하게 하는데, 그 것은 열반인의 영식이 대개 약 7·7일 동안 중음(中陰)에 있다가 각기 업연을 따라 몸을 받게 되므로, 그동안에 자주 독경, 축원 등으로 청 정한 일념을 챙기게 하고 남은 착심을 녹이게 하며, 선도 수생의 인 연을 깊게 하는 동시에 헌공 등으로 영가의 명복을 증진하기 위함이 다. 소태산은 "사람이 행할 바 도가 많이 있으나 그것을 요약하면 생 과 사의 도(道)에 벗어나지 아니하나니, 살 때에 생의 도를 알지 못하 면 능히 생의 가치를 발하지 못할 것이요, 죽을 때에 사의 도를 알지 못하면 능히 악도를 면하기 어렵나니라."[155]고 하였는데, 재는 부모 가 돌아가신 후 죽음의 길을 바르게 인도하는 것이다.

소태산은 "천지에는 묘하게 서로 응하는 이치가 있나니, 사람이 땅에 곡식을 심고 비료를 주면 땅도 무정한 것이요, 곡식도 무정한 것이며, 비료도 또한 무정한 것이언마는, 그 곡출에 효과의 차를 내 나니, 무정한 곡식도 그러하거든 하물며 최령한 사람이 어찌 정성에 감응이 없으리요. (……) 이 감응되는 이치를 다시 말하자면 전기와 전기가 서로 통하는 것과 같다 하리라."[156]며 천도재나 열반 기념의 재식이 열반인에게 미치는 영향을 밝혔다. 열반인과 인연되는 모든 사람들이 정신·육신·물질로 정성을 모으면 서로의 기운이 응한다고 소태산은 밝혔다. 이것은 무형한 자산이 되어 열반인뿐만 아니라 천 도재에 참석한 모든 사람들이 복을 장만하는 길이 된다.

원불교에서는 소태산이 밝힌 천도재의 의미를 실천하기 위해 열

---

155 『대종경』, 「제9 천도품」 7, p.290.
156 『대종경』, 「제9 천도품」 29, p.299.

반 후 49일 동안 정성을 모은다. 열반인과 인연되는 모든 사람들이 천도재를 통하여 열반인의 후생길을 정로로 인도하여 천효(薦孝)[157]를 실천하고 있다. 이는 부모가 살아계실 때뿐만 아니라 죽음 이후에도 부모를 보호하고 인도하는 큰 효의 실천이라 할 수 있다.

이처럼 원불교 예법의 근본정신인 공경, 겸양, 계교하지 않음과 가례의 다양한 의례에는 원불교 효의 근본이념과 실천, 사상들이 담겨져 있음을 알 수 있다. 따라서 원불교 예법을 바르게 이해하고 제대로 활용하며 널리 보급하는 것이 원불교 효사상의 실천이 된다.

---

157 천효는 부모 보은의 조목에 근거하여 이루어진다. 천효는 열반에 즈음하여 친근 자로서 영혼을 보내는 방법과 영혼이 떠나는 사람으로서 스스로 취할 방법에서부터 비롯된다. 특히 부모의 열반 후에 열반식, 입관식, 발인식, 초재에서 육재, 천도 재에 이르기까지의 모든 의식 절차를 통하여 영가의 명로(冥路)를 밝히는 과정이다. 천효를 통하여 가족의 유대가 공고해지며 정법을 몰랐던 인연들이 정법에 동참하여 고인을 위해서 새로운 삶을 살아가는 기연도 된다. 또한 인과를 몰랐던 사람들도 그 의미를 깨닫게 되어 베풀고 혜시함이 스스로 다시 받게 되는 것도 천효 의식을 통해서 깨닫게 된다.

제5장

원불교 효사상의 본질

원불교 효사상 연구

앞 장에서 논의된 원불교 교리와 효사상의 내용들은 원불교 효사상의 본질로 구체화된다. 본 장에서는 원불교 교리와 효사상을 근거로 하여 원불교 효사상의 본질을 논구하고자 하며 지금까지 밝힌 원불교 효사상의 이념 및 원불교 교리와 효사상을 종합하여 조명하는데 목적이 있다. 원불교 효사상의 본질은 은혜의 발견과 인식을 통한 상생의 가치를 실현함으로 은적 생명성을 구현하는데 있다. 따라서 공경과 경외, 보은과 불공의 실현을 바탕으로 그 가치를 더욱 심화시키고자 한다. 더불어 우주만유가 상생의 기운으로 심신낙원을 이룩하고 영생보은을 실현하는 원불교 효사상의 본질을 고찰하고자 한다.

먼저 은적 생명성의 구현이 왜 원불교 효사상의 본질로서 대두되는지를 밝히고자 한다. 원불교의 진리는 일원상 진리로 구체화된다. 따라서 일원상 진리는 사은으로 대별되며 모든 존재가 은혜로 함장되어 있고 그러한 존재들의 관계성에서 은의 생명성이 구현됨을 밝혀 그것이 원불교 효사상에 우선하는 본질임을 제시하고자 한다. 더불어 존재의 근거는 생명성에 있으며 그것이야말로 우주적 가치임을 밝히며 은적 관계 속의 생명이 원불교 존재 법칙[1]임을 밝힌다.

두 번째는 공경과 불공의 조화가 원불교 효사상의 구체적 본질임을 밝히고자 한다. 은적 존재에 대한 철저한 인식은 공경과 경외가 단초가 된다. 그것은 불공으로 실천을 견인하며 서로의 조화로써 발현됨을 논하고자 한다.

---

1 박상권, 「은적 유기체로서의 생명」, 『원불교사상』 제22집, 원불교사상연구원, 1998, p.607.

세 번째로 심신낙원의 지향에서는 모든 존재가 상생의 은혜적 존재로 파악되어 은혜에 대한 감사와 보은의 생활로 공부와 실천의 방향을 바로잡는 것임을 밝혀야 한다. 결국은 부모 보은의 조목을 실현하는 삶이 낙원세상을 향도하는 삶이며 심신낙원의 지향이 원불교 효사상의 본질임을 논구하고자 한다.

마지막으로 영생보은의 실현에서는 삼세부모를 모시는 것이 타인의 부모에 대한 모심이고 무자력자를 보호함에 그 본의가 있음을 논의하고자 한다. 또한 우주만유에 대한 보은이 영생을 통해서 구현됨이 원불교 효사상의 본질임을 밝히려 한다.

01
은적 생명성의 구현

○

1) 은적 생명성의 의미

소태산은 『정전』 사은편에서 우리는 천지은, 부모은, 동포은, 법률은이라는 네 가지 은혜의 관계 속에서 생존하고 있음을 밝혔다. 예를 들어 '천지 피은의 강령'을 보면, "우리가 천지에서 입은 은혜를 가장 쉽게 알고자 할진대 (……) 없어서는 살지 못할 관계가 있다면 그 같이 큰 은혜가 또 어디 있으리요."[2]라고 밝혔다. 여기서 은을, 없

---

2 『정전』, 「제2 교의편」 제2장 사은, 제1절 천지은, p.27.

어서는 살 수 없는 생명적 관계로 규정함을 발견할 수 있다. 이밖에 부모은, 동포은, 법률은의 경우도 동일하게 "없어서는 살 수 없는 관계"로 은을 설명한다. 이는 바꾸어 말하면 천지, 부모, 동포, 법률이 우리를 "살리는" 은적 존재임을 의미한다.[3]

　은적 생명성(恩的 生命性)이란 없어서는 살 수 없는 관계로서의 존재의 근원 또는 살림,[4] 상생의 가치를 말한다. 소태산은 우주만물이 존재하는 근원적 힘을 없어서는 살 수 없는 은으로 밝혀 주었다. 즉 사은이 만물의 생성 존재의 근원임을 한마디로 '없어서는 살지 못할 관계'란 말로 규명한 것이다. 이 사은은 생생약동하는 한 기운으로 만물을 생성시키며 모든 생명체를 변화 발전시켜 가는 원동력이라 본 것이다. 소태산이 밝힌 은의 인식 근거는 우주만유를 한 기운으로 연결하여 살려내는 생명성에 있다.

　구체적으로 은이 내포하고 있는 생명성을 소태산은 다음과 같이 밝히고 있다. 하늘의 공기와 땅의 바탕과 일월의 밝음, 풍운우로의 혜택, 천지의 생멸 없는 도가 있기에 내가 존재할 수 있는 것이다.[5] 부모가 아니고서는 내가 태어나지도 장양되지도 못할 일이다.

---

3 김낙필, 「은사상의 생철학적 조명」, 『원불교 신앙론연구』, 원광대학교 출판국, 1996, pp.284-285. 본 논문은 원불교 은사상의 차원을 교학적으로 한층 심화시킨 논문이라 할 수 있다.

4 김지하는 은적생명성을 "내 안에 무궁한 우주생명이 살아 있고, 내가 비록 병들고, 못나고, 윤리적으로 타락한 인간이라 하더라도 나의 근본에는 한도 없고 처음도 끝도 없는 우주생명이 살아 있다는 생각, 그리고 모든 이웃들과 동식물, 무기물, 우주 전체에까지 나의 생명은 연결되어 있어서 과거 현재 미래가 내 안에 하나로 연속하고 있기 때문에 내가 병들거나 죽더라도 결코 소멸하지 않는다는 생각"으로 파악하였다. 즉, 우주만유 자체는 서로를 지탱해 주고 살리는 상생적 연결고리로 김지하는 생각한 것이다(김지하, 『김지하 생명』, 솔, 1993, pp.17-18 참조).

5 『정전』, 「제2 교의편」 제2장 사은, 제1절 천지은, p.28.

부모가 있기에 만사 만리의 근본되는 이 몸을 얻게 되었고, 부모가 무자력할 때에 양육하고 보호하여 주었으며, 사람의 의무와 책임을 가르쳐 주었기에 내가 심신간 건강한 사람으로 존재할 수 있는 것이다.[6] 동포의 도움과 동포의 의지 그리고 동포의 공급이 있기에 내가 인간다운 모습으로 생활할 수 있다. 사농공상(士農工商)과 초목금수(草木禽獸)의 도움이 있기에 나의 삶이 가능한 것이다.[7] 수신하고 제가하는 법률과 사회, 국가, 세계를 다스리는 법률이 있기에 내가 안녕과 질서 속에 평안히 살 수 있다. 인도정의의 공정한 법칙이 있기에 내가 평안히 살아갈 수 있는 것이다.[8] 모든 존재의 존립근거는 사은이다. 예컨대 인간의 존립근거는 각자의 부모이다. 부모가 없으면 그 누구도 존재할 수 없다. 따라서 부모의 은혜는 절대적이며 천지은, 동포은, 법률은도 같은 맥락에서 이해되어야 한다. 이런 점들을 고려해 볼 때 존재의 근원이며 살림의 모체로서 없어서는 살 수 없는 은의 가치를 구현하는 것이 은적 생명성[9]의 현현이며 바로 원불교 효의 본질이다.

---

6 『정전』, 「제2 교의편」 제2장 사은, 제2절 부모은, pp.31-32.

7 『정전』, 「제2 교의편」 제2장 사은, 제3절 동포은, pp.33-34.

8 『정전』, 「제2 교의편」 제2장 사은, 제4절 법률은, pp.36-37.

9 효는 부모를 사랑하고 공경하기 시작하여 부모의 생명, 자기의 생명, 형제의 생명, 붕우의 생명, 족인의 생명, 인류의 생명, 만물의 생명을 사랑함을 의미한다. 또한 효의 진의는 생명을 사랑하고 생명을 공경하고 생명을 창조한다. 부모를 사랑하고 공경할 뿐만 아니라 천하를 한 집으로 온 나라 사람을 한 몸으로 여겨야 하고 천지 만물이 생생불식할 수 있게 해 주는 데 있는 것이다(채무송, 「효의 본질과 현대적 의의」, 『효사상과 미래사회』, 한국정신문화연구원(현 한국학중앙연구원), 1995, pp.180-181).

2) 은적 생명성의 존재론적 접근

세계 해석의 방법 또는 사유 방식의 관점에서 서양철학을 존재철학과 생성철학으로 구분할 수 있다. 존재철학은 모든 것은 존재한다는 관점으로 세계를 해석하는 방식[10]이며 존재론이라고도 한다. 철학이론의 한 맥을 형성하고 있는 존재론은 '존재자는 무엇이냐?'에 대한 물음이며 또한 '그 존재자는 어떻게 존재하느냐?'에 대한 물음이다. 이러한 존재론은 인간 존재까지도 포함한 존재 전체에 대한 궁극적 인식, 즉 세계관의 확립을 수행하는 철학이다.[11] 존재론에서 규정하는 존재는 인간의 인식으로부터 독립해 있는 것, 다시 말하면 인간의 사유에 의하여 구성된 것이 아니라 그 자체로서 있는 것, 자체적 존재를 가리킨다. 인간의 사유에 의하여 구성된 것이 아닌 자체적 존재라는 점에서 이는 순수존재, 진실존재라 할 수 있다.[12] 따라서 존재란 인간의 사량으로 성립되는 것이 아니라 존재한다는 그것으로 생명성을 함의하고 있는 것이다.

그렇다면 원불교에서는 이러한 존재를 어떻게 파악하고 있는가? 이 문제에 대한 대답은 중요한 사항이다. 원불교에서는 우주만유의 존재를 천지은, 부모은, 동포은, 법률은의 사은으로 규정하고 있다. 더구나 사은은 서로가 없어서는 살 수 없는 상생의 생명적 존재로 인식하고 있다. 존재를 은(恩)으로 인식하는 것이다. 모든 존재를 은

---

10 박재주, 『주역의 생성논리와 과정철학』, 청계, 1999, p.33.
11 전원배, 『철학』, 원광대학교 출판국, 1983, p.33.
12 소광희, 「존재의 문제」, 『철학개론』, 서울대학교 출판부, 1986, p.262.

혜로 파악하는 것[13]은 은혜의 발견을 통한 존재의 존엄성과 생명성
의 발견이다. 이러한 인식은 원불교 효사상의 본질과 밀접한 관계가
있다. 왜냐하면 만유를 살리는 생명의 근원인 은혜를 알아야 보은을
하고, 보은은 효와 통하기 때문이다. 은혜가 잘 드러나야 효도 적절
히 실천될 수 있는 것이다.

위와 같은 소태산의 사은에 대한 상생의 생명적 존재 인식은 소태
산의 대각으로부터 비롯되었고 소태산의 대각은 우주자연의 존재
에 대한 끊임없는 의문으로부터 발현되었다.

> 대종사, 7세 되시던 해, 어느 날, 화창한 하늘에 한 점 구름이 없고,
> 사방 산천에 맑은 기운이 충만함을 보시다가, 문득 '저 하늘은 얼마나
> 높고 큰 것이며, 어찌하여 저렇게 깨끗하게 보이는고.' 하는 의심이 일
> 어나고, 뒤를 이어 '저와 같이 깨끗한 하늘에서 우연히 바람이 일고 구
> 름이 일어나니, 그 바람과 구름은 또한 어떻게 일어나는 것인가.' 하는
> 의심이 일어났다. 이러한 의심이 시작됨을 따라 모든 의심이 꼬리를
> 물고 일어나서, 9세 때부터는 나를 생각한즉 내가 스스로 의심이 되고,
> 부모와 형제간을 생각한즉 부모와 형제간 되는 일이 의심이 되고,
> (……).[14]

---

13 모든 존재를 은으로 파악하는 것이 은적 생명성의 존재론적 접근이며 존재의 완결
성을 의미한다. 이것은 '무아(無我)'라는 근본 사상과 통하며 현실적으로 '사은'으
로 구체화되면서 자기 완결성을 갖는다. 「일원상 서원문」에서의 '은생어해(恩生
於害)', '해생어은(害生於恩)' 자체가 절대적 완결성을 가지며 절대적 은을 함유하
고 있다. 즉, 은(恩)이든 해(害)이든 절대적인 진리성을 가지고 있다. 범부(凡夫)
입장에서는 은과 해가 이원적이지만 각자(覺者)의 입장에서는 일원적이기 때문
이다.

　이처럼 소태산의 대각을 위한 구도 기간은 인간과 우주만유의 존재에 대한 끊임없는 의문과 그것을 해결하려는 고민의 연속이었다. 그리하여 마침내 일원상 진리를 각득하게 된다. 이렇게 깨달음을 얻은 소태산은 우주만유의 실상과 현상을 은(恩)으로 파악하였다. 우주만유의 실상이 은이라 한 것은 절대은(絶對恩) 또는 절대 생명이라 할 수 있다.

　소태산 교법의 특징은 법신불이 우리에게 다가오는 모습을 '은혜'로 파악하고, 세상의 모든 존재가 은혜를 베풀어 주는 부처라고 가르친 데에 있다. 이를 '처처불상'이라 한다. 소태산이 모든 사물을 처처불상으로 본 것은 일체 만물이 법신불의 화현이라고 보았기 때문이다. 결국 처처불상이란 모든 존재가 본래적으로 완벽한 부처라는 말이며 절대적 은혜의 나타남을 의미한다.

　사은에서 '피은의 조항'은 나와 법신불의 관계에서 출발하는데 그것이 온통 은혜로 되어있다는 '절대적 은혜 구조의 발견', 즉 절대은[15]이다. 서로가 상대를 살려 내는 상생의 생명적 구조를 절대은이라 할 수 있다. 그래서 소태산은 일원상 진리의 내역을 사은이라 하였고, 사은의 내역을 우주만유라 하였으며 천지만물 허공법계가 다 부처 아님이 없으니 항상 경외심을 놓지 말고 부처님으로 대하라[16]

---

14 『원불교교사』, 「제1편 개벽의 여명」 제2장 소태산 대종사 2. 대종사의 발심, pp.1034-1035.

15 정순일, 「은사상에 대한 또 하나의 시각」, 『원불교사상』 제41집, 원불교사상연구원, 2009, pp.42-43. 정순일은 본 논문에서 원불교 은사상을 절대 은혜의 구조로 파악 하였다.

16 『대종경』, 「제2 교의품」 4, p.113.

고 하였다. 우주만물이 서로 떠나서는 살 수 없는 상생의 생명적 관계인 소태산의 사은사상은 인간본위의 윤리를 모든 생명과 만물을 다 같이 본위로 하는 우주적 윤리로, 지구촌과 모든 생태계를 살리는 우주적 큰 윤리[17]로서의 상생과 생명성에 있다.

그러므로 소태산은 은적 생명성의 근간인 상생의 실체를 은으로 파악하였다. 우주만유 자체가 절대적 은혜의 관계를 형성하고 있다고 하였으며, 여기서 소태산이 파악한 은은 없어서는 살 수 없는 절대은으로서 서로를 살리는 상생(相生)이라는 목표로 귀결된다. 또한 존재 자체를 은혜의 큰 구조로 파악하고 개인의 정당성을 보은에 기준하였다. 즉, 내가 보은하는 것이 상생의 연결고리에 함께하는 것이다. 이것이 존재 실현이고 원불교적 존재론으로 귀결된다. 결국은 우주만유의 존재가치는 절대은에 대한 상생의 존재 실현이 절대가치로 귀결된다. 이것은 은적 생명성의 존재론적 귀결이다.

위와 같은 절대은이라는 원불교 핵심 교리에 바탕한 원불교 효사상도 부모와 자녀, 노인과 젊은이, 무자력자와 자력 있는 사람과의 상생의 관계 실현이다. 이것을 확장하여 사은과 나와의 상생적 관계 실현이야말로 원불교 효사상의 궁극적 지향점이다. 환언하면 원불교 효는 절대은에 대한 절대적 불공이며 상대은[18]에 대한 승화적 불공이다.

---

17 김인철, 「소태산사상의 기본구조」, 『인류문명과 원불교사상』 상, 소태산대종사탄생백주년성업봉찬회, 1991, p.14.

18 '피은(被恩)'은 절대은을 말하는 것으로서 순수한 은혜를 입고 있다는 말로 요약된다. 이와 대비적으로 '보은(報恩)'은 상대은의 영역이다. 절대은을 입고 있음에도 불구하고 중생이 느끼는 은혜는 상대적 은혜이다. 이 은혜는 언제든지 해독으로 변화할 가능성이 있다. 마찬가지로 '해독'이라 하지만 은혜의 가능성을 지니는 것도 있다. 환언하면 법신불의 본질은 절대적 차원에서는 순수은혜이지만 상대적으

그렇다면 우주만유(宇宙萬有)에 충만해 있는 은혜와 효는 어떠한 관
계성을 가지고 있는가를 살펴보기로 한다. 정산은 은혜의 존재인 사
은과 효의 관계성을 다음과 같이 밝혔다.

> 효라 함은 무슨 일이나 보은의 도를 행하는 것은 다 효에 속하나니
> 이는 모든 보은 가운데 부모 보은이 제일 초보가 되는 까닭이라. 그 부
> 모의 은혜를 모르는 이가 어찌 다른 은혜를 먼저 알며 널리 천지와 동
> 포와 법률의 근본적 은혜를 알게 되리요.[19]

위에서 밝혔듯이 정산은 원불교적 효의 본질을 보은의 도를 행하
는 것이라 정의하였다. 소태산은 우주만유의 존재 실현을 은혜의 인
식으로 규정하여 보은으로 완결코자 하였다. 여기에 정산은 한국의
전통 사상인 효와 연관지어 원불교적 효를 모든 은혜에 대한 보은행
으로 규정하였다. 또한 효의 실행은 부모은으로부터 시작하여 사은
의 모든 은혜를 발견하는 데 있다고 하였다. 존재 자체가 은혜로 와
닿는 것을 느끼는 순간 효의 실행이 시작되는 것이다. 이것은 단순
히 부모은에만 국한되는 것이 아니다. 사은 전체에 대한 보은 상생
의 도[20]를 효라고 밝힌 것이다.

로는 은혜도 있고 해독도 있을 수 있다. 「일원상서원문」의 용어로 말하면 '은생어
해 해생어은'이 되는 측면은 상대적 은혜의 영역이다(정순일, 앞의 논문, 「은사상
에 대한 또 하나의 시각」, p.47).

19 『정산종사법어 : 제2부 법어』, 「제6 경의편」 59, pp.860-861.

20 정산은 1945년 8·15 광복을 얼마 앞두고 태평양 전쟁이 막바지에 다다랐을 때 원
불교 부산 초량교당에 가서 법당에 "사은상생지 삼보정위소(四恩相生地 三寶定位
所, 네 가지 은혜, 즉 사은이 상생(相生)으로 존재하는 땅(세상)이요 그 세상은 불법

원불교 초기 경전인 『불교정전』에서는 사은을 사중은(四重恩)[21]이라 하여 천지은, 부모은, 동포은, 법률은으로 밝히고 있다. 여기에서 주목할 만한 점은 현재의 사요(자력양성, 지자본위, 타자녀교육, 공도자숭배) 대신에 '보은의 대요'라 하였고, 응용무념의 도, 무자력자 보호의 도, 자리이타의 도, 불의를 제거하고 정의를 세우는 도라 하여 사은의 보은 조항을 밝혔다는 점에 주목해야 한다. 이것은 사요가 보은에 근거를 두고 있다는 중요한 사실을 말해 주기 때문이다.

효는 본질적으로 은혜에 대한 보은에 있으므로 사요의 중심을 보은에 두었다는 것은 효의 일반화를 위해서 바람직하며 효를 존재론적으로 보다 확산시킬 수 있는 근거가 된다. 원불교 초기 경전인 『불교정전』에서 보은의 대요를 사요와 대비시킨 본의는 사요의 현실적 보편화에 그 목적이 있다고 본다. 따라서 사은사요의 존재론적 심화의 측면을 '보은 즉 불공'에 두고 있다는 점은 효의 의미를 보편화한다고 볼 수 있다.

첨언하면 정산이 밝힌 원불교 효사상은 보은행의 존재 실현에 있으며 그 실천의 방법은 은혜의 발견으로부터 시작하여 불공으로 귀착된다. 존재자체는 가치로 실현될 때 의미가 있다. 이런 점에서 정산이 밝힌 원불교적 효의 은적 생명성의 존재론적 접근의 내용을 가

승 삼보가 자리잡고 있는 곳이다.)"라는 글을 써 붙이고 기도를 올렸다. 정산은 사은상생지에서 세상의 구조를 사은으로 파악하였고 사은에 대한 보은을 상생의 실현으로 연결하여 세상을 은혜의 연결고리로 인식하였다.

21 사중보은이라는 말과 연결되며 사은(천지은, 부모은, 동포은, 법률은)이 매우 크고 중하므로 반드시 감사보은해야 한다는 의미로서 현실 생활에서 실현될 때 사은에 대한 보은이 완성된다. 원불교 교단 초창기에 사중보은이라는 말이 매우 강조되었다.

치 실현의 입장에서 표[22]로 정리해 보면 다음과 같다.

〈표 3〉 정산의 효

분류	핵심내용	세부내용
효의 정의	보은행	보은의 도를 행하는 것
효의 단초	은혜 발견	사은(우주만유)의 모든 은혜를 발견하는 것
효의 활용	감사생활 처처감사 (處處感謝)	어느 처소 어느 시간을 막론하고 천만경계를 오직 감사 하나로 돌리는 것(원망생활을 감사생활로 돌림) 감사생활이 효이다.
효의 확대	인도대의	일편적인 효(부모가 자력이 있는 때에도 평생을 그 곁을 떠나지 않는 것만 효로 생각하는 것)가 아니다 광대하고 원만하여 천하 고금에 길이 세상의 강령이 되고 인도의 비롯이 된다
병든 효	원망심	① 가정에서 부모를 원망 ② 세상에 나오면 천지와 동포와 법률을 원망 ③ 세상공기가 침울하여진다(세상이 각박해짐) ④ 인간 생활이 위험에 처함(위험한 세상) ※ ①, ②의 결과가 ③, ④이다. 원망생활이 병든 효, 불효이다.
효의 실현	보은불공 사사행복 (事事幸福)	① 효의 정신을 진흥한다 ② 은혜를 발견하고 보은불공한다 ③ 모든 인심을 효에 돌아오게 한다 ※ ①, ②, ③은 병든 효를 건강한 효로 치유하는 처방

---

22 본 내용의 표는 『정산종사법어 : 제2부 법어』, 「제6 경의편」 59, pp.860-861을 중심으로 정리한 것이다.

정산이 위에서 밝혔듯이 원불교적 효는 진리의 자기 전개 속에서 사은과의 관계를 통해 구체화된다. 일반적으로 사은의 일체세계는 진리의 자기 전개이다. 사은의 범주에는 무한한 진리성이 내재되어 있다. 특히 인간과의 관계에서 이해할 때에는 인간을 살리고자 하는 생명적인 인과적 은혜를 함장하고 있다. 그러므로 화이트헤드(Whitehead, Alfred North : 1861~1947)는 원인과 결과가 없는 실재는 없으며 실재는 인과적 관계성을 수반한다고 하였다. 그는 경험과의 인과적 연계 없는 완전한 고립적 실체는 없으며, 비록 신일지라도 존재하기 위하여 오직 그 자신만 필요한 것은 없다[23]고 하였다. 이는 전지전능한 신이라도 홀로 존재할 수 없다는 점을 강조한 것이다. 이처럼 존재 자체의 관계성은 신도 예외일 수 없듯이 은혜로 함장된 우주만유는 서로서로 상생의 고리로 연결되어 그 생명성을 공유하고 있다.

따라서 은적 생명성의 존재론적 실재는 은의 무소부재성에 있는 것이다. 또한 상대은을 초월하여 절대은에 귀의하는 것이야말로 은의 존재론적 무소부재성을 이해하는 것이다. 이것은 사은상(四恩相)과 사은성(四恩性)[24]을 이해하는 것과도 같은 맥락이다. 결국 원불교의 효는 절대와 상대의 없어서는 살 수 없는 관계 속에 체현되는 존재 실

---

23 최종덕, 『부분의 합은 전체인가』, 소나무, 1995, pp.154-156.
24 "사중은 각각에 대한 상과 성, 즉 형태론적 측면과 본질론적 측면의 양면적 파악이 동시에 요청된다고 본다. 즉, 전자는 은혜의 존재양태에 따른 분류로서 천지·부모·동포·법률 등의 사은상(四恩相)을 말하며, 후자는 은혜의 성격에 따른 특성 분류로서 천지은성, 부모은성, 동포은성, 법률은성, 다시 말하면 무한생성은성, 대자비생육은성, 상생상화성, 공명정대성 등의 사은성(四恩性)을 말한다. 이러한 사은상(四恩相)과 사은성(四恩性)의 문제를 불신관에 적용하여 보면, 각각 화신불과 보신불의 의미를 지닌다고 볼 수 있다."(노권용, 「사은사상의 신앙적 의미의 재조명」, 『원불교사상』 제41집, 원불교사상연구원, 2009, p.16).

현의 생명 의식으로 정리될 수밖에 없다.

3) 감사보은과 은적 생명성

우주만유를 서로 살려내는 은혜에 대한 보은은 감사를 통해서도 나타난다. 원불교에서는 우주만유를 사은으로 규정하고 사은에 대한 감사생활을 가르친다. 따라서 사은에 대한 감사함을 알고 느끼는 것도 없어서는 살 수 없는 은혜에 대한 보은의 시작이다. 그러므로 은혜를 알았으면 설혹 원망할 일이 있더라도 감사하는 것이다.

정산은 "모든 은혜를 발견하여 어느 처소 어느 시간을 막론하고 천만경계를 감사 하나로 돌리는 것이 다 효의 활용"[25]이라 하였다. 이처럼 우리 주위에 펼쳐져 있는 무한한 은혜를 알고 비록 수많은 순역경계를 당하더라도 감사하는 마음을 잃지 않고 언행을 해야 한다. 그러한 삶의 태도가 바로 효의 활용이기 때문이다. 어떠한 상황에도 불구하고 감사할 수 있는 마음을 내기에는 인(忍)의 실현이 전제된다. 인(참음)은 상대를 이해하고 포용하는 넓은 아량에서 나온다. 상대가 모함하고 시기하고 생명을 앗아가려 하는데 감사하는 마음을 내기에는 무아(無我)적 인내가 필요하기 때문이다.

소태산은 감사할 줄 모르는 인간형을 병든 인간이라 보고 그러한 사회를 병든 사회라 보았다.[26] 사회가 활력 있고 건강한 사회로 존립할 조건은 사회 구성원 개개인의 마음의 원망심을 감사하는 마음으

---

25 『정산종사법어 : 제2부 법어』, 「제6 경의편」 59, pp.860-861.
26 송천은, 『열린 시대의 종교 사상』, 원광대학교 출판국, 1992, p.448.

로 돌이켜 세우는 데 있다. 매사를 감사할 줄 안다는 것은 사회를 행복하게 만드는 바탕이 된다. 소태산은 『정전』「제3 수행편」'일상 수행의 요법'에서 "원망 생활을 감사생활로 돌리자."[27]라고 하였다. 아무리 원망할 일이 있더라도 감사하는 마음으로 돌려야 그것이 자신에게 복으로 돌아온다는 것이 분명한 사실이기 때문이다. 감사는 모든 상황을 긍정상황으로 전환하여 대상생력을 얻게[28] 하는 상생의 관문이다. 감사보은하면 해(害)도 은(恩)이 되지만 원망배은하면 은(恩)도 해(害)로 바뀐다.[29] 원망생활을 감사생활로 활용하는 데는 원망의 발단과 요소를 먼저 자기 자신에게서 찾는 지혜가 필요하다. 그래서 소태산은 일의 본의를 생각하여 먼저 자신을 돌아보면서 항상 감사할 것을 밝혔다.

> 사람이 그 본의는 저 편에게 이(利)를 주고자 한 일이 혹 잘못되어 해를 주는 수도 있나니, 남을 위하여 무슨 일을 할 때에는 반드시 미리 조심해야 할 것이요, 그러한 경우로 해를 입은 사람은 그 본의를 생각하여 감사할지언정 그 결과의 해로운 것만 들어서 원망하지 말라.[30]

이와 같이 상대의 본의는 저의가 없는데 순간적인 불이익으로 보

27 『정전』,「제3 수행편」 제1장 일상 수행의 요법, p.54.
28 『좌산상사 법문집 : 교법의 현실 구현』,「4. 교리·수행」9. 일상 수행의 요법, 원불교출판사, 2007, p.186.
29 『좌산상사 법문집 : 교법의 현실 구현』,「4. 교리·수행」11. 교의경훈(敎義警訓), p.188.
30 『대종경』,「제4 인도품」14, p.190.

이는 눈앞의 현실에 대하여 자신의 심기를 잘 다스려 역지사지(易地思
之)하는 마음 씀씀이로 비록 원망할 일이라 할지라도 감사심으로 돌
리라고 소태산은 밝혔다. 비록 자신에게 해로움이 닥치더라도 상대
방의 본의를 생각해서 원망하지 말고 감사하라는 의미이다. 상대방
의 본의를 생각한다는 것은 일이 잘못된 결과만을 생각하지 말고 일
을 시작할 때의 상황을 잘 살피자는 것이다. 여기에 일의 추진 과정
을 생각해서 비록 본래 의도와는 어긋났다 할지라도 긍정적인 수용
과 함께 감사심으로 받아들일 것을 강조한 법문이다.

> 일반 교무에게 훈시하시기를 그대들은 이 혼란한 시기를 당하여 항
> 상 사은의 크고 중하심을 참 마음으로 감사하는 동시에 일반 교도에게
> 도 그 인식을 더욱 깊게 하여, 언제나 감사하는 생각을 가지고 그 정신
> 이 온건(穩健) 착실한 데로 나아가게 하라.[31]

소태산은 위와 같이 혼란한 시기에도 사은의 은혜를 중히 알고 감
사생활할 것을 교시하고 있다. 더불어 소태산은 정신을 온건 착실한
데로 나아가게 하는 원동력이 감사하는 참마음이라 하였다. 나를 존
재케 하는 주위의 모든 것들이 바로 은혜로운 존재이기 때문에 보은
의 주체적 마음이 바로 감사하는 마음이다.

소태산이 발견한 은이란 내가 대하고 있는 세계에 대해 원천적으
로 감사함을 가져야 하는 마음을 의미한다. 이것은 어느 상대적인

---

31 『대종경』, 「제13 교단품」 37, pp.371-372.

안목에서의 감사가 아니라, 무조건 은혜를 주어 살아가게 함에 절대적 감사의 마음을 갖는 것이다. 예컨대 인간은 결코 독존의 존재일수 없으며 우주 만유와 직·간접적으로 관계를 맺으면서 존재하게 되는데, 그 관계가 인간 개별 존재에게 없어서는 살 수 없는 생명적 관계[32]를 없어서는 살 수 없는 은혜의 관계로 소태산은 진단하였다.

과거에는 현실을 떠난 형상 없는 세계에서 신앙의 문을 두드렸지만 소태산은 그런 세계에서 한 걸음 더 나아가 사실 신앙의 바탕인 현실에서 보다 소중하게 은의 세계를 밝힌 것이다. 그러므로 대산은 은은 도덕의 핵폭탄과도 같은 것이라고 강조했다. 즉, 이 세상 무엇 하나 감사한 은혜로 되지 않은 것이 없음을 알게 하는 것이다.[33]

한편, 생명의 근원에 대한 외경은 더욱 근원적으로는 우주적인 진리에 대한 것이 되므로 궁극적인 부모는 우주의 근본 진리(일원상 진리, 성품, 하나님 등)가 되지만 직접적이고 현실적인 우리 생명의 근원은 아버지와 어머니가 되기 때문에 우리는 부모에 대하여 가장 가깝게 생명 존재의 감사와 은혜를 느낄 수 있다[34]는 점에서 원불교의 감사보은의 의미를 더하는 것이다. 인간은 상대적인 세상에 살고 있기 때문에 모든 것에 감사하는 일은 그 실천에 있어서 어려움이 따르기 마련이다. 그러나 그 근원을 반조하면서 비록 원망할 일이 있더라도 감사하는 마음으로 돌려야 한다. 감사하는 마음에서부터 보은의 싹이 발현되기 때문이다.

---

32 박상권, 「원불교 신앙론」, 『원불교 신앙론 연구』, 원광대학교 출판국, 1996, p.68.
33 한기두, 앞의 책, 『원불교정전연구-교의편』, pp.157-158.
34 송천은, 「원불교 효사상」, 『일원문화 산고』, 원불교출판사, 1994, p.257.

이처럼 은적 생명성은 사은에 대한 은혜에 감사하고 보은하는 마음에서 발현된다. 소태산이 '부모은'을 사은의 하나로 밝혀 준 것도 부모를 가장 가까운 절대적 은혜의 존재로 규명하였기 때문이다. 이것을 유교적 관점에서 보면 부모와 자식간의 절대적 관계성에 기인한다고 볼 수 있다. 원불교의 경우 모든 은혜에 보은하는 것을 전제로 부모와의 관계 속에서 상생의 생명적 가치 실현을 구현하는 감사보은 행위가 효의 실천이며 생명성의 발현이다. 즉 원불교의 효사상은 부모의 은혜에 감사보은하는 것을 바탕으로 사은에 대한 보은행으로 확장됨을 알 수 있다. 이것이 원불교 효사상의 핵심이며 본질이다.

4) 지은보은과 은적 생명성

모든 존재의 은적 생명성 구현의 가치 실현은 지은보은(知恩報恩)[35]에 있으며 사은에 대한 피은의 내역을 느끼고 아는 데서부터 체현된다.

소태산은 사대강령 중 지은보은에서 "지은보은은 우리가 천지와 부모와 동포와 법률에서 은혜 입은 내역을 깊이 느끼고 알아서 그 피은의 도를 체받아 보은행을 하는 동시에, 원망할 일이 있더라도 먼저 모든 은혜의 소종래를 발견하여 원망할 일을 감사함으로써 그

---

35 지은보은이 은적 생명성을 구현하는 핵심이라고 보는 이유는 우리가 은혜를 모르고 보은을 하지 못한다면 존재와 살림이라는 은의 생명성이 드러나지 못하기 때문이다. 이에 대한 구체적인 예는 부모 배은의 결과에 잘 밝혀져 있다.

은혜를 보답하자는 것"[36]이라고 하였다. 지은보은의 효는 은혜를 알고 그 은혜에 보은하는 효이다.

소태산은 『정전』 사은장에서 사은에 대한 각각의 피은의 강령을 밝혔고 보은의 강령 또한 밝혔다. 우주만유의 존재 자체를 사은의 은혜로 파악한 것이다. 이처럼 사은에 대한 진정한 은혜를 알고 보은하는 일이 지은보은(知恩報恩)의 효이다. 나를 존재케 하는 우주만유를 없어서는 살 수 없는 은혜의 존재로 인식하는 것이다. 또한 정산은 경의편 59장에서 "효의 실행은 부모은으로부터 시작하여 모든 은혜를 발견하는 데 있다."고 하였다. 은혜를 발견한다는 것은 은혜의 존재를 파악하여 앎을 의미한다.

그러므로 소태산과 정산은 우주만유를 은혜의 관계로 파악하고 그 은혜에 대한 실존적 가치 실현을 보은으로 정의하고 효의 실천으로 규명하였다. 우주에 존재하는 생명체는 상생의 환경에서 그 생명 유지가 가능한 일이다. 상생의 환경이란 서로 생명 존속을 가능케 해 주는 호혜적 관계로서 상호 대립이나 피해를 주지 않는 주변의 노력들이 지속되는 분위기를 말한다. 여기에는 자리이타의 유기체적 관계로 생명의 에너지 활동이 보장되는 의미가 포함된다. 이를 두고 생명의 개체들 사이에 오가는 은혜로운 관계의 만남이라고 한다.

이렇게 은혜의 관계를 매우 깊이 인식한 소태산은 우주에 전개되는 은혜의 부류를 4가지로 나누어 이를 사은으로 대상화하여 종교

---

36 『정전』, 「제2 교의편」 제7장 사대강령, p.53.

적으로 신앙화 하였다.[37] 소태산은 자신이 깨달은 일원상 진리를 사은으로 4대별하고 그 관계성을 내역적으로 다음과 같이 밝혔다.

> 일원상을 신앙의 대상으로 하고 그 진리를 믿어 복락을 구하나니, 일원상의 내역을 말하자면 곧 사은이요, 사은의 내역을 말하자면 곧 우주만유로서 천지 만물 허공 법계가 다 부처 아님이 없나니 (……).[38]

이처럼 소태산은 우주만유와 일원상을 하나로 보면서, 만유를 은의 관점에서 사은으로 말하고 만유를 한 체성으로 볼 때 일원상이라 하였다. 여기에서 소태산은 우주만유를 은혜의 존재로 파악할 것을 밝히고 있다. 원불교는 일원상을 신앙의 대상으로 하고 복과 혜를 구하는데 그 일원상 신앙의 대상을 사은으로 말하고 있다. 사은은 천지, 부모, 동포, 법률로서 우리들이 항상 경외심을 가지고 대해야 할 은혜의 대상인 것이다.

그러므로 지은보은의 효는 은혜의 대상인 사은으로부터 은혜를 발견하여 아는 것[39]으로부터 시작된다. 정산은 "대종사께서 사은

---

37 류성태, 『원불교와 동양사상』, 원광대학교 출판국, 1995, p.345.

38 『대종경』, '제2 교의편』 4, p.113.

39 소태산은 『정전』 '부모은' 중 부모 배은의 조항에서 부모 배은은 부모의 피은·보은·배은을 알지 못하는 것과, 설사 안다 할지라도 보은의 실행이 없는 것이라 하였다. 만물의 영장이라는 인간이 당연히 알아야 하는 것을 알지 못한다는 것은 스스로 만물의 영장임을 포기하는 것이다. 특히 없어서는 살 수 없는 절대적 관계를 모른다는 것은 인간임을 포기하는 것이다. 부모에게서 입은 피은됨과 보은의 조목을 알지 못함과 더불어 배은을 알지 못한다면 그것 자체가 큰 불효이다. 일반적으로는 행위 자체를 보고 효도와 불효, 보은과 배은을 규정하지만 소태산은 알지 못하는 것 자체도 배은이고 불효라고 밝힌 것에 주목해야 한다.

을 내실 때 우주의 진리를 은(恩)으로 보고 내신 것이지 원망병이 든 세상을 보시고 원망병만 낫게 하려고 내신 것이 아니다."[40]라 하면서 은혜를 발견하면서 사는 것이 삶의 핵심임을 역설적으로 말하였다.

이렇게 사은의 은혜를 깊이 느끼고 아는 것으로 시작되는 지은보은의 효는 보은행으로써 실천되는 것이다. 사람은 은혜를 알고 보은하면서 살아야 한다. 세상에 무한히 존재하고 있는 은혜를 발견하고 보은행을 실천하는 것이 원불교의 지은보은의 효다. 소태산은 부모은에서 '부모 보은의 강령'[41]을 두어 보은의 당위성을 밝혔다. 또한 정산은 경의편 59장에서 "무슨 일이나 보은의 도를 행하는 것은 다 효에 속한다."고 하였다. 보은의 효는 보은의 윤리와 통한다. 보은의 윤리 실천이 곧 효행 실천이기 때문이다. 보은의 윤리는 인간 생활에 있어서 가장 중요한 윤리 중의 하나이다. 은혜를 입은 존재에 대하여 보은을 하는 일이야말로 윤리적 당위성을 지탱할 수 있는 근거이기 때문이다.

만일 은혜를 모르고 배은을 한다면 그보다 더 반윤리적인 것은 없다고 할 수 있다. 개체의 생명이 은혜를 입었을 뿐 아니라 우주 자체가 원래 은혜의 덩치이므로 우주는 은혜 자체로서 모든 생명체가 그 생명을 유지하며 살아가고 있다. 특히 우주의 중중무진한 생기로 충

---

40 「제1편 법문과 일화」 제3장 일원의 진리 7, 박정훈 편저, 『한울안 한이치에』, 원불교출판사, 1982, p.48.

41 『정전』, 「제2 교의편」 제2장 사은 제2절 부모은 3. 부모 보은의 강령(무자력할 때에 피은된 도를 보아서 힘 미치는 대로 무자력한 사람에게 보호를 줄 것이니라.), p.32.

만되어 살아가는 사람을 비롯한 생명체가 생명의 은혜를 입었을 경우 더욱 이러한 윤리적 행위를 하는 것은 천륜의 당위성이라 할 수 있다. 따라서 상극이 아닌 상생의 윤리관계를 형성하는 일은 보은을 통해서 용이해진다.[42] 보은은 보은 사상과도 통한다. 원불교에 있어서 보은 사상은 은혜를 알고 은혜를 갚아야 한다는 당위적 인간관계의 윤리만을 말하는 것은 아니다. 인과의 진리와 더불어 보은사상이 보다 심화되고 확장된다.

이 우주에는 무한히 생생약동하는 생명력이 있는데, 그것은 어떠한 이치에 의해서 돌아간다는 것이다. 이것이 곧 인과이다.[43] 석가는 인과를 연기설로 밝힌 데 반하여 소태산은 은혜에 대한 보은과 배은을 중심으로 밝혔다. 『정전』「제2 교의편」 사은장에 보면 각각 배은의 결과가 밝혀져 있다. 이것은 보은해야 될 대상에 배은을 했을 경우 받게 되는 과보를 밝혀 놓은 것이다. 소태산은 보은의 중요성과 함께 배은의 과보도 경고하였다고 볼 수 있다.

특히 "사은에 대한 피은, 보은, 배은을 알지 못하는 것과 설사 안다 할지라도 보은의 실행이 없는 것을 사은에 대한 배은"[44]으로 규정하였다. 즉 보은의 삶을 통하여 개인은 물론 사회, 국가, 세계가 행복의 길로 가는 것이다. 부모에 대한 보은의 확대 차원에서 원불교 3대 종법사였던 대산은 육신의 부모뿐만 아니라 정신의 부모에게도 효도를 실천하라고 밝혔다.

---

42 류성태, 앞의 책, 『원불교와 동양사상』, p.361.
43 류병덕, 『원불교와 한국 사회』, 시인사, 1988, p.180.
44 『정전』, 「제2 교의편」 제2장 사은, pp.27-38 중 배은에 관한 내용 참조.

이 세상에 부모 없는 사람이 있는가? 우리에게는 육신의 부모도 계시지만 정신의 부모도 계신다. 증자는 부모에게서 받은 몸 하나라도 상하지 않은 것이 효도라고 하였다. 증자가 공자님의 도덕을 전하실 때 그 효심이 있었기 때문에 2천 5백 년 동안 그대로 전해졌다. 우리는 소태산 대종사님으로부터 한 부모만의 효도가 아니라 사은의 지중하신 은혜에 대효(大孝)하라는 유산을 받았으니 사은에 보은했는가, 배은 했는가를 살피자. 내 육신을 낳아 주신 부모를 정신적으로 육신적으로 잘 받들어 드리는 것도 효이지만 대종사님으로부터 유산 받은 사은의 지중한 은혜에 유감없이 보은하는 것은 정신의 부모에 효하는 길이 된다.[45]

이와 같이 대산은 정신의 부모에 대한 보은의 효를 강조하면서 사은의 지중한 은혜에 대한 대효를 밝혀 놓았다. 아울러 사은에 대한 보은행이 바로 정신의 부모에 대한 효행 실천임을 가르치고 있으며 또한 사은 전체를 부모처럼 생각해야 하는 점도 강조하였다.

한편 정산은 "범부들은 작은 은혜와 처음 주는 은혜는 느낄 줄 아나 큰 은혜와 계속되는 은혜는 잘 모르나니, 근본적 큰 은혜를 잘 알아야 참다운 보은행을 하게 되느니라."[46]라고 하였다. 근본적인 우주적 은혜의 연결고리를 파악했을 때 진정한 보은행이 되어 국한 없는 효를 실천할 수 있다는 것이다. 대산은 "부자간(父子間)이나 사제간에 어릴 때는 위에서 아래의 뜻을 맞추어 주고 은혜도 베풀지만,

---

45 『대산종법사 법문집』 3, 「제2편 교법」 34, p.81.
46 『정산종사법어 : 제2부 법어』, 「제11 법훈편」 58, p.948.

장성한 후에는 아래에서 위의 뜻을 맞추어 드리고 은혜를 보답해야 한다."[47]라고 하며 보은의 중요함을 언급하였다. 결론적으로 말하면 '지은보은'은 상대적 원망이나 상대적 해독의 세계를 넘어서서 절대적 은혜, 근원적 은혜를 강조한 참 은혜의 세계를 건설하자는 실천 강령[48]으로 은의 생명성을 절대화하는 것이다.

그러므로 지은보은의 은적 생명성은 모든 존재를 상생의 관계로 연결하여 끊임없는 절대적 보은으로 귀결된다 할 수 있다.

---

47 『대산종법사 법문집』 3, 「제7편 법훈」 66, p.354.
48 정순일, 「실천적 이념화의 방향에서 본 사대강령」, 『원불교 신앙론 연구』, 원광대학교 출판국, 1996, pp.541-542.

02
공경과 불공의 조화

◯

1) 공경과 불공의 의미와 효

공경(恭敬)은 공손히 받들어 섬기는 것을 말한다. 우리가 흔히 사용하는 존경, 경외, 외경 등도 비슷한 의미이며, 봉양과 숭배도 같은 맥락에서 이해된다. 특히 공경, 경외, 외경 등은 경(敬)이 중심이 된다. 경(敬)은 인간의 덕성을 함양하는 수양 방법의 핵심으로써, 마음이 각성된 상태요 집중된 상태를 말한다.[49] 그러므로 경(敬)[50]의 경지에

---

49 금장태, 『한국현대의 유교문화』, 서울대학교 출판부, 1999, p.106.
50 『효경(孝經)』과 『논어(論語)』의 가르침에 따르면 효(孝)의 본질은 '경(敬)'이고 그

이르려면 몸과 마음이 항상 깨어 있고 절도가 있어야 한다. 맹자는 섬기는 일 중에서 가장 큰 것이 어버이를 섬기는 것[51]이라 하였다. 이처럼 공경은 효의 실천에 있어서 핵심적인 요소이다. 맹자가 어려운 환경에서도 부모와 형제 섬기기를 극진히 한 순의 효제를 높이 평가한 것도 그 근본은 공경에 있다.

맹자는 순임금의 효를 대효(大孝)로 밝혔는데 순임금은 자신이 죽음에 처한 극한상황에서도 유교에서 강조하는 공경의 표본을 실천하였다.

> 만장이 말하였다. 어느 날 순의 부모가 순으로 하여금 창고를 수리하게 하고 순이 지붕 위에 올라가자 사다리를 치운 다음 고수가 창고에 불을 질렀다. 또한 순에게 우물을 파게 하고는 순이 우물 속에 들어가자 위에서 우물을 묻었다. 순은 옆으로 구멍을 뚫고 살아나왔건만 상이 그런줄도 모르고 말하기를 '꾀하여 도군을 죽인 것은 모두 나의 공이니, 소와 양은 부모의 것이요, 창고에 있는 곡식은 부모의 것이요, 방패와 창은 나의 것이요, 거문고도 내 것이요, 활도 내 것이다. 두 형수는 나의 시중을 들게 하리라.' 하고는, 상이 가서 순의 궁궐에 들어가

것은 '사랑함'과 '두려움'이 복합된 양가감정(兩價感情)이다. 따라서 경(敬)은 관계적 존재인 인간이 삼라만상과 온당한 관계를 맺고, 유지하고 발전시켜 나가는 원리이자 인격의 실체이다. 그러므로 효(孝)를 통해서 함양되는 경(敬)은 관계적 존재인 인간에게 있어서 백가지 행실의 근본이 되며, 모든 선(善)의 요체가 된다(이계학, 「교육방법론으로서의 효」, 『효사상과 미래사회』, 한국정신문화연구원(현 한국학중앙연구원), 1995, p.316). 그러므로 효는 경으로 드러나며 인격의 정도를 기준하는 표준이 된다.

51 "孟子曰 事孰爲大 事親爲大."(『孟子』, 「離婁上」, 『합본4서3경』, 양우당, 1980, p.276).

자, 순이 상(牀) 위에서 거문고를 타고 있었다. 상이 말하기를 '몹시 형님을 생각하던 나머지 와서 뵙습니다.' 하며 부끄러워하자 이에 순은 '이 여러 신하들을 너는 내게 와서 다스리라.' 하였다. (만장이 말하기를) '알지 못하겠습니다. 순은 상이 자신을 죽이려 한 것을 모르셨겠습니까?' 하니 맹자가 말하기를 '어찌 알지 못했겠냐마는, 상이 근심하면 자기도 또한 근심하고, 상이 기뻐하면 자기도 또한 기뻐한 것이다.'[52]

위의 글은 『맹자』에 나오는 순임금의 효행[53]에 대한 설화이다. 순임금이 이복동생인 상과 아버지인 고수가 목숨까지 빼앗으려는 악의적인 음모에도 불구하고, 그들에 대해 끝까지 효제를 실천하는, 최악의 상황에서도 최고의 덕행을 보여 준다. 순임금이 가족들을 원망하고 미워하기로 하면 한이 없겠으나 가족이 존재함에 감사하고 끝까지 공경하는 마음을 놓지 않고 효제(孝悌)를 실천한 대목이다. 또한 정산도 공경의 중요성을 다음과 같이 밝혔다.

말씀하시기를 남을 해하면 해가 나에게 돌아오나니 곧 자기가 자기를 해하는 것이 되며, 남을 공경하고 높이면 이것이 또한 나에게 돌아

---

52 "萬章日 父母使舜 完廩捐階 瞽瞍焚廩 使浚井 出 從而揜之 象日 謨蓋都君 咸我績 牛羊父母 倉廩父母 干戈朕 琴朕 弤朕, 二嫂 使治朕棲. 象 往入舜宮 舜 在床琴 象日 鬱陶思君爾 忸怩 舜日 惟茲臣庶 汝其于予治 不識 舜 不知象之將殺己與 日奚而不知也 象憂亦憂 象喜亦喜."(『孟子』, 「萬章上」, p.293).

53 중국의 고대 왕위는 요(堯), 순(舜), 우(禹), 탕(湯)으로 이어진다. 요임금은 후계왕위를 자기 자식이 아닌 전혀 다른 사람에게 물려준다. 이것을 선양(禪讓)이라 한다. 요임금은 순에게 왕위를 선양할 때 그 기준을 순의 지극한 효(孝)에 두었다. 중국 역사에 있어서 효의 가치가 얼마나 소중했는가를 알 수 있는 대목이며 오늘날 중국에서 효를 강조하는 이유가 오랜 전통 유산임을 알 수 있다.

오나니 곧 자기가 자기를 공경하고 높임이 되나니라.[54]

이처럼 정산은 공경의 당위성을 근본적인 인과의 차원에서 밝혔고 공경만이 효를 실천하는 데 있어서 가장 큰 덕목임을 강조하였다.

다음으로 불공(佛供)[55]은 경외심을 가지고 천만 사물에 응하는 것이다. 더불어 항상 경건한 생활과 함께 일의 대소사에 상관없이 정성을 다함을 말한다. 원불교에서는 유교적 사상인 공경과 불교의 불공을 수용하여 신앙과 수행으로 활용하고 있다. 따라서 원불교 효의 본질은 공경과 불공의 조화에서 찾을 수 있다. 공경의 마음으로 모시고 섬기는 것은 경외심이라 할 수 있고, 부처님을 대하듯이 모시고 섬기는 행위를 불공이라 할 수 있다.

소태산은 이러한 공경과 불공을 『대종경』「제2 교의품」 4장에서 자세히 밝히고 있다.

일원상을 신앙의 대상으로 하고 그 진리를 믿어 복락을 구하나니, 일원상의 내역을 말하자면 곧 사은이요, 사은의 내역을 말하자면 곧 우주 만유로서 천지 만물 허공 법계가 다 부처 아님이 없나니, 우리는 어느 때 어느 곳이든지 항상 경외심을 놓지 말고 존엄하신 부처님을 대하는 청정한 마음과 경건한 태도로 천만 사물에 응할 것이며, 천만

---

54 『정산종사법어 : 제2부 법어』, 「제5 원리편」 49, p.834.
55 부처님께 향, 등, 꽃, 차, 과일 따위로 공양하는 재를 말함. 지금 우리나라에서는 재물을 많이 들여서 죽은 이의 명복을 비는 법회를 재라 하고, 보통으로 부처님께 공양하는 것은 불공이라 한다(운허용하, 앞의 책, 『불교사전』, p.327). 불공의 효는 부처님께 바치는 정성처럼 모든 사람에게 정성을 쏟는 것이다.

사물의 당처에 직접 불공하기를 힘써서 현실적으로 복락을 장만할지니 (……).[56]

이처럼 소태산은 경외심을 가지고 공경의 마음으로 천만 사물에 응하며, 존엄하신 부처님을 대하는 청정한 마음과 경건한 태도의 불공으로 천만 사물에 응하라고 하였다. 결국 공경과 불공은 효의 실현으로 귀착된다.

2) 공경과 불공의 방법

공경과 불공의 방법적인 면은 천만 사물을 응할 때에 공경의 마음으로 대하는 동시에 또한 부처님을 대하듯이 불공의 마음으로 대하는 데 그 본의가 있다. 사은의 은혜에 보은의 도를 따르는 것이 바로 불공이다. 그러므로 불공의 효는 사은에 대한 보은에서 비롯된다. 불공의 구체적 의미는 일체 유정 무정의 사물과 인간의 관계 속에서 은(恩)의 요소가 발견되므로 세상에 함부로 대할 수 있는 것은 아무것도 없다는 것이며 이는 "처처불상 사사불공(處處佛像 事事佛供)"[57]이라

---

56 『대종경』, 「제2 교의품」 4, p.113.

57 '처처불상 사사불공(處處佛像 事事佛供)'은 원불교 교리표어의 하나로서 이 세상 모든 사람, 또는 우주만물이 다 부처님이므로, 모든 일에 부처님께 불공하는 마음으로 경건하고 엄숙하게 살아가자는 뜻이다. 신앙과 수행을 병진하는 원불교 교리의 특색을 잘 나타내 주고 있다. 처처불상은 우주만유의 본원이며 일체 중생의 본성인 일원상 진리에 근거하여 모든 존재가 다 일원 즉 법신불의 응화신이라는 의미에서 유래한다. 이는 동학의 시천주나 인내천과도 상통한다(하정남, 「한국신종교의 남녀평등사상에 관한 연구─소태산의 탈가장부적 종교운동을 중심으로」, 원광대학교 박사학위논문, 1997, p.154).

는 표어에 잘 나타나 있다. 누구나 무궁한 복전을 계발할 수 있는 대
불공법인 은의 윤리에 대한 보은과 불공의 당위성을 인식하며 존재
론적인 방향성을 확립하는 길은 공경과 불공의 조화에 있다. 그러므
로 소태산은 불공의 자세와 방법, 불공의 대상에 대하여 다음과 같
이 자상히 밝혔다.

> 이 시대는 전 세계 인류가 차차 장년기에 들어 그 지견이 발달되는
> 지라, 모든 사람이 고락 경계를 당할 때에는 혹 죄복에 대한 이해가 있
> 을 것이며, 죄복에 대한 이해가 있고 보면 그 죄복의 근본처를 찾을 것
> 이며, 찾고 보면 그 뜻이 드러날 것이요, 그 뜻이 드러나고 보면 잘 믿
> 을 것이니, 사실로 이해하기 좋은 신앙처를 발견하여 숭배하면 지자와
> 우자를 막론하고 안심입명(安心立命)을 얻을 것이며, (……) 죄복의 근원
> 처를 찾아서 불공하므로 무슨 서원이든지 반드시 성공할 것이니, 그러
> 므로 우리는 불상 한 분만 부처로 모실 것이 아니라 천지 만물 허공 법
> 계를 다 부처님으로 모시기 위하여 법신불 일원상을 숭배하자는 것이
> 니라.[58]

이처럼 소태산은 우주만유, 즉 천지만물 허공법계를 다 섬김의 대
상으로 모시고 불공해야 함을 강조하면서 공경과 불공의 당위성을
밝혔다. 이와 같이 원불교의 불공은 경외심 또는 공경을 전제로 한
천지만물 허공법계에 대한 상생적 보은행의 현실적 구현이다. 원불

---

58 『대종경』, 「제2 교의품」 14, pp.119-120.

교의 공경과 불공은 유교적인 경 사상과 불교적인 불공과의 조화 속에 원불교 효사상의 본질을 드러내고 있으며, 종교의 국한을 넘어선 원불교 효사상의 확장을 의미한다. 그러므로 소태산은 불공의 방법론을 실지불공과 진리불공의 두 가지로 밝히게 된다.

소태산은 "불공하는 법이 두 가지가 있으니, 하나는 사은 당처에 직접 올리는 실지불공이요, 둘은 형상 없는 허공 법계를 통하여 법신불께 올리는 진리불공이라, 그대들은 이 두 가지 불공을 때와 곳과 일을 따라 적당히 활용하되 그 원하는 일이 성공되도록 까지 정성을 계속하면 시일의 차이는 있을지언정 이루지 못할 일은 없으리라."라고 밝혔으며, 또 진리불공의 방법에 대해서는 "몸과 마음을 재계(齋戒)하고 법신불을 향하여 각기 소원을 세운 후 일체 사념을 제거하고, 선정(禪定)에 들든지 또는 염불과 송경을 하든지 혹은 주문 등을 외어 일심으로 정성을 올리면 결국 소원을 이루는 동시에 큰 위력이 나타나 악도 중생을 제도할 능력과 백 천 사마라도 귀순시킬 능력까지 있을 것이니, 이렇게 하기로 하면 일백 골절이 다 힘이 쓰이고 일천 정성이 다 사무쳐야 되느니라."[59]라고 밝혔다.

이렇게 소태산이 그 내용을 구체화하여 실지불공과 진리불공을 원불교 불공법으로 제시한 본의는 전인적 인격의 구현에 있다.

한편 실지불공은 사은 신앙이라 하며 처처불 신앙(우주만유가 법신불의 응화신임을 자각하고 모든 존재와 모든 일에 존엄하신 부처님을 모시고 받드는 신앙 태도), 감사보은불공(법신불의 응화신으로서 우주만유는 법신불의 무한 생성의 은

---

59 『대종경』, 「제2 교의품」 16, p.121.

적 현현체이므로 사은에 보은하는 불공생활의 당위성을 강조하는 신앙태도), 인과 진
리의 신앙(사은의 무한 생성의 은혜는 무질서와 혼돈을 통해서가 아니라 공정하고 합
리적인 인과의 이법으로 발현됨을 아는 신앙 태도)[60]으로 설명된다. 소태산은
현실 생활에서 실지불공의 예를 다음과 같이 밝혔다.

> 대종사 봉래정사(蓬萊精舍)에 계실 때에 하루는 어떤 노인 부부가 지
> 나가다 말하기를, 자기들의 자부(子婦)가 성질이 불순하여 불효가 막심
> 하므로 실상사(實相寺) 부처님께 불공이나 올려 볼까 하고 가는 중이라
> 고 하는지라, 대종사 들으시고 말씀하시기를 '그대들이 어찌 등상불에
> 게는 불공할 줄을 알면서 산 부처에게는 불공할 줄을 모르는가.' 그 부
> 부 여쭙기를 '산 부처가 어디 계시나이까.' 대종사 말씀하시기를 '그대
> 들의 집에 있는 자부가 곧 산 부처이니, 그대들에게 효도하고 불효할
> 직접 권능이 그 사람에게 있는 연고라, (……)' 대종사 옆에 있는 제자
> 들에게 말씀하시기를 '이것이 곧 죄복을 직접 당처에 비는 실지불공(實
> 地佛供)이니라.'[61]

실지불공이란 죄복의 권능을 가진 당처에 공경과 섬김으로 다가
서서 모시는 자세를 말한다. 이것은 상하 관계를 초월한 절대적 존
재에 대한 불공으로 발현된다. 소태산이 위 법문에서도 밝혔듯이 노
부부의 며느리를 대상으로 한 당처 불공이 며느리로 하여금 효심을

---

60 노권용, 「기신론의 일심삼대사상을 통해 본 일원상신앙 소고」, 『원불교사상』 제6
집, 원불교사상연구원, 1982, p.168. 노권용은 본 논고에서 실지불공을 처처불신
앙, 감사보은불공, 인과진리의 신앙으로 3분하였다.
61 『대종경』, 「제2 교의품」 15, pp.120-121.

불러일으키게 하였고 그것이 상호간의 불공으로 현실화된 것이다. 과거 우리는 일반적으로 효도와 불효의 행위적 주체를 보통 아랫사람으로 국한하였다. 윗사람이 어떻게 하든지 아랫사람은 윗사람에게 효도를 해야 한다고 배워 왔다. 그러나 소태산은 먼저 윗사람이 아랫사람에게 부처님 공경하듯 위해 주면서 불공하라고 가르친 것이다. 효도하고 불효하는, 죄 주고 복 주는 근거가 자부에게 있으니 그러한 권능을 가진 당처에 공경과 불공을 정성으로 다할 것을 소태산은 강조하였다. 유교적인 공경과 불교적인 불공의 현실적 조화와 실지불공을 통해 효가 발현됨을 밝혔다.

진리불공이란 법신불 신앙이다. 법신불 신앙은 모든 존재의 근원이며 일체 생성의 근원으로서 만유를 관통하여 두루 주재하는 신령한 법신불에의 절대적 신앙과 전인적 귀의를 통하여 그 법신불의 무한한 은혜와 위력의 감응 속에 살아가는 신앙적 모습을 말한다. 이를 법신불 입장에서는 진리불공이라고도 한다.[62] 결국 원불교의 공경과 불공의 조화는 실지불공과 진리불공의 조화로 그 의미를 더욱 다져 절대적 효[63]로 귀결된다.

---

62 노권용, 앞의 논문, 「기신론의 일심삼대사상을 통해 본 일원상신앙 소고」, p.168.
63 "밀교에서 사종법신이 등장한다. 이것은 모든 것이 다 법신인데 지옥중생까지도 구제하기 위해서 지옥으로 가서 지옥의 중생으로 태어나는 법신을 말한다. 지옥 중생까지도 구제하려는 의지는 절대적 효의 실천이라 할 수 있다. 이것은 자성법신(自性法身), 수용법신(受用法身), 변화법신(變化法身), 등류법신(等流法身)이다. 대일여래의 무한자비 활동에 대한 설명으로써 제기되는 오종법신설 가운데 가장 보편적이고 전형적인 것은 사종법신설이라 볼 수 있다. 사종법신설이 밀교의 전형적 불신론으로 지목되며 사종법신은 우주에 존재하는 무량무변의 불신을 총섭하여 사종으로 정리한 것이다."(노권용, 「불타관의 연구」, 원광대학교 박사학위논문, 1987, pp.140-144 참조).

273

3) 공경과 불공의 회통

소태산은 『정전』 수행편 솔성요론 7항에 "모든 사물을 접응할 때에 공경심을 놓지 말라."[64]고 밝혔다. 솔성요론은 성품을 거느리는 긴요한 표준으로 심성을 계발하고 생활을 향상하는 좋은 습관을 갖게 하여 선행을 지향하는 삶으로 인도한다.

소태산은 우리의 본래 마음인 성품을 일상생활 속에서 지혜롭게 활용할 수 있는 중요한 조항을 16가지로 밝혔는데 그중에서 7번째 조항에 이처럼 '공경하는 마음 자세'를 강조하였다. 공경하는 마음으로 천만 사물을 대해야만 처처불상임을 알게 되고 모든 것이 부처임을 알 때 사사불공의 행동이 수반되기 때문이다. 솔성요론을 소태산이 밝힌 근본 목적은 일상생활을 통하여 부처 되는 길을 제시하기 위함이다. 그중에서 솔성요론 7항에서 밝힌 공경심은 효도하는 근본적인 마음이다. 따라서 공경이란 상하와 국한을 초월한 원불교의 효사상[65]에 있어서 핵심 요체이며 실천 근거이다.

원불교에서는 사은의 한량없는 은혜를 발견하고 그 은혜적 존재인 우주만유 삼라만상에 대하여 항상 감사하면서 보은행을 실천하며 살아야 한다고 가르친다. 여기에 그 실천에 있어서 인간이 경외심을 가지고 보은의 대상에 대하여 정성을 다하는 것이 원불교의 공경의 효다. 어떤 대상이든지 공경하는 마음이 없이 모신다는 것은

---

64 『정전』, 「제3 수행편」 제12장 솔성요론, pp.82-83.
65 소태산은 불효가 막심한 자부에게 먼저 부모가 정성을 다하여 공경과 불공을 하면 효성스런 며느리로 변하여 새로운 사람이 됨을 밝혔다(『대종경』, 「제2 교의품」15, pp.120-121참조).

형식에 불과할 뿐이다. 정성으로 공경하는 마음 자세로부터 발현되는 언행이 효행실천의 바탕이 되기 때문이다. 이것을 소태산은 소소영령(昭昭靈靈)한 인과의 원칙과 삶에 대한 방법으로 다음과 같이 밝혔다.

> 식물들은 뿌리를 땅에 박고 살므로 그 씨나 뿌리가 땅 속에 심어지면 시절의 인연을 따라 싹이 트고 자라나며, 동물들은 하늘에 뿌리를 박고 살므로 마음 한 번 가지고 몸 한 번 행동하고 말 한 번 한 것이라도 그 업인(業因)이 허공 법계에 심어져서, 제 각기 선악의 연(緣)을 따라 지은대로 과보가 나타나나니, 어찌 사람을 속이고 하늘을 속이리요.[66]

이와 같이 인간의 언행으로 나타나는 행동거지는 하나도 빠짐없이 선악의 연을 따라 인연과보로 나타난다. 그렇기 때문에 소태산은 나와 인연의 고리로 연결되어 있는 우주 만유에 대해서 항상 경외심을 가지고 살아가라고 『대종경』 「제2 교의품」 4장에서 강조하였다. 따라서 원불교 효사상의 교리적 바탕인 일원상 신앙과 수행도 경외심과 함께해야 그 신앙과 수행을 온전히 체현(體現)하는 것이다. 경외심을 바탕으로 정성을 다할 때 은혜의 대상에 대한 참다운 공경심이 발현되어 불공으로 이어진다.

---

[66] 『대종경』, 「제5 인과품」 3, pp.219-220.

　　그대들은 누구를 대하거나 공경심을 놓지 말고 아무리 미천한 사
람이라도 이 회상의 발전에 도움을 줄 수도 있고 해독을 줄 능력도 있
다는 것을 각성하여, 상불경(常不輕)의 정신으로 모든 경계를 처리하
라.[67]

　　예를 들면 노인이 자력이 없을 때 내 부모처럼 받들고 모시고자
하면 공경하는 마음 자세가 우선해야만 한다. 그래서 소태산은 차별
없는 공경심과 그 자세에 대해 밝히고 있다. 매사를 가볍게 보지 말
고 무슨 일을 만나든지, 어떤 일을 하든지 공경하는 마음가짐과 행
동을 견지해야 함을 강조한 것이다. 그래야 공경이 불공으로 연결되
며 공경과 불공의 조화를 이끌기 때문이다. 소태산이 부모은에서
"무자력한 타인의 부모라도 내 부모와 같이 보호하라."고 밝혔고
"힘 미치는 대로 무자력한 사람에게 보호를 줄 것이니라."[68]라고 강
조하였다. 이와같이 범위를 확대하여 무자력한 사람들에게 보호를
주려는 실천의 의지도 그들에 대한 공경심이 우선 발현되어야 한다.
이렇듯 공경과 불공의 조화는 원불교 효사상의 근원적 본질이다.

　　한편『사십이장경(四十二章經)』에서 석가모니는 "늙은 여인은 어머
니 같이 생각하고 젊은 여인은 누이 같이 생각하고 어린 여자는 딸
같이 생각하여 예로써 공경할지니라."[69]고 설하였다. 본장의 핵심

---

67 『대종경』, 「제13 교단품」 25, p.363.
68 『정전』, 「제2 교의편」 제2장 사은, 제2절 부모은, p.32.
69 "老者 以爲母 長者 以爲姉 少者 如妹 幼者 如女 敬之以禮."(『불조요경』, 「사십이장경」
　29, 원불교정화사 편, 『원불교전서』, 원불교출판사, 1992, p.457, 465 참조).

내용은 음욕을 경계하라는 것이다. 그러나 여기에서 모든 여자(늙은
여인, 젊은 여인, 어린 여자)들은 가정에서의 어머니, 누나, 딸처럼 여기고
예로써 공경하라는 가르침에 주목해야 한다. 가정에서 가족 간의 윤
리도 상하를 막론하고 연장자·연하자 구분 없이 '공경심'으로 시작
해서 불공으로 이어져야 함을 강조한다.

의례히 자녀가 부모를 봉양할 때는 공경의 예로써 모시라 한다.
그런데 부모가 자녀를 대할 때는 공경의 예로써 대한다는 것은 모순
이라 단정할 수도 있다. 그럼에도 불구하고 본 장에서 공경[70]의 예는
부모도 자녀에게 반드시 취해야 할 예임을 가르치고 있다. 처처불상
사사불공의 의미를 실천으로 구축하는 행위의 시작이 공경과 불공
이다. 공경의 부분은 광의의 효 차원에서 볼 때 모두에게 해당되는
것이다.

지금까지 밝힌 것처럼 우주 만유에 대한 경외심과 공경하는 태도
를 바탕으로 한 불공의 정신을 현실생활에서 실천하는 것이 원불교
의 공경과 불공의 조화를 통한 효이다. 또한 소태산이 부모 보은의
강령에서 밝힌 무자력자(無自力者)를 보호해야 하는 것도 공경심을 바
탕으로 하여 넓게 포용하고 적극적인효행을 실천하는 것이다.

법신불 일원상을 신앙하는 원불교에서는 우주만유가 은혜와 감
사의 존재요, 보은의 대상임을 알고 공경심을 가지고 일심을 다하는

---

70 『근사록(近思錄)』에 보면 "경(敬)은 성품을 기르기 위한 한가지 일(敬是涵養一事)"
(성백효 역주, 「권2 위학지요」, 『역주근사록집해』 1, 전통문화연구회, 2006, p.308)
이라 하였다. 성품의 함양은 남녀노소 상하귀천에 관계없는 일이며, 경을 실천하
는 방법은 다양하되 단지 성품을 기르는 데 있어서는 한가지 일로 통한다는 의미
이다. 따라서 자녀를 대할 때일지라도 경은 필요한 것이다.

정성을 통해서 공경과 불공의 효를 실천한다. 그러므로 불공의 대상
에 대하여 경외심을 가지고 최선을 다하여 섬기고 모시는 것이 바로
공경과 불공의 조화를 통한 원불교적인 효[71]다. 따라서 종교가에서
말하는 섬김이나 모심은 공경심을 바탕한 불공과 그 의미가 통한다
고 볼 수 있다.

---

[71] 원불교적인 효는 무엇보다 『정전』 '부모은' 중 '부모 보은의 조목'의 실천에 있다.
　　소태산이 밝힌 일원상진리와 사은사요, 삼학팔조를 종합하여 원불교적 효의 대체
　　를 밝히면 은혜의 효, 감사의 효, 보은의 효, 공경의 효, 불공의 효로 말할 수 있다.

03
심신낙원의 지향

○

1) 신효와 심효를 통한 심신낙원

심신낙원(心身樂園)의 지향은 자녀가 효를 잘하여 부모의 몸과 마음을 평안하고 기쁘게 해 드리며 나아가 세상의 모든 무자력자에게 보은하여 더불어 자녀도 기쁨과 보람을 얻는 것을 말한다. 먼저 신효(身孝)와 심효(心孝)를 통한 심신낙원의 지향에 관하여 그 구체적인 내용을 보면 다음과 같다.

신효(身孝)란 육신을 잘 봉양하여 드리는 효다. 이것은 부모와 노인의 육신이 불편함이 없고 편안하도록 잘 모시는 효행 실천이다. 소태산은 부모 보은의 조목에서 "부모가 무자력할 경우에 힘 미치는 대로 육체의 봉양을 드릴 것이요"[72]라고 했다. 신효에 대한 소태산의 실천은 병상에 있는 모친의 시탕을 통하여 그 정성과 간절함이 다음과 같이 드러나 보인다.

> 대종사 봉래정사에서 모친 환후(患候)의 소식을 들으시고 급거히 영광 본가에 가시사 시탕하시다가 아우 동국(東局)에게 이르시기를 '도덕을 밝힌다는 나로서는 모친의 병환을 어찌 불고하리요마는, 나의 현재 사정이 시탕(侍湯)을 마음껏 하지 못하게 된 것은 너도 아는 바와 같이 나를 따라 배우기를 원하는 사람이 벌써 많은 수에 이르러 나 한 사람이 돌보지 아니하면 그들의 전도에 지장이 있을 것이요, 이제까지 하여 온 모든 사업도 큰 지장이 많을 것이니, 너는 나를 대신하여 모친 시탕을 정성껏 하라. 그러하면 나도 불효의 허물을 만일이라도 벗을 수 있을 것이요, 너도 이 사업에 큰 창립주가 될 것이다.' 하시고 (……).[73]

위의 법문은 소태산이 무자력한 부모에 대한 효행 실천을 밝힌 내용이다. 부모 또는 노인들이 무자력할 경우에 최선을 다해서 봉양해야 함은 아래 사람들의 당연한 의무이다. 소태산도 자녀는 무자력한 부모에게 육체의 봉양과 심지의 안락을 드리며 사후에도 모심의 예를 다해야 한다고 하였다. 그러기 위해서는 먼저 자녀가 그 몸과 마

---

72 『정전』, 「제2 교의편」 제2장 사은 제2절 부모은 4. 부모 보은의 조목, p.32.
73 『대종경』, 「제4 인도품」 49, pp.211-212.

음을 온전히 보전하여 부모가 걱정하지 않게 해야 한다. 부모에게 있어서 자녀의 심신 간 괴로움은 자신의 그것보다 더 크고 깊은 상처가 된다. 이러한 고통을 드리지 말아야 한다는 것이다. 자신의 심신을 잘 다스려 건강하고 건전하게 보전[74]하여 늘 편안하고 환한 모습으로 부모를 대하는 것이 첫째일 것이다.

또한 부모의 말에 순응하며 늘 위안을 주는 일이다. 자신의 척도로 부모의 인생을 가늠하지 않고 부모의 삶 그대로를 긍정적으로 받들며 실존적 존재로서의 삶 전체를 마음껏 누리도록 정신적 지지와 지원을 해야 할 것이다.[75] 부모는 자식에게 아낌없이 모든 것을 주고자 한다. 이것을 내리사랑이라고 하는데 자식은 항상 받는 입장에서만 부모를 대할 때가 많다. 특히 물질에 있어서는 더욱 그러하다. 신효는 부모로부터 오랫동안 한없이 받은 것에 대한 자식 된 도리의 당연한 시작일 뿐이다. 반포지효(反哺之孝)라는 말이 있듯이 인간으로서 부모를 육체적으로 편안하고 여유롭게 해 주는 일은 반드시 해야 될 도리다. 신효는 부모의 자비로운 은혜를 생각하면서 정성껏 육체의 봉양을 아끼지 않는 양구체(養口體)의 효다.

---

74 소태산은 인간의 몸(신체)은 만사만리의 근본이 된다고 밝히고, "부모가 있으므로 만사만리의 근본되는 몸을 얻게 되었다."고 하였다. 따라서 부모의 은혜로 말미암아 만사만리의 근본인 몸을 얻었다는 것을 아는 것 자체가 효의 시작이다(『정전』제2 교의편, 제2장 사은, 제2절 부모은, 2. 부모 피은의 조목 참조). / 『효경(孝經)』에서는 "신체는 부모가 주었으니 그 신체를 훼손하지 않고 온전하게 보전함이 효의 시작이다"고 하였다("身體髮膚, 受之父母, 不敢毀傷, 孝之始也." 『신완역 효경』, 「開宗明義」, p.63). / 『성경』에서는 "Body is the temple of the Holy Ghost"(I Corinthians 6:19, The King James Version, The Holy Bible : Old and New Testaments, Thomas Nelson Inc., 1976, p.112) 라고 말하며 몸을 성령이 거하는 전(성전)이라고 밝혔다.

75 이성전, 「부모은—무한한 사랑과 자비의 화신」, 《원광》 제150호, 1987, pp.29-30.

심효(心孝)는 부모에게 심지의 안락을 드리는 효이다. 소태산은 "자녀가 아무리 효도한다 하여도 부모가 그 자녀 생각하는 마음을 당하기 어렵다."[76]고 하였다. 이처럼 부모가 자녀에게 쏟는 애정과 자비는 하해와 같은 것이다. 그래서 부모를 잘 섬기는 일을 효(孝)라 하고, 효도(孝道)는 부모를 잘 섬기는 도리를, 효행(孝行)은 부모를 잘 섬기는 행실을 말한다. 따라서 심효는 부모가 자녀에게 쏟는 애정과 자비에 대하여 자녀로서 닮아 가려는 마음의 움직임이다. 즉, 부모와 노인의 마음을 기쁘고 편안하게 해 주는 아랫사람으로서의 도리를 말한다.

부모 보은의 조목을 보면 "부모가 무자력할 때 힘 미치는 대로 심지의 안락을 드릴 것이요"[77]라고 했다. 육신을 편안하게 해 줌은 물론 부모와 노인의 마음까지도 헤아려서 받드는 것을 말한다. 심효는 인간과 동물이 다름을 효에서 확연히 찾을 수 있는 동기부여를 해준다. 아무리 물질적으로 풍부하게 한다 하더라도 공경하는 마음이 없다면 그것은 진정한 의미의 효행이라 할 수 없다.[78] 공경은 자기 스스로는 겸손하면서 상대방에게는 공경하는 마음가짐이 있어야 함을 의미한다. 공경이라고 하는 것은 물질적인 봉양[79]에 앞서서 부

---

76 『대종경』, 「제10 신성품」 9, p.309.

77 『정전』, 「제2 교의편」 제2장 사은 제2절 부모은 4. 부모 보은의 조목, p.32.

78 심효의 내용을 유교 경전에서 살펴보면, 세 번 간해도 듣지 않으면 울면서 따른다 ("子之事親也 三諫而不聽 則號泣而隨之."(「曲禮下 第二」, 이상옥 역저, 『신완역 예기』 상, 명문당, 1991, p.121))고 하여 자식이 부모의 뜻을 거스르지 않고 복종함을 효로 인정하였고("子夏問孝 子曰 色難 有事弟子服其勞 有酒食先生饌 曾是以爲孝乎."(『論語』, 「爲政篇」, p.93)) 부모에게는 항상 화기로운 낯빛으로 대해야 하는 것이 효라고 하였다. 효도할 때, 겸손한 자세와 공경하는 마음가짐이 없이 일이 있을 때 일이나 대신해 주고, 음식이나 차려 드리는 따위의 것을 효도라고 생각해서는 안 된다.

모나 노인의 뜻을 정성과 존경으로 받드는 것이다.

따라서 심효는 부모나 노인의 의중을 헤아려 정신적으로 안락하게 해 주는 양지(養志)의 효다. 정산은 심효의 본질은 인격의 구비로부터 발현됨에 있음을 밝혔다. 정산에 의하면 심효의 실천은 인격의 함양으로부터 시작한다. 정산은 인격을 겉 인격과 속 인격으로 구분하여 안으로 양심을 갖춘 것을 속 인격이라 하였다. 밖으로 나타난 인물, 학벌 등은 겉 인격에 불과하므로 안으로 실다운 양심을 구비하여 속 인격을 갖추어야 근본을 잘 가꾸는 것이라 밝혔다.[80] 따라서 인간 내면의 양심을 발견하고 본성을 회복하여 그것이 어른에 대한 공경으로 이어질 때 심효의 본질이 발현된다 할 수 있다. 이와 같이 신효와 심효를 조화롭게 잘 활용하여 세상의 모든 무자력한 사람들을 심신 간 낙원에 안주케 하는 것이 원불교 효사상의 본질 가운데 하나이다.

2) 낙원인도를 통한 심신낙원

소태산은 "진리적 종교의 신앙과 사실적 도덕의 훈련으로써 정신의 세력을 확장하고, 물질의 세력을 항복 받아, 파란고해의 일체 생령을 광대무량한 낙원(樂園)으로 인도"[81]하기 위하여 원불교를 개교

---

79 "子游問孝 子曰 今之孝者 是謂能養 至於犬馬 皆能有養 不敬 何以別乎."(『論語』, 「爲政篇」, p.93). 짐승도 먹여 길러 줌이 있고 사랑해 줌이 있는데, 만약에 먹이면서 사랑함이 없고 공경함이 없다면 동물과 다를 바가 없다. 그러므로 효란 공경과 봉양을 겸해야만 된다.

80 『정산종사법어 : 제2부 법어』, 「제10 근실편」 14, p.935 참조.

하였다. 또한 그는 종교를 시대화, 대중화, 생활화하여 "너른 세상의 많은 생령이 다 불은(佛恩)을 입게하고 광대하고 원만한 종교"[82]를 표방하며 일원상 진리를 선포한다.

소태산은 파란고해의 세상을 구제하고 윤리·도덕적 나락과 함께 정신적 공황에 빠진 인류를 낙원세상으로 인도하고자 인생의 요도와 공부의 요도를 진리적 종교의 신앙과 사실적 도덕의 훈련으로 제시하였다. 공부의 요도와 인생의 요도의 내용을 살펴보면, 공부의 요도란 마음공부를 잘 하기 위해서 걸어가야 할 요긴한 길, 즉 인간의 정신을 단련하여 훌륭한 인격을 이루기 위해 가장 필요한 법으로써 삼학팔조를 말한다. 인간이 육신을 잘 유지하기 위해서는 의식주가 필요하듯이 정신에는 수양, 연구, 취사의 삼대력이 있어야만 한다. 또 인생의 요도란 인생으로서 반드시 알아야 하고 마땅히 걸어가야 할 올바르고 긴요한 법, 즉 사은사요를 말한다.[83] 인간은 사은의 은혜를 반드시 알아서 보은해야 하며 평등 세계의 구현으로 인간다운 삶을 누릴 수 있어야 한다.

인생의 요도와 공부의 요도의 관계성을 보면 "사은사요는 인생의 요도(要道)요, 삼학팔조는 공부의 요도인 바, 인생의 요도는 공부의 요도가 아니면 사람이 능히 그 길을 밟지 못할 것이요, 공부의 요도는 인생의 요도가 아니면 사람이 능히 그 공부한 효력을 다 발휘하지

---

81 『정전』, 「제1 총서편」 제1장 개교의 동기, p.21.
82 『정전』, 「제1 총서편」 제2장 교법의 총설, pp.21-22.
83 박명제, 「원불교 효사상의 연구―부모은을 중심으로」, 『원불교사상』 제19집, 원불교사상연구원, 1995, p.425.

못할지라, 이에 한 예를 들어 그 관계를 말한다면, 공부의 요도는 의사가 환자를 치료하는 의술과 같고, 인생의 요도는 환자를 치료하는 약재와 같나니라."[84]라고 밝혔다.

우리는 넓은 세상에 살면서 인간이 실현해야 할 장(場)을 '은혜(恩惠)'의 장으로 발견하고 이에 보은하기 위한 공부의 길이 이루어져야 한다. 따라서 공부의 요도 속에는 인생의 요도가 담겨 있어야 하고, 또한 인생의 요도 속에도 공부의 요도가 반드시 수용되어야 하는 서로 떠날 수 없는 길임을 알아야 한다. 공부의 요도와 인생의 요도는 제생의세를 구현하는데 가장 중요한 과제이다.[85] 인생으로서 사은을 확실히 알고 그것의 실천을 통해 전인적 인격을 형성할 수 있다. 그러한 인격을 바탕으로 세상을 향도하고 사람들의 윤리적 토대를 마련해야 한다.

소태산은 삼학팔조와 사은사요를 빠짐없이 공부하고 실천하는 것이 보은임을 다음과 같이 밝혔다.

부모 보은의 조목에 '공부의 요도와 인생의 요도를 유루 없이 밟으라.' 하셨사오니 그것이 어찌 부모 보은이 되나이까.' 대종사 말씀하시기를 '공부의 요도를 지내고 나면 부처님의 지견을 얻을 것이요, 인생의 요도를 밟고 나면 부처님의 실행을 얻을지니, 자녀 된 자로서 부처님의 지행을 얻어 부처님의 사업을 이룬다면 그 꽃다운 이름이

84 『정전』, 「제2 교의편」 제6장 인생의 요도와 공부의 요도, p.52.
85 한기두, 「원불교선의 의미에서 본 공부」, 『원불교사상』 제17·18집, 원불교사상연구원, 1994, p.408. 한기두는 은혜의 장으로 세상을 조명한다. 이것은 원불교의 은혜의 효와 통한다고 볼 수 있다.

너른 세상에 드러나서 자연 부모의 은혜까지 드러나게 될 것이라
(……).[86]

이와 같이 소태산은 전 생령으로 하여금 진리의 은혜를 입게 하고
없어서는 살 수 없는 은혜를 알게 하여 공부의 방향로를 제시하였고
낙원인도의 윤리적 가치로서 원불교적 효를 밝힌 것이다. 그래서 소
태산은 인생의 요도 사은사요와 공부의 요도 삼학팔조를 남김없이
밟아 나가는 것이 넓은 의미의 부모 보은의 길이라 하였다. 원불교
는 공부인의 수행 정도에 따라서 여섯 단계의 법위등급(法位等級)[87]을
두었다. 모든 사람들이 이것을 단계적으로 수행해서 부처의 인격을
이루어 가도록 가르치고 있다.

따라서 법위등급은 전인적 인격을 목표로 하는 원불교의 인격 평
가의 기준이 된다. 법위등급이 높을수록 수행을 잘 한 것이요 훌륭한
인격자이며 소태산이 밝힌 공부의 요도와 인생의 요도를 실천한 사
람이다. 공부와 수행을 철저히 하여 출가위 또는 대각여래위에 오르

---

86 『대종경』, 「제6 변의품」 25, pp.249-250. 정산 또한 법어에서 다음과 같이 밝혔다.
  "학인이 묻기를 '공부의 요도와 인생의 요도를 밟음이 부모 보은 되는 내역을 더
  자상히 알고 싶나이다.' 말씀하시기를 '그 부모의 영명이 천추에 영전됨이요, 그러
  한 불보살을 세상에 희사한 공덕으로 자연 하늘 복이 돌아감이요, 현생과 후생을
  통하여 도덕 있는 자녀의 감화를 받기가 쉬움이니라.'"(『정산종사법어 : 제2부 법
  어』, 「제6 경의편」 7, pp.840-841). 이처럼 정산도 자녀가 공부의 요도와 인생의 요
  도를 잘 밝게 되면 "그 부모의 영명이 천추에 영전되고, 그러한 불보살을 세상에
  희사한 공덕으로 자연 하늘 복이 돌아가게 되며, 현생과 후생을 통하여 도덕 있는
  자녀의 감화를 받기가 쉽다."고 하였다.
87 "종교적 인격을 완성해 가는 여섯 가지 계단, 즉 보통급·특신급·법마상전급·법강
  항마위·출가위·대각여래위를 말한다. 종교적 인격이란 위의 여섯 가지 계단을 거
  쳐서 비로소 완전한 인격을 이루게 된다."(원광대학교 종교문제연구소 편, 『원불
  교사전』, 원광대학교 출판국, 1981, p.189).

게 되면 성불제중의 목표를 실현하게 된다. 결국 이것은 부모에게
더 없는 큰 효를 실천하게 되는 것이다.

인간사회에 있어서 부모에게 봉양을 잘하는 것이 부모에 대한 일
차적인 보은의 길이라 한다면 부모에게 늘 마음의 기쁨과 보람을 안
겨 주는 것이 보은이요 큰 효라 할 수 있을 것이다. 더 나아가 부모를
포함한 세상을 건지고 전 인류를 구제하는 사람이 되기 위해 공인(公
人)의 가치를 실현한다면 곧 부모 보은의 길이 된다.

3) 법효를 통한 심신낙원

심신낙원은 법효(法孝)[88]를 통하여 발현된다. 법효란 원불교 정기
훈련 십일과목[89]을 통해서 인연되는 모든 사람들이 일원대법에 동
참하여 정로를 밟게 하는 것이며, 성불제중하도록 인도하는 것이다.
더불어 모두 함께 진리, 법, 스승, 회상에 보은하며 심신낙원을 만들
어 가는 효를 말한다.

앞에서 언급했듯이 소태산은 인생의 요도 사은사요와 공부의 요

---

88 법효는 자신 스스로 정법의 길을 알고 밟아 가면서 세상의 모든 사람을 진리의 길
　로 인도하는 효를 말한다. 예를 들면 소태산이 각득한 일원상진리, 사은사요와 삼
　학팔조에 밝혀진 전체 교리의 핵심정신을 집약해 놓은 사대강령(정각정행, 지은
　보은, 불법활용, 무아봉공)을 실천하고 그것을 전할 수 있어야 한다. 특히 무아봉
　공은 법효의 궁극적 목표라 할 수 있다. 그러므로 법효의 실천주체는 스스로 정법
　에 대한 확신이 있어야 하고 그 법을 세상 사람들로 하여금 믿고 따르도록 인도할
　수 있어야 한다. 법효가 실현될 때 세상은 더욱 밝아지고 정의로운 세상이 된다.
89 『대산종법사 법문집』 3, 「제4편 훈련」 10, p.244. 원불교에서는 공부인에게 정기로
　법의 훈련을 받게 한다. 정기 훈련과목 11과목을 살펴보면 다음과 같다. 염불, 좌
　선, 경전, 강연, 회화, 의두, 성리, 정기일기, 상시일기, 주의, 조행을 말한다.

도 삼학팔조를 남김없이 밟아 나가는 것이 넓은 의미의 부모 보은의 길이라 하였다. 부모에게 봉양을 잘 하는 것은 부모에 대한 일차적인 보은의 길이다. 아울러 넓고 큰 의미에서는 부모를 위해서 세상을 건지고 부모를 위해서 중생을 구제하는 사람이 되기 위해 세상일을 한다면 이것이 곧 나 자신을 위하는 길도 되며 부모 보은의 길이 된다는 말이다.

일자출가(一子出家)에 구족생천(九族生天)[90]이라는 말이 있듯이, 내가 부처의 지행을 갖추도록 출가함으로써 부모는 물론 전 가족에게 보은이 된다. 개인으로서 사회에 출세하는 경우도 부모에게 보은이지만 출가하여 인류를 위해 희생 봉사하는 것도 부모에게 매우 큰 효도이다.[91] 원불교인으로서 일원상 진리를 각득하고 공부의 요도와 인생의 요도를 실천할 때 세상이 인정하는 지도인이 되어 결국은 부모와 세상에 보은하는 것이다. 따라서 법효는 원불교의 핵심 사상인 삼학과 사은을 제대로 알고 실천하는 데 있다. 더불어 인류가 정법을 증득하여 실천할 수 있도록 해야 한다.

소태산은 "도가의 명맥은 시설이나 재물에 있지 아니하고, 법의 혜명(慧命)을 받아 전하는 데 있나니라."[92]라고 밝혔다. 정법의 길을 밟아 가는 것이야말로 가장 우선하는 길이며, 그것을 전하는 것이 가장 큰 일임을 강조한 법문이다. 심신낙원은 혼자만 이루어 갈 수

---

90 동산양개(洞山良价)선사의 말로 가족 중에서 한 사람이라도 성불제중(成佛濟衆)하는 출가 수행자가 나오면 그 공덕으로 자손대대로 모두 복을 받는다는 의미이다. 양개선사는 중국 당나라 시대의 대표적인 선승으로 묵조선을 개창하였다.

91 류성태, 『정전풀이』상, 원불교출판사, 2009, pp.325-326.

92 『대종경』, 「제11 요훈품」 41, pp.322-323.

있는 것이 아니다. 더불어 함께 만들어 가는 것이 법효의 실천을 통한 심신낙원이다. 그래서 소태산은 다음과 같이 부촉하였다.

> 대종사 열반을 일 년 앞두시고 (……) 나의 일생 포부와 경륜이 그 대요는 이 한 권에 거의 표현되어 있나니, 삼가 받아가져서 말로 배우고, 몸으로 실행하고, 마음으로 증득하여, 이 법이 후세 만대에 길이 전하게 하라. 앞으로 세계 사람들이 이 법을 알아보고 크게 감격하고 봉대할 사람이 수가 없으리라.[93]

소태산은 정법대도인 일원상 진리를 배우고 실천하여 마음으로 증득하여 후세 만대에 영원히 전할 것을 강조하였다. 세계 인류가 일원상 진리를 알게 되고 크게 감탄하고 받들 것이라고 소태산은 예언하였다. 그 이유는 소태산이 각득한 일원상 진리는 생사의 바다를 건너게 해 주고 모든 수행의 길이 되며 모든 애욕과 탐욕을 버리게 하는 것[94]이기 때문이다. 결국은 법효를 실천하여 이룩한 심신낙원은 도덕의 부모국, 정신의 지도국으로서의 역할을 할 수 있는 요소가 되며 소태산이 개교의 동기에서 밝힌 낙원 세상을 이룩하는 밑거름이 된다.

한편 유교에서 밝힌 효의 궁극적 경지는 입신양명(立身揚名)[95]에 있

---

93 『대종경』, 「제15 부촉품」 3, p.400.
94 한정석, 『원불교 대종경 해의』 하, 동아시아, 2001, p.555.
95 "立身行道 揚名於後世 以顯父母 孝之終也."(『신완역 효경』, 「開宗明義」, pp.62-63).
　　몸을 단정히 하고 도를 닦아 그 이름을 후세에 드날려서 낳아 준 부모를 드러냄이
　　효도의 마침이라는 의미로 부모에 대한 효의 궁극적인 경지를 입신양명으로 밝힌

다. 원불교의 심신낙원을 지향하는 법효는 입신양명의 의미를 더욱 깊이 심화시켜 자기 해탈과 제생의세를 통한 인류 구원이라는 최고의 목표를 실현하는 데 있다. 이것은 소태산이 교리도에 밝힌 사대강령에도 그 의미가 함축되어 있다. 소태산이 밝힌 사대강령은 정각정행, 지은보은, 불법활용, 무아봉공이다. 사대강령의 요체는 실천에 집약되어 있다. 특히 사대강령은 소태산이 각득한 일원상진리를 체받아서 과불급이 없는 원만행으로 무아봉공의 결실을 맺도록 강조하고 있다. 법효는 일원상 진리가 진리로서의 대중성과 현실생활에서의 실천을 통한 가치실현[96]에 그 의미가 가일층 부여된다. 따라서 무아봉공은 이타적 대승행으로써 일체중생을 제도하는 데 그 목적이 있으므로 법효의 실천가치와 부합된다고 볼 수 있다.

내용이다.

96 김인철, 「소태산사상의 기본구조」, 『인류문명과 원불교사상』상, 소태산대종사탄생백주년성업봉찬회, 1991, p.145.

04
영생보은의 실현

○

1) 영생보은의 의미

인간은 태어나면 수명을 다하다가 죽음을 맞이하게 된다. 대부분의 종교의 가르침은 사람의 죽음을 생명의 끝맺음으로 보지 않는다. 원불교에서도 사람이 나고 죽는 생사의 문제를 단생으로 보지 않고 영원한 생명, 즉 영생으로 본다. 따라서 사람에게 닥치는 순경과 역경의 과정은 인간의 삶 자체이며 누구도 피해갈 수 없는 부분으로 영생으로 이어진다. 이러한 인간의 순경과 역경의 일생이 축적되어 영생을 이루게 된다. 그러므로 영생의 문제[97]는 인과보응의 진리와

함께하며 은혜로운 세상에서 보은하며 살 것을 주문한다. 소태산은
영생의 문제가 지금 우리가 살고 있는 세상과 분리된 것으로 보지
않고 순간순간이 영생의 과정임을 아래와 같이 밝혔다.

> 저 학교에서도 학기 말이나 학년 말에는 시험이 있는 것과 같이 수
> 도인에게도 법위가 높아질 때에나 불지(佛地)에 오를 때에는 순경 역경
> 을 통하여 여러 가지로 시험이 있나니, 그러므로 부처님께서도 성도(成
> 道)하실 무렵에 마왕 파순(波旬)이가 팔만 사천 마군을 거느리고 대적하
> 였다 하며 후래 수행자들도 역시 그러한 경계를 지냈나니, 내가 지금
> 그대들을 살펴볼 때에 그대들 중에도 시험에 걸려서 고전(苦戰)을 하고
> 있는 사람과 패전하여 영생 일을 그르쳐 가는 사람과 또는 좋은 성적
> 으로 시험을 마쳐서 그 앞 길이 양양한 사람도 있나니, 각자의 정도를
> 살피어 그 시험에 실패가 없기를 바라노라.[98]

사람이 목표를 향해서 노력하는 가운데 닥치는 순경과 역경의 과
정은 인간의 삶 자체이다. 즉 순경과 역경의 과정을 피할 수 없는 인
간의 일생이 축적되어 영생을 이루게 된다. 그렇기 때문에 소태산은
중도에 어려움에 빠져서 고전을 하고 있는 사람과 더불어 자포자기

---

97 소태산은 "내가 다생 겁래로 많은 회상을 열어 왔으나 이 회상이 가장 판이 크므로
　창립 당초의 구인을 비롯하여 이 회상과 생명을 같이 할 만한 혈심 인물이 앞으로
　도 수를 헤아릴 수 없이 많이 나리라(『대종경』, 「제15 부촉품」 10, p.404)."라고 밝
　혔다. 이처럼 소태산은 다생 겁래 즉 영생을 밝히면서 생생(生生)마다 삶의 의미를
　찾도록 하였으며 영원무궁한 삶을 통해 정법회상의 중요성과 그 회상을 이끌어 갈
　인재가 무수히 배출될 것을 밝혔다.
98 『대종경』, 「제3 수행품」 48, p.171.

하여 버린 사람들에게 영생 일을 그르치지 말라고 위의 법문을 통해 강조한 것이다. 그러므로 영생이란 모든 사람에게 주어진 과정이라고 볼 수 있다.

영생은 인간에게 부여된 필연적인 것이기 때문에 소태산은 영생에 대비한 삶의 방향을 다음과 같이 제시해 주었다.

> 사람이 평생에 비록 많은 전곡을 벌어 놓았다 하더라도 죽을 때에는 하나도 가져가지 못하나니, 하나도 가져가지 못하는 것을 어찌 영원한 내 것이라 하리요. 영원히 나의 소유를 만들기로 하면, 생전에 어느 방면으로든지 남을 위하여 노력과 보시를 많이 하되 상(相)에 주함이 없는 보시로써 무루(無漏)의 복덕을 쌓아야 할 것이요, 참으로 영원한 나의 소유는 정법에 대한 서원과 그것을 수행한 마음의 힘이니, 서원과 마음공부에 끊임없는 공을 쌓아야 한없는 세상에 혜복의 주인공이 되나니라.[99]

우리는 지금 살고 있는 현재의 상황만 생각하지 말고 영원한 세계를 인지하며 삶의 방향을 세워야 한다. 소태산이 위의 법문에서 강조한 영원한 삶의 표준은 정법에 대한 서원과 그것을 실천할 수 있는 마음의 힘이다. 이러한 영생의 확연한 모습을 인지하고 없어서는 살 수 없는 은혜에 대한 보은행이 이어질 때 영생보은은 실현된다. 그러므로 영생보은이란 영원한 삶이 있다는 것을 믿고 우주만유에

---

99 『대종경』, 「제9 천도품」 17, pp.293-294.

대한 은혜에 보은하는 것을 의미한다.

2) 삼세부모에 대한 보은

원불교 효사상의 본질은 영생을 통해 보은을 실현하는 데 있다. 소태산은 부모 보은의 조목에서 "부모가 생존하시거나 열반(涅槃)하신 후나 힘 미치는 대로 무자력한 타인의 부모라도 내 부모와 같이 보호할 것이요"[100]라고 밝혔다. 또한 소태산은 『대종경』 변의품에서 아래와 같이 밝혔다.

> '자력 없는 타인의 부모라도 내 부모와 같이 보호하라 하셨사오니 그것은 어찌 부모 보은이 되나이까.' 대종사 말씀하시기를 '과거 부처님이 말씀하신 다생의 이치로써 미루어 보면 과거 미래 수천만 겁을 통하여 정하였던 부모와 정할 부모가 실로 한이 없고 수가 없을 것이니, 이 많은 부모의 은혜를 어찌 현생부모 한두 분에게만 보은함으로써 다하였다 하리요. 그러므로, 현생부모가 생존하시거나 열반하신 후나 힘이 미치는 대로 자력 없는 타인 부모의 보호법을 쓰면 이는 삼세 일체 부모의 큰 보은이 되나니라.'[101]

삼세부모에 대한 보은은 타인의 부모라도 내 부모와 같이 봉양하고 무자력자를 보호함으로써 삼세의 모든 부모에게 효를 다하는 것

---

100 『정전』, 「제2 교의편」 제2장 사은 제2절 부모은 4. 부모 보은의 조목, p.32.
101 『대종경』, 「제6 변의품」 25, pp.249-250.

이다.

나와 남의 부모를 평등하게 받듦과 나를 미루어 남에게 미치는 심법으로 타인의 부모라도 봉양하여 모시는 것이다. 이는 불교의 평등사상과 유교의 추기급인(推己及人)[102]의 사상이 수용된 것이다. "내 부모와 같이"라는 말에는 내 부모와 다른 사람의 부모를 같이 보는 불교의 평등사상이 들어 있다. 유교에서는 친부모를 중심으로 하면서 다른 사람의 부모도 공경하라고 한다. 반면에 불교에서는 평등 정신만 강조하다 보니 실질적인 친부모를 소홀히 하는 면이 있다. 그래서 출가자는 성불해서 부모를 영적으로 구제한다는 면을 강조한다. 원불교의 교역자는 무아 봉공의 공도 생활을 하는 것이 주체가 되나 자기가 할 수 있는 만큼의 친부모를 모신다.[103]

이것은 자기 부모의 국한을 넘어서서 무자력한 사람과 삼세의 일체 부모를 받드는 것으로 생명의 근원 사상을 밝혀 주는 것이라 할 수 있다.[104] 우리는 삼세 일체를 놓고 보면 타인의 부모도 나의 부모처럼 생각해야 한다. 그 실천의 한 형태로 실버타운이나 양로원 등을 방문하여 나와 남의 부모를 구분하지 않고 노약자에게 보은하는 심경을 갖는 것[105]이 있다.

천만 겁을 통하여 정하였던 부모와 정할 부모가 실로 한이 없으

102 자기 마음을 미루어 보아 남에게도 그렇게 대하거나 행동한다는 뜻으로 내가 하기 싫거든 남에게도 강요하지 말라는 의미이다. 이것은 종교의 황금률로서 타인과 나와의 관계를 규정짓는 것이다.
103 한정석, 앞의 책, 『원불교 대종경 해의』 하, pp.185-186.
104 송천은, 앞의 논문, 「원불교 효사상」, p.260.
105 류성태, 앞의 책, 『정전풀이』 상, p.326.

니, 이 많은 부모의 은혜를 현생부모에게만 국한해서 보은할 수는 없는 일이다. 그래서 원불교의 영생보은의 실현은 인간의 생명을 영원한 것으로 보고 무자력자와 노인이라면 자타의 구분이 없이 내 부모처럼 모시는 것이 삼세일체 부모에 대한 영생보은의 실현이다. 이와 같이 원불교 효의 본질은 영생을 통해 보은 생활을 하는 것임을 대산의 아래 법문에서도 잘 나타나 있다.

> 시봉인 소이근·오덕관에게 말씀하시기를 조석으로 부모를 위하여 지성으로 심고를 올려 드려야 합니다. 이 몸을 낳아 지금까지 키워 주신 부모와 이 마음을 낳아 키워 주신 스승의 은혜를 항시 생각하며 일생 심고를 올리면 혹 악운에 떨어질 경우가 있을지라도 그 악운을 넘길 수 있습니다. 심고를 올릴 때에는 육신의 부모와 정신의 부모를 똑같은 비중을 두고 심고를 올려야 하며 현세의 부모 뿐 아니라 삼세의 정신·육신의 부모를 다 같이 올려 드려야 합니다.[106]

대산은 자신을 낳아 준 육신의 부모를 위하여 아침, 저녁으로 심고를 올려야 한다고 강조하였다. 이는 자신을 낳아 주고 양육해 준 부모의 은혜에 대한 감사와 보은을 다짐하는 간절한 기도이다. 또한 정신적으로 자신을 교육하고 키워 준 스승에 대한 은혜에 보은하기 위해 지성으로 심고를 올릴 것을 대산은 강조하였다. 이것은 육신의 부모뿐만 아니라 정신의 부모도 같은 개념으로 심고를 해야 함을 밝

---

106 「법어」 제2 교리편 66, 대산종사법어편수위원회, 『대산종사법어 자문판』, 원불교 중앙총부 교정원 교화훈련부, 2006, p.143.

힌 것이다. 더불어 대산은 현세의 부모뿐 아니라 삼세의 정신과 육신의 부모에 대한 심고를 통하여 보은할 것을 강조하였다. 삼세의 관계성은 결국 중중무진(重重無盡)으로 연결되어 있는 연기사상을 뿌리로 하여 공존과 공생을 추구한다. 그러므로 모든 중생들간의 관계는 공생관계이다. 이것은 서로 태어나게 하고 살리는 관계이며 더불어 사는 관계이다. 이것을 공생은(共生恩)이라고도 한다. 이상은 삼세일체 부모에 대한 원불교적 보은의 도리를 밝힌 것으로 영생보은의 실현 또는 영생부모 보은의 실현이다.

3) 천효를 통한 영생보은

영생보은의 실현은 천효(薦孝)를 통해서도 그 의미를 심화, 확장할 수 있다. 동양에서는 고종명(考終命)을 오복[107] 중의 하나라고 한다. 사람이 세상에 태어나서 일생을 살다가 임종을 맞이하게 됨은 필연적 사실이다. 이러한 필연적 임종에 있어서 별 탈 없이 자연스럽게 죽음을 맞이하는 것을 오복 중의 하나로 규정한 것이다. 원불교의 천효는 임종을 잘 할 수 있도록 교례적 기반이 마련됨은 물론이고, 사후에 부모와 노인 등 무자력한 사람들의 내생길을 희망과 행복의 길로 안내하는 효이다.

소태산은 사람이 세상에 나면 누구나 열반은 필연임을 전제로 열

---

107 오복이란 수(壽, 오래 사는 것), 부(富, 넉넉하게 사는 것), 강녕(康寧, 몸이 건강하고 마음이 편안하게 사는 것), 유호덕(攸好德, 덕스럽게 사는 것), 고종명(考終命, 잘 죽는 것)을 말한다.

반에 들 즈음에 그 친근자로서 영혼을 보내는 방법과 영혼이 떠나는 사람으로서 스스로 취할 방법을 일곱 가지로 제시하였다.

> 첫째, 병실에 가끔 향을 불사르고 실내를 깨끗이 하라. (……) 둘째, 병자가 있는 곳에는 항상 그 장내를 조용히 하라. (……) 셋째, 병자의 앞에서는 선한 사람의 역사를 많이 말하며 당인의 평소 용성(用性)한 가운데 좋은 실행이 있을 때에는 그 조건을 찬미하여 마음을 위안하라. (……) 여섯째, 병자의 앞에서는 기회를 따라 염불도 하고 경도 보고 설법도 하되, 만일 음성을 싫어하거든 또한 선정으로 대하라. (……) 일곱째, 병자가 열반이 임박하여 곧 호흡을 모을 때에는 절대로 울거나 몸을 흔들거나 부르는 등 시끄럽게 하지 말라.[108]

소태산은 위의 일곱 가지를 통하여 정신의 안정과 깨끗함 속에 전일할 수 있는 환경 조성을 우선적으로 강조하였다. 다음으로 내생에 다시 태어날 것을 기정사실화하고 원래의 습관이 잘 들도록 하였다. 더불어 영가가 애착과 탐착을 여의고 정신적 안정을 얻어서 최후의 마음을 돈독히 하여 악도윤회에서 벗어날 수 있기를 주문하였다.

따라서 천효는 부모나 일반인의 열반 후에, 열반식에서 49일 종재식에 이르기까지 열반인의 내생길을 인도하여 주는 의식을 정성으로 함께 하는 것이며 인도수생(人道受生)의 길을 마련하는 것이다. 더불어 후손들이 세상에 많은 복리를 끼쳐서 부모까지 천추에 빛나게

---

108 『대종경』, 「제9 천도품」 2, pp.284-286.

하는 조상에 대한 도리를 천효라 한다.

천효의 구체적인 방법으로 천도재가 있다. 천도의식은 인간이 죽은 이후에 49일 동안 중음의 상태에 머문다는 것과 이 기간을 거친 다음에 육도 사생중에 어느 한 길이 결정된다고 보는 윤회사상[109]을 기반으로 한다. 소태산은 "만물이 이 생에 비록 죽어 간다 할지라도 죽을 때에 떠나는 그 영식이 다시 이 세상에 새 몸을 받아 나타나게 되나니라."[110]라고 하면서 죽은 후에 다시 태어날 수 있다는 것을 밝혔다.

그러므로 천효는 부모가 열반하였을 때에 자녀 된 도리로서 천도재를 통해 해탈 천도될 수 있도록 정성을 올리는 것을 말한다. 다음으로 천도재를 올린 뒤에는 자손 대대로 영상을 봉안하여 부모의 유지를 추모하는 효행을 말한다. 소태산은 "부모가 열반하신 후에는 역사와 영상을 봉안하여 길이 기념할 것이니라."[111]라고 밝혔다. 열반 후에 갖추어야 할 조상에 대한 천효의 핵심을 강조한 것이다. 인간의 뿌리를 알고 그 근원을 반조하는 추원보본의 정신과 함께 몸과 마음으로 정성을 다하라는 말이다. 부모가 열반하였을 때에 천도를 발원하고 매년 열반 기념일을 맞이하여 추원보본의 도를 다해야 한다. 역사와 영상을 봉안하고 영원한 기념의 추모를 다하는 것은 부모의 정신과 사상을 간직하며 자손 대대로 부모은을 잊지 않

---

109 정순일, 「원불교의 삼교원융사상」 I, 『원불교사상』 제17·18집, 원불교사상연구원, 1994, p.558.
110 『대종경』, 「제9 천도품」 9, p.291.
111 『정전』, 「제2 교의편」 제2장 사은, 제2절 부모은, p.32.

는 것이다.

유교에서는 장례를 모시거나 제사를 지내는 것이 추원보본(追遠報本)이다. 부모의 은혜를 잊지 않는 추모의 정신이다. 불교에서는 상·장례를 지내는 것에 천도의 의미가 있다. 불교에서는 천도를 하고 유교에서는 추원보본을 한다. 원불교에서는 추원보본의 정신과 천도의 의미가 다 들어 있다. 제사를 모시는 것은 영원한 천도다. 불교의 평등 정신이 바탕이 되어서 유교의 실질적인 윤리가 수용되어 있다. 소태산은 새로운 종교를 형성한 것이다.[112]

이처럼 천효는 영생을 믿고 현생을 의미 있게 잘 마무리하면서 내생을 희망으로 가꾸어 가는 영생보은의 실현을 의미한다. 인생이 목적 없는 무의미하고 고통스러운 생사의 되풀이에서부터 해방되어 절대적인 삶[113]을 얻을 수 있는 씨앗을 마련하는 계기가 천효로부터 비롯된다. 그래서 소태산은 천효의 강령을 천도를 위한 법문으로 자상히 밝혔다. '열반 전후에 후생 길 인도하는 법설'이라는 제목으로 임종을 맞이하는 사람과 열반을 당한 사람뿐만 아니라 전 생령을 위한 내생길을 안내하는 소태산의 천도를 위한 법문[114]은 천효의 핵심 요체라 할 수 있다.

112 한정석, 『원불교 정전해의』, 동아시아, 1999, p.186.
113 길희성, 『인도철학사』, 민음사, 1984, pp.30-31.
114 영혼(靈魂)의 앞길을 밝고 바르게 인도하는 법문. 『열반 전·후에 후생(後生)길 인도하는 법설』을 말함. 즉 사람의 죽음에 당하여 그 영혼을 인도하여 착심에 떨어지지 않고 바르게 후생길을 찾아가도록 인도하는 소태산의 법문. 임종(臨終)의 자리에서 또는 사후 49일 동안 이 천도법문을 외워 영혼을 일깨워 줌. 성립년대는 1939년(원기 24년) 11월 초판 발행인 『불법연구회근행법』에 수록된 것으로 보아 이전에 이미 천도법문이 사용된 것으로 본다(원광대학교 종교문제연구소 편, 앞의 책, 『원불교사전』, p.549).

이상에서 살펴본 바와 같이 원불교 효사상은 시간적으로 현세에 그치지 아니하고 삼세라는 영생을 통해 은혜를 발견하고 보은을 실현하는 것이다. 동시에 공간적 또는 보은의 대상으로 볼 때에도 현생의 자기 부모뿐만 아니라 삼세일체 모든 부모에 대해 보은의 도리를 다하는 데 그 실천의 본질이 있음을 잘 밝혀 주고 있다. 그러므로 모든 인연이 삼세의 관점에서 보면 자타를 분리할 수 없는 관계임을 알 수 있다.

원불교 효사상 연구

제6장

원불교 효사상의 현대적 구현

원불교 효사상 연구

소태산은 『조선불교혁신론(朝鮮佛敎革新論)』[1]에서 소수인의 불교를 대중의 불교로 돌리고 산중 불교를 삶의 현장 중심의 불교로 정립해야 한다고 밝혔다. 이는 아무리 좋은 법이라 할지라도 사람과 함께하여 현재 인간의 삶의 문제들을 종교가 해결해야 한다는 당위성을 강조한 것이라 볼 수 있다. 이렇듯 원불교 효사상이 아무리 이념적으로 우수하고 교리적으로 뛰어나다 할지라도 현 시대에서 구현되지 않으면 의미가 축소될 수밖에 없다. 따라서 원불교 효사상은 현재 우리가 살고 있는 이 시대의 문제점에 대한 대안을 제시할 수 있어야 한다.

그렇다면 원불교 효사상으로 해결 가능한 현 사회의 문제점은 무엇일까? 여러 가지 현안이 있겠지만 다음의 몇 가지 문제를 제기해 본다.

첫째, 현대사회에서 살고 있는 우리는 위기에 처해 있는 가정들을 많이 볼 수 있다. 대가족제도의 붕괴와 핵가족화, 결손가정 등으로 인하여 가정해체의 문제가 대두되고 있다. 이처럼 요즈음 급격히 변화되고 있는 사회현상에 대한 대안을 원불교 효사상에서 찾아야 한다.

---

1 소태산 대종사가 대각한 후 교법의 주체를 불교에 정하고 열려진 안목으로 그 당시 조선사회를 관찰하니 조선불교 혁신의 필요성을 절감하고 개혁론을 집필한 책이다. 과거 불교를 진단하고 나서 불법을 새롭게 혁신한 기본 강령이 여기에 제시되었다. 특히 그 당시 한용운의 『불교유신론(佛敎維新論)』과 쌍벽을 이룬 것이었으니 비교 연구의 여지가 있다. 1936년(원기 20년) 4월에 발간하였으며 전문 7장과 총론으로 구성되어 있다. 총론의 요지를 살펴보면 불교는 세계 노대종교이어서 우선 조선 불교의 폐단된 내용을 살피고 나서 불교의 근본 사상은 변함이 없으나 그 폐단된 면만은 혁신하지 아니하면 도리어 인류의 발전에 장해가 된다고 보았다 (원광대학교 종교문제연구소 편, 앞의 책, 『원불교사전』, pp.503-504).

둘째, 경제적 능력의 증대와 의학 기술의 발달로 평균 수명이 연장되고 저출산 등으로 노인 인구가 급속히 증가하고 있다. 이른바 고령화사회[2]로 진입하여 고령사회로 치닫고 있는 상황이다. 또한 외국인과의 혼인 증가로 인하여 다문화가정이 증가 일로에 있다. 현 사회가 구조적으로 변화하고 있으며 그러한 변화는 급격히 사회문제화되고 있다. 이른바 사회의 구조 변화에 대한 대응이 요구되는 시점이다.

셋째, 자식이 자신의 세속적 목적을 위해서 부모를 살해하고 개인이기주의에 함몰되어 부모를 수수방관하며 학대하는 것이 오늘날의 현실이다. 윤리, 도덕적 위기의 현 시대의 문제점과 경쟁만능 일변도로 나가고 있는 삭막한 교육 현장은 심각한 위기라 할 수 있다. 지식은 있을지언정 지혜가 부족하므로 인성의 문제가 대두되고 있다. 교육을 통한 효행 실천의 방법과 효를 중심으로 하는 심화된 인성 교육이 요구되고 있는 상황이다.

넷째, 인간 생활에 있어서 의례는 삶과 밀접한 관계가 있다. 의례

---

2 65세 이상 노인 인구 비율에 따른 국가사회의 분류는 UN에서 다음과 같이 정하였다. 전체인구 중 65세 이상 노인인구 비율이 4% 미만이면 청년기사회(young society), 4% 이상~7% 미만이면 장년기사회(matured society), 7% 이상~14% 미만이면 고령화사회(aging society), 14% 이상~21% 미만이면 고령사회(aged society), 21% 이상이면 초고령사회(ultra · aged society)로 분류된다. 프랑스 같은 경우는 노인인구가 7%에서 14%에 이르는데 115년이 걸렸고, 미국은 71년, 독일은 40년, 일본은 24년 정도 걸렸으나, 우리나라는 19년 정도 걸릴 것으로 예상된다. 그리고 노인인구가 14%에서 20%에 이르는데 영국은 45년, 프랑스는 41년, 미국은 15년, 일본은 12년 걸리겠지만, 우리나라는 7년밖에 걸리지 않을 것으로 예상된다(통계청, 2001). 이처럼 우리나라는 세계적으로 유례를 찾기 어려울 정도로 급속한 고령화가 진행되고 있음을 알 수 있다(최성재·장인협, 『개정판 노인복지학』, 서울대학교 출판부, 2002, pp.7-8 참조).

는 대타적, 대사회적 실천 방법이다. 그런데 이것이 형식과 외형에 치중된다면 문제이다. 그러므로 전통 의례의 현실적 진단과 사람을 위한 의례의 적용이 필요하다.

가정과 사회 및 교육현장에서 새로운 질서가 요구되는 시대적 상황에서 새로운 질서는 새로운 정신[3]을 바탕으로 조성될 수밖에 없다. 따라서 이러한 문제점들을 해결하기 위해 새로운 시대적 정신으로 고찰한 원불교 효사상에 바탕하여 그 대안을 제시하고자 한다.

다섯째, 우리 민족의 가장 절박한 숙제가 있다면 분단된 조국의 평화적 통일이며 인류가 추구해야 할 목표는 평화로운 세상과 인류의 행복이라 할 수 있다. 여기에 대산이 시묘차원에서 실천했던 효의 생명성을 뿌리로하여 효와 자비의 발현으로 평화통일을 완성하여 민족과 인류에 대한 본질적인 효의 실천을 제시하였다. 아울러 대산이 밝혔던 종교간 대화 및 종교연합(UR) 운동도 제종교가 교리와 경전에서 함의하고 있는 효사상의 교류와 실천을 중심으로 새로운 접근을 시도해야 함을 밝힌다. 결국은 모든 인류가 행복하고 평화로운 세상을 소망한다면 효도세상의 실현이 근본적 대안임을 제시하고자 한다.

---

3 함석헌, 『생각하는 백성이라야 산다』, 생각사, 1979, pp.272-273.

01
가정해체에 대한 방안

○

1) 가정의 의의와 본질

인간이 생명을 얻고 삶을 마무리 짓는 곳이 가정이며, 동물의 상태로 태어난 인간이 사람답게 되는 환경이 가정이다. 가정은 부부를 중심으로 생명의 창조와 더불어 그 생명을 사회적 인격체로 양육하는 데 그 의의와 기능이 있다. 인간은 처음에는 세포로 탄생한다. 그리고 10개월이 지나서야 생물이 된다. 다시 1-2년이 지나 보행과 언어가 가능해짐으로써 심리학적 존재가 되고, 4-5세가 되어 사회생활이 가능해지므로 비로소 사회적 존재가 된다. 사춘기가 되어 부모와 독립적 자아를 자각하므로 비로소 성숙한 인간이 될 수가 있다. 이러한 발달은 저절로 되는 것이 아니고 이른바 사회화 과정을 통해서 이루어지는 것이다. 이 사회화 과정을 통해서 동물의 상태에서 사회의 구성원이 되어가는 것이다. 이와 같이 사회가 이루어지는 최초의 장이 가정이다.[4] 이처럼 가정은 인간이 동물과 다름없는 상태로 태어나 사회화의 과정을 통해서 인격을 형성해가는 터전이 된다. 아이가 출생하여 가정이라는 울타리를 통해서 보호되고 교육되어 비로소 사회의 구성원이 된다.

이렇게 인간이 사회의 구성원으로 성장하는 과정은 순탄한 것만은 아니다. 가족 구성원 간에도 갈등의 소지가 있기 마련이다. 따라서 우리는 가정생활에서 순종이 자기비하를 하는 비굴이 아니라 보다 더 좋은 자아의 실현이라는 것을 배워야 하며 권위도 근본적으로 피지배자들의 권위를 옹호하기 위해서 만들어져야 한다는 것을 알아야 한다. 인간은 이러한 사실을 배울 수 있을 때 비로소 인간의 고귀함과 권리가 양립할 수 있음을 깨닫게 된다.[5] 가정 내에서는 가족 구성원 간에 위계질서가 있기 마련이고 그것은 통솔의 과정을 통해서 정착된다. 따라서 가정 안에서의 위계질서는 강요의 차원을 넘어서 공동체와 가족 구성원 사이의 신뢰와 협동차원에서 구축된다.

이렇게 구축된 가정을 중심으로 가정의 기능을 다각도로 조명해 볼 수 있다. 먼저 가정은 가정단위의 경제활동을 통한 생산적 기능

---

4 양승봉, 『인간성 회복을 위한 인간교육』, 법경출판사, 1990, p.432.

5 진교훈, 「효교육의 관점에서 본 효도법 고찰」, 한국효학회, 《효도법 제정을 위한 학적 고찰》 II, 2003, p.29.

을 갖는다. 다음으로 사회생활에서의 어려움을 극복할 수 있는 휴식
과 재충전의 장이 된다. 세 번째로 이성이 사랑과 믿음으로 하나 되
어 자녀를 출산하여 양육하고 사회의 구성원으로 키워내는 사회화
의 장이며 각종 명절 및 제사 의식을 통하여 친족간의 격려와 화합
을 다지는 유대적 기능을 갖는다.

한편 가정을 본질적으로 접근하여 그 구성원인 가족과의 관계성
을 조명해 보는 것도 필요하다. 가정은 인간의 삶이 비롯되고 이루
어지며 끝을 맺게 되는 곳이다. 또한 가정은 인간이 태어나서 처음
으로 자기 아닌 다른 사람들과 어울려 살아가면서 말을 배우고 생활,
습관, 문화를 배우고 사랑을 체험하면서 하나의 인간으로 성장해 가
는 곳이다. 다시 말해서 가정이란 인간에게 있어 최초의 학교인 것
이다. 일반적으로 가정 안에서 부모는 자녀들로 하여금 인생의 첫걸
음을 걸을 수 있도록 가르치는 최초의 선생님이다. 이렇게 볼 때 가
정교육은 최초의 학교라고 할 수 있는 가정[6]에서 최초의 선생님인
부모와 피교육자인 자녀 사이에 이루어지는 교육이라고 할 수 있
다.[7] 이처럼 가정은 최초의 선생님인 부모와 피교육자인 자녀 사이
에 이루어지는 최초의 교육 장소이며 가족 구성원 상호간의 조화와
이해 속에 인격 형성의 기본이 이루어지는 가족 유대의 장이다.

가정의 구성원인 가족[8]은 따뜻한 정과 훈훈한 배려 속에 형성된

---

6 조선시대 민중(향민) 교화를 위해 이황(李滉)과 이이(李珥)는 자발적으로 향약을
  직접 저술하여 활용하였고, 특히 이황은 인도(人道)의 대본(大本)인 효제충신(孝悌
  忠信)을 실제로 실행하는 곳은 가정임을 지적하였다(윤사순, 『한국유학사상론』,
  예문서원, 1997, p.129).
7 권이종, 『교육사회학』, 배영사, 1992, p.163.

사랑과 행복의 공동체이며 이해타산이나 경쟁과 갈등 없이 서로 협동하는 곳이다. 가족 속에서 태어나 성장하는 인간은 생을 마감할 때까지 생활환경에 따라 변화를 경험하게 된다. 그 변화하는 과정 속에서 인간은 가족 구성원들 간의 관계나 가정 내에서의 생활에 대한 기쁨, 고통, 고민, 만족, 회의, 고독, 희망, 사랑 등 희로애락을 경험하게 된다.

이처럼 대부분의 인간사를 경험할 수 있는 가정의 존재 이유는 교육을 통하여 자녀를 길러내며 가족 구성원들 사이의 관계를 정의(情誼)적 차원에서 형성한다. 이러한 가운데 가정은 건전한 도덕적 심성을 형성하는 장소가 된다. 한편 가정에서의 교육은 부모 밑에서 이루어지며 가정이라는 가장 좋은 교육 장소에서 펼쳐진다. 가정교육의 중요성이 강조되고 있는 것도 이러한 이유에서 연유하며, 모든 교육의 장이 다 의미가 있지만 가정이라는 교육 장소는 특히 중요하다 할 수 있다. 이처럼 가정의 본질은 인간이 태어나서 최초로 형성되는 교육의 장이라는 데 그 의미가 크다고 본다.

덧붙여 우리는 가정의 생물학적 기능을 생각하지 않을 수 없다. 가정의 생물학적 기능이 정상적일 때 가정해체에 대한 방안도 강구될 수 있기 때문이다. 만일 가족이 그 생물학적 기능을 잃는다면 인간 사회는 그 자체를 영속시키고 발전시킬 수 없을 것이며, 인류의 멸망은 필연적인 것이 될 것이다. 그러므로 우선적으로 종족 보존이

---

8 한국 사회에서 가족을 구성하려면 반드시 이성(異性)의 결합이어야 하고 그 첫째 조건이 남과 여의 결합이다. 이것은 단순한 결합이 아니라 사회적으로 공인된 것을 말한다. 인간은 공인된 가족을 바탕으로 생물학적 결합을 통하여 자녀를 낳고 가계를 이어 간다(이광규, 『한국가족의 사회인류학』, 집문당, 1998, pp.32-33 참조).

필요하며 종족 보존의 시작은 결혼으로부터 이루어진다. 그 중에서도 일부일처제는 가장 바람직한 혼인 형태라 할 수 있다. 이 제도는 인류 문화가 도달할 수 있는 가장 높은 성(性)의 규범이며, 가장 자연적이고 평등한 인류의 윤리다. 이것은 부부가 행복하고 자녀들이 건강하게 성장하고 사업이 번영할 수 있도록 최대한 보증한다. 성의 신성함은 생명의 존엄과 승화작용을 가져온다고 여겼다.[9]

동물의 한 종(種)으로서의 인간은 다른 동물과 마찬가지로 종족 보존을 위한 성적인 욕구를 가지고 있다. 그러나 인간은 성적 욕구에 대해 반성적 의식을 가지며 사랑에 의해서 성적 욕구가 사회화를 거치면서 세련된다. 우리는 여기서 혼인의 순결과 신성성을 생각해 볼 수 있다. 혼인과 가정은 인간이 필요로 해서 만들어진 것이 아니다. 인간은 본래부터 가정과 관계를 맺도록 되어 있음을 알아야 한다.[10] 가정은 인류 역사와 함께하는 필연적인 것이며 어떤 요인에 의해서도 가정의 존립이 훼손되어서는 안 된다.

따라서 극단적인 종교적 신념이나 제도에 의하여 생물학적 가정에서의 기능이 침해되어서는 안 될 것이다. 더구나 인위적으로 가정을 거부하거나 부정한다면 인륜을 저버리는 경우가 될 수도 있다. 그러므로 혼인으로 이루어지는 부부간의 관계는 신성시되어야 하며 가정에서 후손이 태어남도 효의 차원에서 강조, 지속되어야 하고 그것은 원불교의 가정관에서 구체화된다.

원불교의 가정관이라 함은 '원불교에서는 효를 배우고 실천하는

---

9 위영민, 『현인들이 말하는 효』, 시간의 물레, 2009, pp.224-225.
10 진교훈, 앞의 논문, 「효교육의 관점에서 본 효도법 고찰」, p.21.

가정을 어떻게 보고 가정의 기능, 가족 구성원의 역할을 어떻게 정의하는가?'에 대한 물음이다. 소태산은 "한 가정은 한 나라를 축소하여 놓은 것이요, 한 나라는 여러 가정들을 모아 놓은 것이니, 한 가정은 곧 작은 나라인 동시에 큰 나라의 근본이 되나니라."[11]라고 하여 가정을 사회 구성의 최소 단위, 즉 사회 구성의 기본 단위로 보았다.

이어 정산은 "가정은 인간 생활의 기본이라, 사람이 있으면 가정이 이루어지고 가정에는 부부로 비롯하여 부모 자녀와 형제 친척의 관계가 자연히 있게 되는 바, 그 모든 관계가 각각 그에 당한 도를 잘 행하여야 그 가정이 행복한 가정, 안락한 가정, 진화하는 가정이 될 것이니라."[12]라고 하면서 가정을 인간 생활의 비롯이며 인도(人道) 실천의 근원지로 보았다. 또한 가정의 비롯은 부부이며 그 부부를 중심으로 하여 자녀, 형제, 친척의 관계로 확산되어 나가는 생활공동체로 보았다. 소태산이 진단한 가정은 인륜의 근본인 효의식의 함양을 통한 인도대의 실천의 바탕이며 대 사회적 윤리 실현의 기반이 된다.

2) 현대 가정의 문제점

과거 농경 사회 대가족 제도 하에서의 가족은 엄격한 질서와 수직적인 규제 속에 상하 간의 영역을 명확히 하는 데 초점이 맞추어졌다. 농경 사회를 지배해 온 가족 이데올로기는 가족의 배려와 사랑

---

11 『대종경』, 「제4 인도품」 42, p.207.
12 『정산종사법어 : 제1부 세전』, 「제3장 가정」 1. 가정에 대하여, p.734.

보다는 가부장적 권위와 불평등이 주류를 형성해 왔다. 과거 우리나라의 가정 윤리적 토대가 엄격한 상하윤리를 중심으로 한 가부장제였기 때문에 아버지는 가정에서 엄한 존재로 부각되어 왔다. 그러므로 권위적인 가장의 말이면 절대로 복종해야 할 의무가 가족에게 부여되었다.

조선시대를 예로 들면, 조선사회의 지배 권력이 통치의 수단으로 유교적 규범을 도입한 이래 확립된 가부장적 가족제도 및 가족 윤리는 그동안 많은 변화를 겪었으나 아직도 그 뿌리는 깊게 남아 가족에 대한 의식과 생활을 지배하고 있다. 그 대표적인 것으로 결혼 규범, 효도 규범, 현모양처 규범, 가장 규범, 성차별적이고 이중적인 정절 규범 등을 들 수 있다. 이것들은 개인의 자유와 선택이 중요시되는 현대사회의 문화와 가치에 배치되고 있다. 결혼이나 가족이 인간 생존을 위해 많은 장점을 지니고 있음에도 불구하고 이러한 제도와 규범이 변화하는 시대사조에 탄력 있게 대처하지 못해 어떤 사람에게는 억압논리가 되어 왔던 것이다.[13] 이러한 가부장제하에서 가족구조는 수직적인 명령체계만 있을 뿐 수평적인 평등의 문제는 생각할 수 없는 구조였다.

산업혁명 이후 1차산업 중심에서 2·3차산업 중심으로 생산체계가 급속히 변화됨에 따라 가족구조도 대가족에서 소가족으로 변화된다. 더불어 농촌인구가 도시로 급속히 유입되면서 신흥도시가 발달하게 된다. 이러한 과정에서 가족구조의 변화를 통한 가정문제가

---

13 문소정, 「가족 이데올로기」, 여성한국사회연구회, 《한국 가족 문화의 오늘과 내일》, 1994, p.14.

대두된다. 특히 현대사회는 개인주의가 심화되어 가족이라는 최소
단위의 가족 윤리가 퇴색되고 가정이 사람들의 따뜻한 보금자리 역
할을 하지 못하고 있다. 핵가족의 급속한 증대와 함께 가족들의 거
주지가 분산 확대되고 이에 따라 가족단위들이 확산되어 가고 있는
현실과 함께 이혼가정, 결손가정의 증가로 가족 윤리가 심각한 위기
에 직면해 있다. 이러한 상황을 앨빈 토플러는 다음과 같이 진술하
고 있다.

나이 먹은 근친, 병자, 장애자 그리고 많은 아이들을 맡았던 확대가
족[14]은 거의 이동을 하는 일이 없었다. 그러나 점차적으로 가정의 비극
을 초래하면서 가족구조가 변화하기 시작했다. 도시로 이주함에 따라
서 각기 떨어지게 되고, 경제적인 소용돌이에 시달리게 됨에 따라 불
필요한 친족을 분리시켜 가족의 규모가 작아지고, (……) 친족을 떠나
서 양친과 둘, 셋의 아이들만으로 구성되는 소위 핵가족이 자본주의
사회나 사회주의 사회를 막론하고 모든 산업사회에서 표준적인 '근대
적' 가족의 모델로서 사회적 인정을 받게 되었다.[15]

---

14 싱가포르에서는 삼세동당(三世同堂)을 장려한다. 삼세동당이란 조부모, 부모, 손
자녀, 즉 삼세가 한집에서 사는 것을 말한다. 삼세동당의 가정에서 조부모와 부모
는 자기의 말과 행동으로 전통문화의 가치를 다음 세대에 전해, 그것이 대대로 전
해지도록 한다. 그래서 이들의 교육작용은 학교와 사회교육뿐만 아니라, 그 어떠
한 것도 대체할 수 없다. 따라서 싱가포르 정부는 삼세동당 가정의 존재를 매우 중
요하게 생각한다. 전임 총리 이광요는 "가정이라는 기본 단위의 공고와 단결은 화
교사회를 5,000년이 지나도록 쇠퇴하지 않게 했다. 현대화 과정 중에서 우리들
이 어떤 대가를 치르더라도 지켜야 할 것이 있다면, 바로 삼세동당 가정이 분열
되지 않게 하는 것이다. 만약 우리가 삼세동당의 가정제도를 보존한다면 더욱
아름다운 사회가 될 것이다."라고 밝혔다(위영민, 앞의 책, 『현인들이 말하는 효』,
pp.234-235).

사람은 가정에서 출생하여 부모로부터 양육과 보호를 받으며 성장한다. 더불어 교육과 함께 사회인으로 성장하며 그 사회에서 일정한 역할을 한다. 이런 의미에서 가정은 사람으로서 기본적인 윤리적 규율 속에서 역할을 배워가며 사회인으로서의 존재감을 키워 가는 기본적 장이 된다. 하지만 이러한 가정의 기능에 반하여, 현대사회에서는 여러 가지 가정의 문제[16]가 제기되고 있다. 가족 해체, 노인 문제 등의 사회적인 문제는 가정이 제 역할을 하지 못하는 데에서 비롯된다.

대가족에서 핵가족으로 변하는 가정의 구조와 상관없이, 가정 구성원들 사이에 신뢰와 공경을 바탕으로 각자의 역할을 충실히 하는 데 가정이 존립하는 의의가 있다. 그러한 가정을 토대로 하여 가정의 행복이 조성되는 것이다. 가정 안에서의 구성원들이 바로 가정의 행복과 불행을 주도한다. 그렇기 때문에 가정에 있어서 최소 구성원인 부모와 자식의 의무를 강조하였다. 정산은 부모로서 가정에서 갖추어야 될 도를 다음과 같이 밝혔다.

　　사람의 부모된 이는 부모로서 지킬 바 도가 있나니, 첫째는 어느 방면으로든지 자녀가 자력을 얻을 때까지 양육하고 보호하는 데 힘을 다

---

15 앨빈 토플러 저, 김태선·이귀남 역, 『제3의 파도』, 홍성사, 1981, pp.51-52.
16 오늘날 학생들이 가정에 대하여 전혀 기대를 하지 않는다는 점을 좌시해서는 안된다. 더욱이 부모가 다 있고 아버지는 직장에 다니고 어머니는 가사일을 하는 가정은 더 이상 표준이 되지 않는다(Anita E. Woolfolk 저, 김아영·백화정·설인자·양혜영·이선자·정명숙 역, 『교육심리학』, 학문사, 1997, p.126, 154 참조). 그러므로 요즘음 시대는 맞벌이가 대세이고 또한 한 부모가정, 조손가정, 혼합가정 등 결손가정의 증가에 대한 대책이 요구된다.

할 것이요, 둘째는 어느 방면으로든지 시기를 잃지 말고 자녀를 교육
시키는 데 힘을 다할 것이요, 셋째는 자녀로 하여금 한 가정에 얽매이
지 아니하고 널리 공도에 공헌하도록 희사 하여 인도 정의를 빠짐 없
이 밟으며 제도 사업에 노력하게 할 것이요, 넷째는 자녀의 효와 불효
를 계교하지 말고 오직 의무로써 정성과 사랑을 다할 것이니라.[17]

이어서 정산은 자녀로서 가정에서 지킬 바 도리를 다음과 같이 밝
혔다.

자녀는 자녀로서 지킬 바 도가 있나니 정전(正典)에 밝혀 주신 부모
보은의 조목을 일일이 실행하여 참다운 큰 효가 되게 할 것이니라. 그
러나 만일 부모의 마음을 편안하게 한다 하여 혹 의 아닌 명령에도 순
종[18]한다면 이는 작은 효로써 큰 효를 상함이요, 부모를 봉양한다 하여
혹 공중을 위한 큰 사업을 못하게 된다면 이도 또한 작은 효로써 큰 효
를 상함이니, 부모가 혹 노혼하여 대의에 어두운 경우가 있을 때에는
온화한 기운과 부드러운 말씨로 간(諫)하고 또 간하여 그 마음을 돌려
드리기에 힘쓸 것이요, 공사에 큰 관계가 있어서 직접 시봉을 드리기
가 어려운 경우에는 형제나 친척에게 이를 대신하게 하고 그 공사를
원만히 이룩함으로써 참다운 큰 효가 되게 할 것이며, 혹 부모가 나에

---

17 『정산종사법어 : 제1부 세전』, 「제3장 가정」, 3. 부모의 도, pp.735-736.
18 부모의 의 아닌 명령에도 순종하여 부모의 마음을 편안하게 하는 것은 작은 효라
고 정산은 밝혔지만, 이것은 불의를 용납하고 동조하는 차원이 아니라 나를 낳아
주고 길러 준 부모의 은혜에 대하여 공경하고 보은하는 원론적인 절대적 순종의
의미에서 밝힌 것으로 보아야 한다.

게 자애가 적은 경우가 있다 할지라도 불평하거나 원망하지 말고 오직 자녀의 도리만 다할 것이니라.[19]

자식은 부모에게 적어도 다섯 가지 일을 해야 한다. 부모를 사랑하고, 가업을 돕고, 가계를 존중하며 유산을 지키고, 부모의 사후에도 정성들여 공경의 예를 다하는 일이다. 이에 대하여 부모는 자식에게 다섯 가지 일을 한다. 선을 권장하고 악을 멀리하게 하며, 교육을 시키며, 혼인을 시켜 가정을 꾸리게 하고, 적당한 때에 가업을 이어받도록 하는 일이다. 서로 이 다섯 가지를 지키면 가정은 화목하고 풍파가 일어나지 않는다. 가정은 마음과 마음을 터놓고 가장 가깝게 접촉하면서 사는 곳이기 때문에 서로 도리를 지켜 화목해야 한다.[20] 이처럼 부모가 자녀에게 해야 할 책임이 있고 자녀가 부모에게 이행해야 할 도리가 있다. 부모는 어버이로서의 의무를 다하고 자녀는 자식으로서의 도리를 다할 때 바람직한 가정이 정착된다. 그러므로 부모와 자녀간의 원활한 관계 형성은 상호간의 신뢰와 존경으로 깊어진다.

3) 가정 윤리와 효의 실천

인간은 가족을 구성원으로 한 가정에서 윤리를 형성해 왔으며 그 윤리의 뿌리는 효의 실천을 통해 구현되어 왔다. 가정은 인간 형성

---

19 『정산종사법어 : 제1부 세전』, 「제3장 가정」, 4. 자녀의 도, pp.736-737.
20 석정각, 『불교성전』, 보현정사(화은각), 1999, pp.437-449.

의 터전이자 인간 생활의 가장 핵심적인 거점이며, 국가·민족·사회 등 여러 집단의 뿌리를 이루는 가장 원초적 집단이다.[21] 가정은 인간 공동생활의 최소 단위이며 삶의 보금자리이다. 그러므로 가정을 떠나서는 우리의 삶을 생각할 수가 없다. 우리는 항상 가정이 마련하는 사랑과 신뢰와 꿈을 통해서 가족 상호간의 인간성을 꽃피우게 되는 것이다.

반면에 가정생활 이외의 사회생활은 경쟁과 갈등의 연속이다. 거기에서 오는 긴장과 초조로 우리의 인간성은 날이 갈수록 황폐해지고 있다. 그러나 우리는 가정에서 휴식을 취하면서 새로운 힘을 기르고 미래의 꿈을 키워 간다. 원래 인간성은 자양분을 섭취하고 자라나는 나무와 같아서 사람들 사이의 사랑과 신뢰를 통해 형성된다. 그런 의미에서 가정은 인간성의 싹을 틔우고 배양하는 토양이며 요람이라고 말할 수 있다. 이러한 가정의 내외적 기능은 사회의 최소 단위라 할 수 있는 가정이 보이지 않는 질서를 기반으로 가정윤리[22] 를 형성해 온 데 기인한다.

그러므로 가장 원초적이며 근본적인 인간성인 부모에 대한 효가 바로 가정이라는 요람에서 형성된다는 사실은 지극히 당연한 것이

---

21 김정환, 『김교신 그 삶과 믿음과 소망』, 한국신학연구소, 1994, p.107.

22 송순은 '원불교 가정윤리의 원리'를 원불교 사상 속에 내재한 윤리의 본질과 원불교 가정관 등을 토대로 보은상생(報恩相生)의 원리, 일치조화(一致調和)의 원리, 자력봉공(自力奉公)의 원리로 분류하였다(송순, 앞의 논문, 「유교·원불교사상에 나타난 가족윤리와 아동교육」, pp.100-106). '보은상생의 원리'는 원불교 사은사 상을 기반으로 만유상생의 원리를 말하며 '일치조화의 원리'는 원만한 인격체 육성을 목표로 하고 '자력봉공의 원리'는 가족 이기주의의 극복에 초점이 맞추어져 있다.

다. 따라서 우리의 가정이 인간성의 요람으로 유지되기 위해서는 효가 가정 윤리의 규범으로 받들어지고 존중되어야 함[23]을 강조하는 일은 지극히 당연하다 하겠다. 가정에서 부모는 의식적이든 무의식적이든 그 자신의 생활여건으로부터 얻어진 교훈을 자녀들에게 심어 주려는 경향[24]이 있다.

이런 점에서 가정은 사회를 이루는 기본 단위로서, 인간이 태어나서 처음으로 대하는 공동생활의 장일 뿐 아니라 일생을 통해서 지속적인 영향을 주는 성격 형성의 모태이다. 부모와 자식, 형제자매 관계에 의하여 형성되는 사랑과 공경은 화합과 공생의 단초가 되며, 사랑과 공경은 경험을 통하여 형성되는 것이므로, 가정교육의 중요성은 아무리 강조해도 지나치지 않은 것이다.

더욱이 가정은 몇 명의 가족 구성원이 만드는 인간관계를 넘어서서, 그 가정이 속한 사회의 문화와 규범을 반영하고 있기 때문에 가족의 일원으로서 자라나는 동안에 아동은 자신의 역할과 능력을 깨닫게 되고 다른 사람의 정서적 반응 속에서 자기 자신의 심리 발달을 경험하게 된다. 이처럼 인간의 성격, 도덕성, 효심, 효행은 태어날 때부터 일정한 형태를 갖추고 있는 것이 아니라, 그가 태어난 가정의 문화적 환경과 교육의 영향을 받는다. 그러므로 가정에서의 효교육은 학교 교육이나 사회 교육 못지않게 중요하다.

일반적으로 교육이란 바람직한 인간형성의 과정이며 보다 나은 사회개조를 위한 수단으로 가정, 학교, 사회에서 수시로 이루어지는

---

23 김평일, 『내리사랑 올리효도』, 가나안문화사, 2008, p.93.
24 홍두수·구해근, 『사회계층·계급론』, 다산출판사, 1995, p.102.

작용[25]을 교육이라 한다. 그중에서도 가정에서의 교육은 가장 기본이 되고 제반 교육의 토대라 할 수 있다. 사회를 구성하는 가장 기초적이고 기본적인 생활공동체인 가정은 중요한 여러 기능을 수행해 왔으나, 현대사회에서는 그 기능이 대단히 약화되었다.

이러한 현대사회의 기류에 편승하여 가정의 교육기능도 과거에 비하면 현저히 약화되고 변질되었다. 그래서 그에 대한 반작용으로 가정의 교육기능 회복을 강조하는 소리가 점점 강해지고 있다. 가정이 아닌 다른 곳에서는 대행할 수 없는 교육이 있기 때문이다. 모든 인격과 지적 능력의 기초가 되는 기본적 생활훈련, 윤리의식의 기초, 인지발달, 기초적 학습능력 형성 등은 대부분 유아기와 아동기에 가정에서 이루어진다. 그러므로 가정의 교육기능 강화는 매우 중요한 과제[26]이며 효교육이 그 바탕이 되어야 한다.

가정에서의 효교육은 먼저 부모가 자녀들에게 모범을 보이는 것[27]에서부터 시작된다. 자녀가 부모의 효심이나 효행을 본받을 수 있도록 부모가 모범적 태도를 보여 주는 것이 효과적이다. 또한 부모가 자녀의 인격을 존중해 주어야만 자녀도 부모의 인격을 존중한다. 부모가 자녀의 인격을 무시하면 자녀도 부모를 존경하지 않게 되며,

---

25 서경전, 『교화학』, 원광대학교 출판국, 2001, p.61.
26 이효재, 『가족과 사회』, 경문사, 1983, p.36.
27 소태산은 "사람이 어릴 때에는 대개 그 부모의 하는 것을 보고 들어서 그 정신을 이어 받기가 쉽나니, 사람의 부모 된 처지에서는 그 자손을 위하여서라도 직업의 선택에 신중하며 바른 사업과 옳은 길을 밟기에 노력하여야 하나니라."라고 강조하였다. 위는 직업선택을 하는데 있어서도 자녀들의 교육과 인성 발달에 영향이 있음을 밝힌 것으로 '맹모삼천지교'와 그 맥을 같이한다고 볼 수 있다(『대종경』, 「제4 인도품」 47, pp.210-211).

무절제한 부모의 사랑은 자녀를 이기적인 사람으로 만들 수 있다.

다음으로 가정에서의 효교육은 자녀들의 태도에서 성숙되어진다. 가정에서 효교육은 부모를 공경하고 부모의 은혜에 감사하며 보답하도록 하고, 형제 간, 친척 간에 우애 있게 정을 나누며 지내도록 지도하여야 한다. 또한 제사, 성묘, 애경사에 참여하여 가족과 친척의 소중함을 알게 하고 더불어 살아가는 지혜를 익히도록 하여야 한다. 가정에서의 효교육은 건강한 가정 형성을 위해서 필수적인 것이다. 가정이 사적인 영역이니 그냥 개개인에게 맡기면 된다는 사고방식은 지양해야 한다. 왜냐하면 가정이 바로 서야 건강한 사회를 만드는 기반을 조성할 수 있기 때문이다. 국민 개개인의 건강을 위해서 국가가 정책을 만드는 것처럼 건전한 가정을 위해서 국가의 적극적인 정책이 필요하다.

건강한 가정의 선결조건은 우애와 공경을 바탕으로 그것을 실천하는 가족 윤리의 확립에서 비롯된다. 가정에서 친지간의 우애와 공경이 가정 윤리를 세우는 기반이며 효행의 실천으로 연결된다. 가정 윤리는 자식이 부모를 공경하는 것을 뿌리로 하여 형성된다. 위와 같이 형성된 가정 윤리는 효교육의 본질이 되며 효행 실천의 초석이 된다.

한편, 소태산은 『불교정전』[28]에서 "사람도 병이 들어 낫지 못하면

---

28 원불교 초기교서의 집대성판이며 소태산 대종사가 친히 제작한 원불교 경전이다. 1940년(원기 25년)에 초고를 시작하여 3년 후인 1943년(원기 28년)에 발행하였으며 1961년(원기 46년)까지 소의경전으로 사용하였다. 내용은 전 3권으로 되어 있으며 제1권에는 개선론과 교의편, 수행편, 제2권에는 『금강경』, 『반야심경』 등 불가의 경을, 제3권에는 『수심결』, 『좌선문』 등 조사들의 논(論)을 실었다. 1962년(원

불구자가 되든지 혹은 폐인이 되든지 혹은 죽기까지도 하는 것이며 어떠한 기계라도 병이 나서 고치지 못하면 완전한 기계가 되지 못하는 것이며 (……) 이로운 것은 저 사람에게 주고 해로운 것은 내가 가지며 편안한 것은 저 사람을 주고 괴로운 것은 내가 갖게 되는 공익성이 없는 연고이니 이 병을 치료하기로 하면 자기의 잘못을 항상 조사할 것이며 부정당한 의뢰생활을 하지 말 것이며 지도 받을 자리에서 그 정당한 지도를 잘 받을 것이며 지도할 자리에서 정당한 지도로써 교화를 잘 할 것이며 자리주의(自利主義)를 놓아 버리고 이타주의로 들어가면 그 치료가 잘 될 것이며 따라서 그 병이 완쾌되는 동시에 모범적 가정이 될 것이니라."[29]라고 하였다.

소태산은 『불교정전』에서 가정을 사회정의 실현의 최소 단위로 보고 도덕과 윤리적으로 건강한 가정을 만들어야 건전한 사회, 국가, 세계가 형성됨을 강조하였다. 특히 의뢰생활과 공익심이 없는 점을 지적하였고 자리주의를 버리고 이타주의 정신으로 산다면 모범적인 가정을 이룰 수 있다고 하였다. 가정해체에 대응한 원불교적 방법론은 가정의 진단과 함께 병든 가정을 원불교 효사상으로 치유하는 데 있다.

현대사회에서 끊임없이 일어나고 있는 가정해체 현상 또는 가정

분열 현상에 대응한 원불교적 효실천 방안이 적극적으로 모색되어야 하며 가정해체에 대한 대책은 각 가정에서 원불교적 효의 실천에 있다. 그러기 위해서 먼저 소태산이 밝힌 건강한 가정을 이루기 위한 방법론적인 방향에 접근해야 한다. 그 이유는 모범적인 가정과 건강한 가정을 이루기 위해서는 인륜의 근본인 효가 가정 내에서 자연스럽게 실천되어야 하기 때문이다.

소태산은 모범적인 가정을 이루는 것이 원불교적 효실천의 토대가 된다는 점을 10가지로 구분하여 다음과 같이 자상히 밝혔다.

> 모범적인 가정을 이룩함에는 첫째 온 집안이 같이 신앙할 만한 종교를 가지고 늘 새로운 정신으로 새 생활을 전개해야 할 것이며, 둘째는 호주가 집안 다스릴 만한 덕위와 지혜와 실행을 갖추어야 할 것이며, 셋째는 호주가 무슨 방법으로든지 집안 식구들을 가르치기로 위주하되 자신이 먼저 많이 배우고 먼저 경험하여 집안의 거울이 되어야 할 것이며, 넷째는 온 식구가 놀고 먹지 아니하며 나날이 수지를 맞추고 예산을 세워서 약간이라도 저축이 되게 할 것이며, (……) 아홉째는 자녀에게 재산을 전해 줄 때에는 그 생활 토대를 세워 주는 정도에 그치고 국가나 사회나 교단의 공익 기관에 희사할 것이며, 열째는 복잡한 인간 세상을 살아가는 데 몸과 마음을 수양하기 위하여 매월 몇 차례나 매년 몇 차례씩 적당한 휴양으로 새 힘을 기를 것이니라.[30]

---

30 『대종경』, 「제4 인도품」 43, pp.207-208.

이처럼 소태산은 모범적인 가정을 이루는 법을 제시하였는데, 모범적인 가정의 배경은 호주를 중심으로 한 가족 구성원의 일치된 신앙과 도덕적 연계를 전제로 한다. 여기에 연속된 도덕성[31]의 유산을 바탕으로 한 효가 그 중심에 있을 때 가정은 튼실해진다. 또한 소태산은 『정전』수행편 최초법어에서 제가(齊家)의 요법으로 다음과 같이 제시해 주었다.

① 실업과 의·식·주를 완전히 하고 매일 수입 지출을 대조하여 근검저축하기를 주장할 것이요,

② 호주는 견문과 학업을 잊어버리지 아니하며, 자녀의 교육을 잊어버리지 아니하며, 상봉하솔의 책임을 잊어버리지 아니할 것이요,

③ 가권(家眷)이 서로 화목하며, 의견 교환하기를 주장할 것이요,

④ 내면으로 심리 밝혀 주는 도덕의 사우(師友)가 있으며, 외면으로 규칙 밝혀 주는 정치에 복종하여야 할 것이요,

⑤ 과거와 현재의 모든 가정이 어떠한 희망과 어떠한 방법으로 안락한 가정이 되었으며, 실패한 가정이 되었는가 참조하기를 주의할 것이니라.[32]

최초법어의 두 번째 절인 '제가의 요법'은 원불교 사상의 핵심적

---

31 도올 김용옥은 "부모의 인욕과 사랑(愛惜)의 깊은 심정을 자식이 다 깨달을 수 없지만 언젠가 자식이 또다시 부모의 입장이 되어 그러한 입장을 깨닫게 될 때 가정 윤리의 연속성이 성립하며 그 연속성의 도덕성을 우리가 효라고 부른다(김용옥, 앞의 책, 『효경한글역주』, p.158)."고 밝혔다.

32 『정전』, 「제3 수행편」 제13장 최초법어, pp.84-85.

특징인 은사상의 원형이다.[33] 이것은 건전한 경제생활과 은의 정신 생활을 사회의 최소 단위인 가정으로부터 사회, 국가, 세계에까지 실현시키자는 것이며 사은사요 교리의 원형이 된다.[34]

그 내용을 요약 정리하면 ① 직업과 생활의 안정을 위해 수지대조와 근면, 검소와 저축생활을 강조하고 ② 호주의 역할은 자녀교육과 상봉하솔에 있으며 ③ 가족 구성원이 대화와 상호이해로 화목한 가정을 이루어야 하고 ④ 가정에서의 사회적 경험으로 보다 넓은 사회, 국가의 구성원으로서 도와 덕을 기반으로 역할을 다할 것을 강조하며 ⑤ 가정의 안락과 실패한 가정을 타산지석으로 삼아 화목한 가정을 이루고 그것이 사회, 국가로 확대되기를 밝혔다.

이러한 점에 비추어 볼 때 '제가의 요법'은 현대사회가 겪고 있는 가정해체의 위기를 극복할 수 있는 핵심 방안이 된다. 결국 가정의 건전한 존립은 효의 실행에서 비롯되기 때문에 '제가의 요법'은 원불교 효사상의 실천적 근거라 할 수 있다. 소태산과 정산은 궁극적으로 가정의 기능을 공도자를 양성하는 데 두었다. 자리이타(自利利他)의 정신을 근본으로 한 도덕적 인격을 가정을 통해서 양성하고자 함이 소태산과 정산의 의도이다. 그리하여 인간이 사회와 국가 세계에 유익을 주는 공도자가 되는 것을 궁극적인 목적으로 삼았다.

오늘날 한국의 가정은 가족규모가 과거에 비하여 현저히 축소되고 구조도 달라졌다. 흔히 3대 또는 4대가 한 지붕 아래 함께 살던 대가족이 축소되어 부모와 한두 명의 미성년자 자녀 2대로 구성되는

---

33 박상권, 「소태산의 최초법어 연구」, 원광대학교 박사학위논문, 1993, p.75.
34 한종만, 「교리형성사」, 성업봉찬회편, 『원불교 70년 정신사』, 원광사, 1989, p.380.

핵가족이 일반화되었다. 그에 따라 조부모 및 삼촌과 고모에 의하여 자연스럽게 이루어지던 교육은 없어지고 오로지 부모만이 교육기능을 수행하는 성인으로 남게 되었다.

부모 가운데에도 아버지는 가정과 완전히 격리된 직장에서 대부분의 시간을 보내야 하기 때문에 자녀교육을 담당할 수가 없다. 가정에서 어머니의 역할은 누구보다도 중요하다. 왜냐하면 효의 근원을 창조하는 피은의 주체이기 때문이다. 따라서 어머니는 최고의 교사이며 가정은 최소의 교육 터전이다. 그러나 오늘날 많은 어머니들이 직업을 통한 사회참여로 말미암아 모성(母性)이 갖는 중요한 역할이 현저하게 줄어가고 있다. 결국 대가족으로부터 핵가족으로의 변화, 가정 내 생활시간과 가족 간 접촉시간의 감소가 가정의 교육기능을 약화시켰다.[35] 가정의 교육기능의 회복이 과거로의 복귀를 의미하는 것은 아니다. 다시 말해 옛날 가정의 모습과 생활방식으로 되돌아가자는 뜻으로 이해되어서는 안 된다.

따라서 현시대에 적합한 가정 윤리와 교육기능을 강화하기 위하여 새롭게 되살릴 것은 되살리고 새로 만들 것은 만들어야 한다. 새롭게 되살린다는 것은 윤리의 본질적 내용과 현대의 사회구조와 집안 어른을 공경하는 효정신은 계속 살려 나가되 그 방식은 옛날식을 고집하지 말고 이 시대에 적합한 방식을 개방적으로 수용[36]해야 함을 의미한다. 우리가 자녀들을 현대사회에서 인간답게 살아갈 수 있게 하기 위해서는 사회적 능력을 갖춘 인격과 지식 및 직업을 위한

---

35 김태길 외, 『새 시대의 가정 윤리』, 신사회공동선운동연합, 1995, p.52.
36 김태길 외, 앞의 책, 『새 시대의 가정 윤리』, p.51.

기초자격 등을 함양시켜야 한다.

가정은 유아기의 기초양육과 사회화를 담당하지만 이것도 유아교육, 학령 전 아동교육을 맡은 기관이 점진적으로 담당해 가고 있다. 자녀양육을 위한 교육기관의 역할은 가족의 전통적 기능을 더욱 감소시킨다. 현대 경제구조의 변화가 생산노동을 가정에서 공장으로 옮겨간 것과 마찬가지로 자녀양육과 교육도 가정이 전담하던 것을 사회의 전문기관이 담당하게 되었다. 교육기관의 기능이 점점 확대됨에 따라 자녀들에 대한 부모들의 교육자로서의 권위나 통제력이 더욱 약화되고 있다. 어려서부터 부모의 영향권에서 벗어나 교육기관의 전문가들과 친구들에게서 배우며 그들이 모방과 추종의 대상이 되기도 한다.

더구나 핵가족화가 심화되고 있는 오늘날에 있어서는 가정교육을 통한 부모의 영향이나 전통문화의 전승이 약화될 수밖에 없다. 자녀들이 친구집단, 매스컴 및 학교를 통해 받아들이는 지식과 생활경험이 부모와의 관계에서 얻는 것을 훨씬 능가하므로 부모 자녀 간의 세대 차이가 더욱 빨리 조성되는 것이다.

부모자녀 관계는 이로써 부모들의 교육적 관심을 중심으로 이루어지며 부모들의 지나친 기대와 과한 압력이 자녀들과의 관계에 긴장과 갈등의 원인이 되기도 한다.[37] 우리는 이와 같은 어려운 여건을 극복하고 가정에서의 교육을 우리 전통 사상인 효교육을 바탕으로 하여 살려 내야 한다. 이런 점에서 가정교육의 중요성은 동서고금을

---

37 이효재, 앞의 책, 『가족과 사회』, p.36.

막론하고 변함없이 강조되어 왔다.

페스탈로치는 자본주의의 초창기에, 산업화가 농촌에까지 침투하여 가정을 파괴하는 광경을 보고 크게 우려한 나머지 이를 '안방의 약탈'이라고 개탄하였다. 이 말은 오늘날 우리에게도 해당되는 말이기도 하다.[38] 가정교육은 전인적 인격형성교육의 바탕이 되므로 매우 중요하다. 교육이라 하면 그 교육을 책임지고 있는 교육자가 필요하다. 그중에서도 가정에서 부모의 역할이 가장 크고 최고의 교육자라는 관점에서 가정의 현실을 돌아봐야 할 것이다.

어느 사회를 막론하고 가족과 가정의 역할과 기능은 그 사회의 기초 기반을 형성하고 동시에 사회적 불안과 다양한 갈등을 극복하는 매개체 역할을 하는 곳이다. 이러해야 할 가정과 가족이 해체되고 가족 윤리가 위기에 직면한 원인은 여러 가지가 있겠지만 가장 큰 이유가 가족 구성원과 가정을 이끌어 가는 핵심 정신인 '효'가 퇴색되고 무너져 가고 있기 때문이다. 결론적으로 소태산의 '무자력자 보호'라는 원불교 효실천의 근본 강령이 가정과 사회에서 적용되어야 하고 가정 내에서 최고의 교사로서 부모의 역할이 살아나야 하며 효교육이 자연스럽게 이루어져야 한다. 그러한 결과로 가정해체의 문제가 해결되고 앞서 밝힌 효의 가정 내에서 통합적 기능이 복원되는 것이다.

---

38 진교훈, 앞의 논문, 「효교육의 관점에서 본 효도법 고찰」, p.25.

02
사회의 구조 변화에 대한 대응

○

1) 고령화사회의 문제와 사회적 가족

앞에서 언급한 바와 같이 사회의 급속한 변화는 효의식을 침체시키고, 효행의 실천을 약화시켜 여러 가지 문제를 일으킨다. 따라서 여기서는 원불교의 효사상이 '무자력자 보호'라는 범주까지 포함되는데 초점을 맞추어, 새로운 사회환경 중에서도 심각한 문제로 부각되는 고령화사회에 대응한 효의 실천을 살펴보고자 한다.

현대사회는 평균 수명의 연장과 저출산으로 인하여 노인 인구가 절대적·상대적으로 증가[39]하고 있다. 가족 유형이 확대가족에서 핵가족으로 변화되고, 산업화·도시화가 급속히 진행됨은 물론, 노인 부양 의식이 점차 약화되면서 노인문제가 사회문제화 되고 있다.

오늘날의 한국 사회에 있어서 가장 큰 과제 중의 하나는 노인인구의 증가와 저출산으로 인한 인구 고령화(저출산 고령사회) 문제[40]이다. 중장기적으로 볼 때 저출산은 전체 인구의 감소와 더불어 노인들에 대한 부양인구의 감소로 부양부담을 가중시키는 요인으로 작용하게 된다. 여기에 의학의 발달 등 기타 제반 여건의 변화와 평균수명의 연장으로 인한 인구 고령화의 문제는 21세기 한국 사회 최대 과제 중의 하나이다. 인구 고령화의 문제는 노인을 모셔야만 하는 노인부양문제와 직결되는 것으로 우리의 전통 사상인 효와 연관이 깊게 맺어질 수밖에 없다.

그러므로 노인문제에 대한 대책을 우선하는 것이 효와 연관성을 갖는다고 보아야 한다. 노인문제에 대한 대책 중 선행되어야 할 것은 노인에 대한 인식의 전환이다. 쟝 자크 루소(Jean-Jacques Rousseau, 1712 ~ 1778)는 『에밀』이라는 그의 저서에서 청소년기를 제2의 탄생기

---

39 경제적인 풍요와 의학의 발달로 인하여 평균수명이 급속도로 연장되고 있다. 이것은 노인인구의 절대적 증가를 가져오고 교육비와 양육비 부담 증가로 인한 저출산의 확산은 상대적으로 노인인구의 증가를 초래한다.

40 최근의 인구고령화 추세는 '인구충격(age-quake)'이라는 용어가 나올 만큼 전 세계적 화두이며 각 국가의 핵심과제이다. 이는 인구고령화가 연금, 의료, 복지, 주택 등 사회보장은 물론 경제, 사회 전반에 걸쳐 광범위한 영향과 문제를 파생시키기 때문일 것이다. 세계에서 가장 급격한 고령화가 진행되고 있는 우리나라의 경우에도 예외일 수 없을 것이다. 이러한 고령화 문제 중 치매, 중풍 등 만성질환 등으로 인한 장기요양보호(long-term care) 문제는 향후 국민들의 노후생활에 대한 최대의 불안 요인으로서 가장 중요한 사회적 문제라 할 수 있다(장병원, 「고령화사회의 노인요양보장정책 방향」, 보건복지부, 《건강한 사회, 함께하는 세상, 노인요양보장제도의 한국적 모델 개발》, 2004 session2, p.5).

라고 말하였다. 이 시기에 발생하는 신체적, 정신적 변화를 잘 수용하면서 보낸 사람은 그렇지 못한 사람에 비해 삶이 차이가 난다는 것이다. 마찬가지로 인생에 있어서 노년기도 그에 대표되는 노인성 질환이라는 신체적 변화와 함께 노인의 4중고(빈곤, 질병, 고독, 무위)에 의한 정신적 압박 등을 감내해야만 한다.

그러기 위해서는 노인 스스로 또한 가족과 사회, 국가가 이러한 노인의 여건을 잘 수용할 수 있는 분위기를 조성해 나가야 한다. 또한 현대사회에 있어서 노년기를 '제3의 탄생기'로 규정[41]하고, 노인에 대한 새로운 인식을 사회적으로 확산시켜야 한다. 노인이라 해서 소극적인 대처를 하는 것보다 적극적으로 노인의 위상을 드러낼 수 있는 사회적 분위기를 조성함이 필요하다.

다음으로 우리의 전통윤리인 효사상의 합리적 복원이 필요하다. 지금 우리 사회는 효도 문제로 많은 갈등이 일어나고 있다. 여전히 복종과 희생의 효가 강조되는가 하면 자식들이 부모를 외면하는 예도 빈번하다. 지금은 우리가 이 문제를 널리 국민적 토론에 부쳐서 효도의 현대적 방향을 개발하는 데 국민적 예지를 동원할 때라고 본다. 한국 사회의 가장 자랑스러운 특성[42]인 효의 건전한 유지와 합리

---

41 졸고, 「자선복지현장에서의 깨달음」, 『신용양로원에서 원광효도마을까지』, 원광효도마을 60년사편찬위원회, 2007, pp.147-148.

42 "세계 어디에서도 노인이 한국에서처럼 존경받는 곳은 없다. 모든 문명화된 나라에서 노년은 혐오의 대상이기 때문에 늙는 것을 부끄러워하며 자동차 공장의 못쓰게 된 부속품처럼 사람들은 노인을 가려내는데, 한국은 이와는 반대이다. 나이를 먹으면 먹을수록 존경을 받는다. 노인은 머리에 왕관이라도 쓴 것처럼 존경을 받는다. 한국은 노인 공경은 다른 문명국의 모범이 된다."(D. B. Bromley 저, 김정휘 역, 『노인심리학』, 성원사, 1990, pp.8-9 역자 머리말에서 재인용). 1984년에 『25시』의 작가 비르질 게오르규가 「한국 찬가」에서 노인을 공경하는 한국의 미풍양

적이고 실제적인 유지 발전을 위해서 다음의 몇 가지를 인용, 제시해 보고자 한다.

첫째, 효도의 개념을 종래의 일방적 복종과 희생으로부터 부모, 자식간의 상호존중과 이해를 바탕으로 하는 인격적인 것으로 발전시킬 것, 둘째, 효도를 부모와 자식간의 개인적 차원의 윤리 외에 사회적 효도의 측면을 강화시켜 국가가 가난한 자식에 대한 부모 부양비의 지급, 사회적 운동으로서 자식 없는 부모들에 대한 안정적이고 항구적인 봉양제도의 합리적 개발, 셋째, 부모 봉양에 대한 장자 전담의 봉건적 관습으로부터 모든 자식들이 부모 봉양을 위한 비용을 갹출하는 제도의 권장, 넷째, 모범적이고 합리적인 부모자식 관계, 특히 고부관계의 개발과 권장, 다섯째, 동거하는 부모 자식 간의 사생활의 자유를 유지하기 위한 가옥구조 기타 생활방식의 개발 권장 등이다.[43]

위의 내용을 보면 효사상의 합리적 정착을 위해서 효사상의 본질을 제대로 파악해야 한다. 효의 개념을 질서유지에 필요한 도구나 가부장적인 권위의 방향으로 파악한다면 효의 본래 의미가 희석되기 때문이다.

그러므로 현대사회에서 효는 전통사회에서의 가족적인 효 차원을 넘어서 '사회적 효'라는 말이 새로이 대두되고 있다. 특히 2008년 7월 1일부터 시행된 노인 장기요양 보험제도에 의하면 사회적 효의

속을 찬양한 내용이다. 비록 핵가족, 심지어는 전자가족이라 할 정도로 가정이 분화되어 가고 있는 현실일지라도 노인을 공경하는 정신을 살려나가야 할 것이다.
43 김대중, 『김대중 옥중서신』, 청사, 1984, pp.216-218.

적극적 실천을 강조하고 있다. 따라서 가족구조의 변화에 따른 사회
현상의 추이에 능동적인 대응이 요구된다. 오늘날 사회적 효의 방향
이 대세이고 보면, 사회적 효의 실천 주체가 필요하며 그 실천의 핵
심 주체는 '사회적 가족' 또 '신가족'이 된다. 논자는 '노인장기요양
보험제도'가 2016년 현재 어느 정도 정착되고 있는 만큼 정부에서
강조하고 있는 '사회적 효'가 보다 광범위하게 확장된 의미의 효실
천 방법으로 자리매김 되어야 한다고 보며 '사회적 가족' 또는 '신가
족'이라는 새로운 가족 개념이 갈수록 요구되어짐은 시대적 요청이
라 할 수 있다. 다른 한편으로는 효행장려 및 지원에 관한 법률[44]이
제정되고 시행될 정도로 효가 위기에 처해 있다. 그러므로 고령화사
회에 대응한 효행에 대하여 살펴본다.

　고령화사회에 있어서 가장 큰 문제는 가정의 해체로 인한 여러 가
지 문제가 대두되고 있다는 점이다. 그중에서도 노인 학대와 노인
자살 문제가 심각한 상황에 이르렀다. 여기에 인간생존을 위한 필수
적인 제도인 가정이 급속도로 와해됨으로 인하여 이혼, 청소년 비행,
노인문제, 이혼한 가정 자녀들의 문제, 가정폭력, 성적인 타락 등으

---

44 본 법에서 "효"란 자녀가 부모 등을 성실하게 부양하고 이에 수반되는 봉사를 하는
　　것을 말한다고 정의하며 "효행"이란 효를 실천하는 것을 말하고 "경로"란 노인을
　　공경하는 것을 말하며, "효문화"란 효 및 경로와 관련된 교육, 문학, 미술, 음악, 연
　　극, 영화, 국악 등을 통하여 형성되는 효 및 경로에 대한 사회적 가치를 말한다고
　　정의되어 있다(법률 제 8610호, 2007년 8월 3일 제정, 2008년 8월 4일 시행). 효는
　　윤리와 도덕이라 할 수 있다. 그런데 "도덕을 법으로 규정한다는 발상은 자유주의
　　사회 시민들이 보기에 자칫 배타적이고 강압적인 상황을 불러올 수 있는 경악할
　　만한 발상(마이클 샌델 저, 이창신 역, 앞의 책, 『정의란 무엇인가』, p.35)"이라고 하
　　는 반론에 부딪힐 수도 있다는 점에서 '효행장려 및 지원에 관한 법률'을 시행하는
　　데 있어서는 모든 상황을 고려해야 할 필요가 있다고 본다.

로 가정문제와 사회 혼란이 조장되고 있다.

특히 한국의 문화는 가정과 사회에서 효에 기초를 둔 문화이다. 부모와 자녀들과의 관계가 모든 인간 윤리의 기초이다. 그래서 모든 한국인들의 마음 가운데 형성된 무의식의 밑바탕에는 '부모님께 효도하여야 한다'는 생각이 자리하고 있다. 자기는 비록 효와 거리가 멀다고 하여도 다른 사람이 효도를 하지 않으면 저절로 비판이 나오고 자기가 효도하지 못하는 것에 대해서도 무의식적으로 죄책감을 가지고 수치스러워한다. 그리고 누군가 효도하여 타의 귀감이 되었을 때는 기꺼워지고 자랑하고 싶어지고 부러워한다. 이것은 한국인으로 태어나고 자란 사람들이 가지고 있는 무의식의 문화이다. 그런데 오늘에 와서 이런 효의 문화가 도전을 받고 있다.[45]

실례로 아들과 며느리의 학대를 견디다 못해 노인보호기관에 신변 보호를 요청하는 노인이 늘고 있다. 특히 가족 구성원 간의 불화가 노인 학대를 일으키는 가장 큰 원인으로 지목됐다. 보건복지부에 따르면 2007년 전국 노인보호전문기관에 접수된 노인 학대 신고는 4,730건으로, 2006년에 비해 18.4% 증가했다. 실제 학대로 밝혀진 사례는 2,312건으로 전년보다 1.7% 증가한 것으로 나타났다. 학대 가해자는 '아들'이 53.1%로 압도적으로 많았다. 또 며느리(12.4%), 딸(11.9%), 배우자(7.6%) 등 친족에 의한 학대가 대부분을 차지했다. 특히 60세 이상 노인이 자신보다 나이가 더 많은 노인을 학대하는 '노-노(老-老) 학대' 사례가 전체의 20.5%를 차지해 전년보다 32.2%나 늘었

---

45 오성춘, 「현대 가정의 위기와 효」, 《월간목회》 5월호, 2006, p.69.

다. 우리 사회의 저출산 고령화 현상을 반영한 것으로 풀이된다.

노인 학대는 주로 가족 내부의 갈등에 의해 발생했다. 노인 학대 사례의 88.2%가 가족 구성원간의 갈등이 원인이었고, 이 중 51.1%는 피해 노인과 가해자간 갈등, 37.1%는 피해 노인과 자녀, 형제, 친인척간 갈등이 원인이었다. 나머지 11.8%는 경제적인 갈등이 원인으로 지적됐다. 학대 방식은 언어·정서적 학대가 41.4%로 가장 많았다. 또 방임(24.7%), 신체적 학대(19.4%), 재정적 학대(11.1%)가 뒤를 이었다. 피해 노인은 '여성'이 68.1%로 남성보다 많았다. 피해자 연령은 70대(44.6%), 80대(29.9%), 60대(19.1%) 순이었다.[46] 이처럼 도전받는 한국의 효문화의 대표적인 실례가 요즘 사회문제화 되고 있는 노인학대의 증가이다. 자식이 부모를 봉양하는 것이 당연한 일임에도 불구하고 노인 학대 상황에까지 이르고 있으니 사회적으로 심각한 문제가 아닐 수 없다.

다음으로 노인 자살 문제[47]를 살펴보도록 한다. 최근 들어 생활고와 질병 등을 비관해 목숨을 끊는 노인이 줄을 잇고 있다. 현재 노인의 자살률은 외환위기 때보다 두 배나 높으며, 고령화 속도보다 노인 자살률 증가 속도가 더 빨라 심각한 사회문제로 대두되고 있다.

---

46 「노인학대 88% '가족 간의 불화'」, 《서울신문》 2008년 6월 10일자.

47 통계청(2009) 발표에 의하면 2008년도 한국의 자살자 수는 12,858명으로 인구 10만 명당 자살자 수는 26.0명이며 1일 평균 35.1명이 자살하고 있는 것으로 집계되었다. 최근에는 자살자 중에서 60세 이상의 연령층이 빠른 속도로 증가하고 있는 추세를 보이고 있다. 인구 대비 자살 사망률을 보면 노인의 연령층이 훨씬 높게 나타난다. 2008년 한국의 전체 평균자살 사망률은 인구 10만명 당 26.0명인데 비해서 60세 이상의 노인인구 자살 사망률은 전체 평균보다 3배 정도 높다(서인균, 「학대경험이 노인의 자살생각에 미치는 영향 연구」, 원광대학교 박사학위논문, 2009, p.12).

국내 노인 자살자 수는 1990년대 이후 가파른 상승세를 보이고 있다. 한국자살예방협회[48]가 통계청 자료를 근거로 65세 이상 노인의 연간 자살자 수를 분석한 결과 1990년 314명에서 2007년 3,541명으로 17년간 약 11.4배 증가했다. 전체 자살률과 비교해서도 노인의 자살률은 매우 높다. 2007년 기준으로 인구 10만 명당 전체 자살률은 24.8명이었지만 노인 자살률은 73.61명으로 3배에 가깝다.

2000년에서 2005년까지, 우리나라를 제외한 OECD 국가의 노인 자살률은 인구 10만 명당 65~74세가 평균 43.2명, 75세 이상은 평균 60.4명 수준이다. 반면 우리나라 노인의 자살률은 2004년 기준으로 65~74세가 64.9명, 75세 이상이 109.6명으로 월등히 높다. 노인 인구 비율이 우리나라와 비슷한 아일랜드와 비교하면 65~74세 노인의 자살률이 6배, 75세 이상 노인은 20배 높은 것으로 조사됐다.[49] 이른바 노인의 4중고에 의하여 급기야는 노인들이 빈번히 자살까지 할 정도로 효가 도전을 받고 있다는 점을 우리는 심각하게 받아들여야 할 것이다.

한편 노인에 있어서 늙음과 죽음은 둘 다 심리학적으로 중대한 의미를 지닌다. 인간의 수준에서 보면 나이를 먹는다는 것은 중요한 의미를 담고 있다. 나이와 더불어 인간은 삶의 가능성을 실현하며

---

48 한국자살예방협회는 비영리법인의 설립 및 감독에 관한 규칙 제4조 규정에 의거하여 2004년 4월 9일 설립허가 되었다. 생명존중의 정신을 이 사회에 구현하며 자살예방을 위하여 교육과 홍보, 위기개입, 연구와 프로그램 개발, 정책적 제안 등 활동을 목적으로 설립되었고 설립철학 및 이념을 생명존중 정신에 두고 있다(한국자살예방협회 홈페이지 : www.suicideprevention.or.kr).

49 「황혼자살―우울한 고공행진」, 《서울신문》, 2009년 1월 19일자.

'현존재의 프로그램'을 이행할 수 있다. 그러므로 나이를 먹는다는 것은 적극적인 강점(强占)을 얻을 수 있는 것이다. 그러나 젊음의 영광만을 노래하는 현대에서는 이 점을 쉽게 망각하고 있다. 늙어서도 인간은 성숙할 수 있고 '진실로 인간적'으로 될 수 있다. 그러므로 옛날부터 많은 문화권에서 삶의 지식이 풍부하고 내면적으로 성숙한 노인들이 높이 평가되어 왔다.[50]

심리적으로 노년기에는 죽음에 대한 걱정에 사로잡히게 된다. 노년기에는 동년배의 죽음을 경험하게 되면서 슬픔과 애도라는 정서적 과정과 자신의 죽음을 받아들이고 이해하려는 과정을 거친다. 노년기에 경험하는 죽음과 관련된 두려움, 불안, 슬픔은 노인뿐 아니라 인간이라면 누구나 다 경험하게 되는 것이다. 위와 같은 노년기의 심리적 상황을 젊은이들이 이해하고 포용하는 사회적 분위기를 조성해야 한다. 더불어 노년기의 지혜와 성숙함을 아랫사람들이 배우는 자세가 필요하다. 이러한 사회적 분위기가 조성될 때 노년기의 삶이 보다 긍정적이고 적극적인 상황으로 반전될 수 있다.

2) 노인복지와 사회적 효의 실천 방향

앞장에서의 고령화사회의 문제 분석에 기반하여 이에 대응한 사회적 효의 실천을 목표로 시행되고 있는 노인장기요양보험제도의 개요와 그 내용을 살펴보면서 노인복지의 핵심 아젠다인 사회적 효

---

50 진교훈, 『의학적 인간학』, 서울대학교 출판부, 2004, pp.259-260.

의 방향을 모색해 보고자 한다.

먼저 노인장기요양보험제도를 살펴본다. 2000년을 기점으로 우리나라는 노인 인구가 7% 이상인 고령화사회에 접어들었고, 2017년에는 노인 인구가 14% 이상이 되는 고령사회에, 2023년에는 노인 인구가 20% 이상이 되는 초 고령사회에 진입하게 될 것이다. 2050년에는 노인 인구 비율이 34.4%로 세계의 최고령국가[51]가 될 전망이다(통계청, 2006). 따라서 초 고령 노인 인구수가 급속히 증가하여 장기요양을 요하는 노인의 수도 급증할 것으로 예상된다. 노인부양은 현재도 가족에 의지할 수 없는 상황이 되었지만 앞으로 이러한 현상은 더욱 심화될 것이다.

가족구조와 동거형태도 변하고 있다. 산업사회를 거쳐 정보화 사회가 되면서 핵가족이 보편화되고 있고, 자녀와 별거하는 노인단독세대가 벌써 절반에 이르고 있으며, 가족의 부양기능도 바뀌고 있다. 핵가족은 자녀양육에 치중하는 쪽으로 변하여 노인부양은 점점 어려워지고 있으며 앞으로 국민 1인당 노인 1명을 부양해야 하는 상황이 올 것이다. 이같이 가족문화가 변하여 가족이 노인을 부양하기가 어려워지고 있고, 노인을 보호하는 가족의 부양부담이 커지면서 노

---

51 세계에서 유래를 찾아 볼 수 없이 빠른 속도로 고령화가 진행되고 있는 우리나라는 이에 대한 사회국가적 대책이 요구된다. "우리나라의 경우 인구구조가 예전의 다산다사형에서 소산소사형으로 바뀌어 가고 있으며 유아사망률의 현저한 저하, 국민영양의 향상, 예방의학의 발달, 건강식과 건전한 레저활동의 일반화 등으로 수명이 연장되고 있다. 그 결과 2000년 65세 이상 노인인구의 비율이 7.2%로 고령화사회(aging society)에 진입하였다. 2020년대에는 65세 이상 노인인구가 15.1%가 되어 고령사회가 될 것이며 2030년에는 노인인구 비율이 23.1%로 예측되어 초고령사회가 될 것으로 전망되고 있다."(채옥희·홍달아기·송순·정은미, 『현대사회와 가정복지』, 신정, 2004, p.220).

인에 대한 사회적 보호서비스의 필요성은 점차 커질 것으로 예측된다. 그러므로 2008년부터 시행되고 있는 노인장기요양보험제도가 지역사회 내의 노인을 위한 적절한 대안이 될 것이다.

노인장기요양보험제도란, 고령이나 노인성 질병 등으로 인하여 일상생활을 혼자 수행하기 어려운 노인 등에게 신체활동 또는 가사지원 등의 장기요양급여에 관한 사항을 규정하여 노후의 건강증진 및 생활안정을 도모하고 그 가족의 부담을 덜어줌으로써 국민의 삶의 질을 향상하도록 함을 목적으로 한다.[52] 이 제도는 고령화 속도가 증가일로에 있는 우리 사회에 있어서 사회, 국가가 노인에게 다가서서 효를 실천하는 제도로 사회적 효[53]를 강조하고 있다.

우리나라의 노인장기요양보험법은 2007년 4월 27일 공포되었고, 2008년 7월 1일부터 노인장기요양보험제도가 시행되고 있다. 노인장기요양보험제도는 수급자에게 배설, 목욕, 식사, 취사, 조리, 세탁, 청소, 간호, 진료의 보조 또는 요양 상담 등 다양한 방식의 장기요양급여를 제공하는데, 이미 오래전부터 고령화 현상을 겪고 있는 선진국들은 우리나라보다 앞서 다양한 방식으로 장기요양서비스를 제공하여 왔다.

---

52 보건복지부, 『요양보호사 표준교재』, 2008, pp.30-31.

53 사회적 효의 이론적 근거는 소태산이 밝힌 일원상 진리의 일체 중생의 본성 차원에서 조명해 보아야 한다. 여기에 정산의 삼동윤리 정신에서의 동기연계 차원에서 사회적 효의 이론적 근거를 삼고 사회적 가족의 당위성을 확립해야 한다. 이것을 정산은 한 집안 한 권속이라고 표현했으며 백범 김구는 사해동포주의로 밝혔다. 불교적 이론에서는 동체대비의 정신으로 사회적 효를 조명하면 사회적 효의 실천 주체가 남을 내 핏줄 개념으로 받아들이는 '사회적 가족'으로 정착될 수 있을 것으로 본다.

노인장기요양보험제도는 노인뿐만 아니라 장기요양을 담당하던 중장년층과 가족 등 모든 세대에게 혜택을 줄 수 있다. 노인들은 자식들에게 부담을 주지 않고 계획적이고 전문적인 장기요양서비스를 받을 수 있어 품위있게 노후를 보낼 수 있고, 장기요양을 담당하던 중장년층은 정신적, 육체적, 경제적 부담에서 벗어나 경제, 사회활동에 전념할 수 있다는 점에서 1990년대 이래 세계적인 추세로 자리 잡고 있다.

국민건강보험은 치매나 중풍 등 질환의 진단, 입원 및 외래 치료, 재활치료 등을 목적으로 주로 병·의원 및 약국에서 제공하는 서비스를 급여대상으로 하는 반면, 노인장기요양보험은 치매·중풍의 노화 및 노인성 질환 등으로 인하여 혼자 힘으로 일상생활을 영위하기 어려운 대상자에게 요양시설이나 재가 장기요양기관을 통해 신체활동 또는 가사지원 등의 서비스를 제공하는 제도라는 점에서 차이가 있다.[54] 이 제도는 오늘날 가족구조가 핵가족화와 더불어 맞벌이 가정이 대부분이기 때문에 가정 내에서 노인을 모셔야하는 상황을 사회와 국가가 대신해서 수행하는 제도이다. 정부에서는 갈수록 심화되는 노인문제에 국민 전체가 접근하고 있다는 점에서 사회적 효[55]

---

54 보건복지부, 앞의 책, 『요양보호사 표준교재』, p.31.

55 사회적 효는 자칫 '현대판 고려장'이 될 수 있다. 따라서 '사회적 효'에 걸맞는 '사회적 가족'의 문제가 제기되고 정착되어야 한다. 부모를 요양원이나 양로원에 입소시켜 놓고 방치하는 경우가 있기 때문이다. 따라서 노인 시설의 관리자나 직원들에게는 보호자들의 이러한 패륜적 행위를 바루어야 할 역할과 책임이 있다. 더불어 보호자의 가족들과 노인 시설의 임직원들은 시대적 상황이 맺어 준 새로운 가족(신가족)이라는 인식의 확산이 요구된다. 논자는 사회적 효의 실천 주체가 신가족이 될 수밖에 없다는 점에서, 신가족을 '사회적 가족'으로 정의하고자 한다. 따라서 사회적 가족은 혈연을 초월한 신가족 개념으로 정착되어야 한다. 이것이

를 강조하고 있다.

　소태산은 "자기 가정에서 부모에게 효도하고 형제간에 우애하는 사람으로 남에게 악할 사람이 적고, 부모에게 불효하고 형제간에 불목 하는 사람으로 남에게 선할 사람이 적다."[56]라고 효를 강조하였으며, "의탁할 데 없는 노인들은 국가나 단체나 자선사업가들이 양로원을 짓고 시봉을 하게 되므로 별 걱정 없이 편안한 생활을 하게 될 것이다."[57]라고 하면서 오늘날의 사회를 전망하였고 제자들에게 그 대책을 세우게 하였다.

정착되지 않으면 사회적 효 차원에서 보호되고 있는 노인들의 안전사고 문제 등이 발생했을 경우 법적인 분쟁의 소지가 있다. 일반 가정에서는 연로한 부모가 부주의로 낙상해서 사망했다 할지라도 다른 형제 자매가 부모를 모신 형제 자매에 대하여 과실치사라 하여 법적인 책임을 묻는 경우는 없다. 그러나 현재 우리나라의 노인 시설에서는 이러한 일이 분쟁 소지로 자주 대두되고 있다. 실제 자녀들이 모실 수 없는 상황에서 기관과 시설이 희생과 헌신으로 그 의무를 대신해 줌에도 불구하고 법적인 문제로 확대하는 것은 시정되어야 한다. 사회적 가족이 혈연적 가족보다 부모를 모심에 있어서는 현실적으로 희생과 정성이 더 따르기 마련이다. 친자녀들이 못하는 일을 사회적 가족이 해결하고 있기 때문이다. 따라서 사회적 효의 궁극적 정착을 위해서 '사회적 가족' 또는 '신가족' 개념의 확산과 인식은 반드시 필요하다. 여기에 소태산의 효사상(피은에 대한 보은, 무자력자 보호, 타인의 부모라도 내 부모와 같이 보호)이 신가족 개념의 사상적 모체가 되어야 한다. 또 정산의 삼동윤리 중 특히 동기연계는 사회적 가족 개념의 당위성을 뒷받침해 줄 수 있다. 신가족 개념의 정착은 '현대판 고려장'을 최소화할 수 있으며 인류가 한 가족임을 실현하는 것이다. 또한 이것은 사회적 효의 안정적 정착에 필요충분한 조건이며 효의 현대사회적 확산 주체이다. 이것의 구체적 실천 방안으로 뒷받침될 수 있는 것이 원불교의 천효를 비롯한 원불교 효사상이다.

56 『대종경』, 「제4 인도품」 11, p.189.

57 『대종경』, 「제14 전망품」 27, pp.395-396. 오늘날 정부에서는 '효행 장려 및 지원에 관한 법률'을 제정, 시행하면서 효를 가족개념에서 사회 및 국가적 개념으로 확장시키고 있다. 또한 노인장기요양보호법을 제정, 시행하면서 법 시행의 목표를 '사회적 효의 실현'에 두고 있다. 핵가족화 등 사회의 급격한 변화로 인하여 가정 내에서 노인을 보호하는 것이 갈수록 어렵게 된 시대적 현실의 대안으로 사회적 효를 강조하고 있다. 이러한 시대적 상황에서 소태산의 본 법문은 90여 년 전에 앞으로 일어날 미래를 전망하고 예견하였다는 점에서 중요하다.

여기에서 우리는 인간 사회에 있어서 효의 필요성과 가정의 보호를 떠나 사회, 국가에서의 노인들에 대한 시봉이 현실화될 수밖에 없다는 점을 소태산이 일찍이 진단하였다는 점을 주목해야 한다. 소태산은 가정에서 노인을 모시지 못하는 시대적 환경 때문에 사회적 효 차원의 대책[58]이 필요하다는 점을 선구안을 가지고 밝혔다.

이어서 가족구조의 변화에 따른 효사상의 새로운 정착도 원불교 효사상이 풀어야 할 과제다. 가정은 사회를 이루는 최소 단위이다. 그런데 오늘날 핵가족이 대세이다 보니 가정 자체가 위기에 봉착해 있다. 이처럼 오늘날 가정의 현실은 공동체적 삶의 유산이라 할 수 있는 효의 현실적 정착에 많은 문제를 안고 있기 때문에 가정의 위기라 해도 지나친 표현은 아니다.

전통적인 농업 기반 사회에서 근대화 이론에 입각하여 가정은 도시화·산업화의 영향으로 부계 중심의 대가족에서 부부 중심의 핵가족으로 대부분 변화하였다. 문제는 효사상이 대가족 제도를 기반으로 형성되어 왔다는 점에서 핵가족 시대인 오늘날에 있어서 진부한 사상으로 인식될 수 있다는 점이다.

효와 같은 유교의 관계론적 윤리는 평등한 관계론에 근거한 것이 아니기 때문에 남존여비, 불평등한 신분제도, 연장자 우선 등과 같은 지배복종의 윤리로 정당화될 소지가 있다[59]고 본다. 오늘날 우리

---

58 정산도 그의 『건국론』에서 공중적 소득을 총수입하여 양로당, 고아원, 탁아소, 유치원 등을 지어 65세 이상의 노인과 무의무탁한 고아나 부모가 몹시 빈한하여 양육의 힘이 없는 아동은 입원양육(해당 시설에서 보호)하게 하라고 밝혔다. 이와 같은 내용은 사회적 효에 대한 정산의 견해를 밝힌 것으로 조명해 볼 수 있다(박정훈 편저, 앞의 책, 『한울안 한이치에』, pp.277-278 참조).

는 과거 어느 때보다도 급진적 사회 변동을 경험하고 있으며, 전통적인 가치가 급속히 해체되는 현실을 경험하고 있다. 이러한 사회 격변의 과정에서 윤리·도덕의 위기에 따른 극단적 이기주의와 사회적 병리 현상들에 대한 우려의 목소리가 높아 가고 있다. 최근 우리 주변에서는 부모를 살해하거나 자녀를 버리는 패륜적 사건들이 예기치 않게 빈번히 발생하고 있다.

이러한 사회 변동과 도덕·윤리적 타락의 원인은 가족구조의 변화에 따른 효정신의 혼미에 기인한다. 우리는 효정신을 되살리는 가운데 가족 윤리의 회복 차원의 대안을 모색해야 할 시점에 처해 있다. 원불교 효사상은 이러한 시대적 상황에서 핵가족 윤리로 효사상이 자리매김 될 수 있도록 그 처방을 마련해야 한다. 즉 효사상은 핵가족 제도하에서도 절대적 윤리임을 원불교 효사상을 통해서 각인시켜야 할 필요가 있다.

또한 원불교 효사상은 고령사회의 대안으로 사회적 효의 정착에 힘써야 한다. 의학의 발달과 경제적 풍요로 인하여 평균 수명이 연장되면서 노인 인구의 증가가 눈에 띄게 커지고 있으며, 더구나 저출산에 따른 상대적 고령화 속도의 증가는 사회적인 문제로 대두되고 있다.

과거 전통사회에서의 효개념은 노인이 그 중심에 있었다. 전통사회가 농경생활을 중심으로 하여 봉건적 질서를 중심으로 한 수직적 관계를 특징으로 하였다면, 현대사회는 산업사회를 바탕으로 자유

---

59 박충구, 「기독교와 유교윤리」, 『한국 사회와 기독교윤리』, 성서연구사, 1995, p.75.

주의와 평등의 윤리를 보편적 가치로 추구하는 수평적 관계를 중심
으로 하고 있다. 따라서 현대적 효개념은 과거의 무조건적인 효개념
을 합리적으로 정착해야 할 숙제를 안고 있으며 동시에 고령사회의
문제 해결 방안으로 효의 새로운 정착을 모색해야만 한다. 따라서
'사회적 효'는 오늘날의 현실에 있어서 하나의 대안으로써 그 역할
의 과학성과 합리성이 부가되어야 한다.

한편, 사회적 효의 과학성과 합리성 부가 차원에서 신노년학도 대
두되고 있다. 신노년학(New Gerontology)[60]이란 노년기의 노인의 4중고
(빈곤, 질병, 고독, 무위)를 노인의 문제로 인식하던 것을 극복하고, 어떤
환경과 조건하에서 노인의 삶의 질이 향상될 수 있는지에 관심을 갖
는 성공적 노화 개념에 기반을 두고, 노화에 관한 부정적인 시각을
벗어나 노인의 다양성을 수용하려는 학문을 말한다. 신노년학은 현
대사회 노인의 가장 큰 문제 중의 하나인 노인 자살 문제를 예방할
수 있는 대안의 하나가 될 수 있다는 점에서 그 의미하는 바가 크다.
신노년학도 노인들을 자살의 상황까지 몰아가는 오늘날의 사회문
제를 해결하는 데 있어서 사회적 가족이 주도하는 효의 차원에서 요
구된다.

따라서 원불교 효사상은 고령사회의 대안으로써 사회적 효의 정

---

60 '신노년학'은 성공적 노화와 연관성이 깊다. 성공적 노화를 전제로 신노년학이 현
실적으로 학문적인 입지가 구축되기 때문이다. 성공적 노화의 첫째 조건은 평소
에 운동과 신체 단련 및 질병에 대한 예방으로 질병과 장애요소가 없어야 한다. 둘
째, 노인 개인의 독립 생활을 위해 인지적, 신체적 능력이 요구된다. 셋째, 지속적
인 인간관계와 생산적 활동을 재발견하기 위해 대인관계 및 생산적 활동을 유지한
다(강신옥, 「노인의 생산적 활동이 성공적 노화에 미치는 영향 분석」, 공주대학교
박사학위논문, 2009, pp.3-27 참조).

착에 일정한 몫을 할 수 있을 것이다. 더불어 우리는 사회 통합의 매개체로서의 원불교 효사상의 정착에 힘써야 한다. 사회란 다양한 가치관의 조합으로 이루어진다. 이러한 가치관의 조합 과정에서 혼란과 분열이 야기될 수도 있다.

그래서 정산은 "사람과 사람이 서로 어울리면 사회가 이룩되나니 몇몇 사람이 모인 단체로부터 국가나 세계가 다 크고 작은 사회인 것이며, 사회에는 남녀와 노소의 별이 있고 강약과 지우(智愚)의 차가 있으며 또한 각각 그 관계에 따라 여러 가지 단체와 계급이 이루어지나니, 이 모든 관계들 사이에 서로 도가 있으면 그 사회는 평화와 번영을 누리게 될 것이요, 만일 그렇지 못하고 보면 그 사회는 반목과 다툼이 그치지 아니 하나니라."[61]라고 사회에서의 대립으로 인한 혼란과 분열을 말하면서 이를 예방하고자 하였다.

정산은 사회의 혼란을 막기 위해서 사회구성원 상호간의 이해와 지켜야 할 도리를 주문하고 있다. 사회는 다양한 부류의 사람들과 단체 및 조직들이 모여서 형성된다. 어느 특정인의 독단과 일부 조직과 단체의 의지대로 유지될 수 없는 것이 사회이다. 천차만별한 개인적 특성과 다양성을 존중하지 않으면 안정된 사회는 형성될 수 없다.

그러므로 사회는 다양한 의견과 사상을 포용해야 한다. 사회의 다양성을 수용하려면 우선하는 것이 상대방에 대한 배려이며, 이것은 타인에 대한 불공으로 이어져야 한다. 여기에 비록 가치관은 다르더

---

61 『정산종사법어 : 제1부 세전』, 「제5장 사회」 1. 사회에 대하여, p.740.

라도 원불교의 불공의 효를 실천한다는 절대적 가치에 대해서는 이
의를 제기하는 사람은 없을 것이다. 다양한 사상을 수용해야만 하는
현대사회의 구조 속에서 효사상은 사회 통합의 매개체로 정착해야
한다. 따라서 원불교 효사상은 사회적 효의 실천 이론과 그 정착을
위한 패러다임으로 선도적 역할과 더불어 분열된 사회를 통합할 수
있는 중간자로 기능할 수 있어야 한다.

3) 다문화가정의 현상과 효의 실천

오늘날의 세계를 지구촌[62]이라 칭한다. 촌의 의미는 가깝고 친밀
하며 모든 것들을 신속하고 확실하게 경험할 수 있다는 것을 내재하
고 있다. 21세기를 살고 있는 우리는 과거에 비해 놀랄 만큼 가까이
에서 살고 있다. 더불어 정보통신의 발달로 인한 지식정보 사회의
도래와 함께 세계화라는 시대 조류는 한국 사회에 다양한 변화를 가
져오고 있다.

---

62 '지구촌(Global Village)'이라는 단어를 처음 사용한 맥루언(McLuhan)은 이미
1964년에 출간한 자신의 저서『매체의 이해(Understanding Media)』의 서문에서
"서구는 분석과 기계화의 기술에 의해서 300여 년 동안 지속된 폭발(explosion)에
이어 이제 내파(implosion)를 경험하고 있다. 기계화에 매달린 수백 년 동안 우리
는 우리의 육체를 공간 안으로 뻗어나가게끔 확장시켰다. 전기화의 기술을 경험
한지 한 세기 남짓한 오늘날 우리는 우리의 중추신경계를 세계로 연결하는 그물망
으로 확장시켰고 이로 인해 우리가 살고 있는 지구에 한해서는 공간과 시간을 극
복했다. 우리는 인간 확충의 마지막 단계에 급속히 들어섰다. 의식의 기술적 유사
표현에 의하여 창조된 인식과정은 집단적으로 그리고 집체적으로 전체 인간사회
로 확산될 것이다. 세계는 이제 전자적으로 결집된 마을이다."라고 언급함으로써
'지구촌'의 도래를 선언했다(송두율,『21세기와의 대화』, 한겨레신문사, 1998,
pp.53-54 참조).

그중에서 주목할 만한 것이 국내 거주 외국인의 증가로 우리 사회가 다인종·다문화사회로의 변화와 함께 도래한 다문화가정의 증가[63]이다. 다문화가정이란 한국인과 외국인이 결혼해서 이룬 가정을 말하며 그러한 가정에서 한국의 문화와 외국의 문화가 함께한다는 의미에서 다문화가정이라 한다. 이러한 다문화가정의 확대 증가로 인하여 군인복무규율까지 개정을 논의하며 민족이라는 개념을 뛰어넘어야 하는 시점에 와 있다.

국방부가 파악한 다문화가정에서 태어난 남자는 2010년 말 기준으로 6만여 명으로, 이중 16~18세의 학생만도 4,000여 명에 이른다. 2011년 1월부터 외관상 명백한 혼혈인을 제2국민역으로 편성하던 기존의 제도를 폐지하고 현역으로 복무하도록 시행하고 있다. 이에 따라 이들 중에서 만 19세가 된 남자 350여 명이 2010년에 대한민국 역사상 처음으로 징병검사를 받았고, 아시아계 다문화가정 자녀 100여 명이 입대해 복무 중에 있는 현실이다.

군인복무규율 제5조[64]에 보면 병사 입영선서와 장교 임관선서가

---

63 2010년에 즈음하여 국내 총 인구를 4,800만~4,900만 명 정도로 헤아리므로 주민 42명 중 한명은 '외국인'이 된다. 이런 증가 추세는 당분간 지속될 것이다. 현재 한국의 제조업과 서비스업의 상당 부분은 외국인 노동력 없이는 유지될 수 없고 최근 몇 년 사이 국제 결혼은 전체 결혼 건수의 10%를 상회하고 있다(서호철, 「연구개관」, 『한국의 다문화 상황과 사회통합』, 한국학중앙연구원출판부, 2011, pp.13-14). 이런 추세라면 2014년에는 초등학교 입학생의 1/10이 다문화가정 자녀이고, 2020년에는 한국 신생아의 1/3이 다문화가정의 자녀일 것이라 예상되고 있다.

64 앞으로 군(軍)의 임관선서 등에서 '민족'이란 단어가 사라지게 된다. 다문화가정이 늘어나면서 한민족이란 개념을 담고 있는 '민족'보다 국가를 구성하는 사람을 의미하는 '국민'이란 표현이 현실적이란 이유에서다. 군 관계자는 2011년 4월 17일 "군인복무규율에 명시된 입영선서와 임관선서문 속의 '민족'이란 단어를 '국민'으로 바꾸는 방안을 검토 중"이라고 밝혔다. 그동안 군 입대자와 장교 임관자는 "대한민국의 군인으로서 국가와 민족을 위하여 충성을 다하고"로 시작하는 선서

규정되어 있다. 여기에서 '민족'이란 단어를 삭제하고 이를 '국민'으로 대체하기로 결정하였다. 다문화가정 자녀들이 군에 입대하는 현실을 반영하고자 한 조치이다. 정치·사회적으로 가장 민감한 군에서조차 이러한 변화에 대처할 정도로 다문화가정은 이제 한국 사회의 피할 수 없는 현실이 되고 만 것이다.

미국과 캐나다, 호주, 뉴질랜드 등 세계적인 이민국가에서는 국가 형성 이전부터 일정한 지역 내에 자체의 독특한 문화와 언어를 공유하고 어느 정도의 제도적 기반을 갖춘 역사 공동체가 존재했다. 국가 형성 과정에서 이들은 침략이나 식민지배 등 비자발적인 과정을 통해 국가로 통합되면서 주류사회와 지역적으로 분리되고 수적으로나 권력 면에서 제한된 소수자 위치에 놓이게 되었지만, 국가 체계 내에서 자신들의 독특한 언어와 문화, 토지 사용권, 정치적 권한 등에 있어 다소간의 자율권을 부여 받고 있다. 이러한 점에서 이들 국가는 특정 민족과 국가의 본질적이고 전면적인 관계에 기초한 민족국가(nation-state)라기보다는 다양한 민족으로 구성된 다민족국가(multinational state)로 규정될 수 있다.[65]

미국은 한때 세계의 모든 인종을 환영하고 이들을 융합하여 새로운 형의 인간인 '아메리카인'으로 만들어 내는 용광로(melting pot)의 역할을 지니고 있다고 자랑한 일이 있었다. 그러나 이 전설이 깨어진 지는 이미 오래이며 때로는 두드러지게, 때로는 희미하게 나타나

문을 낭독하게 되어 있다(「임관·입영선서문서 '민족' 빼다 '국민'으로 대체」, 《서울신문》, 2011년 4월 18일자).

65 김이선, 「다문화사회의 전개 양상과 문화정책 방향」, 《다문화사회를 향한 전망과 정책적 대응》, 한국여성정책연구원 세미나, 2008년 10월 2일, p.7.

는 인종차별과 인종분규는 언제 어디서 폭발할지 모를 위험을 항상
내포하고 있다. 특히 1950년대 후반 이후 흑인의 민권운동에서 나타
난 바와 같이 흑인 이외에도 천대를 받아 온 인종들, 예를 들면 원주
민 인디언, 멕시코, 동양계 미국인들이 백인 지배의 사회에서 주체
성을 확립하려 하고 있다.[66] 따라서 미국 사회에서 인종문제는 지속
적으로 제기될 수 있는 심각한 문제이다.

　이에 비해 민족적, 문화적 단일성을 침해할 만한 집단이 부각되지
않은 사회에서는 민족국가 형성 과정 자체가 단일성에 대한 신념을
형성, 재생산하기 위한 다양한 기제를 발달시키는 과정이었다. 특히
우리나라는 단일민족국가로서 다문화가정이란 용어가 과거에는 아
주 생소할 수밖에 없었다. 왜냐하면 수천 년에 이르는 오랜 역사 동
안 단일민족이라는 개념을 유지해 왔기 때문이다. 이러한 역사적 사
실에 비추어 볼 때 다문화가정의 부각과 증가는 관심의 대상이 아닐
수 없다.

　다문화사회[67]의 전개에 있어 한국 사회는 민족국가 형성과정에서
부터 다양성을 본격적으로 고려해야 했던 세계적 이민국가와 상이
한 양상을 보이고 있을 뿐 아니라, 역사적으로 민족적, 문화적 단일

---

66 이보형, 『미국사 개설』, 일조각, 1983, p.292.
67 사회란 하나의 집단을 말한다. 그것은 구성원을 가지고 있고 사람들로 구성되어
　있으며 그 크기와 규모를 측정할 수 있다(Philip K. Bock 저, 조병노 역, 『현대문화
　인류학 입문』, 경기대학교 학술진흥원, 1991, pp.150-151 참조). 한국에서 다문화
　사회는 노동력의 부족, 농촌을 비롯한 저소득 남성의 결혼난 등 한국 사회 내부에
　서 발생된 문제에서 비롯한 요구에 따른 것이다. 다문화사회도 하나의 집단으로
　서 그 구성원들이 문화적 특성을 달리하고 있음에 기준하여 그 명칭을 다문화사회
　라 하였다.

성에 대한 믿음을 발전시켜 왔지만 이미 외국인 노동자의 영주와 가족 단위 이주가 일반화된 유럽이나 일본과 비교해도 상당한 특수성을 띠고 있다. 이러한 국가와 비교해 현재 한국 사회는 한국인과의 관계를 부정할 수 없는 '새로운 이주민'의 발견으로 민족적, 문화적 단일성에 대한 그간의 믿음에 대해 질문을 제기해야 하는 초기 단계이다. 즉 주류문화에 대한 이주민의 적응과 통합요구에 부응하는 동시에 이주민과 다양성에 대한 주류사회의 수용성을 재구성하고 다문화사회 주체 간 소통을 통해 새로운 사회질서를 모색해야 하는 장기적 작업을 출발해야 하는 시점에 서 있는 것이다.[68]

한국 다문화가정의 실태를 살펴보면 다음과 같다. 현재 우리나라는 과거에 비해 급속도로 증가하고 있는 외국인 노동자와 결혼 이민자들의 국내 유입에 따른 인종적·민족적 다양성이 나타나고 있다. 이들 외국인들의 국내 정주가 증가하면서 이들의 인권보호는 물론 사회적 갈등의 문제를 해소하고 사회 통합의 필요성이 제기되고 있다. 우리나라도 다문화사회에 대한 국민들의 관심과 대책 마련에 대한 공감대가 형성되고 있다는 증거이다.

보편적인 다문화가정의 범주[69]는 크게 네 가지로 유형화할 수 있다. 첫째, 한국인 남자와 외국인 여자 또는 한국인 여자와 외국인 남자처럼 국제결혼을 하여 가정을 이룬 경우가 대표적인 다문화가정이다. 둘째, 외국인 근로자가 한국에서 결혼하거나, 본국에서 결혼

---

68 김이선, 앞의 논문, 「다문화사회의 전개 양상과 문화정책 방향」, p.24.
69 윤경희, 「다문화가정의 사회문제요인 탐색을 통한 경찰의 대응방안 연구」, 원광대학교 박사학위논문, 2009, pp.8-9.

하여 형성된 가족이 국내에 이주한 외국인 근로자 가족이다. 셋째, 북한에서 태어나서 한국에 입국하거나 한국에서 한국인 또는 외국인을 만나 결혼한 북한이탈주민 가족이다. 넷째, 1인 가구로 혼자 한국에 온 외국인 또는 외국인 유학생들이 다문화가정의 범주에 있다.

한편 우리나라 다문화가정의 대부분은 중국, 베트남, 필리핀, 우즈베키스탄, 태국 등 외국인 여성이 한국인 남성과 결혼하여 형성되어 오고 있다. 특히 한국사회에서 이농현상이 가시화되면서 농촌은 젊은 사람들이 급격히 감소되고 있음에 편승하여 우리나라는 과거 농촌중심의 다문화 가정 형태가 농촌에만 국한되지 않고 소도시를 중심으로 대도시로 확대되어 가고 있다.

한국 사회에서 이렇게 급속도로 다문화가정이 증가하는 만큼 문제점도 많이 노출되고 있다는 점을 간과할 수 없다. 한국에서의 다문화가정이 결혼 사유 또는 결혼 방법 등의 요인으로 인하여 일차적 사회문제가 되고 있다. 게다가 문화적 차이[70]로 인한 갈등이 다문화가정 문제뿐만 아니라 사회문제의 핵심으로 부각되고 있는 현실이다. 문화란 변화의 원칙이 없다. 무엇이 제일 낫고 어떤 쪽으로 변해 가야 가장 바람직하다고 이야기할 수 없는 것[71]이다. 따라서 문화적 갈등은 상호 존중과 이해, 배려 속에 해소시켜 나가야 한다. 특히 다문화가정에서의 자녀교육 문제, 고부갈등 문제, 부부간의 문제 등이

---

70 문화란 규정되어진 형식에 대한 정신의 귀착점("Culture is directedness of the spirit toward conditioned forms." Paul Tilligh, What Is Religion?, Harper&Row, Publishers, Inc., 1973, p.72)이라는 말에 근거하면 다문화사회에서의 문화적 차이는 정신적 모토를 중심으로 극복되어져야 한다.

71 황주홍, 『미래학 산책』, 조선일보사, 2002, pp.230-231.

문화적 갈등의 원인이 되어 다문화가정의 파탄으로 이어지는 경우도 허다하다. 이것은 한 가정 내에 전혀 다른 문화적 배경을 가진 사람들의 혼인이라는 점에서부터 문제의 원인이 된다.

문화적 차이를 담보로 형성된 다문화가정 구성원들의 이주는 대부분 경제적 동기와 결혼을 통한 것이다. 이들 대부분의 입국 경로는 결혼정보회사, 통일교, 개인 브로커 및 친구나 지인을 통한 결혼이 주가 된다.[72] 이러한 과정을 통해서 형성된 가정을 '다문화가정'이라고 부르게 된 것도 2000년대의 일이다. 그 전에는 혼혈인, 코시안 등으로 호칭하면서 그들과의 관계를 은근히 차별지어 왔다. 그 까닭은 한국 사회가 그들을 수용하는 데 있어서 단일민족국가라는 명분이 크게 작용했기 때문이다. 따라서 한국 사회는 다문화가정과의 일체감 형성에 사회적인 함의를 구축해야 할 필요가 있으며 그들과의 관계를 없어서는 살 수 없는 관계로 파악해야만 하는 선결과제가 있다.

다문화가정에 대한 이러한 이해를 바탕으로 다문화가정에서의 원불교 효사상의 적용에 관하여 다음과 같이 밝힌다. 한국 사회에서 다문화가정의 제반 문제를 해결하는 데 있어서 원불교 효사상은 가시적인 역할을 할 수 있다고 본다. 효는 통교적, 통념적, 통시적이란 말과 함께하고 있다. 최성규는 효를 "시대와 세대의 차이를 뛰어넘고(通時) 종교의 차이를 뛰어넘으며(通教) 이념의 차이조차도 뛰어넘는(通念) 이른바 통교성, 통념성, 통시성의 '3통(三通)의 효'로 재창조함으

---

72 김현숙, 「결혼이주여성의 사회 통합 유형에 관한 연구—부산 지역을 중심으로」, 부산대학교 박사학위논문, 2007, p.16.

로써 인류 보편의 가치 덕목"[73]으로 보고 있다.

따라서 효는 모든 종교와 어깨를 나란히 할 수 있는 사상이며, 모든 이념과 시대·세대를 초월하여 공유할 수 있는 사상이다. 원불교 효사 상도 역시 위와 같은 맥락에서 동일하게 적용될 수 있는 사상이다.

원불교 효사상의 존재론적 근거는 모든 생명의 관계를 없어서는 살 수 없는 은혜의 연결고리로 삼고 있다는 점에 있다. 우주만유의 관 계를 상생과 상화의 근간으로 보고 있다는 점과 함께 보은의 대상으 로 인정한다는 점에서 다문화가정의 문제점 해결에 대한 단서를 찾 아야 한다. 가치론적 입장에서 볼 때 원불교 효사상은 '무자력자 보 호'[74]라는 범주에서 다문화가정의 문제점에 가까이 접근할 수 있다.

---

73 첫째, 효는 모든 종파와 종교를 포괄하는 정신으로 종교의 차이를 뛰어넘어 모든 고등 종교가 공통적으로 효를 강조하고 교훈하고 있음을 뜻하는 통교성(通敎性) 의 특성이 있다. 둘째, 효는 어떠한 이념이나 사상을 뛰어넘어 신봉하는 이데올로 기의 차이를 초월하여 모든 사회가 효를 주요 윤리 덕목으로 채택하여 교육하고 있음을 의미하는 통념성(通念性)의 특성이 있다. 셋째, 효는 시대의 고금(古今), 세 대의 노소를 넘어 준수하고 실천해야 하는 인륜의 기본으로 인정되고 있음을 가리 키는 통시성(通時性)의 특성이 있다(김종현, 「효자인증 프로그램 개발 및 효과 연 구」, 성산효대학원대학교 박사학위논문, 2009, p.16에서 재인용). 여기에 이태건 은 효는 동양과 서양, 도시와 농촌 등 지역의 차이를 뛰어 넘는 통역성(通域性)의 특성이 있음을 밝혔다(이태건, 「현대사회와 효사상의 실천」, 제2회 원광효도마을 노인복지연구소 효학술세미나, 《효사상의 현대적 실천》, 원광효도마을 노인복 지연구소, 2010년 6월 24일). / "모든 사회에는 존속하기 위해 도덕적 규칙이 꼭 필 요하기 때문에 공동으로 소유해야 할 도덕적 규칙이 존재한다."(제임스 레이첼즈 저, 김기순 역, 『도덕철학』, 서광사, 1989, p.47). 제임스 레이첼즈(James Rachels)에 의하면 문화적 차이에 의해 발생할 수 있는 '문화상대주의'는 공동으로 소유해야 할 도덕적 규칙에 의해 극복될 수 있으며 문화적인 격차를 과장해서 그것을 당연 시할 수 없다. 따라서 '문화상대주의'는 현실적으로 인류의 보편적인 도덕규범에 의해 극복될 수 있으며 원불교 효사상을 비롯한 제 종교의 효사상은 인류의 보편 적 도덕규범의 중심에 서서 그 역할을 할 수 있다고 본다.
74 "무자력할 때에 피은된 도를 보아서 힘 미치는 대로 무자력한 사람에게 보호를 줄 것이니라."(『정전』, 「제2 교의편」 제2장 사은, 제2절 부모은, 3. 부모 보은의 강령, p.32).

다문화가정을 이루는 외국인의 대부분은 문화의 중추라 할 수 있는 언어적 무자력자이다. 언어적 무자력자인 그들에게 안정적으로 언어를 습득할 수 있는 분위기와 사회적 여건을 만들어 가는 것이 원불교 효사상의 실천이다. 다문화가정 구성원들에게 무자력자 보호와 자력양성[75]의 실천을 통해서 사회적 역할을 증대시켜야 한다. 더불어 그들은 한국의 전통과 관습에 대한 이해와 실천에 있어서 무자력자이다.

장차 한국이 세계에 기여할 것이 있다면 노인을 공경하고 잘 모시는 전통적인 효사상이라고 토인비가 언급[76]했듯이 원불교 효사상을 다문화가정에 확산시킨다면 한국의 전통과 관습에 대한 이해와 실천의 무자력에서 벗어나 부부 갈등 및 고부간의 갈등 등이 원만히 해소될 수 있을 것이다. 더불어 한국의 전통과 관습에 대한 무자력자인 이주 외국인들에게 원불교 효사상으로써 한국의 전통과 관습에 자력을 갖게끔 인도[77]하는 것도 효의 실천이다.

마지막으로 한국에 혼인해 온 이주 여성들의 대부분은 경제적 무자력자이다. 부부간의 애정을 통한 결혼보다는 자신들이 태어난 조국의 부모나 형제자매 등을 위하여 경제적인 보탬이 되기 때문에 결

---

75 자력양성은 사요의 첫 번째 덕목으로 인권평등을 지향한다. 사람이 자력을 세우게 되면 인권평등이 되기 때문에 다문화가정에 자력양성의 본래의 의미가 정착되도록 해야 한다.

76 최성규, 앞의 책, 『효학개론』, p.80에서 재인용.

77 다문화가정이 문화적 권리와 문화창조력을 가진 새로운 민속문화의 전승주체로 재탄생될 가능성도 있다. 또한 다문화가정에 의해 형성된 다문화적 요소들이 한국의 문화자산이 될 수도 있다는 견해가 있기도 하다(김월덕, 「다문화시대 민속학의 새로운 관점과 과제」, 전주대학교 교육과학연구소, 《다문화와 디아스포라》, 제47회 국어문학회 국제학술대회, 2009년 7월 24일, p.158 참조).

혼하는 경우가 대부분이다. 이들에게 일정한 일자리를 제공해서 떳떳하게 일할 수 있는 기회를 제공해야 한다. 또한 비록 이질감은 있지만 부부로서 가정을 이룰 수 있다는 것이 지중한 인연임을 알아가게 해야 한다. 그리하여 그들로 하여금 경제적 무자력자[78]의 상황을 가급적 빨리 극복할 수 있는 방안을 모색하고 인연의 소중함을 깨닫게 하는 것이 원불교 효사상의 가치 실현이다.

끝으로 다문화가정 및 다문화사회에서 부각되는 문제점을 종합적으로 분석하면 모셔야 되는 시부모와의 갈등, 자녀와의 의사소통의 어려움과 부부간의 갈등이 증폭되고 있다는 점이다. 여기에 극단적 이기주의나 민족주의가 다문화사회로 가고 있는 국내 및 세계적 추세를 역행할 수도 있으며 사회적 갈등을 촉발할 수도 있다. 더불어 다문화가정 및 다문화사회가 지닐 수밖에 없는 종교적 다양성의 문제와 다문화가족에 대한 정부 정책의 문제도 존재한다. 이러한 제반 문제들은 다문화가정의 갈등 및 내면적 해체를 조장할 수 있으며 종교적 갈등 및 주류민족과 이주민족들 간의 상호대립과 극단적 대립각을 형성하여 사회문제를 증폭시킬 수 있다. 다문화가정 및 다문화사회가 세계적 추세임에도 불구하고 현대사회에서 구성원들 간의 이민족을 혐오하는 제노포비아(xenophobia)의 인식이 확산된다면 세계의 안녕과 질서는 위협받기 마련이다. 따라서 다문화가정 및 다

---

78 자력양성과 관계하여 효의 이념을 실현할 수 있는 경제적 자력을 갖춘 가정의 구축이라는 의미에서 무자력자 보호에 본의가 실현되어야 한다. 공자는 의식이 족해야 예를 안다 하였고 맹자는 항산(恒産)이면 항심(恒心)이라 하였다. 이것은 다문화가정에 있어서 효의 실천과 정착도 경제적 무자력을 극복할 때 비로소 가능하다는 것을 말해 준다.

문화사회문제[79]에 대한 인류애적 인식을 고양하고 다문화가정에서 태어난 자녀들에게 인도대의를 가르쳐 사회 구성원으로서의 역할 자로 키워내야 한다.

또한 정부의 다문화가족 정책 시행은 주도적으로 끌어가야할 주무 부서를 선정하고 일관성 있게 진행되어야 한다. 다문화가족에 대한 중구난방식의 지원은 다문화가족 구성원의 사회, 문화적 정착에 있어서 본의가 왜곡될 수 있다. 따라서 예의주도한 정부 정책 집행과 필요하다면 제 종교 단체와의 연계적 접근도 모색할 필요가 있다고 본다. 무엇보다도 인종과 종교, 문화와 이념을 초월한 열린 생각으로 다문화사회[80]에 대한 존중과 배려의 마음을 가져야 한다. 더불어 이와 같은 제반 문제들을 해결할 수 있는 대안을 정산의 삼동윤리 정신을 비롯한 원불교 효사상에서 찾아내는 것이 앞으로 지속적으로 연구해야 할 과제이다.

---

79 한국 사회에서 다문화현상에 대한 이해는 다소간 모순적이거나 갈등적인 요소가 존재할 가능성이 크다. 그 원인은 한국인의 다문화 의식의 복잡성에 주목하면서 그 복잡성의 근저에 깔린 배후의 인식파악에 중점을 두어야 한다(정재기, 「한국인의 다문화 의식 : 인구학적 속성 및 가치관의 영향을 중심으로」, 『한국의 다문화 상황과 사회통합』, 한국학중앙연구원 출판부, 2011, pp.170-171).

80 "나는 우리나라가 세계에서 가장 아름다운 나라가 되기를 원한다. 오직 한없이 가지고 싶은 것은 높은 문화의 힘이며, 그것은 우리 자신을 행복 되게 하고 나아가서 남에게 행복을 준다. 인류가 현재 불행한 근본 이유는 인의가 부족하고 자비가 부족하고 사랑이 부족하기 때문이다. 인의, 자비, 사랑을 배양할 수 있는 근본은 문화에 있다. 우리 민족이 최고 문화로 인류의 모범이 되기를 원한다면 이기적 개인주의를 버려야 하며, 가족과 이웃, 사해동포에게 주는 것을 낙으로 삼아야 한다. 앞으로 세계 인류가 이러한 우리 민족의 문화를 사모하도록 해야 한다."(김구, 「내가 원하는 우리나라」, 신경림 편역. 『백범일지』백범학술원총서⑥, (주)나남출판, 2008, pp.238-241 참조)고 백범은 1947년에 밝혔다. 백범이 주장한 '문화국가'는 다문화사회가 상생의 길로 갈 수 있는 방향로의 하나라고 본다.

03
효실천을 통한 인성교육

○

1) 교육의 당면 과제

인간이 동물과 다른 점은 가정과 사회에서 학습과 교육을 통하여 인격형성의 과정을 거친다는 점이다. 효실천을 통한 인성교육은 인간의 인격형성의 과정속에서 자연스럽게 효가 교육되어지고 실천되어야 하는 점을 밝히는 데 있다. 먼저 앞으로의 교육 과제[81]를 논

---

81 "국민들이 스스로 배우고 학습할 수 있는 여건과 평생에 걸쳐 해야 할 학습활동을 지원하는 교육 방향이 우선해야 한다."(매일경제 지식프로젝트팀 편, 『지식혁명 보고서』, 매일경제신문사, 1998, p.244 참조). 정보화 시대에서는 '사회적 미디어'의 교육적 활용이 필요하다고 본다.

의하는 데 있어서 현대사회의 문제를 진단함이 필요하다고 본다.

과학기술문명의 최첨단을 추구하고 있는 오늘날의 인류문명은 일찍이 누리지 못한 물질적 풍요를 구가하고 있다. 원시 농경 사회로부터 시작된 인간의 이러한 성취는 놀랄 만한 업적임에는 반론의 여지가 없다. 그러나 이러한 물질적 풍요에도 불구하고 오늘날의 현실은 최첨단의 과학문명이 야기해 낸 대량살상무기와 자연환경 파괴 등으로 인하여 전쟁과 자연재해의 두려움 속에 살고 있다. 과거 한때는 인류의 과제가 과학기술문명으로 해결될 수 있을 것이라 생각했으나 어느 정도일 뿐 과학문명은 많은 문제들을 도출시키고 있다.

급기야는 첨단 과학문명이 오히려 인간의 삶을 근본적으로 위협하는 문제들을 양산해 내고 있는 불안과 공포의 현실임에 틀림없다. 한마디로 현대사회는 산업화와 도시화, 정보통신화 등 첨단 세계를 향하며 과학문명 세계로 치닫고 있다. 반면에 그것을 주도하고 있는 인간의 의식과 정신은 극도로 삭막해져서 인간성 상실의 문제가 대두되고 있다. 여기에 사회발전의 기본 바탕이라 할 수 있는 교육[82]현장에서의 위기감도 간과할 수 없는 상황에 직면해 있다. 이러한 근본 원인은 황금만능주의와 인간성의 결핍에 있다.

---

82 1. 학술(學術)교육 : 과학교육을 통하여 지식과 기술을 배우게 하는 것 2. 정신(精神)교육 : 도덕의 훈련을 통하여 마음 단련과 도의의 실행을 얻게 하는 것 3. 예의(禮儀)교육 : 가정, 사회, 국가, 세계를 통하여 각각 그에 당한 모든 의례를 익히고 행하게 하는 것 4. 근로(勤勞)교육 : 평소부터 부지런한 정신을 기르며 생산적인 작업을 실습하는 것(「22. 통교(通教)의 도 : 청소년기 이후의 통상 교육」, 원불교법무실, 『낙원 가정 만드는 길』, 원불교출판사, 1980, pp.32-33).

그러므로 현대세계에 있어서 가장 큰 두 가지 문제는 물신주의와 인간성 상실의 병이라 할 수 있다. 이러한 두 가지 병의 근원은 바로 우리 전통사회를 지켜 왔던 자연과 인간의 조화 속에서 인간과 자연을 하나로 바라보는 동양의 전통이 적응, 조화, 창조라는 일련의 과정을 거치지 않고 무분별하고 무비판적으로 수용되어진 서양문명으로 인하여 상실된 데에 보다 큰 문제가 내재되어 있다. 따라서 인간성 상실의 근원적인 병이 치유되지 않는 한, 우리 사회가 건강하고 건전한 사회가 되기는 힘든 일이라 할 수 있다.[83]

이러한 인간성 상실의 문제는 윤리·도덕적 문제를 수반하여 가정 및 사회·국가·세계의 위기로 이어진다. 우리가 목표해야 할 현재의 교육 과제는 다분히 윤리·도덕적 질서회복에 초점을 맞추어야 한다. 국가 쇠망의 원인은 도덕의 추락에 있다. 도덕의 근본적 의의는 모두 함께 사람답게 잘 살기를 바라는 인류사회의 진정한 생활의지의 발로에 있다. 진정한 도덕이 실행되는 국가사회는 이(利)보다 의(義)를 중시하고 사(私)보다 공(公)을 우선한다.[84] 그럼에도 불구하고 이러한 윤리·도덕적 위기의 현대사회를 정상적인 사회구조로 정립해야 할 과제가 인류에게 부여될 수밖에 없다. 의와 공이 우선하여 사회질서가 잡혀야 하며 교육[85]도 그것을 기반으로 체계를 잡아가야 한다.

---

83 김영두, 「21세기 도덕교육의 방향」, 『원불교학』 제9호, 한국원불교학회, 2003, p.11.
84 최현배, 『조선민족갱생의 도』, 정음사, 1962, pp.85-86. 외솔 최현배는 도덕(道德)을 도덕심(道德心)으로도 표현하며 도덕을 중심으로 공(公)적인 삶을 지향한다.
85 "일반적으로 학교교육에 가해지는 비판중의 하나는 학교교육이 학습자의 사회적 지위나 경제적 부의 획득수단으로써 이용되기는 하지만 학습자의 인격 형성을 보장해 주지는 못한다는 데에 있다. 학교 교육에 대한 이러한 부정적 평가의 이면에

그렇다면 현 시대에서 윤리·도덕적 위기는 어디까지 와 있는가를 살펴보아야 한다. 자식이 부모를 살해하고 가족이 가족 구성원을 살해하는 상황에 직면해 있다. 본인의 목적을 위해서는 어떠한 것도 장애가 될 수 없다는 생각을 가지고 있다는 현실에서 윤리·도덕적 타락을 실감할 수 있다. 더 나아가 국가의 이익과 목표를 위해서는 인간이 사람을 대량으로 학살하는 전쟁도 불사한다. 또한 인간만의 편안함을 위해서 함께 공존해야 할 자연환경을 무분별하게 파괴한다.

갈수록 극단적으로 빠지는 반인륜적, 비도덕적 사회 범죄는 절정을 이루고 있으며 자연 파괴로 인한 천재지변은 인류의 미래를 불안하게 하고 있다. 이러한 인류의 현실이 바로 윤리·도덕적 위기의 현대사회다. 윤리란 인류공동생활의 원리이다. 따라서 인류는 가정·사회·국가의 원활한 영위를 위해서 인류 구성원들이 지녀야 할 규범, 가치관, 태도에 대한 원칙이 요구된다. 이것은 인간으로서 자기 존재에 대한 이해를 필요로 하며 자기 이해는 윤리관의 기초가 되어 사회국가로 표출된다.[86]

인간이란 하나의 세계·국가·사회(가정도 포함)라는 테두리 안에서 문화적인 건승을 내면화함으로써 비로소 윤리적 인간이 된다. 윤리란 여러 각도로 조명할 수 있고 그 종류 또한 가정윤리, 사회윤리, 국가윤리 등 다양하지만 원불교 효사상의 현대적 구현에 있어서는 효

는 교육이 추구할 가치는 사회적 지위나 경제적 부의 획득이 아니라 인격의 형성이라는 보다 적극적인 의미가 가정되어 있다."(최영신, 「원불교 수행 과정의 교육학적 해석」, 서울대학교 박사학위논문, 1999, pp.35-36).

86 국민윤리학회, 『국민윤리』, 형설출판사, 1983, p.53.

사상의 윤리적 적용에 초점을 맞추어야 한다고 본다. 효실천을 통한 원불교 효사상의 현대적 구현은 위와 같은 현대사회의 위기의식을 진단하는 데에서부터 출발해야 한다. 무엇보다도 현대사회와 분리할 수 없는 포스트모더니즘[87]과의 관계성도 논의하고자 한다.

포스트모더니즘의 특징은 한마디로 18세기의 계몽주의는 인간이 이성을 통하여 절대 진리를 파악할 수 있다는 신념에 기초하였다. 바스티유 사건(1789) 이후 프랑스 혁명이 진척되면서 이성은 신격화된다. 이성을 영문자로 표현할 때는 항상 대문자, 곧 'Reason'으로 쓰여졌다. 즉 인간이 이성을 가지고 자연과 인간계를 관찰하고 살아가면 과학·기술이 발달하여 역사가 진보한다는 진보신앙(the cult of Progress)이 서구 지성계를 지배하였다.[88]

이러한 생각을 바탕으로 극단적 개인주의와 황금만능주의가 팽배해 있는 오늘날의 현실에서 루돌프 슈타이너는 이기주의의 극복을 현재의 교육 과제로 보았다. 우리들의 과제는 지적, 정서적인 것이 아니고 더할 나위 없이 도덕적, 정신적인 것이다. 그렇게 생각했을 때 처음으로 우리들은 바른 태도를 가질 수 있다. 그렇기 때문에 우리가 잊지 말아야 할 것은 오늘날의 문화가 정신적인 영역에 이르기까지 전반적으로 이기주의에 기초한 사고방식에 지배되고 있다

---

87 포스트모더니즘이란 용어는 본래 건축학에서 유래한 것으로 알려져 있다. 건축가들이 콘크리트, 유리, 강철로 된 비인격적이고 꾸밈없는 상자 모양의 건축물을 더이상 짓지 않고 과거로부터 여러 특색을 끌어오되 그 본래의 목적이나 기능과 상관없이 그렇게 하여 복잡한 모양과 형태를 꾸며내는 방향으로 전환된 데서 유래한다(제임스 사이어 저, 김헌수 역, 『기독교 세계관과 현대사상』, 한국기독학생회 출판부, 2007, p.298).

88 성산효대학원대학교, 『효의 길 사람의 길』, 성산서원, 1999, pp.245-246.

는 것이다. 그리고 모든 영역에서 인간의 이기주의가 지배하고 있는 이 세상에 우리들은 도전해야 한다. 인간이 오늘날 걷고 있는 문화의 내리막길을 끝까지 계속해서 내려갈 것이 아니라면 이것을 극복해야 한다.[89] 이렇게 루돌프 슈타이너는 우리들의 교육 과제를 도덕을 뿌리로 하는 정신적인 것으로 보면서 이기주의의 극복을 그 핵심으로 역설하였다.

결국 현재 우리들이 필요로 하는 효사상의 복원과 실천도 이기주의의 극복[90]에 그 시작이 있다는 점에서 루돌프 슈타이너의 주장은 타당한 것이라 할 수 있을 것이다. 또한, 유학의 도덕 교육이론은 온통 표현된 것, 바깥의 것에 관심이 쏠려 있는 현대인들에게 표현 이전의 마음이라는 것이 있다는 것, 표현 이전의 마음을 내면화하는 것이 바로 가장 도덕적으로 사는 길임을 보여 준다[91] 하였다. 이기주의의 극복, 효사상의 도덕적 복원은 마음 자체에서 시작되어야 한다. 그러므로 교육을 통한 효의 실천에 있어서 현재의 교육 과제는 이기주의의 극복과 인간본성의 회복에서부터 시작되어야 한다.

그러기 위해서 먼저 이기주의와 혼동하기 쉬운 개인주의와의 차이점에 대하여 살펴보면 다음과 같다. 엄밀히 말하면 '이기주의(egoism)'와 '개인주의(individualism)'는 구별되어야 한다. 전자는 사회와 그 구성원을 희생하고 자기 한 개인의 생존과 물질적 풍요에만 유착하는

---

89 루돌프 슈타이너 저, 김성숙 역, 『교육의 기초로서의 일반 인간학』, 물병자리, 2007, pp.20-25.
90 소태산은 『정전』 및 『대종경』에서 '자리이타', '공도자 숭배', '무아봉공' 등을 강조하였는 바 이러한 가르침은 이기주의의 극복에 필요한 것들이다.
91 박상철, 『유학의 도덕교육이론』, 성경재, 2003, p.ix.

것을 말한다. 후자는 개인의 주체적 독립성을 의미한다. 개인의 독립성이 확립되지 않고는 민주주의가 성립할 수 없다. 앞서 서구사회의 민주주의에 있어서는 민주적 삶의 방식이 민주적 제도에 선행한다고 했다. 다시 말하면 문예부흥에 의해서 문예에 있어서의 사람 개개인의 독립성이 확립되었고, 종교개혁에 의해서 종교에 있어서의 개인의 독립성이 확립되었고, 계몽사상에 의해서 정치에 있어서의 개인의 독립성이 확립되었다는 것을 뜻한다.

그리고 또 그렇게 독립된 개인들이 자각적으로 연결되어서 루소의 '사회계약론'과 칸트의 '목적(目的)의 왕국(王國, Reich der Zwecke)'으로 표현된 바와 같이 민주적 시민사회가 성립되었다는 것을 뜻한다. 이렇게 볼 때 개인의 확립 곧 개인주의의 성숙을 거치지 않고는 민주주의의 발전과 성숙은 있을 수 없는 것이다. 집단윤리와 공공철학의 차원에서 포스트모던사회의 자각된 개인들이 공동의 윤리, 공동선의 구현에 관심을 증대해야 한다. 원래 포스트모던[92]은 공동의 윤리, 공동선의 구현에 적극적이었다. 이러한 관심의 증대가 이기적 개인주의를 극복할 수 있으며 현재의 교육 과제를 보다 구체화할 수 있을 것이다.

---

92 "모더니즘은 신과 계급, 전통으로부터 해방되고 개인과 민중의 권리 위에 세워질 사회의 도래를 향한 하나의 과정이었다. 이러한 근대화 물결이 이성의 중시, 권위주의의 불신, 당위성의 부정 등의 성격이 나타나게 된 것처럼 우리나라도 신분제의 문란, 민중의 봉기를 통해 전통과 근대와의 갈등이 있게 된다."(성성이, 「한국사회 기혼여성의 효윤리 변화에 대한 체계론적 연구」, 성산효대학원대학교 박사학위논문, 2007, p.57). 이렇게 시대상황에 따라 변화된 사조는 기존의 전통에 대한 도전을 당연시하며 효에 관한 인식도 이런 맥락에서 진통을 겪게 되었다고 볼 수 있다.

이러한 점에서 우리나라에는 개인주의의 성숙이 아니라 이기주의가 무성하게 되었다. 인격적으로 독립된, 동등하게 존엄한 목적으로써의 개인이 자유롭게 연결되어서 자율적 공동체 곧 민주적 시민사회를 형성하는 것이 아니라 반사회적으로 각자의 이기적 욕망 충족을 추구하는 이기주의로 전락했다.[93] 따라서 우리들의 교육 과제도 민주적 시민으로서의 개인주의는 그 원칙을 철저히 가르쳐야 한다. 더불어 개인주의가 이기주의와 영합해서 기본적 인간의 소양을 잃지 않도록 해야 한다. 따라서 포스트모던 시대가 추구하던 사상을 포용하고 이기주의의 극복을 위하여 인간의 기본적 소양을 구비할 수 있는 교육의 바탕은 효에 대한 교육[94]이어야 한다.

2) 인성 교육과 효

현대사회에서 인성(人性)의 문제[95]는 심각하게 제기되고 있다. 특

---

93 양승봉, 앞의 책, 『인간성 회복을 위한 인간교육』, p.417.

94 정산은 『건국론』에서 초등학교부터 대학에 이르기까지 '정신교육의 향상'을 주장하였다. 더불어 '예의교육'과 함께 '근로 교육의 실습'을 강조하였다(박정훈 편저, 앞의 책, 『한울안 한이치에』, p.273 참조). 이것은 효에 대한 교육의 대상 및 교육내용, 교육방법론에 있어서 참고해야 할 사항으로 사료된다.

95 "원불교의 인성론은 지극한 성품을 선도 악도 넘어선 지선(至善)이라 표현하고 있다. 인간의 본래 성품은 불성(佛性) 그 자체로서 누구나 부처의 성품을 함장하고 있으나 잘못 길들여진 인위적 습성 때문에 그 불성이 제대로 드러나지 못하고 있을 뿐이라는 것이다. 따라서 본연청정(本然淸淨)한 본래 성품을 회복하는 것이 원불교 교육의 목표가 된다. 원불교는 본래 성품을 회복하기 위한 방법에 있어서 첫째, 어떠한 경계에서도 마음이 요란해지지 않을 수 있는 정신수양(情神修養)의 교육훈련, 둘째, 어떠한 경계에서도 마음이 어리석어지지 않을 수 있는 사리연구(事理研究)의 교육훈련, 셋째, 어떠한 경계에서도 마음이 그릇되어지지 않을 수 있는 작업취사(作業取捨)의 교육훈련을 필수요건으로 제시하고 있다."(송순, 앞의 논문,

히 입시위주 학교교육과 성과지향의 사회여건 때문에 인성은 그 어
느 때보다도 위기에 처해 있다. 교육은 사람을 대상으로 하며 동시
에 사람을 목표로 한다. 사람이 사람인 것은 그의 '사람다움'에 있으
므로 '사람다움'은 교육의 궁극적인 목표일 수밖에 없다.

그러나 현대사회는 사람에게서 이 '사람다움'을 파괴하여 비인간
화(非人間化)를 초래하고 있다. 즉 오늘날 과학·기술·산업·경제 등의
눈부신 발전은 인간의 미래에 대한 무한한 가능성을 보여 주는 반면,
사람의 사람다운 본질이라고 할 수 있는 정신세계의 황폐화를 초래
하여 점차로 인간을 소외시켜 인간미(人間美)가 없는 사회[96]가 심화되
어 가고 있다. 이처럼 오늘날에 있어서 현대인은 인간성 상실의 시
대를 살아가고 있다. 따라서 효교육[97]이 인성회복을 위한 인성교
육[98]의 필수적인 것으로 교육 현장에서 보편화되어야 한다.

현재 시행중인 인성교육진흥법 제2조(정의) 에서는 이 법에서 사용

「유교·원불교사상에 나타난 가족윤리와 아동교육」, p.166 참조). 송순은 위 논문
에서 밝혔듯이 인성교육의 핵심을 원불교 삼학에 두고 있다.

96 이건인, 「원불교의 인간 교육론」, 『원불교사상』 제17·18집, 원불교사상연구원,
1994, p.599.

97 2008년 8월 4일부터 시행에 들어간 '효행장려 및 지원에 관한 법률'에 의하면 '효
문화 진흥원'을 설치할 수 있는 조항이 있다. '효문화 진흥원'은 "효문화 진흥과 관
련된 전문인력의 양성을 위하여 교육할 수 있다(효행장려 및 지원에 관한 법률 제
8조 : 효문화 진흥원의 업무)"라고 되어 있다. 이러한 법조항에 의거 '효행마음교
육지도사(가칭)' 또는 '효행마음지도사(가칭)'의 교육과 양성이 대두된다. 효문화
진흥원에서 양성된 효행마음지도사가 교육현장에서 인성의 함양을 위한 역할을
해야 한다.

98 논자는 효사상에 관한 연구를 오랫동안 해오면서 오래전부터 대두되고 있는 인성
교육의 필수 과목으로 효사상이 교육되어져야 함을 밝혀왔다. 논란의 여지는 있
지만 그나마 다행이도 정부는 2015년 1월 20일 '인성교육진흥법'을 제정 공포하여
현재 시행중에 있다. 동법에서 '8대 핵심가치 덕목'으로 예(禮), 효(孝), 정직, 책임,
존중, 배려, 소통, 협동을 선정하였다.

하는 '핵심 가치 · 덕목'을 다음과 같이 설명하고 있다. '핵심 가치 · 덕목'이란 "인성교육의 목표가 되는 것으로 예(禮), 효(孝), 정직, 책임, 존중, 배려, 소통, 협동 등의 마음가짐이나 사람됨과 관련되는 핵심적인 가치 또는 덕목을 말한다."라고 정의하고 있다.

우리가 주목해야할 점은 인성교육이 추구하는 8대 핵심 가치 중에서 다행히도 우리의 전통 윤리인 효(孝)를 전면에 내세웠다는 점이며 가장 중요한 가치가 누락되었음[99]도 밝힌다. 효를 제외한 나머지 7가지, 즉 예, 정직, 책임, 존중, 배려, 소통, 협동은 효의 세부적 실천 덕목으로 볼 수 있으므로 인성교육의 목표가 되는 핵심가치는 효에 중심이 있다고 하겠다.

어찌 보면 인성이 우리나라의 심각한 사회 문제[100]가 되어 마침내 법으로까지 제정된 이유는 멀게는 과거에 대한 향수와 가깝게는 근래에 야기되고 있는 도덕적 아노미 현상을 바로잡고자 하는데 있다. 더불어 현대 사회가 인간 본연의 모습과 인간미를 잃어가고 있기 때문에 우리 고유의 전통에서 그 실마리를 찾고자 하는데 '인성교육진

---

99 누락된 핵심 가치는 '건강'이다. 건강은 정신 건강과 육체의 건강으로 구분할 수 있는데 건전한 정신은 건전한 신체에서 야기되는 만큼 먼저 건강한 신체를 유지시키는 것이 관건이다. 그러나 '건강'은 다행히 효(孝)의 교육 및 실천 과정(예를 들면 기독교의 『성경』, 유교의 『효경』, 원불교 『정전』 '부모 피은의 조목' 등에서 건강의 중요성을 교육해야 만하는 내용이 있음)에서 충분히 교육하고 피교육자들이 인식할 수 있다고 본다.

100 우리나라의 급속한 산업화 과정과 첨단 과학 기술의 발달은 우리들에게 물질적으로는 풍요라는 가치를 가져다주었다고 하지만 정신적으로는 피폐해가고 있기 때문에 존속 살인 및 범죄, 학생의 스승 폭행, 학교 폭력, 책임회피, 극단적 이기주의와 경쟁 심리, 황금만능주의, 성적지상주의, 고립된 개인주의 등 사회 문제가 만연하고 있다. 우리나라 사회문제의 구체적 원인은 전통적인 가족 기능의 축소와 가정에서의 역할이 감소될 수 밖에 없었다는 점에서부터 교육 현장에서의 인간 교육이 도외시 되고 있다는 현실, 배금주의와 물신숭배 등에서 찾을 수 있다고 본다.

홍법'의 이면적 제정이유도 있다고 본다.

논자가 '인성교육진흥법'에서 제기된 8대 핵심 가치 중에서 효 (孝)[101]가 나머지 가치를 포괄하고 있다고 보는 까닭은 효는 인간 고유의 '유전자적 전통' 또는 '유전자적 전통유산'[102]이기 때문이다. 또한 효는 인륜과 천륜의 근본이며 모든 행동의 기본이 되고 회심과

---

101 유교의 4서중 인간 생활의 정로를 인도해주는 지혜의 경전이라 할 수 있는『중용』제1장에서도 그 이면에는 궁극적으로 효의 교육과 실천이 사람으로서 인격도야의 핵심가치임을 말해주고 있다고 본다. 중용 제일장의 첫머리의 내용을 보면 천명지위성(天命之謂性) 솔성지위도(率性之謂道) 수도지위교(修道之謂敎)...라 하였는데 여기에 감히 첨구(添句)한다면 수도지위교(修道之謂敎)에 이어서 행교지위효(行敎之謂孝)가 삽입될 수 있음을 밝힌다. 가르칠 교(敎)자는 효도 효(孝)와 북두드릴 복(攵)자의 합성된 한자(인간으로서 마땅히 효를 배우고 실천하도록 북돋아주기 위해, 혹여 세상에서 효가 제대로 실천되지 않을 때는 북이라도 둥둥둥 쳐가면서 반드시 인류사회의 영원한 실천 가치로 효를 정착시켜야한다는 의미에서 합성되었다고 본다)볼때 가르침과 배움의 시작은 생명의 근원을 인식하는 효로부터 시작되어한다는 의미가 교(敎)자에 있다고 본다. 따라서 논자는『중용』을 비롯한 모든 종교의 핵심을 단 하나의 글자로 말한다면 효(孝)라고 생각한다.

102 논자는 사람이 보고 듣고 말하고 생각하기 만해도 마음이 즉시 반응할 수 있는 인간의 내면적 감성에서 저절로 우러나오는 생각과 행동을 '유전자적 전통' 또는 '유전자적 전통유산' 이라고 정의하고자 한다. 이렇게 논자가 효를 '유전자적 전통' 또는 '유전자적 전통유산'이라 정의한 이유는 생명을 가진 사람이라면 효와 분리될 수 없으므로 효에 관하여 듣고 말하고 교육할 때 왠지 마음에 죄송하고 부족함을 느끼며 눈시울을 적시지 않을 사람은 없다고 보며 또한 효를 공유할 적에 마음의 반성과 다짐, 새로운 각오를 하지 않는 사람은 드물다고 보기 때문이다. 이렇듯 효에는 사람의 마음과 행동을 움직이고 변화시킬 수 있는 절대적 동력인이 있기 때문에 정부에서도 '인성교육진흥법'과 '효행 장려 및 지원에 관한 법률'을 제정하면서 효를 핵심으로 국가의 발전과 세계 문화의 발전에 이바지함을 목적하였다고 본다. 소태산이 사은에 부모은을 두어 효를 신앙적 차원으로 규명한 이유도 인간의 변화와 회심을 통한 광대무량한 낙원세상을 목표했기 때문이라고 본다. 정산이 효의 실현을 "① 효의 정신을 진흥한다. ② 은혜를 발견하고 보은 불공한다. ③ 모든 인심을 효에 돌아오게 한다."라고 밝힌 것도 사람들의 마음이 효로 돌아와야 평화 안락한 세상을 만들 수 있다고 진단했기 때문이다. 그래서 정산은 무슨 방법으로든지 효의 정신을 진흥하여 모든 인심이 효로 돌아오지 아니하고는 평화 안락한 세상을 만들기가 도저히 어려울 것이라고 효의 중요성을 완곡히 강조하였다. 이렇듯 정산도 효로써 인심이 돌아오게 하여 평화 안락한 세상으로의 변화를 목표하였다.

행동 변화의 동력인(動力因)으로서 인간의 절대적 가치이기 때문이다.

궁극적으로 효가 인식되지 못하고 실천되지 못한다면 다른 가치의 온전한 실현이 어렵다고 본다. 따라서 논자는 2008년 8월 4일부터 시행에 들어간 '효행장려 및 지원에 관한 법률'과 연계하면서 인성교육에 효교육이 핵심교육으로 부각되어야한다는 점을 밝힌다. 또한 국민의 혈세를 절감하는 차원에서라도 앞으로 개원될 '효문화진흥원'과 '인성교육진흥원'을 통합하여 '인성교육효문화진흥원(가칭)' 또는 '효문화인성교육진흥원(가칭)'으로 일원화하여 운영할 것을 제언한다.

한편 현재 우리의 학교 교육은 도덕, 윤리와 사상 등과 같이 효와 연계된 과목은 있으나 실재 수업 현장에서는 입시위주의 교육 때문에 소홀히 되고 있다. 가정에서도 배금주의(拜金主義)의 영향으로 인해 이해타산적인 면만을 중요시하는 물질교육과 지식교육이 우선되고 있는 것이 현실이다. 이처럼 가정과 학교에서 효교육[103]이 등한시되면서 패륜(悖倫)의 증가, 경로효친 사상의 실종, 스승과 제자의 비정상적인 관계 등 각종 부작용들이 속출하고 있다.

과거 효를 존중하는 국가라는 말을 무색케 하는 일련의 사건들은 지속적인 효교육을 통하여 예방될 수 있음에도, 국가와 사회는 이를

---

103 "전통(傳統)은 역사의 발전과정에서 민족의 생활이 스스로 형성해 낸 정신적 경향이요 성격인 것으로서 시대를 통해 전승되며 문화 창조의 힘이 된다. 전통을 생각할 때 주의해야 할 것은 그것이 복고적(復古的)인 인습에 구속되는 것이 아니라는 점이며 민속(民俗)의 찌꺼기도 아니라는 점이다."(구중서, 「서양문화의 이입과 전통문화와의 관계」, 변형윤·송건호 편, 『역사와 인간』, 두레, 1982, p.133). 우리의 효에 관한 전통도 위와 같이 무조건적 복고나 인습에 구속되는 차원을 넘어서서 시대적 상황에 걸맞는 것으로 승화시켜 교육되어져야 한다.

무시하고 있는 실정이다. 이러한 교육 현실에서 자녀들은 삶의 기본적 소양을 갖추지 못하고 그저 지식만 배우고 있는데, 효교육이야말로 인간성 회복을 위하여 가장 절실하게 요청되는 인성 교육(人性教育)의 첩경이다.[104] 한편 효의 교육에 있어서 윗사람 중심의 일방적인 교육은 지양되어야 한다. 효교육은 현대사회에서 부모에 대한 자식의 희생으로만 여겨질 수 있기 때문이다. 효는 일방적 강요가 아니라 상호간의 자애와 봉양이라는 부자자효(父慈子孝)의 원리를 이해한다는 것이 매우 중요하고 이것은 교환관계가 아니라 자연발생적이라는 점을 가르쳐야 하며 사회 교육적 차원에서 다루어져야 한다.

사회교육은 가정이나 학교 이외의 곳에서 교육하는 행동의 전체를 의미한다. 효의 학습도 학교 이외의 곳에서 보고 듣고 배우며 근래의 대중매체나 취업환경에서 얻는 바가 크다. 효의 학습은 가정, 학교에서 사회로 연결되는 생활 장소의 확대에 순응하면서 이루어지고 도덕가치의 형성과 병행[105]되어 그것이 습득되고 내면화될 수 있다.

이렇게 효를 도덕가치의 형성과 병행하려면 사람은 누구나 다 부모를 포함한 타인으로부터 도움을 받고 살아왔기 때문에 그 은혜를 갚아야 한다는 의무와 책임감[106]을 효교육 차원에서 갖도록 해야 한다. 여기에 인성교육 차원에서의 효교육의 방식은 개인의 이성을 존

---

104 이태건, 「현행 학교 효교육 내용과 방법 고찰」, 한국효학회, 《21세기 정신문화와 효》, 효학연구소 연례학술회의, 2003, p.3.
105 강우철, 「효와 사회교육」, 『충효사상』, 단국대학교 출판부, 1980, pp.89-90.
106 Fishkin, James S. The Limits of Obligation, Yale University Press, 1982, p.25.

중하고 합리적 사고력과 논리적 당위성을 지향하는 현대사회에 걸맞은 교육 패턴이 적용되어야 한다. 그런 면에서 현대사회의 민주적 가치에 대비되는 효교육 내용의 봉건적이고 고압적인 부분은 지양되어야 한다.

3) 효의 교육적 방향성

교육이란 사회화[107]의 방향성을 제시하며 인간 형성의 과정·수단·작용이라고 표현할 수 있다. 교육에 대한 견해는 사람마다 지닌 교육관이 있는 바, 일관성있는 설명이 곤란하며, 쉽게 규정할 수 없는 다양한 정의를 낳는다. 교육에는 가정교육, 학교교육, 사회교육의 세 가지가 있는데 이것이 삼위일체가 되어 세 가지가 다 잘되는 것이 교육의 바람직한 상태[108]이다.

칸트는 사람은 교육을 통해서 사람이 될 수 있다고 하여 "인간을 인간답게 만드는 작용"을 교육[109]이라고 하였다. 효교육도 칸트의 말처럼 사람을 사람답게 성장시키는 데 있어서 중요한 분야이다. 그러므로 효의 교육적 방향성은 명실공히 모든 교육과정에서 다양하

---

107 사회화(Socialization)는 사회 구성원들이 집단 속의 미성숙한 개인들을 위해 긍정적인 발달을 고무시키는 방법이다. 예를 들면 부모와 교사처럼 사회의 성숙한 구성원들이 인간의 행동을 형성시켜서 그가 사회에 완전히 참여하고 기여할 수 있도록 하는 과정이다(Anita E. Woolfolk 저, 김아영·백화정·설인자·양혜영·이선자·정명숙 역, 앞의 책, 『교육심리학』, p.126).
108 이희승, 「인간교육이냐 물질교육이냐」, 『인간회복을 위한 교육』, 문학예술사, 1985, p.161.
109 김용래, 『교육심리학』, 문음사, 1989, p.14.

게 검토되고 시행되어야 한다는 전제하에 다루어져야 한다. 예를 들면 유치원이나 초, 중, 고, 대학 교육과정에서 그 수준에 맞게 인성교육차원에서 교재 및 자료가 개발되어 교육되어야 한다. 특히 여러 교육현장에서 효를 통한 심성의 도야를 위하여 만화, 애니매이션 등 다양한 방법의 활용이 모색되어야 한다.

정산은 교육에 대하여 "교육은 세계를 진화시키는 근원이요 인류를 문명케하는 기초니, 개인·가정·사회·국가의 성쇠와 흥망을 좌우하는 것이 교육을 잘하고 잘못함에 있다 할 것이니라. (……) 과학교육은 물질문명의 근본으로서 세상의 외부 발전을 맡았고 도학교육은 정신문명의 근원으로서 세상의 내부 발전을 맡았나니, 마땅히 이 두 교육을 아울러 나아가되 도학으로써 바탕되는 교육을 삼고 과학으로써 사용하는 교육을 삼아야 안과 밖의 문명이 겸전하고 인류의 행복이 원만하리라."[110]라고 말하였다.

정산은 여기에서 교육은 세계를 진화시키는 근원이며 인류를 문명케하고 교육을 통하여 만물의 영장으로서 인간의 자격을 갖춘다 하였다. 더불어 교육은 인류의 흥망성쇠를 좌지우지한다고 하였다. 또한 과학교육과 도학교육을 언급하면서 도학교육이 바탕하여 과학교육을 선도해야 함을 강조하였다. 이어서 정산은 '진화의 근본은 교육'이라고 밝히면서 '교육 가운데에는 정신 교육이 근본이 된다'[111]라고 밝혔다. 개인은 물론 사회발전의 기본적 뿌리가 교육임을 정산은 밝히면서 그 중에서도 정신교육이 근본적인 바탕이 되기 때

110 『정산종사법어 : 제1부 세전』, 「제2장 교육」, 1. 교육에 대하여, pp.730-731.
111 『정산종사법어 : 제2부 법어』, 「제9 무본편」, 7, p.907.

문에 그 중요성을 강조하였다. 여기에서 정신교육의 실질적인 내용은 윤리와 도덕적 인격 함양에 주안점을 두어야 한다고 본다.

그래서 정산은 도의 교육의 근본을 '보본과 보은의 사상을 잘 배양하는 데 있다'고 하였다. 이어서 '도의 교육을 잘 실현한 사회라야 새 세상의 대운을 먼저 타리라'[112]라고 밝혔다. 결국 없어서는 살 수 없는 사은에 대한 은혜를 알고 보은하는 것이 도의 교육의 근본이며 그 근본을 실천하는 사회가 돌아오는 세상의 주인, 즉 도덕의 부모국 정신의 지도국이 된다는 의미이다.

그렇다면 보은의 근원적 실체인 효교육의 방향은 먼저 중국의 경우를 살펴보고 효에 대한 인식 상황과 효교육의 방향성의 순서로 알아본다. 과거 중국의 교육은 어린이들부터 옳은 정치관과 정신자세를 갖도록 이념교육을 중요시하였다. 여기에 배우면서 일하고 실천을 통해 배워야 한다는 것을 원칙[113]으로 철저히 실용 위주의 교육이었다.

중국의 대학은 대학 교육의 축을 지식교육, 정치훈련, 육체노동의 3가지로 세우고 정치적 실천자가 되고 대중과 유리되지 않으며 노동을 통해서 차별을 해소하는 데 목적[114]을 두었다. 그러나 현재 중국이 대학 선발에서 효교육의 중요성을 강조[115]하는 것을 보면 우리

---

112 『정산종사법어 : 제2부 법어』, 「제9 무본편」 8, p.907.
113 리영희 편저, 『8억인과의 대화』, 창작과비평사, 1977, pp.158-168.
114 리영희, 『전환시대의 논리』, 창작과비평사, 1979, p.69.
115 효교육의 중요성을 근래에 중국 정부에서 강조한 내용을 보면 다음과 같다. "불효자(不孝子)는 뽑지 않는다." 중국 명문 베이징(北京)대학이 2009년 신입생 모집을 앞두고 이런 모집 방침을 발표했다. 2008년 11월 21일 베이징의 경화시보(京華時報) 보도에 따르면, 베이징대는 최근 신입생 모집과 관련한 내부 회의를 마친 뒤 각

가 효교육의 방향을 어떻게 잡아야 하는지 가늠할 수 있다. 결국 교육 내용에 있어서 가장 중요한 분야가 윤리적 덕목을 바탕으로 한 효교육이어야 하며 효교육의 방향은 전 교육과정에서 검토되어야 한다. 효교육이야말로 인간성 회복을 위하여 가장 절실하게 요청되는 인성 교육의 첩경이기 때문이다.

따라서 효교육의 방향을 모색하는 데는 효에 대한 현재의 인식태도가 어떠한지를 알아보고 그에 대한 교육적 방법과 내용을 마련함이 옳다고 본다. 효에 대한 현재의 인식태도는 대학생들을 중심으로 하여 파악[116]하였는데 구체적 내용은 다음과 같이 조사되었다. 부모를 모시는 문제에 있어서는 '부모를 모시고 살아야 된다'는 대답이 75% 정도였고, '부모를 잘 모시는 것이 효의 실천'이라는 인식을 거

고교에 '학생 선발 방침'을 통보했다. 한자(漢字) 16자로 구성된 선발 방침은 "열애북대(熱愛北大 : 베이징대를 사랑하고), 심계천하(心繫天下 : 세상을 근심하며), 인격건전(人格健全 : 건전한 인격을 갖추고), 성적우수(成績優秀 : 학업성적이 좋을 것)."로 돼 있다. 이 중 두 번째 구절인 '심계천하'는 부모에 대한 효도가 근본이라고 경화시보는 보도했다. 당초 표현도 '심계천하'가 아니라 '효경부모(孝敬父母 : 부모에게 효도하고 공경함)'였는데 타인과 국가 사회에 대한 봉사 쪽으로 개념을 확대하면서 표현이 바뀌었다고 베이징대 측은 설명했다. 이 방침에 따라 베이징대는 각 고교들이 학생을 추천할 때 '효경부모'하는지를 우선적으로 검증토록 했으며, 학생 면접 등을 통해 재검증할 계획이다. 베이징대가 효도를 강조하는 것은 '한 가정 한 자녀' 정책으로 출생한 이른바 소황제(小皇帝·자기 중심적인 외동아들·외동딸)들의 인성 문제에 대한 중국 사회의 고민을 보여준다. 중국에선 최근 중·고교생들이 교사를 살해하거나 폭행하는 사건이 잇따르면서 심각한 사회문제가 되고 있다(「베이징대(大) '불효자는 안 뽑아요'」, 《조선일보》, 2008년 11월 22일자).

116 논자는 2009년 3월부터 2010년 12월까지 2년 동안 원광대학교에서 '종교와 원불교'를 강의하면서 5월 8일 어버이날과 음력 8월 15일 추석을 전후하여 부모를 모시는 문제(노인부양 문제)와 효에 대한 관심과 실천 정도를 파악하기 위해 보고서 형식을 제출하도록 하였다. 그 결과 요즈음 대학생들의 효의식은 의외로 높은 편임이 밝혀졌으나 효의 실천에 있어서는 미흡함이 조사되었다.

의 가지고 있었다. 또한 효의 실천에 있어서 '부모님께 편지 쓰기', '부모님의 등 밀어 드리기', '안마해 드리기' 등의 실천을 통하여 부모의 소중함을 깊이 느끼고 그동안 소홀함에 대하여 반성과 다짐을 하는 학생들이 대부분이었다.

주지할 사항은 효에 관하여 부정적인 인식(권위적, 수직적)에 대한 대책이 필요한 점이다. 여기에 변화되는 가족관계와 고령화 시대에 따른 사회적 효의 정착에 대한 사회적 가족, 즉 신가족 개념이 뿌리를 내려야 하며 효교육 또한 다양한 방법으로 시행되어야 한다.

한편 노인부양 문제에 있어서는 응답 학생들 대부분이 '노인은 친자녀를 포함한 가족이 모셔야 한다.'라고 생각하고 있으며, 장남에게만 국한시키지 않았다. 자녀가 모시지 못하는 경우는 친족이나 국가가 그것을 대신할 수도 있다는 견해도 조사되었다. 전통적인 효에 대해서는 권위적이고 수직적인 것으로 생각하고 있으나, 효의 고전적인 의미(자식이 부모를 모시는 것)에는 대부분이 공감하였다. 이상의 결과를 종합해 보면 우리나라 대학생들의 효의식은 깊이 내재해 있으나, 그 실천에 있어서는 사회적 환경과 교육이 뒷받침되지 못하고 있음을 알 수 있었다. 현대사회에서 '효'의 의미가 갈수록 퇴색되어지고 있음에 비추어 볼 때 매우 고무적인 현상이라 할 수 있겠다.

효의 교육 방법에 대한 모색은 다음을 기준으로 삼아야 한다. 먼저 교육의 기본틀은 경쟁 위주가 아니라 인성 교육과 창의성에 바탕해야 하며 교육의 백년대계를 지향해야 한다. 아무리 뛰어난 경쟁력을 갖추었어도 인성이 구비되어 있지 않으면 지탄의 대상이 되며 도태되기 마련이다. 일시적 성과를 위한 답습과 모방은 창의성을 도태시키며 교육의 긴 여정을 왜곡하게 된다. 따라서 효교육도 인성과 창의성에 근거해야 함은 주지의 사실이다. 효교육은 시대가 요청하는 인성교육의 지름길을 제시한다는 인식이 필요하다.

　다음으로 가정에서 효교육이 자연스럽게 이루어져야 하며 유치원 교육에서부터 대학, 사회에 이르기까지 연계된 효의 인식과 교육이 모색[117]되어야 한다. 더불어 효교육은 교재에서부터 실천프로그램에 이르기까지 피교육 대상자들이 현시대의 상황에 맞게 적응할 수 있도록 해야 한다. 근래에 효의 세계화를 위해서 효학[118]이 대두되고 효를 모토로 한 전문교육기관[119]까지 운영되고 있는 점은 매우

---

117 요즈음 학교 교육의 중요성이 특히 대두되고 있다. 부모가 대부분 맞벌이 부부이고 보니 교육기관의 중요성이 그 어느 때보다 부각되고 있는 것이다. 따라서 방과 후 학교 등에 '효행마음교육지도사(가칭)' 등이 파견되어 효교육의 방향성을 유치원 및 초등학교 때부터 확립해야 한다고 본다.

118 효학(孝學)이 교육의 기본 틀로 정착되기 위해서는 첫째, '가정 효교육 지침서'를 만들어야 한다. 가정은 효를 실천하는 가장 기본적인 단위로서 부모는 자녀에게 효도하도록 가르치고 요구해야 한다. 둘째, '효교육 시간'과 '효교육 교과서'를 만들어야 한다. 각 초·중·고교에 '효학(孝學)'이 정식 교과목으로 편성되고 대학에서는 '효학'을 교양필수로 가르치며, '효학과'의 신설도 검토해야 한다. 셋째, 효실천이 각 봉사단체의 기본활동이 되어야 한다. 효는 배우는 것으로 그쳐서는 안 되며 실천되어야 한다. 넷째, 효문화를 대중화시켜야 한다. 효문화를 대중화(大衆化)시켜 효가 자연스러운 생활과 의례문화로 자리 잡도록 해야 한다(이태건, 「현행 학교 효교육 내용과 방법고찰」, 《21세기 정신문화와 효》, 효학연구소 연례학술회의, 2003, pp.1-6 참조).

119 효를 중심으로 한 전문 대학원대학교인 성산효대학원대학교(1997년 설립, 설립자 겸 총장 최성규)는 효학 석사 및 박사과정을 중심으로 개교하였다. 여기에서 배출한 효학 및 효교육학 석사학위 약 140명과 효학박사 4명이 있으며(2008년 현재), 기독교 효사상을 학문적으로 체계화하여 효학과를 공식 학과로 인정받아 학위를 수여하고 있다. 성산효대학원대학교는 성경의 효사상을 현대적으로 드러내는 데 큰 기여를 하고 있다(「'효행장려법' 시행에 따른 효 교육 강사양성 방안」, 한국효학회, 《효행장려법 시행에 즈음한 효 교육 포럼》, 한국노인학술단체연합회, 2008년 10월 24일).

고무적인 현상이다. 효교육이 현실적으로 정착되기 위해서는 보다 다양하게 방법적인 면에서 연구하고 노력하여 모두가 함께 공감할 수 있도록 방안을 강구해야 한다.

끝으로 지난 2007년 8월 3일에 제정되고 2008년 8월 4일부터 시행에 들어간 '효행장려 및 지원에 관한 법률'이 당위적 법률로 정착될 수 있도록 방법을 모색해야 한다. 특히 효행장려를 위한 '효문화 연구 진흥원'의 설치를 국가적으로 의무화하여 인성교육을 중심으로 한 교육의 장으로 활용할 수 있도록 하고 그것을 국가적 브랜드로 정착시킬 수 있도록 지혜를 모아야 한다.

04

학교폭력에 대한 효인성교육적 대처방안

○

1) 학교폭력의 유래와 의미

학교폭력의 문제는 1978년 노르웨이의 Olweus가 "Bullies and Whipping boys"라는 제목의 논문을 발표하기 전까지는 크게 주목받지 못하였다. 그 이전까지 학교폭력은 학교에서 있을 수 있는 지나친 장난 혹은 우발적 장난의 일종으로만 여겨졌다.

하지만 Olweus의 논문 이후 학교폭력에 대한 연구는 전 세계적으로 확산되었으며, 학교폭력을 '아이들의 성장과정에서 자연스럽게 발생하는 현상' 또는 '학교폭력의 피해자들에게도 책임이 크다'는 인식에서 학교폭력은 범죄의 한 형태라는 인식으로 전환이 이어나 가게 되었다.[120] 결국 학교폭력은 학교 내의 아이들의 성장과 피교육 의 과정에서 일어날 수 있는 당연한 폭력 이전의 일로 인식되어 왔 을 뿐인데 Olweus[121]가 앞의 논문을 발표하면서 약한 자를 괴롭히는 사람(Bullies)과 그들에 의해 희생이 되는 사람(Whipping boys)이 부각되 기 시작하였다.

한국에서의 학교폭력의 문제는 어제오늘의 일이 아닌 이미 수십 년 전부터 있어 왔던 일로 폭력의 심각한 양상은 점진적으로 커져 왔다. 그러던 중 1990년대 초부터 학교폭력의 심각성은 구체적으로 논의되기 시작했다. 그 시기에 학교폭력의 피해학생이 속출하고, 이 에 대한 학부모들의 원성이 높아져서 급기야 '자녀 안심하고 학교 보내기 운동'이 민간운동으로 전개되기 시작하였다.

또한 피해자 가족모임 등이 활성화되기에 이르며, 학교폭력으로 아들을 졸지에 잃은 한 아버지가 학교폭력 근절을 결심하면서 청소 년폭력예방재단(1995)을 세우게 된 시기도 바로 1990년대 중반이다. 이후 국가 차원에서의 적극적인 관여와 입법 청원이 요구되었다.

그래서 학교폭력에 관심을 갖는 시민단체를 중심으로 학교폭력 대책국민협의회가 결성되어, 우여곡절 끝에 2004년에 학교폭력 예

---

120 곽영길, 「학교폭력 피해에 대한 인식과 경험에 관한 연구」, 박사학위논문, 동국대 학교, 2007, pp. 9-10.

121 학교 폭력 해결 방안의 하나로 제시된 '멈춰' 프로그램을 학생과 교사가 함께 체험 하는 방법이 시도되고 있다. 노르웨이 심리학자인 올베우스(Olweus)의 연구에서 착안한 '멈춰'프로그램은 학교폭력이 발생하려는 순간 모든 이들이 다 함께 "멈 춰!"라고 외치며, 폭력이 더 이상 진행되지 못하게 막는 프로그램이다(「"눈높이 맞추자"학교폭력 학생토론회 열려」,《서울경제신문》, 2012년 4월 11일자).

방 및 대책에 관한 법이 교육부 소관 법령으로 제정되기에 이른다. 이러한 여세를 몰아서 2005년 3월에 정부 5개 부처 장관과 책임자들이 모여 학교폭력에 대한 범정부적 대응을 선언했다. 경찰청과 교육부가 주도하여 학교 내 폭력, 특히 일진회를 위시한 조직폭력을 근절하겠다는 대국민 선언을 한 것이다.[122] 이렇게 우리나라에서의 학교폭력의 문제는 그 논의와 대책을 거듭하면서 2012년 2월 6일에는 정부 관계 부처 합동으로 학교폭력의 예방과 근절을 위한 종합대책을 발표하기에 이른다.

한편 학교폭력 예방 및 대책에 관한 법률에 의하면 학교폭력이란 「학교 내외에서 학생을 대상으로 발생한 상해, 폭행, 감금, 협박, 약취·유인, 명예훼손·모욕, 공갈, 강요·강제적인 심부름 및 성폭력, 따돌림, 사이버 따돌림, 정보통신망을 이용한 음란·폭력 정보 등에 의하여 신체·정신 또는 재산상의 피해를 수반하는 행위를 말한다.

따돌림이란 학교 내외에서 2명 이상의 학생들이 특정인이나 특정 집단의 학생들을 대상으로 지속적이거나 반복적으로 신체적 또는 심리적 공격을 가하여 상대방이 고통을 느끼도록 하는 일체의 행위를 말한다. 사이버 따돌림이란 인터넷, 휴대전화 등 정보통신기기를 이용하여 학생들이 특정 학생을 대상으로 지속적, 반복적으로 심리적 공격을 가하거나, 특정 학생과 관련된 개인 정보 또는 허위 사실을 유포하여 상대방이 고통을 느끼도록 하는 일체의 행위를 말한다.」[123]고 밝히고 있다.

---

122 문용린 외, 『학교폭력 예방과 상담』, 학지사, 2006, pp.15-16.
123 교육부, 2012, "학교폭력 예방 및 대책에 관한 법률", http://law.go.kr/lsSc.do(검색

학교폭력은 학교라는 공간적 개념과 평온한 인간 삶의 지속과 발전을 파괴하는 부당하고 불법한 힘의 행사로 정의되는 폭력이라는 개념이 결합된 것이다. 하지만 학교폭력에 대한 개념정의는 이 같이 학자들마다 다른 시각과 연구목적을 가지고 접근한다는 점에서 다양한 정의가 존재한다.[124]

학교폭력의 유래는 학교폭력이 범죄의 문제로 인식되면서 구체화되었다. 과거 1970년대 초반만 하더라도 학교폭력은 단순히 가정에서처럼 학교생활 속에서도 성장과 발전과정에서 발생될 수 있는 일로 생각되었으나 범죄의 한 형태로 논의되면서 급속히 대두되기 시작하였다. 그렇다면 학교폭력의 원인은 무엇이며 그 실태는 어떤가에 대한 것을 다음에서 살펴보기로 한다.

2) 학교폭력의 실태와 효교육의 필요성

학교폭력의 근본적 최초 원인은 가해자에 있다. 대체로 가해자들의 가정적, 개인적 상황을 다음과 같이 설명한다. 대부분의 가해자들은 학교 공부에 관심이 없으며, 폭력 영상물을 많이 접하고 돈 씀씀이가 헤프다. 여기에 정서 자제력이 약하고 충동적이며, 피해학생이 가해자로 발전되는 경우도 있다. 가해자나 피해자 입장에서 그들이 상호작용하는 학급, 학교, 지역사회, 매스컴, 정치상황 등으로 학

일 : 2013. 05. 30).

124 오승호, 이진석,『법 교육이 청소년의 폭력에 관한 태도에 미치는 영향』, 한국학술
정보(주), 2011, p. 39.

교폭력의 원인 요인을 도출하면 다음과 같다. 학교 규모가 클수록 폭력이 많이 발생하며, 남자학교가 남녀공학학교보다 폭력이 많다. 상벌체제가 불공평한 학교와 관료적 경직성이 큰 학교에 폭력이 많다. 여기에 학생간의 격차가 심하면 폭력이 많다.

다음으로 학교뿐만 아니라 사회 전반적인 분위기와 상황[125]이 학교폭력을 야기시킬 수 있다. 예를 들면, 체벌에 관대한 가정과 학교의 문화가 학교폭력을 조장하며, 일제시대의 폭력문화와 군사문화가 학교폭력을 조장했으며 조직폭력이 미화되는 사회분위기가 학교폭력을 조장한다[126]고 한다.

여기에 최첨단 정보통신 문화의 발달로 인한 인터넷의 급속한 보급이 모방적 폭력문화를 조장하는데도 그 원인이 있다고 본다. 결국 학교폭력의 원인은 근본적으로 가해자에 있지만 가해자들의 가정적, 개인적 환경이 그 근원적 요인이라 할 수 있다. 여기에 학생상호간의 경쟁심과 격차, 학교 내의 문화 그리고 사회적 분위기와 환경에도 그 원인이 폭넓게 조명되고 있다.

최근 잇따라 발생되고 있는 학교폭력 실태로 인하여 교육부에서는 그 상황을 학교별로 보고하도록 하는 등 학교폭력의 실태파악과

---

125 집이나 학교, 매스컴에서 아이들이 보고 배우는 것은 정의나 양심, 선의나 배려, 이해나 관용 같은 덕목이 아니다. 아이들이 보고 배우는 것은 TV나 비디오, 사이버 영상을 통한 소비 만능주의, 화려한 물질, 폭력과 음란물, 그리고 항상 신문이나 뉴스 화면 그득 차지하는 타락한 정치가, 경제인, 소위 나라를 이끌어 간다고 하는 사람들이 벌이는 도덕적 해이이다(전국 교직원 노동조합 참교육 실천위원회 엮음, 『학교붕괴』, 푸른나무, 2000, p.77). 이처럼 학교뿐만 아니라 사회전반적인 분위기와 환경이 학교폭력의 원인이 될 수도 있음을 알 수 있다.
126 문용린 외, 『학교폭력 예방과 상담』, 학지사, 2006, pp.19-21.

함께 그 종합대책에 나서고 있다. 교육부에서 진단한 학교폭력의 원인을 살펴보면 학생의 인성 및 사회성 함양을 위한 교육적 실천 미흡을 최우선으로 꼽고 있다. 다음의 이유로 교사가 적절한 생활지도를 하기 어려운 교육여건을 들고 있으며 학부모의 자녀교육에 대한 관여 부족을 밝히고 있다. 끝으로 인터넷·게임·영상매체의 부정적 영향력 증가[127]를 들고 있다.

이러한 원인에 근거해보면 학교폭력의 문제는 지금의 문제가 아니라 오래전부터 대두되어 왔던 문제임을 부인할 수 없다. 특히 전인교육의 장이어야 할 학교에서 서열을 우선시하고 입시위주의 교육적 환경[128] 아래 성과만을 요구하는 분위기가 조성되고 있다. 따라서 인성교육이 도외시될 뿐만 아니라 학교폭력이 빈번해질 수밖에 없는 오늘의 현실이다.

한편 '청소년 폭력 예방 재단'이 2011년 실시한 학교 폭력 전국 실태조사에 따르면, 학교폭력의 피해율이 2009년 9.4%에서 2011년 18.3%로 증가하였고, 가해율은 2009년 12.4%에서 2011년 15.7%로 증가하였다. 연도별 학교폭력 심각성 인식도를 보면 2008년 28.6%에서 2011년 41.7%로 증가하였다. 또한 학교 폭력으로 자살 충동을

---

127 교육부, 2012, "학교폭력근절 종합대책", http://stopbullying.or.kr/index.php?mid=mest_data&page=1&document_srl=959(검색일 : 2013. 05. 30)

128 루소(Jean Jacques Rousseau, 1712~1778)는 가공적인 제자인 에밀에게 자신의 이상적인 교육이념을 제시하면서 에밀은 물질적인 지식만을 가지고 있기 때문에 역사라는 낱말조차 모르며 형이상학이나 도덕 따위는 더욱 알지 못한다. 인간과 사물의 기본적인 관계는 알지만 인간 대 인간의 윤리적인 관계에 대해서는 전혀 모른다(루소 저, 정영하 역, 『루소 에밀』, 연암사, 2011, p.242)고 하였다. 이것은 오늘날 성과위주의 교육이 많은 오류를 범하고 있음을 간접적으로 지적해주는 내용이다.

느낀 학생은 2010년 30.8%에서 2011년 31.4%로 증가추세이다.

이 같은 조사에서 밝혀졌듯이 현재 우리나라의 학교폭력의 실태는 우려할 차원을 넘어선 심각한 수준이다. 청소년기의 학생들이 가정의 연장선상이라 할 수 있는 학교라는 공간에서 폭력이 두렵고 고통스러우며 죽음으로까지 가는 극단적인 선택을 한다는 것은 상상할 수 없는 일이기 때문이다.

교육 전문가들은 학교 폭력을 일선에서 예방할 수 있는 사람은 담임교사라고 입을 모은다. 그러나 담임교사는 너무 바쁘다. 방과 후 수업, 보충 수업, 학교별 평가에 대비하기 위한 부진아 수업, 생활지도에다가 생활기록부 작성 등 각종 행정업무까지! 웬만한 소신과 관심이 아니면 내 반에서 어떤 아이가 왕따를 당하는지, 어떤 아이가 집단 폭행을 당하는지 알기 어렵다. 안다 해도 적극적으로 조치하지 못하는 경우가 많다.[129]

학교 당국은 학교에서 폭력 사건이 발생하면, '학교 폭력 예방 및 대책에 관한 법률'에 따라 학교는 '학교폭력 대책 자치위원회'를 수시로 열어야 한다. '학교폭력 대책 자치위원회의' 자치위원은 담당교사 외에 경찰, 변호사, 의사, 상담가 등 외부 전문가가 반드시 참석하여 심의의 전문성과 객관성을 확보해야 한다.

한편 학교폭력을 은폐하면 엄중조치[130] 되기 때문에 상부에 반드시 보고되어야 한다. 그럼에도 염려스러운 점은 과거에는 학교 내에

---

129 신동아편집부, 『신동아』2월호, 동아일보사, 2012, p.182.
130 교육부, 2012, "학교폭력근절 종합대책", http://stopbullying.or.kr/index.php?mid=mest_data&page=1&document_srl=959(검색일 : 2013. 05. 30).

서 자연스럽게 처리될 수 있는 사안도 반드시 보고해야하기 때문에 오히려 문제가 될 수 있다는 것이다. 따라서 사안의 경중을 심의하는 학교자체의 논의도 자율성이 있어야 할 것이다. 2012년 관계부처합동[131]으로 발표한 학교폭력 근절 종합대책[132]에서 밝힌 학교폭력에 관한 추세를 보면 〈표 4〉과 같다.

〈표 4〉 비행예방 프로그램 교육인원(학교폭력 가해학생 포함)

구분	'07년	'08년	'09년	'10년	'11년
대안 교육 (학교폭력 가해학생 등)	3,974	6,410	7,348	12,862	23,382
법 교육	-	4,658	37,611	50,651	44,089
비행원인 진단	4,660	6,531	5,401	5,698	5,422
청소년 심리상담	4,513	5,481	5,256	6,438	7,973
보호자교육	-	3,511	5,465	6,626	7,498
총계	13,147	26,618	61,081	82,275	88,364

출처: 관계부처합동,『학교폭력근절 종합대책』(2012), p.74.

2007년에 비교하여 불과 4년 사이에 학교폭력 가해학생 등에 대한 대안교육 대상자들이 7~8배 증가한 것을 보면 여기에 대한 대책이 필요하다는 것을 알 수 있을 것이다. 학교폭력에 대한 원인으로 제기되고 있는 것으로 인성교육의 부재인데, 인성교육[133]은 가정, 학

---

131 관계부처란 국무총리실을 중심으로 교육부, 행정안전부, 여성가족부 등을 말하며 학교 폭력을 예방하고 대처할 수 있는 모든 국가 관계기관을 의미한다.

132 교육부, 2012, "학교폭력근절 종합대책", http://stopbullying.or.kr/index.php?mid=mest_data&page=1&document_srl=959(검색일 : 2013. 05. 30)

교, 사회가 모두 유기적으로 협력할 때 완성될 수 있다.

오늘날 한국 사회는 급속도로 변화되고 있다. 가치관의 혼돈으로 사회질서가 붕괴되고 가정윤리가 무너져 해체되는 가정들이 늘어가고 있다. 핵가족과 개인주의, 탈권위주의화에 따라 가족제도가 붕괴되고 있으며, 부모에 대한 자녀들의 관심과 보살핌도 날이 갈수록 사라지고 있는 현실이다. 전통적으로 모든 행동의 근본으로서 인성의 표준이 되는 것 중의 하나가 효이며 부모자녀 관계를 근간으로 한 효 정신을 바탕으로 인간관계의 근본을 바로 세울 필요가 있다고 본다.

어린이나 청소년들이 가장 믿는 대상은 가정에서 부모요, 학교에서는 교사이다. 부모 스스로가 효를 실행하여 자녀를 교육하고 교사의 모범이 학생들에게 효 교육의 귀중한 한 방법이 될 수 있다. 물론 각 학교에는 상담교사가 있어 학생들에게 학교폭력을 사전에 예방하기 위한 많은 도움을 주고 있지만, 상담실을 이용하는 학생들이 소수이고 아직도 문제가 있어야 상담실을 찾는다는 인식이 남아 있어 전체 학생들이 상담실을 찾고 있는 것은 아니며 특히 학교폭력사건이 발생하고 난 후 가해학생과 피해학생에 대한 상담이 집중적으로 실시되고 있는 상황이다.

학교폭력을 예방하고 근절하기 위해서는 어릴 때부터 인성교육이 실시되어 습관화될 필요가 있다. 효의 바이블이라 할 수 있는『효

---

133 인성교육이란 그 중심이 예절교육에 있다고 본다. 예절이란 인간관계에서 기인하며 최초의 인간관계인 부모와 자녀간의 관계에서 그 근원을 찾을 수 있다. 그렇다면 부모와 자녀의 관계에 있어서 예절의 핵심이 효이고 보면 인성교육의 중심에 효 교육이 우선해야 하는 이유가 여기에 있다.

경』에서 '효는 덕의 근본이며, 모든 가르침이 생겨나는 바탕이다'[134] 고 하였다.

『효경』에서 제시하는 '효 교육의 이유'를 살펴보면 첫째, 효를 가르치면 교화가 이루어지게 되므로 사람으로서 근본과 기본이 서게 되기 때문이다. 가정교육이 잘된 사람이 학교에서 학우를 사랑하고 직장에서도 유능한 사람으로 평가받기 마련이다. 둘째, 효를 가르치면 질서가 저절로 잡힌다는 점이다. 효심이 있는 사람들이 모인 집단이나 조직은 자기를 통제할 자제력을 발휘하게 되기 때문이다.

셋째, 효하는 사람은 이타적 성품을 가지게 된다는 점이다. 남을 배려하고 존중하며 잘 어울리려는 마음을 가지게 되므로 친애하게 하는 데에는 효보다 더 좋은 것이 없다고 한다.[135] 그러므로 효 교육은 어릴 때부터 가정과 학교에서 시작할 수 있다. 어려서부터 부모와 교사의 지도 모습에서 부모와 교사가 효를 실천하는 모습을 보였을 때 효행이 학생 스스로 습관화될 수 있을 것이다. 효 교육을 통해 타인에 대한 따뜻한 배려적 사고가 형성되면 학교폭력도 줄어들고 미리 예방[136]할 수 있다고 생각한다.

따라서 다음의 내용에서는 효 교육의 실천을 통해 인성교육을 강화시켜 학교폭력을 줄이고 예방할 수 있는 방안을 제시하고자 하며,

---

134 김학주 역저, 『신완역 효경』, 명문당, 2006, pp.61-63. "夫孝 德之本也 敎之所由生也"
135 김종두, 『새로운 패러다임의 효 교육』, 명문당, 2012, p.83.
136 학교폭력의 예방과 처치에 대응하는 방법의 하나로 효 교육을 강조하는 것은 효가 모든 선행의 근본이 되기 때문이다. 부모에게 효도하는 사람이면 형제간에 우애하고 친구간의 우정이 나쁠 수가 없다. 그러므로 학교폭력에 대한 대처 방안으로 효 교육 프로그램이 우선해야 한다고 보는 것이다.

다음에서는 학교폭력의 대처방안을 예방과 처치 차원에서 살펴보고자 한다.

3) 학교폭력 대처방안과 효교육

학교폭력의 근본적 원인으로 이구동성으로 회자된 것이 인성교육의 부재이다. 학교가 건전한 인격형성의 교육현장이 되어야 함에도 불구하고 입시교육과 더불어 성과지향적인 교육[137]으로 몰입하다보니 인성교육에는 소홀할 수밖에 없었다. 따라서 학교폭력에 대한 대처방안도 인성교육 차원에서 대두될 수밖에 없다.

학교폭력에 대한 그간의 전통적인 대처방식은 상담(counseling)이었다. 상담의 본질은 내담자(가해자든 피해자든, 학생이든 학부모든 간에)의 통찰을 유도하는 것이다. 즉 내담자의 문제해결 능력을 키워서 스스로 문제의 본질을 찾아내고 문제를 해결해 나가도록 돕는 것이다.[138] 그렇다면 선진국에서는 학교폭력에 대한 대책으로 어떤 것을 제시했는지 다음의 예를 소개하고자 한다.

미국에서 시도 되고 있는 Second Step 프로그램을 보면 다음과 같

---

137 우리나라의 국민 교육 체제에서의 학제구조는 6-3-3-4제에 따라 초등학교, 중학교, 고등학교, 대학교 등의 각 단계별로 진학하는 생애학습의 전환이 이루어진다고 본다. 특히, 중학교에서 고등학교로 진학하게 되는 단계에서는 최초로 진로경로에 대한 선택이 이루어지고, 그것이 대학 단계에 다다르면 본격적인 진학 경쟁으로 이어진다(한승희, 『포스트모던 시대의 평생 교육학』, 집문당, 2006, p. 289). 본 내용에 의하면 생애학습의 전환이라 할 수 있는 시점에서 최고의 목표를 설정하고 그것을 지향하는 교육적 풍토로 말미암아 학교의 인성교육은 점차적으로 소홀히 되어 왔다고 볼 수 있다.
138 문용린 외 공저, 『학교폭력 위기개입의 이론과 실제』, 학지사, 2008, p.21.

다. Second Step 프로그램은 공격적인 행동이 사회적 기술의 결여에서 기인되었다는 연구결과에 기초한다. 이에 프로그램의 목적은 관점채택, 대인관계, 문제해결, 충동통제, 분노조절의 발달을 통해 아동의 사회능력을 향상시키는 데 있다. 결국 이 프로그램을 통해 학생들은 충동적, 공격적인 행동을 줄이고 대인관계 능력은 향상되며 긍정적, 사회적 기술을 학습한다. 다음으로 Anger Coping 프로그램이다.

Anger Coping은 공격적인 학생의 사회·인지적 기술을 향상하기 위하여 고안된 프로그램으로서 분노를 적절하게 통제하고 적대적 귀인을 줄이며 대인관계 문제 해결능력을 향상시키는 데 중점을 둔다.[139] Second Step 프로그램은 학교폭력 예방차원에서의 프로그램이다.

이 프로그램의 특징은 학생은 물론 학부모를 대상으로 하여 근본적으로 학생들의 정서를 긍정적인 방향으로 유도하여 학교에서의 모범적인 활동을 실천하는데 목적이 있다. 여기에서 주목할 점은 학부모도 대상에 포함되어 있는 점이다. 즉 학교폭력의 문제는 단순한 학교 내의 문제가 아니라 가정에까지 확장되어 다루어져야 한다는 점이다.

Anger Coping 프로그램은 학교폭력 처치를 위한 대표적인 프로그램이다. Anger Coping 프로그램의 특징은 교사나 또래 학생들이 지목한 공격적인 학생을 대상으로 실시하는 프로그램이다. 이 프로그

---

139 문용린 외, 박종호, 「미국 학교폭력 예방 및 처치 프로그램 개관」, 『학교폭력 예방과 상담』, 학지사, 2006, pp.297-301.

램의 진행은 정신건강 전문가와 학교 상담가가 함께 실시한다.

다음으로 우리나라의 학교폭력에 대한 대책을 살펴보면 다음과 같다. 정부가 지난 2012년 2월 6일 발표한 학교폭력 근절 종합대책[140]에서는 가해자에 대한 처벌을 강화하고 피해자에 대한 적극적 지원과 인성교육의 실천에 내용의 핵심이 있다. 그러나 이것은 정부와 학교만의 문제이기보다는 국가 전체의 문제로서 전 국민의 공감대 속에 그 대책이 실현되어야 한다. 이제 학교 폭력 문제를 근치하려면 이 문제가 학교만의 문제가 아니라 가정, 학교, 국가 사회 문제의 복합적인 부산물임을 직시할 필요가 있다. 그래야만 예방도 해결책도 실효를 거둘 수 있기 때문이다.[141] 여기에 범종교적 차원에서의 적극적 대처[142]도 논의 되었는데 그것은 종교적 차원의 인성교육을 통한 학교폭력의 예방 및 대처에 관한 내용이다.

---

140 정부는 2012년 2월 6일 관계부처 합동으로 학교폭력 근절 종합대책을 발표했다. 발표내용에 의하면 최근 학교폭력의 특징 및 원인, 학교폭력 관련 기존 대책 및 제도의 한계에 대해서 밝히고 학교폭력 근절 7대 실천대책을 제시하였다. 학교폭력 근절 7대 실천정책은 직접대책과 근본대책으로 분류된다. 직접대책은 학교장과 교사의 역할 및 책임 강화, 신고-조사체계 개선 및 가·피해학생에 대한 조치 강화, 또래활동 등 예방교육 확대, 학부모교육 확대 및 학부모의 책무성 강화이다. 근본대책으로는 교육 전반에 걸친 인성교육 실천, 가정과 사회의 역할 강화, 게임·인터넷 중독 등 유해 요인 대책이다(교육부, 2012, "학교폭력근절 종합대책", http://stopbullying.or.kr/index.php?mid=mest_data&page=1&document_srl=959). (검색일 : 2013. 05. 30)

141 김귀성, 「학교폭력 어떻게 할까?」, 〈익산 사회복지신문〉, 2012년 5월 1일자.

142 대구종교인평화회의는 지난 2011년 12월 20일에 발생한 중학생 권모군의 자살사건을 계기로 부각된 학교폭력문제의 심각성에 공감하고 앞으로 지방자치단체를 비롯한 종교·시민단체들과 함께 공동노력을 경주키로 했다. 이를 위해 2012년 1월 26일 대구종교인평화회의 회장단은 대구시 교육감과 회동을 통해 향후 학교폭력 근절과 예방에 필요한 대책 마련에 힘쓸 것을 다짐하였다(KCRP 한국종교인평화회의, 『종교와 평화』, 2012년 2월 1일자 제57호).

종교의 교육적 기능을 토대로 하여 오늘날과 같이 도덕교육, 가치
관교육, 나아가서는 전인교육을 지향하는 시대적 사명에 접하여 종
교는 그런 교육적 사명의 기반을 마련해 준다는 점에서 매우 중요한
의미[143]를 지니고 있기 때문이다. 여기에 청소년들이 내재적 종교성
향이 높을수록 비행을 덜 하는 것으로 조사되었다.

내재적 종교성향과 문제 행동의 관련성을 파악할 수 있다. 그러므
로 오늘날 급속히 증가하고 있는 청소년들의 문제 행동을 예방하고
감소시키는데 종교단체도 소정의 역할을 담당[144]할 수 있으리라 판
단되기 때문에 재종교의 효사상이 인성교육 차원에서 그 실천이 요
구되어진다 할 수 있다.

한편 지난 2012년 2월 6일 발표된 학교폭력 근절 종합대책이 미흡
하다는 견해도 다음과 같이 지적되고 있다. 첫째, 실효성 부분이다.
정부는 학생 신고 등을 기초로 '일진 경보제'를 도입하기로 했지만
학생들은 "일진이 숨어서 때리지, 남들 보는 데서 때리느냐"며 시큰
둥하다. 둘째, 비교육적 측면이다. 정부는 학교폭력 관련 징계사항
을 학교생활기록부에 기재토록 했다. 셋째, 학교폭력을 근절하겠다
면서 문제의 '뿌리'에 대한 처방은 제시하지 못했다. '성적 중심의 입
시 위주 교육으로 인성 교육에 소홀했다'고도 했다.

그러면서 내놓은 대안이 '밥상머리 교육 범국민 캠페인'이다.[145]

---

143 김귀성, 『학교에서 종교교육의 이해』, 문음사, 2010, p.66.
144 김은희, 「청소년의 종교성향과 스트레스 및 문제행동의 관계」, 박사학위논문, 명
　　지대학교, 2005, pp.69-70.
145 「학교폭력 근절하려면 교육정책 전환부터」, 《경향신문》, 2012년 02월 06일자.

정부 관계부처 합동으로 학교폭력 근절 종합대책을 발표했지만 이처럼 실효성과 교육적 측면, 문제의 핵심에 있어서 비판적인 견해도 있다. 그러나 대부분의 교육전문가들이나 종교인 등 많은 사람들이 학교폭력 문제의 해법으로 성적 위주 및 성과 위주, 서열 위주 교육정책을 바꾸고 인성교육을 강화하는 것을 들고 있다.

인성교육을 강화하는 방법에 예절교육, 독서활동, 봉사활동, 컴퓨터상의 악플 대신 선플 달기 등 여러 가지 방법이 있을 수 있으나 가장 기본적인 생활 습관 형성을 통한 인성의 함양과 청소년들의 건전한 가치관을 형성하는데 큰 도움이 될 수 있는 것은 무엇보다 가정과 사회의 효 교육이 아닐까 생각한다.

오늘날 현대인들은 물질 만능주의와 무한 경쟁의 사회에 살고 있어 타인에 대한 관심이 줄고, 삶의 여유를 잃어가고 있다. 이러한 현실에서 서로에 대한 따뜻한 배려는 보다 올바른 도덕적 판단을 가능하게 하고, 나를 넘어서서 타인과 사회와의 조화를 이룰 수 있게 하는 연결고리가 될 수 있다.

학교폭력도 상대방의 입장에서 상대방의 생각이나 감정을 함께 느끼고 이해하는 것이 부족하여 발생한다고 볼 수 있다. 가정에서부터 시작하는 효 교육을 통해 타인을 배려할 줄 아는 기본적인 인성을 함양하고 청소년들이 건전한 가치관을 형성한다면 학교폭력도 근절될 수 있다. 따라서 다음 장에서는 학교폭력의 예방 및 대책으로 인성교육을 우선함에 근거를 두고 인성교육 차원에서의 실시되고 있는 효 교육의 실천프로그램을 살펴보고자 한다.

4) 효교육 실천 프로그램을 통한 인성교육

효는 인간 생활에 있어서 사람을 사람답게 하는 가장 기본적 관계의 덕목이요, 문화임에 비추어 볼 때 효는 인간의 보편적 문화로 특히 우리 민족이 귀히 여기고 지켜왔던 고귀한 정신문화[146]라 할 수 있다. 그러므로 원불교 효사상이 이론적으로 아무리 부각된다 하더라도 우리의 현실 생활에서 실천이 되지 못하면 그것은 사상누각에 불과한 것이다.

따라서 사람됨의 근원은 효의 실천여부에 있는 만큼 인성교육을 위해 현재 실시되고 있는 효 교육의 실천 프로그램을 효가 인간의 보편적 문화임에 근거하여 다음과 같이 원불교 효사상의 현대적 실천을 본 기관의 20여년 전통의 실천 경험을 중심으로 제시해 본다. 원광효도마을 노인복지센터·효도의 집[147]에서는 연중 다음과 같은 효인성교육의 실천프로그램을 계획하며 실시하고 있다. 이 프로그램들은 태아[148]에서부터 유치원생, 청소년 등 모든 사람을 중심으로 가족 및 어르신과 연계된 인성교육 함양을 위한 프로그램인데 그 핵심 목표는 자력있는 사람들과 무자력자들과의 연계를 통한 효 인성교육과 실천의 사회적 확산에 있다.

---

146 노상오, 「효교육의 실태와 실천 방안」, 『효학연구』제4호, 한국효학회, 2007, p.199.
147 원광효도마을 노인복지센터·효도의 집은 자력있는 사람과 무자력한 어르신과 일반인을 위한 다양한 사업과 효실천 봉사 프로그램을 갖춘 사회적 효의 실천 기관이다. 현재 효 실천 운동을 뿌리로 한 인성교육차원의 효교육 및 실천 프로그램을 효의 진정한 실천차원에서 진행하고 있다.
148 인간의 타고난 모든 천성은 태교에 의해 이루어진다. 따라서 태교는 결코 소홀히 간과할 수 없는 사실(한길량, 『열달 태교 십년 스승』, 월드 사이언스, 2000, p.18.)이기에 본 기관에서는 실제로 뱃속의 태아를 위해 '100세장수 효(孝) 도시락' 자원봉사와 효실천 인성교육 프로그램을 실천한 봉사자도 있었다.

〈표 5〉 원광효도마을 노인복지센터·효도의 집 효인성교육 실천 프로그램

프로그램명	프로그램 설명	참여대상	기간	비고
이가튼튼 백세건강	매월 어르신을 위해 헌신적으로 무료 봉사하는 치과 원장님을 비롯한 임직원들의 효실천 정신을 널리 알리고 부와 재능의 사회 환원, 나눔과 기부의 필요성을 알리며 효란 건강한 신체에서부터 발현됨을 인식하게 하며 건강의 소중함을 주지 시킨다.	초·중·고 학생 및 일반인, 어르신	연중	부와 재능의 사회환원과 기부의 필요성을 알리며 건강관리가 효임을 인지시킨다
100세 장수 효(孝) 도시락	홀로 생활하시는 독거어르신들을 위한 100세 장수 효(孝) 도시락 봉사와 함께 내가 살고 있는 이웃의 어려움에 동참하면서 현재 나의 삶에 대한 감사함을 느낄 수 있다. 또한 자원봉사를 통하여 감사에 대한 보은의 실천으로 자연스럽게 효와 올바른 인성의 필요성을 스스로 느끼고 배울 수 있다.	유치원 및 초·중·고 대학생 및 임직원, 일반인	연중	어르신에게 따뜻하고 훈훈한 정이 담긴 도시락 봉사로 인성교육 8대 핵심 목표 덕목의 체득
젊음과 함께하는 효	군대 생활에서 부모에 대한 소중함을 느끼는 계기를 삼고 사회와의 연계를 통하여 "효"를 실천할 수 있는 교육을 실시한다.	전경 및 군인	연중	효제(孝悌) 윤리의 실천으로 훈훈한 병영생활
봉사와 함께하는 효	자원봉사자들에게 '효'교육을 통하여 효와 자원봉사의 의미를 각인시키고 자원봉사의자와의 유대관계를 형성하는 기회를 갖는다. 더불어 봉사를 통한 '사회적 효'의 필요성을 느끼게 한다.	전체 자원 봉사자	연중	학부모 및 직장 근로자 참여유도

프로그램명	프로그램 설명	참여대상	기간	비고
다문화와 효	다문화가족 구성원들에게 우리의 전통사상인 효를 안내하고 공감대 형성을 유도한다. 특히 새로운 문화에 대한 적응이 어려운 만큼 가장 쉽게 이해하고 거부감이 적은 부모와 자녀간의 관계인 효와 타인의 부모라도 내 부모처럼 모신다는 사회적 효의 시대를 이해시킨다.	다문화 가족	연중	다문화가족의 국내생활 적응 고양
우리가 아들딸	갈수록 독거 어르신들이 늘어나는 추세이고 대부분이 노인의 4고를 겪고 있다. 원장을 비롯한 임직원들은 이러한 어르신들에게 가족의 일원이 되어 효를 실천한다.	임직원 및 자원봉사자, 어르신	연중	사회적 효 실천
손자녀와 함께 기쁨을!	학생들의 공연을 통하여 세대와 시간을 뛰어넘어 유대관계를 형성하여 가까워질 수 있는 장을 마련한다.	학생, 어르신	연 1~2회	어르신의 만족감, 세대간 이해 증대 지향
행복한 우리가족	가족이 없는 어르신들의 무료한 삶을 가족이란 공동체를 형성하여 새로운 가족들과 친화할 수 있으며, 핵가족화 되면서 할아버지, 할머니에 대한 사랑의 정을 느끼지 못하는 아이들 및 가족구성원들에게 가족이라는 울타리를 조성시켜 서로 서로 부족한 부분을 찾아 행복한 삶을 누릴 수 있는 장으로 마련한다.	가족, 자원봉사자	연중	고독과 외로움에 처해있는 어르신과 봉사자 가족에게 희망 심기

프로그램명	프로그램 설명	참여대상	기간	비고
다함께 어르신 체험	가족, 학생 등 어르신 체험의 시간을 통하여 가족 간의 화합의 장과 친구들 간의 우애의 장을 마련하며, 몸으로의 체험을 통하여 어르신들에 대한 어려움과 고충을 실감하면서, '효'를 생각할 수 있는 분위기를 마련한다.	학생, 어르신 및 봉사자 가족	연중	효의 소중함을 몸과 마음으로 느끼도록 세심한 준비
청소년과 함께하는 효	효인성교육 강의 및 상담을 통하여 청소년 시기에 부모님에 대하여 고마움을 알고 자발적으로 효를 실천을 할 수 있도록 교육을 실시하며 대학생 및 일반인들도 효를 실천할 수 있도록 안내한다.	학생, 일반인, 임직원	연중	교육을 통하여 바른 인성과 효사상 고양
고향 찾아 부모님과!	효도의 집의 어르신들은 가족들과 떨어져있기 때문에 밤에는 특히 외로움을 많이 느낀다. 그래서 원장 이하 임직원들이 매 주 또는 매 월 1일씩 교대로 어르신을 내 부모님 모시 듯 말벗도 하면서 같이 시간을 보낸다.	임직원 및 어르신	연중	어르신이 포근한 자녀의 정을 느끼게 하며 사회적 효 실천
응급상황 제일 먼저!	재가 노인 지원 서비스 어르신들은 대부분 독거노인이므로 갑자기 응급상황이 발생하면 간병할 사람이 없다. 그래서 원장 이하 임직원들이 교대로 응급실에 어르신들을 돌본다.	임직원 및 어르신	연중	사회적 효 실천

출처 : 원광효도마을 노인복지센터 · 효도의 집 효 실천 프로그램(2016년 현재)

　‘이가 튼튼 백세건강’ 프로그램은 매월 빠짐없이 정기적으로 어르신을 위해 자원 봉사하는 치과 원장님을 비롯한 임직원들의 헌신과 사랑, 섬김과 모심의 정성이 가득 담긴 효실천 프로그램이다. 본 프로그램은 갈수록 순수한 자원봉사의 의미가 사라져가는 세태 속에서도 타인의 부모라도 내 부모처럼 모시려는 사회적 분위기를 만들어 가려는 원광효도마을 노인복지센터와 효도의집의 운영 방침과 치과의 사회 환원 차원의 경영 정신이 어우러진 프로그램이다. 기관에서는 이러한 프로그램을 대외에 소개할 때 이(치아)를 비롯한 내 몸의 건강관리가 가장 중요한 효실천의 하나임을 강조하면서 사회적 효실천과 더불어 적극적으로 권장되어야 할 프로그램임을 알리고 있다.

　‘100세 장수 효(孝) 도시락’ 프로그램은 홀로 생활하는 독거어르신과 생활이 곤란한 어르신들을 위한 도시락봉사와 함께 내가 살고 있는 이웃의 어려움에 동참하면서 현재 나의 삶에 대한 감사의 마음과 더불어 본 프로그램을 통해 효의 실천과 체험은 물론 건전한 인성 함양이 자연스럽게 발현되며 증대된다. 또한 자원봉사를 통하여 내 주위의 은혜에 대한 감사와 보은의 실천으로 자연스럽게 효(孝)와 예(禮)의 필요성을 느끼고 배울 수 있으며 정직과 책임, 존중과 배려, 소통과 협동의 필요성을 스스로 체득할 수 있는 프로그램이다.

　또한 ‘100세 장수 효(孝) 도시락’ 프로그램은 ‘인성교육진흥법’에서 인성교육의 목표로 강조하고 있는 8대 핵심 가치 덕목을 체험하며 스스로 뿌듯함을 느낄 수 있는 원광효도마을 재가복지 20여년의 역사와 전통을 가진 본 기관의 대표적인 프로그램이다. 게다가 본 프로그램은 논자의 10여년의 경험으로 볼 때 이웃에 대 한 배려 등 사회적인 분위기를 포함한 자원봉사의 체감도를 측정할 수 있는 프로그램이라는 생각도 하게 되었다.

'젊음과 함께 하는 효' 프로그램은 청소년 시기를 벗어나기는 했으나 군대생활 속에서 부모님과 가족에 대한 그리움을 통해 부모님과 가족의 은혜, 사랑의 깊이를 깨닫고 효를 실천할 수 있는 기틀이 되고자 하는 프로그램이다. 지역 내 군부대의 군종병 및 군종 장교들과 협력하여 지속적으로 발전시켜야 될 프로그램이다. 군영 내에서의 폭력과 비정서적 문화를 형제애 차원에서 예방하고 인성을 바로 세우는 계기가 될 수 있는 효제(孝悌)의 윤리 실천 프로그램이다.

'봉사와 함께하는 효' 프로그램은 자원봉사에 참여하는 사람들로 하여금 효와 인성에 대한 교육을 통해 효의 의미를 깨닫는 시간을 갖고 그것을 실천으로 옮겨봄으로써 진정한 자원봉사 및 효 실천의 계기를 마련해주고자 하는 것이다. 특히 청소년 자원봉사자들은 노인시설에서의 자원봉사[149]를 통해 핵가족 내에서 경험할 수 없는 조

---

149 자원봉사는 그 의미를 제대로 알고 실천할 때 개인적으로는 이웃에 대한 배려와 자신에 대한 만족으로 귀결된다. 그런데 요즘은 초중고 학생들의 자원봉사는 내용보다는 형식에 치우친 경우가 적지 않다. 원인은 입시 위주의 경쟁과 성과 일변도의 사회 분위기 때문이다. 논자는 미국 사회를 비롯한 선진국의 저력 중의 하나가 정직을 모토로 한 순수한 자원봉사의 풍토가 조성되었다는 점이라 생각한다. 우리의 자원봉사 시스템도 선진국의 장점과 우리의 현실을 절충하여 비록 소수일지라도 봉사의 본의가 어려운 이웃에 대한 배려로부터 시작된다는 점을 철저히 인식시키고 단 한 시간을 하더라도 자원봉사의 의미를 정확히 인지하고 실천할 수 있는 풍토를 조성하는 것이 한국 사회의 시급한 과제중의 하나라 생각한다. 논자는 13년 째 자원봉사자들을 접하면서 이제는 다수를 대상으로 하는 실적위주의 풍토를 지양하고 자원봉사의 본래 의미가 살아날 수 있도록 국가적 차원에서의 전체적인 새로운 포석이 시도되어야 한다는 점을 제언하면서 논자는 본 프로그램을 운영하는 데 있어서도 항상 자원봉사의 본의를 교육하고 실천할 수 있도록 상담 등을 통해 심혈을 기울이고 있다.

부모에 대한 정서적 체험을 할 수 있게 된다.

'다문화와 효' 프로그램은 한국 사회에 적응하는 다문화가족 구성원들에게 우리 문화에 대한 의식, 특히 효에 대한 의식을 교육하여 한국 사회에 적응하는데 도움을 주고, 실제 벌어질 수 있는 가족 갈등을 해결하는데 도움을 주고자 하는 프로그램이다. 다문화 구성원들에게 효 교육을 하는 것은 한국 사회를 지탱해 온 문화적 유산은 다양하지만 그 중에서도 효 문화는 빼놓을 수 없는 문화적 유산이기 때문이다. 다문화가족 안에서 성장하는 청소년 또한 가족 안에서 혹은 학교, 사회에서 겪을 다양한 차이, 문화적 이질감 등을 접할 때 마음을 연하여 가장 빠르게 함께 공유할 수 있는 효의 의미와 실천을 다문화 가족에서도 정착될 수 있도록 한다.

'우리가 아들딸' 프로그램은 재가노인지원 서비스와 연계한 효 실천 프로그램으로 갈수록 독거노인이 증가하는 추세이고 대부분이 노인의 4고를 겪고 있는 현실에서 임직원들이 이러한 어르신들에게 가족의 일원이 되어 효를 실천하는 프로그램이다. 본 프로그램은 사회적 효 실천의 가장 기본 바탕이라 할 수 있으며 재가노인지원서비스 사업이 효실천 차원에서 정착될 적에 전통적 복지의 명맥이 유지되고 사회적 가족이 보편화되면서 신가족 개념이 비로소 정착될 수 있기에 국가적 차원에서 가장 심혈을 기울여야 할 서비스 프로그램이라고 본다.

'손자녀와 함께 기쁨을!' 프로그램은 학생들의 공연을 통해 세대와 시간을 뛰어넘어 유대관계를 형성하여 가까워질 수 있는 장을 마련하는 것이다. 어르신의 만족감을 높이고, 세대간 이해 증대를 통해 조화로운 사회분위기를 지향하고 있다. 이 프로그램은 어르신과 젊은 층과의 세대차이 극복과 함께 효의 다양한 핵심 가치 중에서 화합과 조화의 의미를 강조하는 프로그램이다.

'행복한 우리 가족' 프로그램은 가족 구성원 혹은 학생들이 가족이 없는 어르신과 하나의 가정을 만들어 봄으로써 가족 속에서 상호간의 사랑, 공동체 의식 등을 배울 수 있는 프로그램이므로 무엇보다 가족의 소중함을 몸소 체험할 수 있는 장점이 있다. 어르신은 외로움, 소외감에서 벗어날 수 있고, 핵가족 구성원이나 학생들은 많은 가족 구성원, 다양한 가족 관계 속에서 실제 경험을 통해 익히면서 가족의 소중함, 효 실천의 소중함을 느낄 수 있게 된다. 어르신과 이 프로그램에 참여하는 사람들 모두 가족의 의미를 되새겨 볼 수 있는 귀중한 체험 프로그램이다.

'다함께 어르신 체험' 프로그램은 생각으로만 느꼈던 어르신의 고충을 실제 체험을 통해 겪어보는 프로그램[150]이다. 어르신이 현실에서 느끼는 불편함, 고통 등을 체험해보면서 어르신을 이해하고 그것을 바탕으로 효를 실천할 수 있는 계기를 마련하는 것이다. 그리고 조부모님이나 부모님의 입장에서 생각할 수 있는 시간을 만들어주기 때문에 더욱 적극적인 효를 실천할 수 있는 기틀을 제공한다고 할 수 있다.

'청소년과 함께 하는 효' 프로그램은 청소년에게 자신의 탄생에서

---

150 요즈음 시대는 교육비 부담 과중 때문에 한, 두 자녀만 낳는 추세여서 대부분의 자녀들이 어려움을 모르고 양육되어지는데 어르신의 고충을 체험해보는 것은 효와 인성교육 차원에서 산교육이 된다고 볼 수 있다.

부터 양육에 이르기까지의 부모님의 은혜에 대한 소중함을 깨닫게 하는 상담과 강의를 통해 부모님의 사랑, 은혜에 감사할 줄 아는 마음을 견인하여 효와 올바른 인성의 소중함을 고취시키고자 하는 것이다. 어떤 청소년이라도 이 시간이 되면 숙연해지고 부모에 대한 감사와 죄송함을 느끼지 않을 수 없게 된다. 이러한 프로그램을 통해 청소년들에게 효의 본질과 참된 인간성을 일깨워주는 계기가 마련된다.

'고향 찾아 부모님과!' 효실천 프로그램은 효도의 집의 어르신들은 가족들과 떨어져있기 때문에 밤에는 특히 외로움을 많이 느낀다. 그래서 원장 이하 임직원들이 일주일 또는 한달에 1일씩 교대로 어르신을 부모님 모시 듯 말벗도 하면서 같이 시간을 보낸다.

'응급상황 제일 먼저!' 프로그램은 재가노인지원서비스 어르신들은 대부분 독거노인이므로 갑자기 응급상황이 발생하면 간병할 사람이 없다. 그래서 원장이하 임직원들이 교대로 응급실에서 가족 구성원의 일환으로 어르신들을 돌본다. 이 프로그램은 당연한 일이라 할 수 있지만 응급 상황이 되고 보면 결코 쉬운 일만은 아니며 이른바 사회적 효의 실천을 신가족의 입장에서 실천하는 차원이라 할 수 있다.

이와 같은 인성교육을 위한 원광효도마을 노인복지센터 · 효도의 집의 효 실천 프로그램은 입시와 경쟁위주의 교육환경에 얽매여 있는 학교 내에서 시행하지 못하고 있는 프로그램들을 시행하면서 학생들의 인성 함양에 큰 역할을 하고 있다. 특히 익산 지역 인근에 있는 초 · 중 · 고 및 대학, 군부대와 기업체(예정) 등과 연계하여 프로그램을 진행한 결과 공감대를 형성해가고 있다.

청소년을 대상으로 하는 원광효도마을 노인복지센터 · 효도의 집의 효 실천 프로그램은 청소년들이 부모의 은혜에 대한 소중함을 깨닫게 하는 계기가 되고, 봉사활동을 통해 타인을 이해하고 배려하는 마음을 기를 수 있다. 또한 할머니, 할아버지를 통해 세대 간의 갈등을 줄일 수 있으며 그간의 갈등과 비정서적인 문화를 바로 세우는 프로그램이 될 수 있다고 본다.

타인을 미워하고 원망하며 화를 잘 내는 마음을 효 실천 프로그램을 통해 감사와 이해하는 마음을 가질 때 학교나 병영 내에서의 폭력과 갈등은 줄어 들 수 있다. 학교나 병영 내에서의 폭력도 상호간의 갈등에서 생긴 만큼 상대방에 대한 이해와 공감을 바탕으로 용서하고 화해하는 자세가 필요하다. 따라서 원광효도마을 노인복지센터와 효도의 집의 효 실천 프로그램은 바른 인성함양에 그 목적이 있으며 궁극적으로는 한국사회의 변화를 목표하고 있다.

다음은 학생들의 설문조사에 근거한 학교폭력 예방을 위한 효 교육의 필요성을 밝히고자 한다. 다음의 설문지는 2012년 5월 17일에 원광대학교 교양과목인 종교와 원불교 시간을 통하여 2개반(5개학과 학생들이 수강) 127명의 학생들을 대상으로 하여 「학교폭력 대처를 위한 효 교육 필요성」에 관한 설문으로 조사되었다. 조사내용에서 밝혔듯이 학교폭력의 책임으로 학교·가정·사회 모두가 공동책임이라는 점에서 국가적 차원에서의 대책이 필요함을 알 수 있다. 또한 효 교육이 학교폭력의 예방과 처방적인 차원에서 필요함을 다음 설문에 근거하여 도출 할 수 있으며 그러한 교육이 구체화 할 수 있는 방안이 강구되어야 할 필요성도 대두되어야 한다고 본다.

〈표 6〉 학교폭력 대처를 위한 효 교육 필요성

순번	질문내용	결과
1	학교 폭력의 책임은 어디에 있다고 생각 하나요?	① 가정 7.9%(10명) ② 학교 11.8%(15명) ③ 사회 7.1%(9명) ④ 가정 · 학교 · 사회 모두 73.2%(93명)
2	효 교육에 대하여 알고 있나요?	① 그렇다 59.1%(75명) ② 그렇지 않다 40.9%(52명)
3	학교폭력 예방을 위한 효 교육은 필요 하다고 생각 합니까?	① 그렇다 90.6%(115명) ② 그렇지 않다 9.4%(12명)
4	초 · 중 · 고 재학시 효에 대한 교육을 받아 본 적이 있나요?	① 그렇다 70.9%(90명) ② 그렇지 않다 29.1(37명)
5	효 교육 중에는 형제나 친구 간에 우애하고 배려하는 교육이 있다. 이러한 효 교육이 학교 폭력 예방에 도움이 된다고 생각 하나요?	① 그렇다 66.1%(84명) ② 그렇지 않다 33.9%(43명)
6	노인복지기관 등에서 효 실천 체험 경험이 있나요?	① 그렇다 48%(61명) ② 그렇지 않다 52%(66명)
7	효에 관하여 친구들 간에 의견을 나눈 적이 있나요?	① 그렇다 25.2%(32명) ② 그렇지 않다 74.8(95명)
8	효는 젊은이(초 · 중 · 고 포함)와 어르신들간의 조화라고 생각하나요?	① 그렇다 80.3%(102명) ② 그렇지 않다 19.7(25명)
9	학교 교육과정에서 효행 실천 교육의 독립 과목화는 필요 하다고 생각하나요?	① 그렇다 53.5%(68명) ② 그렇지 않다 46.5(59명)

출처 : 원광대학교, 「종교와 원불교」교양수업, 2012년 5월 17일 설문조사

우리는 위의 설문내용에서 교육을 통한 효 교육이 요구됨을 알 수 있다. 특히 학교 교육과정에서 효행 실천 교육의 독립과목화도 필요하다는 생각을 가진 학생들이 53.5%나 된다는 점은 학교폭력 대책의 한 방법론으로서 인성교육적 차원의 효 교육이 제시되어야 함을 알 수 있는 대목이라 할 수 있다.

여기에 「학교폭력의 책임이 가정, 학교, 사회의 공동책임이다」라는 응답이 73.2%나 이르고 있다는 점은 시사하는 바가 크다. 가정과 학교, 사회의 연계적 접근과 방향모색이 요구된다는 점을 말해주고 있기 때문이다. 더구나 학교폭력예방을 위해 효 교육이 필요하다고 생각하는 응답자수가 90.6%나 된다는 것은 인성교육 함양을 위한 효 교육 프로그램이 필요함을 말해주고 있다.

효 교육의 실천프로그램이 인성교육 차원에서 학생들의 인간성 회복과 사람에 대한 이해와 관계성 증진을 밝히고자 하였다. 결국 본 내용의 목적은 서론에서도 밝혔듯이 우리 사회에서 심각한 상처로 와 닿고 있는 학교 폭력의 문제를 효 교육의 실천 프로그램을 통하여 대처하자는 시도와 전국적 공감대 형성에 있다.

때마침 이구동성으로 학교폭력의 예방과 대처를 위한 방안으로 인성교육을 강조하고 있다. 이것은 그동안 교육현장에서 인성교육이 부재하였다는 점을 말해주고 있으며 그러한 결과가 학교라는 울타리에 폭력이라는 부정적 요소를 불러들이게 되었다. 즉 지·덕·체의 함양과 건전한 인격형성을 위한 교육현장의 프로그램이 없었다는 점을 대변해주고 있다. 따라서 학교폭력의 심각성이 크게 대두되고 있는 교육 현장의 현실을 직시하면서 조화와 상생의 인간이해에 근원하여 인격형성의 바탕이라 할 수 있는 효 교육의 내용을 인성교육 프로그램으로 도입해야 한다.

학교폭력의 예방과 처치에 대응하는 방법의 하나로 효 교육 프로그램을 활용하는 것은 의미 있는 일이다. 그러나 현재 가정과 사회의 분위기는 성과위주의 결과물만 요구되어지므로 효 교육이 보편화되기에는 노력이 필요하다고 본다. 다행히 효행장려 및 지원에 관한 법률이 마련되어 있어서 그것이 당위적 법률로 변화된다는 전제하에 효 교육이 보편화 될 수 있을 것이다.

효 교육으로 학교폭력의 문제를 해결하고자 하는 데는 효는 모든 행동의 근본이라는데 기인한다. 효를 실천하는 사람치고 학교폭력이라는 악을 범할 사람이 적다[151]는 것이다. 왜냐하면 효 자체가 사랑이고 우애고 타인에 대한 배려이며 이해이기 때문이다.

그러므로 본고에서 제시된 효 교육과 실천을 통한 인성교육 프로그램은 학생 스스로 적극적인 참여가 필요하며 프로그램 주도자의 끊임없는 관심이 요구된다. 따라서 가정과 사회는 인성교육 차원에서의 효 교육과 실천의 세부 프로그램들이 생활 속에서 각인되고 실천 될 수 있도록 지속적인 관심을 가져야한다.

가정에서의 부모는 자녀들에게 있어서 존경의 대상이어야 하고 사회는 학생들로 하여금 올바른 사회관을 심어주어야 한다. 그러므로 학생과 부모, 교사, 학교와 사회를 연결고리로 하여 접맥할 수 있

---

[151] 가정에서 부모에게 효도하고 형제강에 우애하는 사람으로 남에게 악할 사람이 적고 부모에게 불효하고 형제간에 불목하는 사람으로 남에게 선할사람이 적다. 그래서 유가에서 "효(孝)는 백행(百行)의 근본이라"하였고 "충신(忠臣)을 효자의 문에서 구한다"고 하였으니 다 사실에 당연한 말씀이다(『대종경』제4 인도품11, 『원불교전서』, 원불교 출판사, 1977, p.189 참조).

는 매개체가 요구된다. 그것이 바로 우리의 전통문화인 효사상과 효 관련 프로그램이며 그것이 교육되어지고 실천되어질 때 학교폭력 의 문제를 해결할 수 있다고 본다.

공자는 『논어』에서 자신을 이기고 예로 돌아가라 하였다(克己復禮).[152] 예가 없으면 인간으로서의 가치가 결여됨은 물론 사회적 지탄 의 대상이 되기 때문이다. 따라서 가정과 학교에서의 예의 교육은 상대방에 대한 존중과 솔선수범에 주안점을 두면서 바르고 고운 말 을 사용하도록 교육하는 데서부터 시작해야 한다. 각자 소중한 인격 체로서 사람에 대한 배려와 관심의 표현이 예에서 묻어 나와야 한다.

이러한 동기부여를 효 교육의 실천프로그램에서 찾아야 한다. 또 한 학교폭력의 문제가 인터넷 상에서의 언어폭력도 제기되고 있는 만큼 건전한 인터넷 문화도 인성교육 차원에서 조성할 수 있도록 해 야 한다. 효를 알고 실천하는 사람은 폭력을 미워할 수밖에 없다. 따 라서 효교육과 실천프로그램을 통한 인성교육 방향은 오늘날 야기 되고 있는 학교폭력 예방의 근본적 방법이 되어야 함은 아무리 강조 해도 지나치지 않을 것이다.

끝으로 인성교육과 효 교육 실천 프로그램과의 연계는 끊임없이 보완되어야 하고 프로그램의 효과성에 대한 결과물 축적도 부가되 어야 할 사항임을 밝히며 학교폭력의 예방과 치유를 위한 인성교육 차원에서의 효 교육과 프로그램의 필요성을 다시 한 번 강조하면서 본 논고를 마친다.

---

152 공자는 자아를 극복하여 예를 행함이 인이라 하였다. 또한 자기를 이기고 예를 행 하면 천하가 인으로 돌아올 것이라 하였다 : 克己復禮爲仁…克己復禮天下歸仁焉 (『論語』, 顔淵, 『합본4서3경』, 양우당, 1980, p.146).

05
원불교 효의 의례적 응용

○

1) 원불교의 생사관

삶과 죽음[153]의 문제는 인류 역사 이래로 끊임없이 제기되어 온 인

---

153 "죽음에 대한 가장 오래된 해석을 문자(文字)를 통해 기록으로 남긴 고대 메소포타미아인들은 죽음을 실질적으로 삶의 끝이라고 보았다. 그들은 죽음 후의 세계를 아랄루(Arallu-메소포타미아어 : 히브리어로는 She'ol)라고 불렀는데 먼지를 먹는 어두운 지하세계 모든 기쁨이 사라진 그림자의 나라라고 생각하였다."(김승혜, 「죽음에 대한 종교학적 이해」, 한국종교학회 편, 『죽음이란 무엇인가』, 창, 1990, p.6). / "죽음이란 육체와 영혼이 서로 분리되는 현상이다. 물질체의 경우에는 외부에서 들어온 영혼이 육체와 분리되는 것이고, 원신체의 경우에는 아버지의 원신에서 분리된 원신이 육체와 분리되는 것이다. 어떤 경우든지 간에 생명에게 오는 죽음은 늙음이나 질병, 정도 이상의 육체적 훼손으로 인해 생긴다."(구선, 『관(觀)

간의 문제이다. 죽음이란 보편적인 인간 현상으로 어느 공동체나 체
험하는 사자(死者)와의 완전한 단절을 말한다. 그런데 이 동일한 사건
에 대한 해석은 예로부터 다양해서 죽음관에 따라 문화권을 구분할
수 있을 정도로 각 공동체의 세계관이 이 안에 집약되고 있다.[154] 소
태산은 생과 사는 돌고 도는 것으로써 둘이 아니기 때문에 사는 것
이 죽는 것이고, 죽는 것이 곧 새롭게 생을 받는 것이라고 밝혔다. 또
한 잘 죽는 사람이 잘 살 수 있고, 잘 나서 잘 사는 사람이 잘 죽을 수
있다고 하였다. 이것은 생과 사를 둘로 보지 않고 하나로 보는 생사
일여(生死一如)의 사상이다. 그러므로 소태산은 생사의 문제를 다음과
같이 밝힌다.

> 범상한 사람들은 현세(現世)에 사는 것만 큰 일로 알지마는, 지각이
> 열린 사람들은 죽는 일도 크게 아나니, 그는 다름이 아니라 잘 죽는 사
> 람이라야 잘 나서 잘 살 수 있으며, 잘 나서 잘 사는 사람이라야 잘 죽
> 을 수 있다는 내역과, 생은 사의 근본이요 사는 생의 근본이라는 이치
> 를 알기 때문이니라.[155]

십이연기와 천부경」, 연화, 2008, p.200). / 불교에서의 죽음은 생사(生死)에 번민
(煩悶)하지 않는 영원한 생명의 추구에 있다. 생사를 초월하여 업(業)과 윤회(輪回)
에서 벗어나 열반적정(涅槃寂靜 : 열반이란 nirvana의 음사(音寫)로써 '불어서 끄
다'라는 동사에서 나온 말로 소멸을 의미한다)을 지향한다(장하열·강성경, 「한국
의 전통상례와 죽음관 연구 1—임종을 전후한 죽음의 인식」, 『종교교육학연구』 제
10권, 한국종교교육학회, 2000, p.272).

154 김승혜, 위의 논문, 「죽음에 대한 종교학적 이해」, p.5.
155 『대종경』, 「제9 천도품」 1, p.284.

위의 법문에 근거하면 현생을 영생의 입장에서 살아야 하며, 순간 순간을 영원성으로 보고 살아야 한다. 생과 사는 둘이 아니고 현생의 삶 자체가 내생에 받을 혜복을 장만하기 때문이다. 그렇기 때문에 소태산은 천도법문에서 현재에 받고 있는 혜복이 지난 세상에 지었던 것이라고 밝혔다.

이 세상에서 네가 선악간 받은 바 그것이 지나간 세상에 지은 바 그 것이요, 이 세상에서 지은 바 그것이 미래 세상에 또 다시 받게 될 바 그것이니, 이것이 곧 대자연의 천업이라, 부처와 조사는 자성의 본래를 각득하여 마음의 자유를 얻었으므로 이 천업을 돌파하고 육도와 사생을 자기 마음대로 수용하나, 범부와 중생은 자성의 본래와 마음의 자유를 얻지 못한 관계로 이 천업에 끌려 무량 고를 받게 되므로, 부처와 조사며 범부와 중생이며 귀천과 화복이며 명지장단(命之長短)을 다 네가 짓고 짓나니라.[156]

소태산은 단생이 아니라 영생[157]을 밝혔기 때문에 과거, 현재, 미래 삼세를 인과의 고리[158]로 연결된 관계로 파악하였다. 따라서 원불

---

156 『대종경』, 「제9 천도품」 5, pp.287-288.

157 대부분의 사람들은 죽음 이후의 세계를 생각하고 있기 때문에 사후에 다시 태어날 수 있다는 것을 믿고 있으나 죽음 자체를 받아들이는 데 있어서는 쉽지 않다 (Raymond A. Moody, JR., 『Life After Life』, Arrangement with Mockingbird Books, 1976, p.77).

158 김중묵은 '삼세인연과'를 설명하면서 과(果)를 맺는 종자를 6가지로 구분하였다. 그것들은 잦은 종자, 익은 종자, 굳센 종자, 미약한 종자, 오래가는 종자와 오래가지 못하는 종자, 본래 갖추어져 있는 종자이다. 그런데 이 6가지 중 익은 종자는 성자, 철인들의 마음씨와 언행처럼 모든 사람들에게 감화를 줄 수 있는 것을 말하며

교의 생사관은 앞서 밝혔듯이 생과 사는 둘이 아닌 하나로써 생사일여 사상에 있다. 비록 죽음의 상황에 이르렀을지라도 의연할 것을 소태산이 밝힌 것도 결국 생사일여사상에 기인한다고 볼 수 있다. 이것은 소태산이 밝힌 다음의 법문을 통해서도 알 수 있다.

> 한때에 대종사 법성(法聖)에서 배를 타시고 부안(扶安) 봉래 정사로 오시는 도중, 뜻밖에 폭풍이 일어나 배가 크게 요동하매, 뱃사람과 승객들이 모두 정신을 잃고, 혹은 우는 사람도 있고, 토하는 사람도 있으며, 거꾸러지는 사람도 있어서, 배 안이 크게 소란하거늘, 대종사 태연 정색하시고 말씀하시기를 '사람이 아무리 죽을 경우를 당할지라도 정신을 수습하여, 옛날 지은 죄를 뉘우치고 앞 날의 선업을 맹세한다면, 천력(天力)을 빌어서 살 길이 열리기도 하나니, 여러 사람들은 정신을 차리라.' 하시니, 배에 탄 모든 사람이 다 그 위덕에 신뢰하여 마음을 겨우 진정하였던 바, 조금 후에 점점 바람이 자고 물결이 평온하여지거늘, 사람들이 모두 대종사의 그 태연 부동하신 태도와 자비 윤택하신 성체를 뵈옵고 흠앙함을 마지 아니하니라.[159]

소태산은 위의 법문에서 죽을 위기에 처해 있을지라도 참회와 서원을 바탕으로 의연하게 대처할 것을 밝힌 점은 생사일여 사상에 근거하고 있다. 삶과 죽음이 둘이 아니기 때문에 소태산의 태연자약한

효성스러운 마음이 일어나는 것도 숙세에 익혀 온 '익은 종자'로 파악하였다(김중묵, 『인과의 세계』, 동남풍, 1994, pp.128-131).
159 『대종경』, 「제12 실시품」 1, p.324.

태도가 표출될 수밖에 없었고 그것이 뱃사람과 승객들로 하여금 흠앙(欽仰)되어진 것이다.

원불교의 생사관에 관한 위의 내용을 종합해 보건데 평소에 생사의 도를 연마하여 미리 실력을 쌓아 두어야 한다. 그러기 위해서는 첫째, 착심 두는 곳이 없이 걸림 없는 마음을 늘 길들여야 한다. 둘째, 생사가 거래(去來)인 줄을 알아서 늘 생사를 초월하는 마음을 길들여야 한다. 셋째, 마음에 정력(定力)을 쌓아서 자제하는 힘을 길러야 한다. 넷째, 평소에 큰 원력을 세워 놓아야 한다.[160] 첨언하면 원불교의 생사에 대한 관점은 생(生)과 사(死)가 단절되지 않고 연결되어 있다는 데서 형성된다. 그러므로 욕심에 치우쳐 사는 것보다는 물질에 초연한 삶의 자세가 필요하다. 평소에 사심을 버리고 해탈하는 수행에 진력해야 하며 마음에 큰 힘이 쌓일 수 있도록 마음공부를 해야 한다.

근본적으로 사람의 마음은 선도 없고 악도 없다고 말한다. 누구나 다 중생심과 보살심이 상존하며 어떠한 마음이 표출되느냐는 본원에 대한 반조 여부에 따라 결과가 달라진다. 그러므로 항상 청정일심을 챙기고 본원자리에 합일할 때 마음공부가 완성되는 것이다. 끝으로 큰 원을 세우고 마음공부 완성이 이루어질 수 있도록 최선을 다하는 생활이 끊임없이 이어져야 한다. 이와 같은 삶이 결국 원불교의 생사관을 지혜롭게 받아들이는 것이 되고 생사대사(生死大事)를 해결하는 첩경이 된다.

---

160 월간 원광사 편집부, 『죽음과 천도』, 원광문고 10, 원광사, 1995, pp.248-249.

2) 죽음에 대한 원불교 의례적 대처

우리의 전통 의례[161]는 오랜 역사와 더불어 시대마다 변화를 가져
왔다. 원불교에서도 소태산이 1926년 허례를 폐지하고 예의 근본정
신을 드러내고자 신정의례를 제정한 후, 1935년에 예전을 편찬 발행
하였다. 그 후 더욱 수정 보완하여 1968년에 다시 발행하였다. 그 내
용은 사회생활 속에서 인간과 인간과의 관계를 원만히 유지하고 발
전시키기 위해 필요한 문제를 예의규범으로 정한 통례편, 도덕과 효
윤리의 가장 기초적인 실천의 바탕인 가정생활에 있어서 출생으로
부터 성년·결혼·회갑·상장·제사에 이르기까지 인간 일생의 예법을
규정한 가례편, 원불교 교단에서 각종 종교의식을 행하는 규범을 정
한 교례편으로 구성되어 있다.

효사상과 원불교 의례와의 관련 사항은 여러 가지가 있겠으나 본
논문에서의 원불교 효사상의 의례적 응용은 상례와 제례에 국한하
기로 한다. 상례는 죽음을 통해서 의식이 진행된다. 따라서 먼저 죽
음에 관한 내용을 정리해 보면 다음과 같다. 모든 생명체는 죽음을
맞이하게 된다. 그렇기 때문에 죽음에 대한 태도를 어떻게 갖느냐

---

161 전통 의례에는 관례, 혼례, 상례, 제례가 있다. 이것들을 통과의례라고 한다. 통과
의례란 사람이 출생하여 한평생 사는 동안 치르게 되는 여러 가지 크고 작은 고비
를 지날 때에 치르는 의식이나 의례를 말한다. 그러한 의식, 의례 가운데 길한 일은
출생, 돌, 관례, 혼례, 회갑례 등이며, 궂은일은 상례와 제례가 있다. 모든 의식 절차
는 의례법으로 정해져 있고, 의식 진행에 있어서 반드시 식품이나 음식을 차리는
데 거기에는 기원, 기복, 존대의 뜻이 따르지만 오늘날 간소화하는 추세이다. 특히
원불교에서는 허례를 폐지하고 예의 근본정신을 살리고 계승하는 차원에서 과거
의례를 새로이 정립하였다.

하는 것은 중요한 문제이다. 왜냐하면 죽음에 대한 관념이 바람직한 방향으로 정립되어 있다면 생을 의미 있게 마무리할 수 있기 때문이다.

죽음[162]이란 모든 생명체에 있어서 가장 관심 있는 과정 중의 하나이다. 특히 인간에게 있어서 죽음은 남녀노소, 지위고하를 막론하고 반드시 적용되는 것이기에 노년기에 있어서 죽음에 대한 태도는 생을 아름답게 마무리하기 위해서 정립해야 될 중요한 과제이다. 죽음은 삶의 한계와 종식에 불과한 것이 아니며, 또 끝장나는 것도 종착역도 아니라는 사실을 배우지 않으면 안 된다.

죽음은 우리의 삶 속에 이미 들어와 있다. 죽음에 대해서 아는 것은 우리의 유한성을 확신시켜 주며, 우리의 고유성을 가르쳐 준다.[163] 키에르케고르는 "모든 것은 미래에 달려 있다. 그리고 미래는 죽음으로 이끈다."고 하였다. 그러나 사람이란 아무 때고 죽을 수 있기 때문에 늙음을 오직 죽음과 관련시켜 규정할 수도 없는 일이다. 이처럼 신체적 특징이나 단순한 시간의 흐름만으로는 어떤 사람을

---

162 세계보건기구(WHO)는 죽음을 '소생할 수 없는 삶의 영원한 종말'이라고 정의하였다. 죽음에는 생물학적, 사회적, 심리적 측면의 세 가지 관점이 있으며 그 의미를 살펴보면 다음과 같다. 첫째, 죽음에 대한 생물학적 법적 정의는 일반적으로 신체 기능의 정지로 간주된다. 일정기간 심장의 박동이 멈추거나 뇌의 활동이 정지할 때 죽었다고 판단한다. 둘째, 죽음의 사회적 측면은 장례식과 애도의식 및 권리와 재산의 법적 재분배에 관한 것이다. 죽음의 사회적 측면의 상당 부분은 그 사회의 죽음 및 사후에 대한 견해를 반영하는 종교적, 법적 규범에 의해 좌우된다. 셋째, 죽음의 심리적 측면은 사람들이 다가오는 자신의 죽음에 대해서, 그리고 가까운 사람의 죽음에 대해서 어떻게 느끼는가 하는 것이다. 전통사회에서는 애도의식을 통해서 유족들로 하여금 그들의 슬픔과 비탄을 자연스럽게 표현할 수 있는 인간적인 배출구를 마련해 주었다(정옥분, 『발달심리학』, 학지사, 2006, pp.677-679 참조).

163 진교훈, 앞의 책, 『의학적 인간학』, p.30.

늙은이 또는 젊은이로 분류할 수가 없는 이상, 문제를 한층 더 깊이 들여다보아야 하겠다.[164]

　대부분의 노인은 죽음을 당면 과제로 받아들이고 있으면서 죽음에 대한 두려움과 공포를 경험하기도 한다. 인간의 죽음에 대한 공포는 자연스럽고 정상적인 경험이다. 노인들에게서 가장 빈번하게 논의되는 테마는 죽음이긴 하지만 노인들은 젊은 사람보다 죽음에 대해 적은 공포를 갖는다는 연구 결과도 있다. 이처럼 죽음에 대한 태도는 중요한 것이다. 그렇다면 소태산은 과연 그것을 어떻게 밝히고 있는지 살펴보기로 한다.

　소태산은 열반(죽음)에 들 즈음에 친척이나 가족들이 열반인의 영혼을 보내는 방법과 영혼이 떠나는 사람으로서 스스로 취할 자세를 밝혀 주었다.

　　열반이 가까운 병자로서는 스스로 열반의 시기가 가까움을 깨닫거든 만사를 다 방념하고 오직 정신 수습으로써 공부를 삼되 혹 부득이한 관계로 유언할 일이 있을 때에는 미리 처결하여 그 관념을 끊어서 정신 통일에 방해가 되지 않게 할지니, 그때에는 정신 통일하는 외에 다른 긴요한 일이 없나니라. (……) 그러나, 이 법은 한갓 사람이 열반에 들 때에만 보고 행하라는 말이 아니라 평소부터 근본적 신심이 있고 단련이 있는 사람에게 더욱 최후사를 부탁함이요, 만일 신심과 단련이 없는 사람에게는 비록 임시로 행하고자 하나 잘 되지 아니하리

---

164 D. 도민게스, 「늙음, 늙은이 이야기」, 《효도실버신문》, 2009년 2월 27일자.

니, 그대들은 이 뜻을 미리 각오하여 임시 불급(臨時不及)의 한탄이 없게
할 것이며, 이 모든 조항을 항상 명심 불망하여 영혼 거래에 큰 착이 없
게 하라. 생사의 일이 큼이 되나니, 가히 삼가지 아니하지 못할지니
라.[165]

소태산이 밝힌 죽음에 임박한 사람[166]에 대한 친근자의 자세와 죽
음 당사자가 취해야 할 자세는 내생을 기약한다고 할 수 있다. 따라
서 죽음의 문제는 사람의 일생에 있어서 가장 중요한 문제이다. 소
태산은 생(生)은 사(死)의 근본이고 사는 생의 근본이라 하여 잘 죽는
사람이 잘 나서 잘 살 수 있다고 하였다. 따라서 범상한 사람들은 현
세(現世)에 사는 것만 큰 일로 알지만 지각이 열린 사람이라면 죽는 일
도 크게 알아야 한다[167]고 밝혔다. 근본적으로 생사의 의미는 서로

---

165 『대종경』, 「제9 천도품」 3, pp.286-287.
166 노화나 노인성 질환에 의해 죽음이 가까이 옴을 인식하게 된 환자는 위축되고 혼
돈된 심리적 갈등을 보이는 반면 불안은 다소 감소되며 무감동한 양상을 보인다.
큐블러-로스(Kübler-Ross)는 말기 환자 200명을 면담 관찰하여 임종 5단계 이론
을 제시하였다. (1) 부정(denial) : 자신의 죽음을 사실로 받아들이려고 하지 않는
단계 (2) 분노(anger) : 살아 있는 모든 것에 대해 부러워하고 자신의 처지에 분노를
느끼는 단계 (3) 타협(bargaining) : 환자가 생명연장과 통증이나 신체적 불편 없이
보냈으면 하는 타협을 시도하는 흥정 단계 (4) 우울(depression) : 회복의 가망이 없
음을 인지하고 자신의 상황을 더 이상 부인하지 못하게 될 때 발생하는 우울의 단
계 (5) 수용(acceptance) : 죽음 당사자가 마음의 여유가 생겨 자신의 운명을 두고
분노하거나 우울해 하지 않는 단계를 말한다. 죽음학의 권위자이며 일본 상지대
학 교수인 알폰스 데켄(Alfons Deeken) 박사는 위에서 설명한 로스의 단계에 한 단
계를 추가하여 여섯 번째 단계로 기대를 하고 희망을 갖는 단계를 제시하였다. 기
대 또는 희망의 단계는 영원한 생명, 그리고 사랑했던 사람과 다시 만날 수 있다는
희망을 갖게 된다는 것이다(한국노년학회편, 『노년학의 이해』, 대영문화사, 2001,
pp.318-320 참조). 노년기에 죽음을 맞이하여 기대와 희망을 갖게끔 하는 데는 원
불교의 천효 의식처럼 효과적인 것도 드물다.
167 『대종경』, 「제9 천도품」 1, p.284.

다를 바가 없으며 생명의 영원성에 비추어 볼 때 생사는 둘이 아님을 알 수 있다. 따라서 죽음에 대한 두려움과 공포로 인하여 그것을 부정한다는 것은 인간의 자연스런 과정이라 할 수도 있으나 죽음 자체에만 머물 일이 아님을 알아야 한다. 그러므로 소태산은 죽음에 대하여 다음과 같이 밝혔다.

저 해가 오늘 비록 서천에 진다 할지 라도 내일 다시 동천에 솟아오르는 것과 같이, 만물이 이 생에 비록 죽어 간다 할지라도 죽을 때에 떠나는 그 영식이 다시 이 세상에 새 몸을 받아 나타나게 되나니라.[168]

소태산은 인간의 생명은 영원무궁한 것이며 생사가 둘이 아님을 밝힌 것이다. 종교의 의미는 생사에 대한 궁극적 의미를 제공해 주는 데 있다고 볼 수 있다. 이와 같은 견지에서 죽음의 문제를 또 다른 삶의 시발점으로 소태산이 강조한 것은 이어지는 죽음 이후의 원불교 의례를 보다 공고히 해 준다.

3) 열반 후의 원불교 의례적 응용

원불교에서는 임종 후부터 49일 동안 해탈 천도재를 거행한다. 원불교의 천도재는 불교의 천도재와 같이 죽은 자를 본위로 하여 49일간 행해지는 종교적 의례이지만, 현재 살아 있는 사람, 죽어 가는 사

---

168 『대종경』, 「제9 천도품」 9, p.291.

람, 죽은 사람을 위하여 죽음을 준비하도록 하는 의례이기도 하다. 원불교를 창시한 소태산은 생사의 도를 연마하여 천도 받아야 함을 강조하고 있다.[169] 한편 정산은 천도의 의미를 "천도라 함은 영가(靈駕)로 하여금 이고득락(離苦得樂)케 하며, 지악수선(止惡修善)케 하며, 전미개오(轉迷開悟)케 하는 것"[170]이라 하였다. 즉 영가로 하여금 괴로운 짐을 벗어 버리고 즐거움과 함께하게 하며, 악연을 끊고 선연을 맺게 하는 것이고, 무명번뇌에서 벗어나 깨달음을 얻게 하는 것이라 밝혔다. 부모가 열반 후에 원불교의 천도 의식을 통해서 위와 같이 그 결과를 얻을 수 있다면 이처럼 큰 효는 없을 것이다. 이처럼 원불교 의례에서의 재(齋)는 열반인의 천도를 위하여 베푸는 법요 행사[171]이며 천효를 위한 의식이다.

초재(初齋)로부터 종재(終齋)에 이르기까지 7·7 헌재(獻齋)를 계속하는데 열반인의 영식이 대개 약 7·7일동안 중음(中陰)에 있다가 각기 업연을 따라 몸을 받게 된다. 그동안에 자주 독경, 축원 등으로 청정한 일념을 챙기게 하고 남은 착심을 녹이게 하며, 선도 수생의 인연을 깊게 하는 동시에 헌공 등으로써 영가의 명복을 증진하게 하자는 의식이다. 더불어 모든 관계인들로 하여금 이 각 기간에 추도 거상(居喪)의 예를 지키도록 하자는 것으로 재(齋)를 행하는 사람이 이 두 가

---

169 박광수, 「원불교의 천도재 의례」, 『원불교사상』 제31집, 원불교사상연구원, 2005, p.81.

170 『정산종사법어 : 제2부 법어』, 「제14 생사편」 6, pp.993-994.

171 법요행사란 소태산의 대각으로 밝혀진 일원상 진리를 비롯한 원불교 교법을 널리 전파하기 위해 거행되는 원불교적 각종 의식행사를 말한다. 법회를 비롯하여 4축 2재를 중심으로 각종 천도재, 기도의식, 기념재, 대재, 발인식, 경축식, 봉불식, 봉고식 등의 각종 중요한 의식행사를 말한다.

지 의의(意義)에 유의하여 어느 하나에도 결함됨이 없도록 모든 성의를 다해야 한다. 열반일로부터 7일이 되면 영위 봉안소 또는 교당에서 초재를 거행하고, 7일마다 7재를 거행한다. 초재와 7재의 식순은 다음과 같다.

    ① 개식

    ② 입정

    ③ 헌공 및 재주(齋主) 헌배

    ④ 심고 및 일동 경례

    ⑤ 성주 3편

    ⑥ 천도법문(예문 4·5)

    ⑦ 독경(서원문·심경) 및 축원문(예문 29)

    ⑧ 반기복인 탈복 헌배(3·7재)

    ⑨ 폐식

한편, 초재 및 7재의 축원문은 발인식 축원문을 준용하며, 초재 및 7재의 식순 중 특별한 경우에는 입정에 이어 『성가』 '법공의 노래'[172], 성주에 이어 염불 7편, 축원문에 이어 설법을 행할 수도 있다. 심고는 열반인을 위하여 마음으로 진리전에 고하는 것이다.

종재는 열반 후 49일 즉, 7·7일이 되는 날 종재의식을 거행한다.

---

172 『성가』 제5부 의식, 제46장 청정법계 둘 아니니(법공의 노래), p.56 : 1. 청정법계 둘 아니니 어느 곳에 계시든지, 이 도량에 조감하사 이 법공을 받으소서 2. 본래 맑은 한 물건은 어디간들 물드오리, 육도 세계 모든 숙업 돈필하고 오사이다 3. 지난날의 남은 미혹 확연 통철 하옵시고, 불연따라 수생하사 대업성취 하사이다.

소태산은 천도재를 49일 동안 하는 이유에 대한 제자의 질문에 "사람이 죽으면 대개 약 사십구 일 동안 중음에 어렸다가 각기 업연(業緣)을 따라 몸을 받게 되므로 다시 한 번 청정 일념을 더하게 하기 위하여, 과거 부처님 말씀을 인연하여 그날로 정해서 천도 발원을 하는 것이다."[173]라고 밝혔다. 그러나 사람이 명을 마친 후 바로 착심에 따라 새 몸을 받게 되는 영혼도 허다하다고 소태산은 밝혔다. 영혼이 현재의 육신을 버리고 새 육신을 받는 경로와 상태에 대한 제자의 질문에 대한 답변은 좀 더 구체적이다.

보통 49일 동안 중음에 머물지만, 각자의 상황에 따라 시간적 차이가 있음을 소태산은 "영혼이 이 육신과 갈릴 때에는 육신의 기식(氣息)이 완전히 끊어진 뒤에 뜨는 것이 보통이나, 아직 육신의 기식이 남아 있는데 영혼만 먼저 뜨는 수도 있으며, 영혼이 육신에서 뜨면 약 칠·칠(七七)일 동안 중음(中陰)으로 있다가 탁태되는 것이 보통이나, 뜨면서 바로 탁태되는 수도 있고, 또는 중음으로 몇 달 혹은 몇 해 동안 바람 같이 떠돌아다니다가 탁태되는 수도 있는데, 보통 영혼은 새 육신을 받을 때까지는 잠잘 때 꿈꾸듯 자기의 육신을 그대로 가진 것으로 알고 돌아다니다가 한 번 탁태를 하면 먼저 의식은 사라지고 탁태된 육신을 자기 것으로 아나니라."[174]라고 밝혔다.

중음[175]은 한국 신종교에 있는 양계·음계의 다른 표현이며, 죽은

173 『대종경』, 「제9 천도품」 34, p.302.
174 『대종경』, 「제9 천도품」 13, p.292.
175 중생들이 윤회전생(輪廻轉生)하는 1기(期)를 넷으로 나눈 것을 사유(四有)라 한다. 사유는 중유(中有), 생유(生有), 본유(本有), 사유(死有)의 네 가지를 말한다. 여기서 말하는 중음은 중유를 뜻하는 것으로 전생과 금생, 또는 금생과 내생의 중간에 있

후 영혼이 잠시 동안 머무는 공간적 개념을 가지고 있다. 중음에 대한 구체적인 내용은 설명을 하지 않기에 영계, 신명계 등의 개념과 분명한 차이점들이 드러나지 않는다.[176]

종재는 열반인과 관계된 모든 사람들로 하여금 추도거상의 예를 지키게 하며 일반적으로 영가가 중음에 있다가 새 몸을 받게 되는 중요한 의식으로 49재라고도 한다. 원불교에서의 49일 천도재는 의식 주례자 및 초청법사, 교도 및 영가의 가족, 친지 등 지인들이 함께 모여 영가를 복된 길로 인도하는 의식이다. 원불교 종재의 식순은 다음과 같은 순으로 진행된다.

① 개식
② 입정
③ 약력보고
④ 법공의 노래(성가 46)
⑤ 헌공 및 재주 고사(예문 31·32)
⑥ 심고 및 일동 경례
⑦ 성주(3편) 및 염불(7편)

는 몸, 곧 후음(後陰)을 받지 못하고 중음(中陰)으로 있을 때를 말한다(운허용하, 앞의 책, 『불교사전』, pp.375-376 참조). / "중음이란 영혼이 육체를 벗어나서 죽음의 세계에 적응하기 전까지 육체와의 인연이 지속되는 시간을 말한다. 중음의 시간을 통해 육체와 인연을 끊은 영혼은 이때부터 죽음이라는 새로운 세계를 체험하게 된다. 죽음의 세계는 철저한 인식의 세계이다. 그러므로 영혼이 갖고 있는 의식 상태에 따라 서로 다른 차원이 만들어지는 세계이다."(구선, 앞의 책, 『관(觀) 십이연기와 천부경』, pp.200-201).

176 박광수, 앞의 논문, 「원불교의 천도재 의례」, p.96.

⑧ 천도 법문(예문 4·5)

⑨ 독경(서원문·심경·참회문·금강경) 및 축원문(예문 33)

⑩ 설법

⑪ 일반 분향

⑫ 탈복 및 고유문(예문 34)

⑬ 헌공 보고

⑭ 위령가(성가 44·52 기타)

⑮ 폐식

종재 식순 중 약력 보고는 열반인의 생장·학력·경력·입교·법계(法
階)·사업·자녀 등에 관한 사항과 열반 및 장의(葬儀) 경과의 개요를 상
세히 보고할 것이며, 독경은 시간 형편에 따라 참회문 대신 참회게[177]
(예문 7)를 3편하고 금강경은 생략하거나 5장까지만 독송한다.

종재 축원문(예문 33) 가운데 "열반인은 천성이"로부터 "수행이 있
었사오니"까지는 발인식 및 7재식 축원문의 경우와 같이 부연 또는
생략하며 법계 정사(正師) 이상 된 열반인의 경우에는 전문을 처지에
맞도록 가감하여 사용한다. 특히 "아직 수행력이 부족한 중생계에
있어서"로부터 "부처님의 구원을 구하게 되옵나니"까지의 부분은

---

177 참회의 뜻을 요약한 게송. 천도재 때 「참회문」 대신으로 흔히 암송한다. 『화엄경』
「보현행원품」에 「참회게(懺悔偈)」가 나와 있다. '아석소조제악업(我昔所造諸惡
業) 개유무시탐진치(皆由無始貪瞋痴) 종신구의지소생(從身口意之所生) 일체아금
개참회(一切我今皆懺悔)'를 '사참게(事懺偈)'라 하며 '죄무자성종심기(罪無自性從
心起) 심약멸시죄역망(心若滅是罪亦忘) 죄망심멸양구공(罪忘心滅兩俱空) 시즉명
위진참회(是卽名爲眞懺悔)'를 '이참게(理懺偈)'라 한다(원광대학교 종교문제연구
소 편, 앞의 책, 『원불교사전』, p.534 참조).

"그의 수행은 비록 ○○위의 성위(聖位)에 있사오나 (어떠한) 사정으로 인하여 혹 본분에 추호라도 매(昧)함이 있을까 하와 이에 지심 축원하오니" 등의 예로 수정 사용한다.

종재의 설법은 형편에 따라 천도법문 다음 독경에 앞서서 행할 수 있으며, 그 내용은 해당 법어를 낭독하거나 당시 법사가 열반인의 실정에 맞도록 원력과 천도와 회향과 인연 등에 관한 도를 주로 하여 설교한다. 종재 중에는 소태산의 천도법문이 주례자에 의해 경건히 독송된다.

소태산은 천도법문을 통하여 영가로 하여금 해탈천도의 길을 찾도록 하기 위해 다음과 같이 밝혔다.

아무야 정신을 차려 나의 말을 잘 들으라. 이 세상에서 네가 선악간 받은 바 그것이 지나간 세상에 지은 바 그것이요, 이 세상에서 지은 바 그것이 미래 세상에 또 다시 받게 될 바 그것이니, 이것이 곧 대자연의 천업이라, 부처와 조사는 자성의 본래를 각득하여 마음의 자유를 얻었으므로 이 천업을 돌파하고 육도와 사생을 자기 마음대로 수용하나, 범부와 중생은 자성의 본래와 마음의 자유를 얻지 못한 관계로 이 천업에 끌려 무량 고를 받게 되므로, 부처와 조사며 범부와 중생이며 귀천과 화복이며 명지장단(命之長短)을 다 네가 짓고 짓나니라. (……) 네가 이 때를 당하여 더욱 마음을 견고히 하라. 만일 호리라도 애착 탐착을 여의지 못하고 보면 자연히 악도에 떨어져 가나니, 한 번 이 악도에 떨어져 가고 보면 어느 세월에 또 다시 사람의 몸을 받아 성현의 회상을 찾아 대업(大業)을 성취하고 무량한 혜복을 얻으리요. 아무야 듣고

들었느냐.[178]

이처럼 '열반 전후에 후생 길 인도하는 법설'은 탐진치(貪瞋癡)를 조복받고 무명에서 벗어나 깨달음을 통하여 영가나 의식에 참여한 사람들로 하여금 새로운 길을 찾도록 하는 데 그 의미가 있다. 따라서 주례는 청정한 마음과 몸가짐으로 정성을 다하여 천도법문을 독송해야 한다.

원불교에서는 위와 같은 의식 절차로 열반인에 대한 정성을 쏟는다. 이것을 천효[179]라고 한다. 원불교 의례 자체가 갖는 사회성, 공공성의 차원에서 부모를 공경하는 정신의 표출과 교육적 의미를 내포한다. 원불교 효사상의 본질에서 보면 영생보은의 실현이요, 원불교 효사상의 실천이다. 결국 원불교 천도재는 영혼이 무자력한 모든 사람들에 대한 효의 차원에서 이루어진다. 이러한 의식은 원불교 효의 전통 의례적 응용의 본보기가 될 수 있다. 또한 천도재의 대상에 따라서 원불교 효사상의 실천 결과는 공도자 숭배, 무자력자 보호 등으로 구분지을 수 있다.

예를 들면 국장[180]이나 국민장[181]을 통해서 원불교적 천도의식을

---

178 『대종경』, 「제9 천도품」 5, pp.287-289.
179 열반 후의 원불교 의례적 응용에 있어서 천효는 의례를 통해서 죽음의 의미를 혁신적으로 승화하는 과정이다. 원불교 교례에 의한 천도재 의식은 의례 자체만으로 종교의 국한을 넘어서 큰 의미를 불러일으킨다.
180 김대중 대통령 서거(2009년 8월 18일) 후 국장이 진행되었는데 원불교는 국내 다른 종단과 함께 의식에 참여하여 원불교 천도의식을 거행하였다. 이때 원불교 천효의 의식을 공도자 숭배의 차원에서 1. 입장(합창단-조가) 2. 경종 3타 3. 성주 1편 4. 축원문 순으로 진행하였다. 참고로 고 김대중 전 대통령 축원문을 소개하면 다음과 같다. "오늘 새 열반인 故 김대중 전 대통령 존영의 국장 영결식을 당하여 원

거행하게 된다면 공도자 숭배 차원이 된다. 공도자 숭배는 자녀가 부모에게 하는 도리로써 숭배하자는 차원이다. 즉 사회나 국가 등 모든 분야에서 공헌한 사람들을 공도자라 하는데 그들을 숭배하는 것은 원불교적 효의 실천으로 볼 수 있다. 왜냐하면 공도자 숭배에 따른 의례는 자녀가 부모에게 하는 효의 차원에서 진행되어야 하기 때문이다.

지금까지 원불교 효사상의 현대적 구현에 대하여 살펴보았다. 가정해체에 대한 방안과 사회의 구조 변화에 대한 대응, 교육을 통한 효실천, 원불교 효의 의례적 응용, 평화통일과 효도세상의 실현에 대해서 연구해 보았다. 원불교 의례, 특히 상장의례는 의미 있는 죽음과 함께 새로운 생명의 탄생을 기원하는 절차이다. 이러한 과정에서 원불교적 천효가 그 중심이 되어 생사가 둘이 아님을 친족이나 가족들에게 인식시킨다. 이것은 열반인에 대한 효행 실천의 의미도 있지만 친족들로 하여금 천효가 무엇인지를 확인하게 하는 과정이라 할 수 있다.

불교 전 교도일동은 청정한 마음으로 삼가 법신불 사은전에 천도축원을 올리나이다. (……) 법신불 사은이시여! 故 김대중 전 대통령 존영의 일생에 끼치신 모든 공덕과 위업, 그리고 온 국민과 가족들의 지극한 정성과 발원으로 다시 오시는 생애에는 우리나라를 세계 정신적 지도국, 도덕의 부모국으로 인도하는 인류의 큰 스승으로 오시기를 간절히 축원하옵나이다."(「고 김대중 전 대통령 국장 축원문」, 원불교 교정원, 2009 참조).

181 노무현 대통령 서거(2009년 5월 23일) 후 국민장이 치러졌는데 원불교에서는 불교, 기독교, 천주교와 함께 천도 의식을 거행하였다. 또한 원불교 중앙총부반백기념관에서는 고 노무현 전 대통령의 종재식을 1. 개식 2. 입정 3. 약력보고 4. 영상 시청 5. 고사 및 헌배 6. 심고 7. 성주 3편 8. 천도법문 9. 독경(일원상서원문, 반야심경) 및 축원문 10. 설법 11. 일반분향 12. 탈복고유문 13. 조가 14. 폐식 순으로 공도자에 대한 천효의식 차원에서 원기 94년(2009년) 7월 10일 오전 11시에 거행하였다.

06
평화통일과 효도세상의 실현

○

1) 효의 생명성 : 비닐하우스 성자와 효의 성자

정산에 이어 소태산의 구세경륜과 제생의세의 법통을 이어 3대
종법사로 즉위한 대산 김대거 종사(大山 金大擧 宗師 : 1914~1998, 이하 '대
산')[182]의 일생은 "진리는 하나, 세계도 하나, 인류는 한가족"[183]임을

---

182 소태산 대종사, 정산종사에 이어 원불교 3대 법사로 즉위한 대산종사는 1914년
전북 진안군 성수면 좌포리에서 출생하였으며 본명은 영호(榮灝), 법명(法名)은 대
거(大擧), 법호(法號)는 대산(大山)이다. 1962년(원기 47년) 1월 정산종사가 열반하
자, 2월에 후계 종법사가 되었다. 대산종사는 정산종사의 유업을 계승하여 교서편
찬, 삼동원 개척에 주력하고, 해외교화 강화, 훈련강화, 서울회관 건립, 교도 법위

전 세계인에게 각성시키고자 하는 삶이었다. 그는 하나의 세계를 목표로 원불교 교단을 이끌었으며 '비닐하우스 성자'로 세상에 회자되는 기연도 유교적 효의 실천 강령의 하나인 시묘[184]차원의 효에서 비롯되었다고 볼 수 있다. 그러기에 대산종사는 원불교 개교반백년대회에서 세상의 뿌리를 도덕에 두고 심전계발을 통한 마음공부로 도덕을 살리고 세상을 구원하는 근본을 삼아야 한다고 하면서 부활(復

향상 운동 등에 교단의 힘을 쏟았다. "진리는 하나, 세계도 하나, 인류는 한가족, 세상은 한일터, 개척하자 하나의 세계"라는 표어 아래 인류가 물질로부터 해방되고 정신의 자주력을 세움으로써 영원한 혜복을 장만하자는 심전계발운동, 모든 인류가 정치·종교·사상·종족의 울을 넘어 상호 교류를 통해 경제를 부강시키고 자리이타로 상부상조하여 공영세계를 건설하자는 세계공동시장개척운동, 종교간의 아집과 울을 트고 종교 본연의 사명이며 목표인 인류구원을 위하여 빈곤·질병·무지를 퇴치시키는데 공동의 힘을 기울이자는 종교연합기구(UR)의 창설을 통한 종교연합운동 등 세계평화 3대제언을 주창하고 실현시키기 위해 노력하였다. 33년간 종법사로 재임하면서 개교반백년 기념성업추진, 교단창립 2대 및 소태산 대종사 탄생 1백주년 기념성업 등을 주도하였고, 세계적인 종교연합운동을 제창하였다. 대산종사는 탁월한 지혜와 강력한 지도력으로 교단을 이끌면서 교세를 획기적으로 발전시켰다.

183 『대산종사법어〈자문판〉』, 「제14 구세편」 6. 원불교출판사, 2006, p.575. 대산은 반백년기념대회에서 "진리는 하나 세계도 하나 인류는 한 가족 세상은 한 일터 개척하자 하나의 세계"라고 전하였다.

184 시묘(侍墓)는 유가(儒家)의 전통 예절로 공자(孔子)와 맹자(孟子)가 반드시 지킬 것을 강조한 효의 실천 방법 중 하나이다. 자식이 부모의 상(喪)을 당하여 산소를 돌보고 자식으로서의 예를 다하는 일은 유가에서는 당연한 것으로 여겼고 왕에서부터 일반 민중에 이르기까지 그 예를 지키고자 하였으나 실천에는 시대적 상황성이 대두되기도 하였다. 중국에서는 춘추전국시대 등(滕)나라의 문공((文公)이 시묘에 모범적인 왕으로 알려져 있고 우리나라에서는 고려시대 12대 왕이었던 순종(順宗)이 부왕인 문종(文宗)의 붕어(崩御)후 시묘의 효를 극진히 다한 것으로 알려져 있다. 고려시대 학자 이제현(李齊賢)은 『고려사』에서 "부모가 죽어 3년 동안 상주 노릇을 하는 것은 왕이나 일반 백성이나 마찬가지이나 순종(順宗)이 수척한 얼굴로 슬프게 우는 것을 보고 모든 사람들이 탄복한 일은 옛날 중국의 등문공(滕文公) 이후로 들어보지 못한 일이다. 순종은 부왕인 문종의 상중에 깊이 슬퍼한 나머지 몸이 쇠약해져 죽게 되었으니 옛날의 제도가 너무 과하긴 하나 부모에게 효도하는 정신은 지극하다."고 적고 있다.

活)이라는 대명제를 기원문결어에 제시하였다.[185]

이 명제의 핵심 내용은 "세계부활, 도덕부활, 회상부활, 성인부활, 마음부활"[186]이다. 따라서 대산종사는 천하의 윤리요 만고의 윤리인 일원의 진리에 바탕한 대세계주의를 실현하기 위한 방향성을 도덕부활에 두고 그 방법론으로서 마음부활을 제시하였다. 결국은 인간의 마음이 온전히 바로 설 때 윤리와 도덕이 살아나며 세계부활과 회상부활, 성인부활로 귀결될 수 있다.

그렇다면 마음부활, 도덕부활을 어디서부터 무엇을 근거로 시작해야 될까를 우리들은 고민하지 않을 수 없다. 논자는 이러한 해답을 대산의 성자적 삶에서 찾을 수밖에 없다고 보며 삼십여년 재임기간 동안 일관되게 효라는 주제를 가지고 법문화하였다는 점에서 찾아야 한다고 본다. 이유인즉 마음부활과 도덕부활의 근본은 몸과 마음이라는 생명을 준 부모와 그것을 대가없이 받은 자식 간의 관계로부터 생성되는 인간성과 윤리성의 표준인 효를 바탕으로 모색되어야하기 때문이다. 따라서 효는 대산의 많은 가르침들 중에서 핵심 요소라 할 수 있다.

더불어 부자자효(父子慈孝)로 설명되는 부모와 자녀의 관계는 부모의 자비(慈悲)와 자녀의 효행(孝行) 속에서 마음과 도덕부활이라는 대명제에 합일하기 때문이다. 그러기에 대산의 일생은 효를 몸소 실천하며 자비의 보폭을 국한 없이 펼쳐내는 성자적 삶이었다. 그가 이른바 효줄자줄론[187]을 바탕으로 효의 중요성을 강조한 까닭도 전통

---

185 『대산종사법어』, 「제14 구세편」 22, p.588.
186 『대산종사법어(자문판)』, 「제15 경세편」 24, p.350.

적 효와 신앙과 수행으로 밝힌 소태산과 정산의 효맥(孝脈)을 잇고자 하는 효의 실천이었음은 두말할 나위가 없을 것이다.

대산은 재임기간 대부분을 익산 영모묘원 비닐하우스와 슬레이트집에 기거하면서 시묘차원의 근원적 효를 강조하였다. 자식이 부모의 거상(居喪)중에 부모의 묘소 주위에 여막(廬幕)이라는 움막을 짓고 그곳에서 생활하며 산소를 돌보고 자식으로서의 예를 다하는 일을 시묘(侍墓)라 한다.

『논어(論語)』「학이(學而)」편 제11장을 보면 공자는 "부모 생존 시에는 그 뜻을 살펴 받들고 부모가 돌아가셨을 때는 살아생전의 행적을 되돌아보라. 삼년상 동안 부모가 행한 길을 바꾸지 않는다면 가히 효자라 할 수 있다(子曰 父在 觀其志 父沒 觀其行 三年無改於父之道 可謂孝矣)."[188]라고 밝혔다. 여기에서 공자는 3년상과 시묘가 자식의 부모에 대한 효의 실천임을 말하고 있다.

또한,『논어(論語)』「양화(陽貨)」편에 보면 재아(宰我)가 공자에게 삼년상에 대한 실천의 현실적 어려움을 주장하니 공자가 삼년상은 천하지통상(夫三年之喪 天下之通喪也)[189]이라고 하면서 반드시 지켜야 할 천하

---

187 『대산종사법어〈자문판〉』,「제11 생사편」11. p.488.
　　부자자효(父慈子孝)이니 위에서 자(慈) 줄을 내려야 아래서 효(孝) 줄을 올리는 것이니라. (『대산종사법어〈자문판〉』,「제9 정교편」15. p.444. 참조) 이 법문 등을 근거로 논자는 '대산의 효줄자줄론'이라 칭한다.
188 『論語』,「學而」,『합본4서3경』, 양우당, 1980, p.91.
189 공자는『論語』「陽貨」편에서 "3년상은 기간이 무척 깁니다. 이유인즉 군자가 삼년동안 예를 행치 못하면 예가 반드시 무너질 것이요, 삼년동안 악을 다루지 않으면 악 또한 반드시 무너질 것입니다. 묵은 곡식이 이미 없어지고 햇곡식이 나오며 나무에 구멍을 내며 비벼서 다시 불을 피게 되는 기간입니다. 그러므로 일년이 지나면 복상을 그만두어도 될것입니다" 라고 공자에게 여쭈자 "쌀밥을 먹으며 비단을 걸치면 너는 편안하겠느냐?"고 공자가 물으니 재아는 "편안하겠습니다"라고 공

의 공통된 상례라고 강조하는 내용이 있다. 어찌 보면 삼년상이 유교적 전통 상례로서 현대 사회에서는 진부한 것으로 생각하는 사람도 있으나 그 본질에 있어서는 천륜에 근원하여 인륜을 실천하는 인간의 핵심가치라 볼 수 있다.

조선시대만 하더라도 부모가 사망하면 3년 동안의 시묘살이는 자연스럽게 받아들여졌고 자식의 당연한 도리라 여겼다. 자식이 부모의 거상(居喪)중에 3년상을 치르는 이유는 논어에서 공자가 그 의견을 명확히 밝히고 있다. 공자는 인(仁)을 중심으로 효(孝)와 덕성을 강조하며 도덕을 중요시하였지만, 그 실천 방향에 있어서는 극단적인 방법이 아니라 인간 생활에 있어서 상식적인 관계를 중요시했다.

그러므로 공자는 삼년상의 기간에 대해 제자인 재아(宰我)가 현실적으로 부정적인 의견을 개진하는데도 불구하고 재아를 통렬히 꾸짖으면서 "자식으로 태어나 삼년은 지나야 부모의 품속에서 벗어날 수 있다.(子生三年然後 免於父母之懷)"라는 상식적이면서도 인간적인 이유를 제시하며 3년상의 당연함을 완강히 피력한다.

자에게 대답하였다. 그런즉 공자는 "네가 편하다면 그렇게 하여라. 대저 군자는 상중에 있으면 맛있는 음식을 먹고도 달지 않고, 음악도 즐겁지 않으며 집 안에 있어도 편안하지 않으므로 그렇게 하지 못하는 것이다. 그럼에도 네가 편안하다면 그렇게 하거라"라고 하였다. 재아가 나가자 공자가 말하기를 "재아가 불인(不仁)하구나! 자식이 세상에 태어나서 겨우 삼년이 지난 연후에 부모의 품안에서 벗어난다. 따라서 삼년상은 천하의 공통적인 상례이다. 그러는 재아 역시 삼년동안 부모로부터 사랑을 받았지 않았겠는가!" 이처럼 공자와 재아와의 대화에서 공자는 3년상의 필요성을 완곡히 피력한다.
(宰我問 三年之喪 期已久矣 君子三年不爲禮 禮必壞 三年不爲樂 樂必崩 舊穀旣沒 新穀旣升 鑽燧改火 期可已矣 子曰 食夫稻 衣夫錦 於女安乎 曰安 女安則爲之 夫君子之居喪 食旨不甘 聞樂不樂 居處不安 故不爲也 今女安則爲之 宰我出 子曰 子生三年然後 免於父母之懷 夫三年之喪 天下之通喪 予也有三年之愛於其父母乎『論語』,「陽貨」,『합본4서3경』, 양우당, 1980, p.182. 참조).

왜냐하면 부모가 자식을 잉태하여 낳고 기르는 것은 존재의 근원을 영속시키는 생명 창조자로서의 위대함이고 유일무이함이다. 자녀를 위해서라면 어떤 일도 마다하지 않고 자신의 생명을 던져서라도 한없는 사랑과 자비로 자녀들을 보호하는 분이 부모이다. 이러한 부모의 은혜에 대하여 무한히 감사하고 보은하는 일이 어찌 삼년으로 충족되겠는가마는 공자는 3년상이 인간으로서 최소한의 당연한 도리라고 생각했기 때문이다.

이렇듯 부모가 자녀를 잉태하여 낳고 자력이 없을 때 기르고 교육시키는 것은 인륜과 천륜으로서 고귀한 유산이다. 부모가 출산하기 전까지의 수고는 말할 것도 없고 출생이후 사람되게 기르는 과정은 댓가없는 사랑과 은혜의 유산이다. 사람이라면 이러한 생명의 탄생과 지속이라는 범주에 효라는 것을 필연적으로 수반하게 하였다.

한편 인간이 효를 윤리와 도덕의 당위적 기준으로 삼았다는 것은 인류 역사상 가장 위대한 사상적 업적의 하나라 본다. 따라서 효가 함께하는 역사여야 인류가 영원히 숨쉬고 살 수 있는 절대 생명의 역사라고 본다. 이것을 논자는 '효의 생명성'으로 정의하면서 인류의 역사가 존재하는 한 영원히 인간과 함께하는 것임을 강조하지 않을 수 없다. 공자와 대산의 시묘에 관한 언행은 모두가 효의 생명성에 근원하여 당연한 인간의 도리를 밝히고 행동함으로서 효의 중요성을 그만큼 강조한 것이라 할 수 있다.

그러므로 대산은 "옛날에는 부모가 열반하면 3년간 시묘를 하는데 나도 시묘를 하려고 이곳 천불만성을 모신 영모묘원에 와서 살고 있나니라."[190] 라고 밝혔다. 대산은 일개 촌로의 거처만큼이나 초라해 보이는 비닐하우스에 마련된 집무실에서 방문객을 접견하고 교도들을 만났으며 세상의 대소사를 논의하였다. 그러면서 인류의 평화와 행복을 위하여 효를 중심으로 법문을 설하였다.

그래서 세상은 대산을 '비닐하우스의 성자'라고도 한다. 이렇듯 대산의 성자적 삶을 비닐하우스 성자이게 했던 근본 바탕은 온 인류와 삼세부모, 제불제성에 대한 효(孝)의 실천에서였다고 볼 수 있다. 그러므로 대산의 영모묘원 시묘를 뿌리로 한 효의 실천은 인류구원을 위한 절박한 실천적 메시지였고 대산이 '비닐하우스의 성자' 이전에 이미 '효의 성자'로 자리매김 되었다고 본다.

2) 민족과 인류에 대한 효 : 자(慈)줄과 평화통일

소태산은 유가(儒家)의 말을 인용하여 효의 소중함에 대해 "자기 가정에서 부모에게 효도하고 형제간에 우애하는 사람으로 남에게 악할 사람이 적고, 부모에게 불효하고 형제간에 불목하는 사람으로 남에게 선할 사람이 적나니, 그러므로 유가에서 '효(孝)는 백행(百行)의 근본이라.' 하였고, '충신(忠臣)을 효자의 문에서 구한다.' 하였나니, 다 사실에 당연한 말씀이니라."[191]라고 하였다. 소태산이 유가의 말을 인용한 핵심은 효가 모든 행동의 근본이라는 것이다. 여기서 우리는 효가 형제간의 우애를 전제로 하며 그것의 실천 없이 효가 실

---

190 『대산종사법어〈자문판〉』, 「제9 정교편」 19, p.446.
191 『대종경』, 「제4 인도품」 11, p.189.

현될 수 없음을 알아야 한다.

여기에 논자는 오랜 기간 동안 남북으로 갈라진 한반도는 한 핏줄이며 한 형제자매이고 하나의 민족이라는 엄연한 현실 아래 우리 민족의 분단 자체를 효 차원에서 분석 조명해야 할 상황이 도래하였다고 본다. 돌이켜 보건데 동족상잔의 비극이었던 1950년 한반도 전쟁과 휴전 이후 오늘날까지의 남북 분단 및 대치 상황을 효 차원에서 규명해 볼 때 그것은 커다란 불효라 할 수 있다.

왜냐하면 효 차원에서 보면 지금까지도 분단으로 이어져오고 있는 한반도의 대립과 갈등이 형제간에 화목해야하는 효의 실천 기준에 반(反)하기 때문이다. 그래서 대산은 남북의 문제에 있어서도 효의 근원적 의미에서부터 그 실마리를 찾아야 함을 제시해 주었다고 본다. 대산은 "위에서 자(慈)줄을 내려야 아래서 효(孝)줄을 올린다."는 법문을 자주 내려 주었다. 여기서 '위'의 개념은 강자이며 자력자이고 '아래'의 개념은 약자이며 무자력자라 할 수 있다.

이러한 가르침의 핵심은 부모의 자비로움과 같은 큰 품안이 있어야 효(孝)라는 큰 줄기를 이어갈 수 있다는 의미로 이해가 된다. 사실한 핏줄 한 형제가 서로 불목하고 있는 남북분단이라는 아픈 현실은 좁게는 한민족과 넓게는 전 인류에 대한 가장 큰 불효 아니할 수 없다. 이젠 남북이 서로 대동 화합의 결단을 내려야한다. 형제끼리 우애하며 남북이 하나 되어 한반도의 평화적 통일을 달성하는 일 만큼 커다란 효는 없을 것이다.

더불어 남북의 평화적 통일은 하나의 세계를 지향하는 우리가 가장 먼저 풀어내야할 과제라 할 수 있다. 그러므로 우리 민족에게 있

어서 절대 절명의 과제는 남북의 대승적 화해와 평화적 통일이라 할
수 있다. 여기에 대산은 지금부터 31년 전인 1983년에 한 핏줄끼리
서로 우애하고 상생하여 평화 통일을 달성할 수 있는 효 실천의 정
로를 제시해 주었다.

대산은 한반도의 화해와 통일의 방향성을 용공(容共), 화공(和共), 구
공(救共)으로 제시[192]해 주었는데 그것은 당시는 물론 현재도 가장 명
료한 한반도의 평화적 통일 방법론[193]이라 할 수 있을 것이다. 그래
서 논자는 대산의 남북의 화해와 통일을 위한 용공(容共), 화공(和共),
구공(救共)의 실천적 뿌리는 자(慈)줄에서 찾아야 하고 효로써 매듭지
어야 한다고 본다.

이유인즉 당시 사회적 기류가 반공(反共)과 승공(勝共), 멸공(滅共)을
주장할 때 공산주의를 포용할 수 있는 용공, 화공, 구공으로 도덕과
실력을 갖추어야 한다고 밝혀준 대산의 성자적 부촉도 역시 동포애

---

192 1983년(원기68년) 원불교 익산총부를 예방한 타종교의 지도자가 대산종사에게
    "저희는 반공(反共)과 승공(勝共) 운동을 펴고 있습니다." 라고 사뢰니 대산종사는
    "우리가 공산주의를 멸공(滅共)하자고 하나 극하면 안 되는 것이 진리이니, 멸공
    하여도 안 되고 승공도 싸워 이기는 것이므로 안 됩니다. 우리는 포용하고 용서해
    주는 용공(容共)을 하고, 화합과 평화로 하는 화공(和共)을 하여야 합니다. 용공을
    하고 화공을 함은 서로 같은 동포요 같은 인류이므로 용서해야 살려야 하고 화합
    해야 하며, 아울러 구공(救共)을 하여야 합니다. 공산주의를 구원할 수 있는 도덕
    이나 실력을 갖추어야 합니다."라고 응답하면서 동포애와 인류애를 강조하였다
    (『대산종사법어(자문판)』, 「제9 정교편」7, pp.439-440. 참조).
193 2013(원기98)년 6월 14일 국립 중앙박물관 대강당에서 개최되었던 "대산 김 대거
    종사 탄생 100주년 기념 학술 강연' 축사에서 홍 석현 중앙일보 회장은 대산의 용
    공, 화공, 구공을 중심으로 한 한반도의 화해와 통일 방안은 당시로서는 진보적인
    법문으로서 매우 명쾌한 우리 민족의 화해와 분단 조국의 통일 방안이며 종교연합
    운동의 제안도 인류를 분쟁, 빈곤, 질병, 무지로부터 해방시켜 세계 평화를 이룩하
    기 위한 제일 큰 경륜으로서 소태산 대종사의 일원주의와 정산 종사의 삼동 윤리
    사상이 바탕이 된 사상이라고 언급하였다.

와 인류애를 뿌리로 한 효제(孝悌)에 근원하고 있다고 보기 때문이다.
한편 2014년 8월 한국을 방문한 프란치스코 교황이 남북문제와 관
련해서는 "분단으로 많은 사람이 부모·형제를 만나지 못하는 고통
을 겪고 있다"며 "하지만 같은 언어를 쓰는 것은 어머니가 같다는 것
이며, 그래서 통일에 대한 희망이 있다"[194]라고 말했다는 점에서도
남북통일에 대한 희망을 근본적으로 부모와 형제를 이어주는 효에
서 찾아야 된다고 본다.

또한 대산이 시종일관 염원하였고 앞으로 실현되어야 할 종교연
합(UR)운동에 있어서 그것의 실천 매개체도 자줄을 뿌리로 하여 효
를 견인해야 한다고 본다. 이처럼 효와 종교와의 관계성을 도올 김
용옥은 "모든 종교의 근원은 효(孝)이고 모든 종교의 본질은 효(孝)이
며 종교를 산출한 인성의 본연이 바로 효(孝)이다."[195]라고 밝혔다.

이와 같이 도올이 밝힌 내용처럼 모든 종교에는 효가 내재해 있고
효 없는 종교는 거론할 수 없으므로 효는 통종교적이며 제종교의 실천
가치라 할 수 있다. 그러므로 대산의 종교연합(UR) 운동도 효 차원에서
시도된다면 빠른 공감대를 형성할 수 있다고 보며 세계의 무궁한 발전
과 보편적 근원을 찾을 수 있는 인류 화합과 번영의 방향로라 본다.

왜냐하면 효는 어떤 종교도 거부할 수 없고 모든 종교에서 그것을
교리적으로 실천하도록 강조하고 있기 때문이다. 더욱이 효에는 세
상의 어느 종교도 토를 달 수 없는 통종교성이 내재해있는 까닭에

---

194 「같은 언어 쓰는 건 어머니가 같다는 것… 남북통일 희망 있다」, 《조선일보》, 2014
년 8월 20일자, A4면
195 도올 김용옥, 『중용 인간의 맛』, 통나무, 2011. p.225.

대산이 주창한 종교연합(UR)운동의 실천 매개체로 효(孝)가 논의되어
야 하며 효의 통종교성이 부각되어야 한다고 본다.

3) 마음과 도덕부활의 맥 : 효(孝)줄과 효도세상

종교에는 영생에 걸쳐 흐르는 도도한 맥이 있다. 근원적 진리라는
바탕에 그것에 합일하고자 하는 인간적 노력과 실천이 바로 그것이
다. 이러한 실천행위에 있어서 빼놓을 수 없는 것이 바로 효(孝)이다.
세계 4대 종교인 불교, 기독교, 유교, 이슬람교 등 모든 종교가 부모
의 은혜에 대한 효(孝)를 강조하지 않은 종교가 없다.

이렇듯 제종교에서 효를 밝혔듯이 소태산은 '무자력자 보호'라는
효의 실천 강령을 제시해주면서 부모은이라는 신앙적 차원으로 승
화된 절대적 효를 밝혔다. 이어서 정산은 부모은에 대한 보은이 이
루어질 때 천지, 동포, 법률에 대한 은혜도 알게 되며 효의 실행은 은
혜를 발견하는 데 있다고 하였다.

또한 대산은 마음부활과 도덕부활이라는 인류의 핵심적 실천 가
치를 제시하였다. 여기에 몸과 마음이라는 생명을 부여해 준 부모와
자식간의 절대적 연결고리인 효를 마음부활과 도덕부활의 근원적
요소로 보는 것은 당연하다고 할 수 있다. 효의 앙양과 실천이 없이
마음이 살아날 까닭이 없다. 마음의 부활이 없이 도덕이 부활된다는
것도 어려운 일이다.

그러기에 대산은 마음부활과 도덕부활의 큰 줄기인 효의 필요성
을 간파하여 효줄을 살려야한다고 밝혔다고 본다. 효가 살아나면 마

음이 살아나고 가정과 사회, 세상이 밝고 따뜻해진다. 그래서 대산
은 부모에 대한 양신(養身)과 양지(養志)를 통한 육신의 봉양과 함께 세
상에 많은 복리를 끼쳐서 부모까지 그 이름이 빛나게 해드리는 것이
효[196]라고 밝혔다.

더불어 내 부모만 모시던 효보다는 삼세 부모를 위하여 무자력자
보호를 하는 것이 영원한 큰효[197]임을 설파하였다. 그러므로 효줄을
잡는 것이야말로 도덕부활과 마음부활의 구체적 실천행위라 아니
할 수 없으며 그것은 바로 세계부활로 이어지며 일원주의로 귀결되
어 세상이 하나의 세계, 평화의 세계로 정착되는 핵심 원동력이라
할 수 있다. 대산이 밝힌 하나의 세계는 과거 넓고 방대하게 생각했
던 세계를 지구촌이라고 보편화한 점과 의미가 통한다고 본다.

지구촌이라는 전 세계적 조류는 인류로 하여금 새로운 가치와 목
표를 요구하게 되었다. 이러한 현실에서 논자는 한국을 방문한 교황
요한 바오로 2세의 환영사에서 대산이 제시한 다음의 세계평화 3대
제언의 내용은 지구촌의 구성원인 인류로 하여금 새로운 가치와 목
표에 함께할 것을 명료히 제시하였다고 본다.

그 당시 대산은 한국을 방문한 교황 요한 바오로 2세의 환영사에
"오늘 이 귀중한 시간을 빌려 세계평화 3대 제언인 심전계발 훈련과

---

196 대산은 "출가인의 생가효(生家孝)는 조석으로 심고하여 살피고 공부를 잘하여 항
   마 이상의 성위에 오르는 것이고, 도가효(道家孝)는 스승에게 몸과 마음과 물질로
   다 바치고 스승의 법과 사업을 계승하는 것이니, 부모는 몸을 낳아주시고 스승은
   마음을 낳아주셨나니라." 라고 출가자로서의 효를 생가효와 도가효로 구분하였
   다(『대산종사법어〈자문판〉』, 「제4 법위편」 71, p.286. 참조).
197 『대산종사법어〈자문판〉』, 「제8 동원편」 29, p.425.

공동시장 개척과 종교연합(UR) 창설을 제언합니다. 종교의 목적은
하나이므로 천주교에서 천심을 길러 천국을 만드는 것이나, 불교에
서 자비심을 길러 불국을 만드는 것이나, 유교에서 성심을 길러 성
세를 만드는 것이나, 도교에서 도심을 길러 도국을 만드는 것이나,
원불교에서 원심을 길러 원만평등한 세상을 만드는 것이 그 이념은
다 같으니, 우리가 합심하여 세계평화를 이루고 전 인류를 구원하는
일에 노력합시다."[198] 라고 세계평화 3대 제언을 하였다. 따라서 논
자는 마음부활과 도덕부활의 큰 줄기로 세계평화 3대 제언의 실천
을 통하여 세계평화를 이루고 전 인류를 구원하는 일의 근원을 효에
서 찾을 수 있다고 본다.

왜냐하면 대산의 세계평화 3대 제언과 효가 포괄하고 있는 범주
에는 다음의 내용을 서로가 상보적으로 함의하고 있기 때문이다.

첫째, 대산이 세계평화 3대 제언에서 천주교를 비롯한 유불선(儒佛
仙)에서 지향하는 이념이 다 같다고 밝힌 점이다. 우리는 제종교의
이념의 동질성을 효에서 쉽게 찾을 수 있다. 주지하다시피 효는 종
교 이념을 초월하여 모든 종교에서 강조[199]하고 있으므로 효를 뿌리
로 하여 세계평화 3대 제언이 보다 구체화 될 수 있다고 볼 수 있다.

---

198 『대산종사법어』, 「제9 동원편」 9, 원불교출판사, 2014, p.226.
199 성산효대학원대학교 최 성규 총장은 효를 HYO로 영역하여 Harmony of Young &
Old 로 풀이하며 어른과 젊은이의 조화가 효의 현대적 의미라고 밝혔다. 또한 3통
(三通) 7행(七行)의 효를 모토로 효운동의 선구자적 역할을 하고 있다. 3통의 효는
통시(通時), 통교(通敎), 통념(通念)의 효를 말하는데 각각 시대와 종교, 이념을 초
월하여 효를 중심으로 서로 함께할 수 있다는 의미이다. 7행의 효는 1. 하나님을 아
버지로 섬김, 2. 부모·어른·스승을 공경함, 3. 어린이·청소년·제자를 사랑함, 4. 가
족을 사랑함, 5. 나라를 사랑함, 6. 자연을 사랑하고 환경을 보호함, 7. 이웃을 사랑
하고 인류에 봉사함을 의미 한다.

둘째, 효는 인간의 마음을 성찰하게 하고 효제(孝悌)를 뿌리로 인류애를 신장시킬 수 있다는 점에서 대산의 세계평화 3대 제언을 효가 본질적으로 지지할 수 있다는 점이다.

마지막으로 효는 인간의 반목과 분열을 화목과 통일로 전환시키며 대립과 전쟁을 화합과 평화로 이끄는 휴머니즘의 보고(寶庫)라는 점이다. 따라서 효는 인간의 본성을 살려내어 인륜을 회복하고 인간을 평화로운 세상으로 인도하는 원동력으로서 대산의 세계평화 3대 제언의 실천에도 핵심 동력이 될 수 있다고 본다.

오늘날 한국 사회를 비롯한 인류 사회의 제반 문제를 보면 고령화 사회의 노인문제, 남북분단과 상호대립, 세계분쟁 등이 있다. 앞서 언급했듯이 이러한 대립과 갈등은 효의 실천적 관점에서 볼 때 인간 스스로 서로에 대한 불목과 인류에 대한 불효에서 기인한다고 본다. 한국사회만 하더라도 남북 분단을 극복하고 평화적 통일을 실현하는 것이 한민족의 최대 과제라 할 수 있다.

대산이 재임기간 동안 효줄, 자줄 등을 언급하면서 효와 자비를 강조한 이유는 인류의 제반 문제를 자비와 효를 기반으로 해결할 것을 부촉하였다고 본다. 더불어 논자는 이것을 효의 성자 '대산의 효줄자줄론'이라 규정하며 대산의 효줄자줄론은 다분히 효제부활(孝悌復活)을 함의하고 있다고 본다.

한편 원불교는 교리적으로 회통과 융화, 공동선의 실현이라는 확장된 종교 이념을 토대로 출현하였다고 볼 수 있다. 그러므로 원불교 교리를 근거로 한 원불교의 효사상도 보다 넓게 확장된 효사상일 수밖에 없다는 점을 간과할 수 없으며 이른바 '대산의 효줄자줄론'

도 전 인류를 대상으로 넓게 확장된 효사상이라 할 수 있다.

그래서 대산은 "천하에 아들된 사람, 부모된 이들, 부모 자녀간에 영원히 인연 잘 맺는 법을 효를 알고 실천"[200]하는 데 두었다. 여기에서 대산이 모든 인류에게 효를 강조한 점이 '대산의 효줄자줄론'으로 구체화 된다고 본다. 이러한 '대산의 효줄자줄론'은 인간 최초의 관계인 부모와 자녀의 관계를 효(孝)로 규정하며 형제의 관계를 제(悌)로 규정하여 사람이라면 그것의 실천을 당연시하는 인륜과 천륜을 내재하고 있다고 본다. 그래서 '대산의 효줄자줄론'은 무한한 포용과 자비 및 사랑과 인류애를 함의하고 있으므로 효제부활을 마음과 도덕부활의 기본으로 삼아야한다고 본다.

그러므로 세상의 모든 구성원들이 가정, 사회, 국가를 이루면서 효를 알고 실천해야 효줄과 자줄을 조화롭게 확장시켜 마음부활과 도덕부활을 이룰 수 있다고 본다. 또한 대산은 인류가 앞으로 영원한 세상에 밝은 도를 알아서 세상에 유익된 사람들이 되어 낙원 세상을 이루는 길을 근원적으로 효에서 찾고자 하였고 결국 그것은 효도세상의 완성이라 할 수 있을 것이다.

결국 원불교 효사상의 현대적 구현에서의 궁극적 지향점은 한반도의 평화통일을 기반으로 도덕의 부모국 정신의 지도국으로서 위치를 다지고 나아가 온 인류가 효의 실천을 생활화하여 효행이 강물처럼 흐르는 세상인 효도세상을 이룩하는데 있다고 본다. 참고로 대산의 효를 〈표 7〉에 종합 정리하였다.

---

200 『대산종법사 법문집』 4, 「제2부 열반인 영전에」, p.305.

〈표 7〉 대산의 효[201]

분류	핵심내용	세부내용
영원한 대효	4은 보은과 3학 수행	인생의 요도와 공부의 요도를 밟는 것
	무자력자 보호	현생 부모님만 모시던 과거의 효보다는 삼세부모를 위하여 무자력자 보호를 하는 것이 영원한 대효(大孝)
대효(大孝)	천불만성 발아	계합 일원대도하고 실현 삼동윤리하여 생산 세계평화(生産世界平和)해야 함.
	사은보은	천지·부모·동포·법률 등 사은에서 이 몸을 얻었으니 사은에게 널리 보은을 잘 하는 것이 큰 효
세 가지 효도	신효(身孝)	육신을 잘 봉양하여 드리는 효: 양신(養身)
	심효(心孝)	심지(心志)의 안락을 드리는 효: 양지(養志)
	공효(公孝)	세상에 많은 복리를 끼쳐서 부모까지 그 영명(令名)이 천추(千秋)에 빛나게 하여 드리는 효
효줄자줄론 〈1.인연 잘맺는법 2.상생 상화〉	효(孝)줄	부모의 자(慈)줄이 자녀한테 흐르기 때문에 미성(微誠)이지만 자녀의 효줄이 부모한테 올라감: 자녀가 부모한테 효하는 것. 자(慈)줄이 먼저 내려야 자녀의 효줄이 위로 오르는 법이다.
	자(慈)줄	천하의 모든 인류가 부모 자녀간에 인연 잘 맺는 법: 부모가 자녀에게 사랑의 기운(자줄)을 내려주어야 자녀의 효줄이 오름. 부모의 사랑스러운 자(慈)줄이 내려야 효줄이 오른다.

---

201 〈표 7〉은 대산 김대거종사의 효와 관련된 내용을 05 평화통일과 효도세상의 실현의 내용을 중심으로 정리한 것이며 대산종사의 법문집에 근거하여 작성한 것임.

분류	핵심내용	세부내용
효의 실현 〈효줄과 자줄의 국내외적 확산〉 ◎ 도덕의 부모국 ◎ 정신의 지도국	〈민족분단〉 민족에 대한 불효 〈민족상쟁〉	반공(反共), 승공(勝共), 멸공(滅共) 위에서 자(慈)줄을 내려야 아래서 효(孝)줄을 올린다. 여기서 '위'의 개념은 강자이며 자력자이고 '아래'의 개념은 약자이며 무자력자라 할 수 있다. 전쟁으로 이기고 힘으로 빼앗으려 하는 사람은 가장 어리석고 못난 사람.
	〈민족화합〉 민족에 대한 대효 〈평화통일〉	용공(容共), 화공(和共), 구공(求共) 이젠 남북이 서로 대동화합 해야한다. 형제끼리 우애하며 남북이 하나되어 평화적 통일을 달성하는 일 만큼 커다란 효는 없을 것이다. 세상에서 가장 영리하고 큰 승리자는 평화를 건설하는 데 앞장서서 협력하는 사람.
	〈평화세계〉 인류에 대한 대효 〈효도세상〉	진리는 하나, 세계도 하나, 인류는 한가족, 세상은 한일터, 개척하자 하나의 세계 세계평화 3대방안 종교UR의 탄생, 공동시장의 개척, 심전계발(心田啓發)의 훈련

원불교 효사상 연구

제7장

결 론

원불교 효사상 연구

01
연구 결과의 개요와 특징

지금까지 본 연구를 통해 원불교 교리 사상 측면에서 원불교학의 한 범주를 심화시키고 원불교 효사상의 현대적 구현을 위하여 원불교 효사상을 밝히고자 하였다. 또한 원불교 교리와 사상에 근거한 효사상을 밝혀 원불교뿐만 아니라 대외적으로도 그 필요성에 부응하고자 하였다. 다음으로 현대사회에서 야기되는 제반문제들을 해결할 방안으로 원불교 효사상을 제시하는 데 초점을 맞추었고, 이를 위하여 원불교의 창시자인 소태산, 2대 종법사인 정산과 3대 종법사인 대산이 밝힌 사상을 바탕으로 원불교 효사상을 조명하고자 하였다.

인류 역사 이래 현대 정보화 사회에 이르기까지 효사상이 차지하고 있는 위치는 확고부동하다 할 수 있다. 비록 시대적 상황에 따라 효사상이 통치자의 통치 수단으로 이용되어 권위와 지배, 불평등 관계를 조성하여 효를 왜곡하기도 하였으나, 부모와 자녀 간의 천륜으로 형성된 효사상의 본질은 아무리 강조해도 지나치지 않을 것이다. 이런 점에서 원불교 효사상도 예외일 수는 없기에 원불교 효사상과 관련된 자료와 선행 연구들을 참고하여 그 연구의 결과물을 도출하였다.

Ⅰ. '서론'에서는 연구의 필요성 및 목적, 연구의 방법 및 범위를 밝혔다. 원불교 효사상은 소태산의 대각으로 밝혀진 법신불 일원상에 대한 은혜의 발견에 그 사상적 근원을 두고 있으며, 그 실천은 일원상 진리의 현상적 존재인 사은에 대한 보은불공으로 귀착된다. 특히 사은 중 부모은의 '무자력자 보호'및 공부의 요도 삼학팔조와 인생의 요도 사은사요를 빠짐없이 밟는 것 등이 원불교 효사상의 핵심이다. 따라서 본 논문의 의도는 만유를 존재케 하는 법신불 일원상의 절대적 은혜에 감사하는 마음과 함께 공경과 정성으로 보은불공함이 원불교 효사상의 실천 모델임을 제시하고자 하였다.

Ⅱ. '효의 본질과 동·서양 종교의 효사상'에서는 효의 어원과 의미, 효의 기능과 본질을 밝혔고 또한 제 종교 일반에서의 효사상을 정리하면서 편의상 동양 종교와 서양 종교로 구분하여 그

특징을 알아보았다. 동양 종교 중 유교의 효는『효경(孝經)』을 중심으로 효가 절대적 윤리임을 알아보고, 효를 중심으로 사회적 인간관계를 설정하고자 했던 과거의 문제점과 현대사회에서의 적용 방안에 대해 논구하였다. 유교의 효사상은 과거 시대에 한정된 사상이 아니라 지금 여기에서 현재 우리에게 남겨진 사상임을 밝혔다.

불교의 효는『부모은중경』을 중심으로 부모의 자식에 대한 고귀한 사랑과 노고를 알게 함으로써 효심을 일깨우고, 보은의 방향을 효로써 제시함을 알아보았다. 그리고『구약성경』과『신약성경』을 중심으로 사랑과 공경으로 나타나는 기독교 효사상이 하나님과 인간과의 관계를 수직적이고 일차적 관계로 보는 데에서 출발하여 절대적 순종의 효로 드러남을 밝혔다. 마지막으로『꾸란』을 중심으로 한 이슬람교의 효는 자선과 순종, 공경, 형제애, 평화 등으로 대별됨을 알아보았다. 더불어 이와 같은 이슬람교에 대한 종교적 본의가 왜곡되어서는 안 된다는 점을 강조하였다.

제 종교의 효사상을 비교해 보면 다음과 같다. 불교의 효사상은 인간의 존재가 무수한 인연의 은혜로 관계 맺고 있다고 보는 데에서 출발한다. 더불어 인간의 궁극적 자각에서 일어나는 지혜와 자비에서 불교적인 효의 진수가 드러남을 알 수 있다. 유교의 효사상은 인간의 행동 원리를 밝히고 몸가짐을 바르게 하며 인륜과 천륜을 인식하는 데 그 핵심이 있음을 살펴보았다. 또한 유교의 인과 유교적 효는 서로 상보적 관계임을 알 수 있었다.

기독교의 효는 십계명의 제5계명에서 '네 부모를 공경하라'는 하나님의 언명으로부터 출발하며, 이것이 확장되어 공경과 순종, 사랑을 실천적 의무로 강조하였음을 알 수 있었다. 이러한 정신에 바탕한 기독교의 효는 오늘날 효사상의 실천과 복원을 위하여 주도적 역할을 하고 있음에 주목해야 한다.

『꾸란』에 나타난 이슬람교의 효사상도 역시 공경과 순종을 실천적 의무로 하여 이슬람 효사상을 체계화하였음을 알 수 있었다. 특히 이슬람 효사상에서 연로한 모든 사람들에게 존경을 표해야 하며 그들을 위한 사회봉사를 강조한 점에서 원불교 효사상의 강령이라 할 수 있는 무자력자 보호라는 관점과 공통점이 있음을 알 수 있었다. 결국 모든 종교의 효사상은 인간에 대한 관심에서 출발했으며, 윤리 도덕적으로 완성된 인격 형성에 그 목적이 있음을 알아야 하겠다. 더불어 인류의 근원적 행복에 대한 관심이 제 종교의 효사상으로 투영됨도 주지할 사항임을 밝혔다.

Ⅲ. '효행 장려 및 지원에 관한 법률'에서는 법률 제정의 동기와 핵심내용, 법률의 향후 과제를 밝혔다. 법률제정의 동기에서는 문화의 계승과 고령사회 문제의 해결로 노인복지 증진의 필요성을 밝혔으며 국가 발전의 기반 확립과 세계문화의 초석이 우리의 전통적인 효문화를 통해서 구현될 수 있음을 밝혔다.

법률의 핵심내용은 전통문화 유산의 세계문화로의 도약과 효행교육의 실시와 더불어 효문화인성교육진흥원의 개원으로 효의 문화적 브랜드화와 효교육의 보편화를 통한 사회적 효의 정착이 향후 과제임을 밝혔다.

Ⅳ. '원불교 교리와 효사상'에서는 일원상의 효적 조명, 사은 보은과 효, 삼학 수행과 효, 원불교 예법과 효로 나누어 원불교 핵심교리와 의례에 나타난 효사상을 조명해 보았다.

일원상의 효적 조명에서는 원불교 효사상의 핵심인 '부모은'이 일원상 진리에 근원함을 밝혔다. 일원상 진리는 결국 사은과 삼학으로 원불교적 효를 구체화하는 사상적 모체가 되며 원불교 효사상의 본질 추구에 있어서도 철학적 시원이 됨을 밝혔다.

사은 보은과 효에서는 인생의 요도인 사은에 대한 보은불공이 원불교 효사상의 구체적 실천임을 밝혔다. 특히 소태산이 부모 보은의 강령으로 밝힌 '무자력한 사람에게 보호를 주는 것'이 원불교 효사상의 핵심 명제이자 휴머니즘을 초월한 인류애로 확장되는 기저가 됨을 밝혔다. 더불어 원불교의 불효관을 부모 배은과 그 결과를 중심으로 밝혔으며, 부모 보은의 조목이 원불교 효사상의 구체적 실천 조목임을 밝혔다.

부모 보은의 조목에 밝힌 원불교 효사상의 구체적 실천 내용은 다음과 같다. 첫째, 공부의 요도(要道) 삼학·팔조와 인생의 요도 사은·사요를 빠짐없이 밟는다. 둘째, 부모가 무자력할 경우에는 힘 미치는 대로 심지(心志)의 안락과 육체의 봉양을 드린다. 셋째, 부모가 생존하시거나 열반(涅槃)하신 후나 힘 미치는 대로 무자력한 타인의 부모라도 내 부모와 같이 보호한다. 넷째, 부모가 열반하신 후에는 역사와 영상을 봉안하여 길이 기념한다. 이상의 네 가지 조항을 실천하는 것이 효에 관한 한 어느 한 가지도 미흡함이 없이 원불교 효사상을 실천하는 길임을 밝혔다.

　소태산이 직접 작성한 '희사위 열반 공동기념제사' 기념문에서 부모의 은혜로 말미암은 그 공덕이 소태산 자신의 존재 자체임을 읍소하며 부모은의 지중함을 소태산 자신이 간절히 담아낸 내용을 밝혔다. 또한 원불교 성가 '부모은 찬송가'를 정전 부모은의 내용과 비교하여 4절을 새롭게 작사하여 추가해 보았다. 1, 2, 3절의 내용이 훈육은과 부모은에서 언급된 휴머니즘을 초월한 인류애의 부분이 빠졌고, 원불교 효사상에 대한 비전 제시가 없어서 '삼세부모 공경으로 무자력자 보호하고 / 사중보은 불공으로 효도세상 이룩하세'라고 가사화하여 소태산이 부모은에 밝힌 원불교 효사상의 핵심인 '무자력자 보호와 보은불공'의 부분을 밝히고자 하였다.

　삼학 수행과 효에서는 앞에서 밝힌 인생의 요도인 사은사요를 실천하는 원동력으로써 삼학(정신수양, 사리연구, 작업취사)이 제기됨을 밝혔다. 공부의 요도인 삼학은 인간 생활과 함께 펼쳐지며 인간 생활을 떠나지 않는 인격수련이며, 가정 및 사회생활을 바르고 정당하게 하는 윤리·도덕적 기저임을 밝히고, 삼학의 실천에 미흡한 사람이라면 부모에 대한 불효가 막심함을 설명하였다. 따라서 삼학의 철저한 실천이 원불교 효사상 실천의 원동력임을 밝혔다.

　원불교 예법과 효에서는 원불교 예전에 나타난 효를 중심으로 논술하였다. 특히 공경과 겸양, 무계교(無計較)가 원불교 의례에 나타난 효사상의 실천에 있어 그 밑바탕이 됨을 밝혔고, 현대적 실천에 무게를 두었다.

　한편, 모든 종교와 사상이 효를 논함에 있어 일반적으로 행위 자체를 보고 효도와 불효, 보은과 배은을 규정하지만 소태산은 알지 못하는 것 자체가 배은이고 불효라고 밝힌 점에 주목해야 함을 강조하였다. 인간 역사에 있어서 '앎'의 문제는 역사와 문화 발전의 원동력이 되었고 원불교 효사상의 시원은 이러한 앎의 문제에 대한 근본적 고민이고 그것이 원불교 효사상이 일반적인 효사상과 대별되는 점임을 밝혔다.

더불어 부모 보은의 강령인 '무자력한 사람에게 보호를 주는 것'이 원불교 효사상의 강령이라는 점도 기존의 효사상과 구별되는 특징임을 밝혔다. 말하자면 효가 단순히 아랫사람이 윗사람에 대하여 모시고 섬기는 행위로 강요되는 것이 아니라 세상의 모든 무자력자를 보호하는 것이 진정한 효임을 밝힌 것이 원불교 효사상의 핵심인 것이다. 원불교 효사상의 뿌리는 인간적이며 상식적이고 보편적이며 온 인류가 인간의 존엄성을 실현하고 우주만유가 하나임을 알고 실천하는데 있다. 따라서 원불교 효사상은 이러한 교의를 함의하고 있는 모든 사상 및 종교와 회통할 수 있음을 알았다.

Ⅴ. '원불교 효사상의 본질'에서는 은적 생명성의 구현, 공경과 불공의 조화, 심신낙원의 지향, 영생보은의 실현으로 나누어 원불교 효사상의 본질을 제시하고자 하였다. 은적 생명성의 구현에 있어서도 원불교 효사상이 일원상 진리의 영원성과 존재론적 함의에 바탕됨을 밝혔고 공경과 불공의 조화, 심신낙원의 지향, 영생보은의 실현은 결국 일원상 진리의 실현임을 밝혔다.

은적 생명성의 구현에서는 소태산이 우주만유 존재 자체를 은혜의 큰 구조로 파악하고 인간 존립의 정당성을 보은에 기준하였다는 점, 그리고 이것이 원불교 효사상에 있어 은적 생명성의 존재론적 가치임을 밝혔다. 특히 존재의 실상을 밝히는 것 자체에 머물지 않고 존재의 현실·현상적인 측면을 보면 모든 사람들이 부모 없이 태어날 수 없다는 필연적 사실을 바탕으로 한다. 따라서 부모의 존재는 절대적 존재이며 부모 보은의 당위성을 생명을 태어나게 하는 부모은성에 근거하여 은적 생명성의 구현에 있음을 부각시켰다.

이처럼 원불교 핵심 교리에 바탕한 원불교 효사상은 부모와 자녀, 노인과 젊은이, 자력 없는 사람과 자력 있는 사람과의 상생의 존재 실현임을 알아보았다. 더불어 원불교가 지향하는 효는 절대은에 대한 절대적 불공이며 상대은에 대한 승화적 불공으로 은의 생명성이 본질로 구성되어 있음을 밝혔다.

또 정산이 밝힌 원불교적 효에 관한 전반적인 내용을 다음과 같이 정리하였다. 효의 정의는 보은의 도를 행하는 보은행에 있으며 효의 실행은 사은의 모든 은혜를 발견하는 데 있다. 정산은 효의 활용에 있어서 어느 처소 어느 시간을 막론하고 천만경계를 오직 감사 하나로 돌리는 감사생활에 있음을 밝혔고 원불교적 효는 보은불공으로 귀결됨을 알아보았다.

원불교 사상의 핵심은 윤리적인 면에서 효 부분에 집약되어 있음을 정산의 법문을 통해서 확인할 수 있었다. 이유인즉 소태산이 밝힌 일원상 진리를 없어서는 살 수 없는 생명적 존재로 파악하고 보은하는 것이 원불교가 추구하는 효라고 정산이 밝혔기 때문이다.

그러므로 원불교적 효는 내 부모에만 국한된 일편적인 효가 아니라 이세상의 모든 무자력한 사람들을 보호하는 효이므로 광대하고 원만하여 천하고금에 길이 세상의 강령이 되고 인도의 비롯이 되는 효에 그 의의가 있음을 밝혔다.

또한 가정에서는 부모를 원망하고 세상에 살면서 천지·동포·법률을 원망하면 병든 효가 되며, 그 결과 세상이 각박해지고 인간 생활이 위험에 빠지기 때문에 효의 정신을 진흥하여 모든 인심을 효에 돌아오게 해야 한다는 점을 강조하였다. 결국 효의 정신을 고양하고 사람의 마음을 효도의 정신으로 돌아오게 해서 병든 효를 치유할 수 있는 길은 공경과 불공의 조화로써 그것을 실현함에 있음을 논구하였다. 공경과 불공의 조화는 일원상 진리를 믿고 실천하는 길이며 그것이 원불교 효사상을 실현하는 것임을 밝혔으며 우주만유에 대한 경외심과 모심에 있음을 강조하였다.

심신낙원의 지향에서는 모든 존재가 상생의 은혜적 존재로 파악되어 은혜에 대한 감사와 공경, 보은과 불공의 생활과 신효·심효·법효의 실현으로 공부와 실천의 방향을 바로 잡아야 함을 밝혔다. 또한 부모 보은의 조목을 실현하는 삶이 심신낙원의 지향임을 강조하였다.

영생보은의 실현은 천효를 중심으로 삼세부모를 모시는 것이 타인의 부모에 대한 모심이고 무자력자를 보호함에 그 본의가 있음을 밝혔다. 우주만유에 대한 보은의 삶이 결국 영생을 통해서 실현되는 것이 원불교 효사상의 본질임을 밝혔다.

 '원불교 효사상의 현대적 구현'에서는 가정해체에 대한 방안, 사회의 구조 변화에 대한 대응, 효실천을 통한 인성교육, 원불교 효의 의례적 응용, 평화통일과 효도세상의 완성으로 나누어 원불교 효사상의 현대적 구현을 조명하였다. 가정해체에 대한 방안에서는 물질문명의 발달과 함께 물질만능주의가 지배하는 오늘날, 핵가족화 등의 결과로 가정이 위기에 처해 있음을 밝히고, 원불교 효사상의 실천으로써 위기의 가정을 구제해야 된다는 점에 초점을 두었다.

그리고 사회의 구조 변화에 대한 대응에서는 경제적 부의 증대와 의학의 발달로 야기된 평균 연령의 증가로 고령사회화 되어가는 한국 사회에서 노인복지문제를 제기하였고 이에 대한 해결방안으로 원불교 효사상이 필요함을 밝혔다. 특히 사회적 효의 정착을 강조하고 있는 현 시대적 추세에서 자칫 염려되고 있는 현대판 고려장에 대한 실질적 대안으로써 원불교 효사상이 부각되어야 함을 강조하였다. 그리고 '사회적 효'의 실천 주체는 '사회적 가족'이 되어야 하며 사회적 가족은 체계화되고 정제된 효를 실천해야 함을 밝혔다. 또한 다문화사회가 된 한국 사회에서의 다문화가정에 대한 문제점을 제시하고, 다문화가정 구성원들의 무자력함을 자력 있는 구성원으로 변화시키기 위해 원불교 효사상이 일정 역할을 해야 함을 밝혔다.

효실천을 통한 인성교육에서는 윤리 도덕적 위기의 현시대 상황을 극복할 수 있는 방법으로써 원불교 효사상의 필요성을 논구하였고, 인성 교육을 도외시하며 성과 일변도로 나가고 있는 교육 현장에서 효교육이 필요함을 제시하였다. 또한 2015년 7월부터 시행되고 있는 '인성교육진흥법'의 8대 핵심 가치 덕목 중 효가 그 중심에 있다는 것을 밝혔다. 인성교육은 비록 법이 제정되지 않았을지라도 효를 필수로하여 끊임없이 가정에서부터 시작되어야 함도 제언한다.

학교폭력에 대한 효인성교육적 대처방안에서는 무자력자 보호라는 원불교 효사상의 실천 강령을 바탕으로 현장에서의 실천프로그램을 통한 인성교육으로 효제(孝悌)의 윤리를 복원하여 집단에서의 폭력을 예방할 수 있음에 초점을 두었다. 또한 원광효도마을 노인복지센터와 효도의 집 효인성교육 실천 프로그램은 건전한 인성함양과 함께 궁극적으로는 자원봉사 문화와 고질적인 사회적 관습을 개선하는 한국사회의 발전에 목표를 두고 있다.

이어서 원불교 효의 의례적 응용에서는 원불교 예법을 통하여 원불교 효사상이 일반 사회에 드러남을 밝혔다. 유교의 영향으로 유교적 관혼상제의 전통이 굳어져 온 한국 사회에 원불교의 혁신의례가 일반 대중과 접목하는 과정에서 원불교 효사상이 어떻게 응용되는가를 논구하였다. 특히 인간은 사회라는 구조의 틀 속에서 생활하며 예라는 규범 속에서 인격이 함양된다. 혼자 생활한다면 예가 필요 없을 것이다. 그래서 유가에서는 극기복례를 유교의 실천 요체로 밝혔다. 따라서 이를 계승하는 원불교 의례는 사회에 필요한 규범이요 예절임을 밝혔고 그것이 대타적 대사회적 실천의 방법론으로써 원불교 효사상이 의례의 핵심적 요소 중 하나임을 밝혔다.

끝으로 평화통일과 효도세상의 실현에서는 효의 생명성을 바탕으로 마음과 도덕의 부활을 제시하며 마음과 도덕 부활의 근본은 몸과 마음이라는 생명을 준 부모와 그것을 대가없이 받은 자식 간의 관계로부터 자연스럽게 형성되는 인간성과 윤리성의 표준인 효를 뿌리로 모색되어야 함을 밝혔다. 또한 효가 함께하는 역사여야 인류가 사람답게 살 수 있는 절대 생명의 역사를 이룩하여 평화와 행복의 세상을 구현할 수 있음을 밝혔다. 더불어 대산의 효줄자론을 한반도의 평화통일과 효도세상을 실현하는데 핵심 동력인으로 삼아 온 인류가 효행이 강물처럼 흐르는 세상을 구축해야만 낙원세계를 이룩할 수 있음을 밝혔다.

요컨대 원불교의 효는 우주만유에 존재하는 없어서는 살 수 없는 은혜를 발견하고 아는 것에서부터 시작한다. 더불어 어떤 대상에 대하여 설령 원망할 일이 있더라도 오히려 감사하고 성심으로 공경하는 심성의 도야를 요청한다. 그리하여 절대적 은혜와 만유에 대한 보은과 불공의 실현으로 원불교 효의 절대적 실현이 완결된다.

따라서 원불교적 효를 은혜의 효, 감사의 효, 공경의 효, 보은의 효, 불공의 효로 구체화할 수 있음도 밝혔다. 결국 원불교의 효는 그 본질이 인간존중을 바탕으로 하기 때문에 단지 자신의 부모만을 봉양하는 소극적 효에 그칠 것이 아니라 내 이웃의 모든 무자력한 어른은 물론 이 세상의 모든 무자력한 사람을 모시고 존경하는 적극적 효로 정착되어야 함을 강조하였다. 더불어 효를 통한 문화국가로의 도약도 국가적 과제임을 제언하였다.

원불교 효사상 연구의 향후 과제

○

　본 연구는 효에 관련된 선행 연구의 업적을 기초로 하여 원불교 효사상을 심도 있게 규명하고자 했다. 그동안 원불교 사상에 관한 연구는 활발하게 진행되어 왔으나, 원불교 효사상에 관한 연구는 현대적 교학수립의 중요한 분야임에도 불구하고 활발하지 않았다. 이러한 현실에서 원불교 효사상 연구에 대한 필요성을 느끼고 본 연구를 하게 되었다.

　『원불교전서』와 『대종경 선외록』에서 소태산이 밝힌 내용과 『정산종사법어』에서 정산이 밝힌 내용을 원불교 효사상으로 이론화하고 체계화하는 데 주력하여 원불교 효사상의 지남이 되고, 원불교 효사상의 지평을 열어 가고자 했다. 아무리 체계 있게 원불교 효사상을 연구하였을지라도 실천과 활용에 소득이 없다면 사상누각이 될 것이다. 따라서 본 연구논문을 계기로 원불교 효사상의 사회적 실천이 고양되고, 후속 연구가 지속되어 원불교 효사상의 저변 확대뿐만 아니라 현실사회의 제반 문제를 해결하여 낙원공동체 실현의 정신적 지지기반이 되었으면 한다.

첨언하면 종래의 효개념으로 다양하게 변화하는 현대사회에서 그 실천을 요구하기에는 어려움이 있다고 본다. 왜냐하면 가정해체 등 사회 구조의 변화를 수용하고 사회 변혁의 새로운 대안이 되기에는 이미 전통적 가족[1] 개념 속에 갇혀 있었던 사상이기 때문이다. 따라서 효사상의 본의가 손상이 되지 않으면서 현대인들이 적극적으로 받아들일 수 있는 생명성 있는 효사상으로 원불교 효사상이 정착되어야 한다고 본다.

끝으로 본 연구를 진행하면서 원불교 효사상에 대한 다각도의 선행 연구가 없어서 원불교 효사상을 전체적으로 체계화하는 데 어려움이 있었음을 밝힌다. '원불교 효사상'에 관한 학위논문은 단 2편의 석사논문뿐이다. 불교나 기독교, 유교에 관한 효는 여러 석·박사논문에서 다양하게 연구되어 왔다.

원불교 효사상에 관한 선행 연구는 부모은을 중심으로 한 몇 편의 논문뿐이었고, 원불교 효사상의 실천 사례와 관련된 논문은 전무했

---

1 "전통적 가족으로 다시 돌아가는 것은 출발이 더딘 경주마나 다름없다. 전통적 가족을 옹호하는 이유는 어떤 것이든 그 자체가 전통가족의 복원을 좌절시키기에 충분하다."(앤서니 기든스 저, 한상진·박찬욱 역, 『제3의 길』, 생각의나무, 1998, p.147).

다. 그래서 원불교 효사상을 현장에서 실천할 수 있는 프로그램을 소개하고자 했으나 향후 보완하여 다른 기회에 발표하고자 한다. 또한 원불교 효사상의 저변 확대를 위해서 원불교의 특수한 교리적 용어나 어구들을 풀어내는 데에도 한계가 있었음을 밝힌다. 대학생들의 효의식 조사에 있어서는 긍정적인 부분도 있었으나, 현대사회에 있어서 효는 갈수록 그 의미가 퇴색되어지고 있음을 알 수 있었다.

특히 효의 실천은 과거에 비해 훨씬 부족하다. 그런데 원불교에서는 신앙의 핵심인 사은 중 하나인 부모은을 절대은의 차원으로 승화하여 효를 부각시키고 있다. 원불교 효사상의 본질은 우주만유를 은혜의 존재로 규명하고 그러한 존재들에 대한 감사와 공경, 보은과 불공에 있음을 밝혔다. 원불교 교리와 그 실천을 핵심적으로 집약한 '처처불상 사사불공'의 교리 표어도 결국 원불교 효사상의 실천을 구체화하는 내용임을 알았다.

향후 제기되는 문제는 다음과 같다. 첫째, 원불교 교리에 대한 끊임없는 현대적 해석이 요구된다. 현대사회의 추세가 효에 대한 관념이 극히 희박해지고 있기 때문에 보편 종교를 지향하는 원불교 효사상이 갈수록 도전받을 수 있다. 둘째, 원불교 효사상이 효사상의 새로운 대안으로써 자리매김될 수 있다는 점이다. 효는 과거 전통사회에 한정된 구시대적 가치로 인식되어서는 안 된다. 효사상은 인간의 역사와 더불어 시공을 초월하여 당위적 윤리로 자리 잡아야 할 인류 보편적 윤리로 인식되고 실천되어야 할 절대적 가치체계이다.

따라서 효는 인류의 근본으로서 인류 역사와 더불어 함께할 수밖에 없다. 다만 그 실천 방법 면에 있어서 전근대적이고 권위적인 것들을 타파하고 효의 새로운 패러다임과 아젠다를 원불교 효사상이 제시해야 하는 과제가 있음도 밝혔다. 셋째, 사회적 효에 대한 적극적 대처가 필요하다. 사회적 효는 급속도로 증가하는 노인인구와 고령화로 인하여 노인장기요양보험법이 시행되면서 구체화되었으나 그 현실적 정착에는 보완해야 할 점이 많다.

특히 사회적 효의 실천 주체인 사회적 가족 또는 신가족 개념의 정착이 필요함에도 불구하고 현실적 장벽은 매우 두텁다고 할 수 있다. 소태산이 밝힌 '무자력자 보호'라는 원불교 효사상의 강령은 사회적 효의 정착을 위하여 사회적 가족의 공공성의 의미를 더욱 확장시켜야 하며, 그것의 현실적 정착에 다각적인 노력이 필요하다고 본다.

끝으로 원불교 효사상의 한국 문화적 보편화와 '효행마음교육지도사(가칭)'의 양성이다. 한국 문화에 있어서 가정과 사회의 정서적 뿌리가 효에 있음은 주지의 사실이다. 따라서 원불교 효사상의 보편적 확산은 한국 전통문화의 현대적 정착과 함께 종교의 대사회적 참여와 실천의 차원에서 고무되어야 함을 밝힌다. 더불어 각종 교육기관과 앞으로 개원될 '효문화 진흥원'을 중심으로 현대적인 효를 교육할 수 있는 지도자의 양성이 필요함도 제언한다.

이상과 같이 본 논문은 원불교 효사상에 관한 연구라는 논제 하에 소태산이 밝힌 원불교 교리를 중심으로 원불교 효사상의 특징과 본질, 구현 방안 등을 고찰하였다. 남겨진 과제로는 어려웠던 초기 교단에서 활동했던 선진들의 효행 관련 자료들을 수집·정리 하는 일,

원불교 효사상의 실천 프로그램[2]과 사회적 효의 정착을 위한 방안 등으로 이는 차후 과제로 삼아 지속적으로 연구·보완해 나가고자 한다.

또한 원불교 효의 실천의 모습이 예법으로 구체화됨에 비추어 볼 때 보다 심화된 후학들의 연구가 필요하다. 소태산이 90여 년 전에 예언한 사회적 효의 개념도 '사회적 가족' 또는 '신가족' 개념과 더불어 보다 심화시켜 연구해야 할 과제이다. 이들에 대한 보다 확장된 개념의 연구도 차후의 연구 과제로 삼고자 한다.

---

2 정부는 인류의 보편적 가치인 효사상을 되살리기 위하여 효를 국가 차원에서 장려하고 이를 지원하기 위한 방안을 마련함으로써 효행을 통하여 고령사회가 처하는 문제를 해결하고 국가가 발전할 수 있는 원동력을 얻기 위하여 '효행장려 및 지원에 관한 법률'을 제정하였다. 2008년 8월 4일부터 시행에 들어간 '효행장려 및 지원에 관한 법률'의 근간은 동법의 명칭 그대로 효행 장려를 목적으로 하고 있다. '효행장려 및 지원에 관한 법률'에 의하면 "국가 및 지방자치 단체는 유치원 및 초등학교, 중학교, 고등학교, 영유아보육시설, 사회복지시설, 평생교육기관, 군 등에서 효행교육을 실시하도록 노력하여야 한다."라고 되어 있다. 또한 효문화 진흥을 위하여 '효문화 진흥원'을 설치할 수 있으며 효문화 진흥과 관련된 전문 인력의 양성을 위하여 교육할 수 있다고 하였다. 이미 효문화 진흥을 위하여 효지도사 양성을 기정사실화 하고 있는 현실에서 원불교적 대처가 필요하다. 원불교 효사상을 대사회적 결속과 화합의 매개체로 정착시키기 위해서는 '효행마음교육지도사(가칭)'의 양성이 우선해야 한다. 또한 효행마음지도사의 양성교육과정에서 효실천 프로그램도 핵심 과목으로 지정되고 교수되어야 한다.

원불교 효사상 연구

마침내 원불교 만 100년!
평화통일 조국과 효도세상을 염원하며…

제가 저의 몸과 정신을 주신 아버님 어머님의 분신이라면 이 책도 아버님 어머님의 정신과 혼이 깃든 분신이랍니다. 왜냐하면 부족한 저의 역량 때문에 정성이라도 들여야 하겠기에 박사학위논문을 준비하는 동안 자식의 위치를 놓고 살아야 했습니다. 지금도 서재에 모셔있는 어머님 아버님 존영을 뵈면 그때 그러한 자식으로서의 당연한 의무를 뒤로한 일들이 눈앞에 어른거리며 눈시울 가득 회한의 눈물이 앞을 가리곤 합니다.

박사학위 논문을 준비하는 근 8년 여 동안 저에게는 휴일도 공휴일도 없었답니다. 적어도 시간의 빚은 지지 않아야겠다는 결심이었고 그것이 논문 준비하는 사람으로서의 기본정신이라 생각했습니다. 아버님 어머님 생신은 물론 명절 연휴에도 전화만 드려야 했습니다. 그때 아버님의 성음(聖音)이 귓가에 들려옵니다. "아버님 뵙지 못해 너무 죄송하네요."라고 말씀드렸을 때 "괜찮다. 그 시간에 책 한 권이라도 더 읽고 생명력 있는 글을 써야 한다!"고 격려해주셨던 아버님. 그리고 빼놓지 않은 말씀이 "장모님 잘 모셔야 된다! 유빈이 애미는 건강하고…? 유빈이 읽을 책을 사 놓았는데…, 우리 유빈이 잘 키워야 한다."라고 간절히 말씀해주셨던 아버님이셨습니다.

학위심사가 통과되고서 인쇄된 논문을 들고 제일 먼저 아버님 뵙던 그 때 그 시간은 저에게 있어서 만감이 교차하며 평생을 잊을 수 없는 순간이었기에 언제고 가슴이 울컥하며 미어질 듯합니다. 아버님께 큰 절 올리며 "아버님 소중한 생명을 주셔서 감사합니다. 아버님께서 몸소 가르쳐주셨던 모든 생명을 귀히 여기고 바르고 의롭게 살아가라하신 말씀과 어머님의 유훈을 뼛속 깊이 새기며 부끄럽지 않은 자식 되겠습니다."라고 말씀드리면서 쏟아지는 눈물을 한없이 흘려야 했습니다.

그때 아버님께서 "고생 많이 했다. 여기서 그치지 말고 이제 시작이다. 네 어머니가 함께했으면 좋으련만…"이라고 말씀을 잇지 못하시며 눈시울 적시던 아버님의 모습을 지금은 꿈속에서밖에 뵐 수 없기에 자식으로서 더욱 가슴이 미어집니다. 그 당시 아버님께서는 저의 논문을 받아보시고는 일체의 다른 책과 신문을 보시지 않으며 제 논문을 읽으시고 또 읽으셨답니다. 손수 밑줄 그어가고 '생명의 글'이라 말씀하시며 다른 곳에 옮겨 적기도 하시면서 무척 뿌듯해하셨답니다.

그러한 기운이 통했는지 으레 박사논문이 통과되면 쳐다보기도 싫은 것이 자신의 논문이라지만 저는 그렇지 않았습니다. 새벽마다 자식 한 명 더 낳은 것처럼 펼쳐보고 쓰다듬으며 한 순간도 저의 눈길을 놓지 않았답니다. 그러면서 부끄러움과 아쉬움도 느끼며 지금까지 다듬어왔습니다. 그런지 벌써 5년째, 비로소 오늘에야 감사의 인연을 만나 출판을 결심하게 되었답니다.

이 세상 어디에 있어도 오매불망 그려지는 어머님이 생각납니다. 참을 인(忍)자를 가슴깊이 품고 살라하신 어머님의 바다 같은 마음도 저의 소중한 정체성을 추스르게 합니다. 이 책 곳곳마다 어머님의 자비로운 훈풍이 깃들여 있답니다. 군생활 시절 휴가기간 동안 잠시 집에 있을 때 파출소에서 걸려온 전화를 받고 가보니 아버님께서 교통사고로 크게 다치셔 누가 보기에도 위중한 상태셨습니다. 그런데도 아버님께서는 한사코 가해자를 그냥 보내주라고 하시니 경찰관이 혹시 아버님께서 정신이 이상하지 않으신지 저에게 물어보는 것이었습니다.

그 전에도 그러한 경험이 있기에 저는 경찰관에게 "아버님 뜻대로 해주십시오."라고 말씀드리며 부모님 뜻을 받들었습니다. 나중에 주위에서는 피해보상을 받으라고 했지만 아버님께서는 평소 "비록 법규상 내 잘못이 없더라도 내가 있기에 사고가 난 것이다."라고 말씀하셨는데 그것이 아버님의 삶의 철학이셨답니다. 게다가 어머님께서도 "홀어머니 모시는 청년이란다. 커나가는 젊은이에게, 더구나 어려운 가정에서 피해보상으로 단돈 1원이라도 받는다면 너희 아버지가 잘 낫지 않을 테니 절대 그러지 말아라." 하시면서 그 청년을 품어주셨던 어머님이셨습니다.

제가 에어백이 터지고 폐차될 정도로 구사일생의 교통사고가 났을 때 환청으로 저를 불러주시면서 기적같이 몸 하나 다치지 않고 이렇게 온전한 것은 어머님의 자비로운 인과적 판단에 기인한 음덕이라는 생각에 다시금 어머님의 모습이 그립습니다. 노란색을 그렇게도 좋아하셨던 어머님이셨기에 봄이면 민들레꽃이 어머님되어 활짝 피어나고 가을이면 황금들녘이 펼쳐진 그 길에서 어머님을 부르며 어머님과 함께했던 바로 그 길에서의 교통사고였습니다.

지난날을 돌이켜 보면 33개월여의 군 생활도 잊을 수 없답니다. 소총수로 최전방 DMZ 철책근무를 하면서 어머님, 아버님에 대한 그리움과 평화통일에 대한 열망으로 온갖 어려움을 이겨냈습니다. 그러면서 인간의 가장 큰 어리석음이 전쟁이라는 것, 더구나 동족끼리 총부리를 겨누고 있다는 것은 저에게 있어서 기막힌 일이었기에 지금도 저의 가장 절박한 꿈이 있다면 한반도의 평화적 통일이라는 간절한 소망이랍니다.

그래서 후에 사단정보처에 파견되어 방송 원고를 작성할 때는 분단된 조국이 평화적으로 통일되어야 한다는 취지아래 간절히 한반도의 평화적 통일을 염원하며 기도하는 마음으로 글을 쓰려고 노력했습니다. 제대 후 민족통일민중운동연합(민통련)의 민족학교1기에 함께한 것도 그러한 맥락에서였답니다.

원불교 성직자가 되어 미국에서 교화자로서 일생을 보내려 했지만 연단의 돌베개를 지고 국내로 발령되어 효사상을 연구하며 실천할 수 있는 노인복지 현장에 근무하면서 적어도 복지의 현장이라도 경제논리가 아닌 전통적 복지의 의미가 회복되어야 함을 깨닫게 되었습니다. 그리하여 복지 분야의 변화가 각 분야에서 양심적으로 정착된다면 대한민국이 보다 살기 좋은 나라가 될 것이라는 나름대로의 소신을 갖게 됨에 인연되는 모든 분들께 감사를 드립니다.

　효를 몸소 실천해야하는 원광효도마을 노인복지센터와 효도의
집에 근무하면서 민족의 통일도 형제간에 불목하는 것이 가장 큰 원
인이라는 것을 깨닫게 되었고, 민족에 대한 가장 큰 배은과 불효가
분단이요, 인류에 대한 불효가 바로 한반도 분단현실이라는 것을 알
았답니다. 오래 전부터 세계에서 가장 아름답고 높은 문화를 가진
자주·민주·평화통일 조국을 건설하기 위하여 일생을 바친 백범
김구 선생님의 "동족이면 한없이 용서할 수 있다."는 말씀이 성자의
가르침처럼 저의 마음에 다가옵니다.

　백범 선생님께서 "오직 한없이 가지고 싶은 것은 높은 문화의 힘
이다."라고 말씀하시면서 우리나라가 세계에서 가장 아름다운 나라
가 되기를 염원하신 까닭은 우리에게 잠재해있는 고도의 문화 창달
을 통한 한민족의 새로운 '문화국가론'이라는 생각을 하게 되었습니
다. 그러면서 우리의 전통유산인 효의 정신을 살려내야 만이 인류문
화의 기본적인 토대와 기반이 회복되어 비로소 우리가 문화와 도덕
적 강대국으로 도약할 것이라는 확신을 갖게 되었답니다.

　그래서 21세기 최고의 역사학자 아놀드 토인비 박사의 "한국이
장차 인류문명에 기여할 것이 있다면 바로 효정신"이라는 말씀도 결
코 지나가는 말이 아니라 앞으로 반드시 전개될 일이라고 생각했습
니다. 효는 이처럼 인간의 모든 모순과 갈등을 쓰다듬어 해결하며
상생의 기운을 북돋는 생명의 언어요, 화합과 새로운 질서창조의 메
신저이자 최소한의 인간정신이라는 생각을 합니다.

　종교가 다르다고 해서 그 종교가 주장하는 효의 근본정신이 다르
고 그 실천이 다른 것이 아닙니다. 다만 종교가 다르니 학문적 차원

에서 기독교, 불교 등으로 구분하지 효에 관한 한 종교에 대한 벽이 전혀 없습니다. 그래서 모든 종교의 본질이 효에 있음을 이 책을 집 필해오는 과정에서 깊이 느끼게 되었습니다. 따라서 인류는 이제 효를 담론화하여 갖가지 모순들을 극복하며 하나가 되어야 합니다.

마침내 원불교 개교 만 100년입니다. 지구촌이 한가족 한집안이 되어 결국은 인류의 낙원공동체를 예언하신 소태산 대종사님의 세계 구원을 위한 100년 전의 구상이 없었다면 이 책의 출판도 없었을 것입니다. 소태산 대종사님께서 구상하신 세상은 우리 인류가 어떠한 상황에 있을지라도 어둠속을 헤매며 고난에 처해있는 힘없고 자력이 없는 무자력한 사람들을 우리들의 힘 미치는 대로 힘닿는 곳까지 다가가서 모시고 섬기는 효도세상입니다. 이제 원불교와 제종교의 효사상을 통해서 이미 우리들의 가슴깊이 담겨져 있는 효의 유전자(DNA)를 자극하여 가정과 사회, 국가, 세계의 문제들을 지혜롭게 해결해낼 수 있는 밑거름이 되었으면 합니다. 이 책을 어머님, 아버님과 더불어 이 세상 모든 분들께 헌정합니다.

어머님, 아버님! 우주보다 귀한 생명을 주셔서 감사합니다.

그리고 한없이 죄송합니다. 분단조국이 평화적으로 하나 되어 인류번영과 평화의 등불이 되었으면 하는 간절한 소망을 다져봅니다. 마침내 효행이 강물처럼 흐르는 효도세상에서 인류의 대합창을 꿈꿔봅니다. 이 책의 정신이 이 세상 모든 가정의 책꽂이에 항상 꽂혀 있기를 두 손 모아 염원해봅니다.

다시금 효를 생각해봅니다. 효는 절박한 생명의 숨소리요, 고귀한 삶의 가장 아름다운 언어이며 모든 생명의 근원이 되는 절대어라 생각합니다. 우주의 유일한 존재 속에 영혼의 숨소리, 말 한 마디가 모두 부모님의 사랑과 자비, 아픔과 인고, 고뇌와 희망의 근원임을 알고 감사하며 살고 있습니다.

　백설이 온 세상을 하얗게 뒤덮은 요즈음 그리움과 꿈, 희망으로 다가오는 고향이 무척이나 생각납니다. 어머님 손잡고 외갓집 가던 길이 눈앞에 어리어 눈시울 가득 적십니다. 정의를 추상같이 세우셨던 아버님 따라 문중 어르신들께 세배 드리러 하얀 눈 밟아가며 걸어갔던 산자락 고향길이 온통 그리움입니다. 어머님, 아버님! 감사합니다. 죄송합니다.

　　　　　함라산 아랫녘 용산로 효도의 집에서 조정현(법현)

원불교 효사상 연구

참고문헌

1. 경전 및 사전류

원불교정화사 편,『원불교전서』, 원불교출판사, 1992

『정전』(『원불교전서』所收)

『대종경』(『원불교전서』所收)

『불조요경』(『원불교전서』所收)

『예전』(『원불교전서』所收)

『정산종사법어 : 제1부 세전』(『원불교전서』所收)

『정산종사법어 : 제2부 법어』(『원불교전서』所收)

『원불교교사』(『원불교전서』所收)

『원불교성가』(『원불교전서』所收)

『불교정전』, 불법연구회, 1943

『대종경선외록』, 원불교출판사, 1985

『한울안 한이치에』, 원불교출판사, 1982

『정전대의―대산종법사 법문집』 1, 원불교출판사, 1977

『대산종법사 법문집』제2집, 원불교출판사, 1980

『대산종법사 법문집』제3집, 원불교출판사, 1988

『대산종법사 법문집』제4집, 원불교출판사, 1993

『대산종사법어〈자문판〉』, 원불교출판사, 2006

『대산종사법어』, 원불교출판사, 2014

『좌산상사 법문집 : 교법의 현실 구현』, 원불교출판사, 2007

『논어(論語)』

『맹자(孟子)』

『중용(中庸)』

『대학(大學)』

『합본4서3경(合本四書三經)』, 양우당, 1980

『예기(禮記)』

『대대예기(大戴禮記)』

이상옥 역저, 『신완역 예기(禮記)』상·중·하, 명문당, 1991

『효경(孝經)』

『소학(小學)』

『동몽선습(童蒙先習)』

『근사록(近思錄)』

『명심보감(明心寶鑑)』

『율곡전서(栗谷全書)』

『삼강행실도(三綱行實圖)』

『구약성경(舊約聖經)』

『신약성경(新約聖經)』

『꾸란』

『성 꾸란―의미의 한국어 번역』, 사우디아라비아왕국『꾸란』출판청, 이
          슬람력 1417년

『부모은중경(父母恩重經)』

광덕 편역, 『부모은중경(父母恩重經)』, 신흥출판사, 1979

『불설대보부모은중경(佛說大報父母恩重經)』

『불설부모은난보경(佛說父母恩難報經)』

『불설효자경(佛說孝子經)』

『대반열반경(大般涅槃經)』

『우란분경(盂蘭盆經)』

『법구경(法句經)』

『선생자경(善生子經)』

『법망경(法網經)』

원광대학교 종교문제연구소 편, 『원불교사전』, 원광대학교 출판국, 1981

강영선 외 편저, 『세계철학대사전』, 교육출판공사, 1988

배갑제, 『효도대사전』, 사단법인 한국효도회, 2006

성백효 역주, 『역주근사록집해』 1·2·3, 전통문화연구회, 2006

손정윤, 『원불교용어사전』, 원불교출판사, 1993

운허용하, 『불교사전』, 통도사법보원, 1961

한국어사전편찬회, 『국어대사전』, 교육도서, 1990

Department of Edification of Won-Buddhism, The Principal Book of
          Won-Buddhism, Won Kwang Publishing Co., 2000

Department of Int'l Affairs of Won-Buddhist Headquarters, The Principal

Book of Won-Buddhism(Wonbulgyo Chŏngjŏn), WonKwang Publishing Co., 2008

Pal Khn Chon, The Scripture of Won Buddhism(Won Pulkyo Kyojun), Won Kwang Publishing Co., 1988

Bongkil Chung, The Dharma Words of Master Chŏngsan, Won Kwang Publishing Co., 2000

The King James Version, The Holy Bible : Old and New Testaments, American Bible Society, 1976

The King James Version, The Holy Bible : Old and New Testaments, Thomas Nelson Inc., 1976

The New King James Version, The Holy Bible : Korean and English, Korean Bible Society, 1987

King Fahd Complex For The Printing of The Holy Qur'ân, The Noble Qur'ân, 1424 A.H. (Islamic calendar)

2. 단행본류

경전연구회 편, 『부모은중경·우란분경·삼세인과경』, 불교시대사, 1991
고윤석 외, 『원불교 신앙론연구』, 원광대학교 출판국, 1996
구선, 『관(觀) 십이연기와 천부경』, 연화, 2008
구타원종사 법문집 편집위원회 편, 『인생과 수양』, 원불교출판사, 2007
국민윤리연구회, 『현대국가와 윤리』, 형설출판사, 1978
국민윤리학회, 『국민윤리』, 형설출판사, 1983
권이종, 『교육사회학』, 배영사, 1992
금장태, 『한국 유교의 재조명』, 전망사, 1982
_____, 『한국현대의 유교문화』, 서울대학교 출판부, 1999
금장태 외, 『한국철학사』 상·중·하, 동명사, 1987
길희성, 『인도철학사』, 민음사, 1984
김경탁, 『중국철학개론』, 범학도서, 1976
김구 저, 신경림 편역, 『백범일지』 백범학술원총서⑥, (주)나남출판, 2008
김길환, 『동양윤리사상』, 일지사, 1981
김대중, 『김대중 옥중서신』, 청사, 1984
김덕균, 『근·현대사속 겨레의 효자들』, 다른 생각, 2013
김두헌, 『한국가족제도연구』, 서울대학교 출판부, 1989

김상봉, 『도덕교육의 파시즘』, 길, 2006

김순임, 『양명사상과 원불교』, 원광대학교 출판국, 1996

김승동, 『한국철학사상』, 제일문화사, 1978

김시우, 『성격적 효 입문』, 다사랑, 2008

김용래, 『교육심리학』, 문음사, 1989

김용옥, 『도올선생 중용강의』 상권, 통나무, 1995

_____, 『요한복음강해』, 통나무, 2007

_____, 『효경한글역주』, 통나무, 2009

_____, 『도올의 도마복음 한글역주』 1·2·3, 통나무, 2010

김용준, 『사람의 과학』, 통나무, 1994

김정위, 『이슬람 사상사』, 민음사, 1987

김정환, 『김교신 그 삶과 믿음과 소망』, 한국신학연구소, 1994

김종두, 『효의 패러다임과 현대적 개념』, 명문당, 2012

김주곤, 『한국시가와 충효사상』, 국학자료원, 2000

김중묵, 『인과의 세계』, 동남풍, 1994

김지하, 『김지하 생명』, 솔, 1993

_____, 『촛불, 횃불, 숯불』, 이룸, 2009

김태길 외, 『새 시대의 가정 윤리』, 신사회공동선운동연합, 1995

김평일, 『내리사랑 올리효도』, 가나안문화사, 2008

김태길, 『한국윤리의 재정립』, 철학과 현실사, 1996

_____, 『인간 회복 서장』 삼성문화문고 27, 삼성미술문화재단, 1980

김학주 역저, 『신완역 고문진보 후집』, 명문당, 1992

_____, 『신완역 효경』, 명문당, 2006

김형철 외, 『우리시대의 윤리』, 뜨인돌, 2001

남병훈 외, 『효, 사랑실천입니다』, 성산서원, 2007

대한노인신문사 노인문제연구원, 『한국전통예절과 충효사상』, 대한노인신문사 출판국, 2008

W. H 슈미트 저, 강성열 역, 『역사로 본 구약신앙』, 나눔사, 1997

D. B. Bromley 저, 김정휘 역, 『노인심리학』, 성원사, 1990

신동아편집부, 『중국의 고전100선』, 동아일보사, 1980

동중서 저, 신정근 역, 『동중서의 춘추번로 춘추―역사 해석학』, 태학사, 2006

로버트 L. 애링턴 저, 김성호 역, 『서양윤리학사』, 서광사, 2003

루돌프 슈타이너 저, 김성숙 역, 『교육의 기초로서의 일반 인간학』, 물병자리, 2007

루소 저, 이태일 외 역, 『사회계약론(외)』, 범우사, 1991

류병덕, 『탈종교시대의 종교』, 원광대학교 출판국, 1982

_____, 『한국사상과 원불교』, 교문사, 1989

_____, 『원불교와 한국 사회』, 시인사, 1990

_____, 『원불교사상의 전개』 상·하, 교문사, 1990

_____, 『소태산과 원불교사상』, 원광대학교 출판국, 1995

_____, 『근현대 한국종교사상 연구』, 마당기획, 2000

류성태, 『원불교와 동양사상』, 원광대학교 출판국, 1995

_____, 『정산종사의 인품과 사상』, 원불교출판사, 2000

_____, 『원불교 해석학』, 원불교출판사, 2007

류성태, 『정산종사 법어풀이』 1·2·3, 원불교출판사, 2008

_____, 『경쟁사회와 원불교』, 원광대학교 출판국, 2008

_____, 『정전풀이』 상·하, 원불교출판사, 2009

리영희 편저, 『8억인과의 대화』, 창작과비평사, 1977

리영희, 『전환시대의 논리』, 창작과비평사, 1979

리처드 디킨슨 저, 오재식·이윤모 역, 『인간과 사회개발』, 대한기독교서
　　　회, 1990

마이클 샌델 저, 이창신 역, 『정의란 무엇인가』, 김영사, 2010

매일경제 지식프로젝트팀 편, 『지식혁명보고서』, 매일경제신문사, 1998

F. W. 모트 저, 김용헌 역, 『중국의 철학적 기초』, 서광사, 1994

몽테스키외 저, 이명성 역, 『법의정신』, 홍신문화사, 1988

문용린 외, 『새시대의 사회윤리』, 신사회공동선운동연합, 1995

문현상, 『현대사회와 윤리』, 문왕사, 1995

박길진, 『대종경강의』, 원광대학교 출판국, 1980

박병기, 『우리시대의 문화와 사회윤리』, 인간사랑, 2003

박상철, 『유학의 도덕교육이론』, 성경재, 2003

박석무, 『유배지에서 보낸 편지』, 시인사, 1979

박선영, 『불교의 교육사상』, 동화출판공사, 1981

박세훈, 『인간관계론』, 한국심성교육개발원, 1977

박장식, 『평화의 염원』, 원불교출판사, 2005

박재주, 『주역의 생성논리와 과정철학』, 청계, 1999

박종홍, 『한국의 사상적 방향』, 박영사, 1976

박철호, 『효사상학』, 좋은세상, 2000

_____, 『세계의 효』, 좋은세상, 2002

_____,『효학의 이론과 실천』, 한국학술정보, 2010

박철호 외,『효, 21세기에 새롭게 조명되는 효』, 성산서원, 2007

반덕진,『서울대 선정 동서고전 200선 해제』1, 가람기획, 1997

발터 M. 바이스 저, 임진수 역,『이슬람교』, 예경, 2007

백남철,『효의 연구』, 계명사, 1977

버어트란드 러셀 저, 최혁순 역,『무엇을 위해 살 것인가』, 문예출판사,
　　　1978

변형윤·송건호 편,『역사와 인간』, 두레, 1982

서경전,『교화학』, 원광대학교 출판국, 2001

서울특별시교육위원회,『경로효친의 교육』, 1985

서일성,『실천효도개론』, 글로벌, 2007

석정각,『불교성전』, 보현정사(화은각), 1999

성규탁,『현대 한국인의 효』, 집문당, 2005

_____,『새시대의 효』, 연세대학교출판부, 1995

성산효대학원대학교,『효의 길 사람의 길』, 성산서원, 1999

송두율,『21세기와의 대화』, 한겨레신문사, 1998

송복,『동양적 가치란 무엇인가』, 미래인력연구센터 생각의나무, 1999

송영배,『중국사회사상사』, 한길사, 1986

송천은,『열린 시대의 종교 사상』, 원광대학교 출판국, 1992

_____,『종교와 원불교』, 원광대학교 출판국, 1979

신도형,『교전공부』, 원불교출판사, 1992

신영복,『강의, 나의 동양고전 독법』, 돌베개, 2004

아놀드 토인비 저, 최혁순 역,『토인비와의 대화』, 문예출판사, 1987

아리스토텔레스, 최명관 역,『니코마코스 윤리학』, 서광사, 1977

안병무,『성서적 실존』, 한국신학연구소, 1977

안병무·이대수,『우리가 만난 예수』, 형성사, 1991

Anita E. Woolfolk 저, 김아영 외 역,『교육심리학』, 학문사, 1997

R.파니카 저, 김승철 역,『종교간의 대화』, 서광사, 1992

앨벗 놀런 저, 정한교 역,『그리스도교 이전의 예수』, 분도출판사, 1997

앨빈 토플러, 김태선·이귀남 역,『제3의 물결』, 기린원, 1989

앨빈 토플러, 김태선·이귀남 역,『제3의 파도』, 홍성사, 1981

에드윈 W. 패터슨 저, 엄민영·서돈각·전원배 역,『법철학』, 을유문화사,
　　　1963

양승봉,『인간성 회복을 위한 인간교육』, 법경출판사, 1990

요한네스 메쓰너, 강두호 역,『사회윤리의 기초』, 인간사랑, 1997

원광대학교 종교문제연구소,『한국종교』창간호, 원광대학교 출판국, 1971

원불교법무실,『대산종사 교리실천도해』, 원불교출판사, 2007

원불교법무실,『낙원 가정 만드는 길』, 원불교출판사, 1980

원불교사상연구원,『유·불·도 삼교의 교섭』, 원광대학교 출판국, 1992

원불교학교재연구회 편,『종교와 원불교』, 원광대학교 출판국, 2008

월간 원광사 편집부,『죽음과 천도』원광문고 10, 원광사, 1995

위영민,『현인들이 말하는 효』, 시간의 물레, 2009

유명종,『한국사상사』, 이문출판사, 1995

유승국,『한국의 유학사상』, 삼성출판사, 1981

유지산,『꾸란의 지혜』, 동서문화사, 2002

윤사순,『동양사상과 한국사상』, 을유문화사, 1993

＿＿＿＿,『한국유학 사상론』, 예문서원, 1997

윤성범,『효-서양윤리·기독교윤리·유교윤리의 비교연구』, 재단법인 대
　　　한기독교서회, 1977

윤호진,『효행록』, 경인문화사, 2004

융산 송천은 박사 논총간행위원회,『종교철학연구』, 원광대학교 출판국,
　　　1996

이광규,『한국가족의 사회인류학』, 집문당, 1998

이기백,『한국사신론』, 일조각, 1992

이기석 편역,『교육세대를 위한 논어선』, 배영사, 1981

이보형,『미국사 개설』, 일조각, 1983

이성택,『강자약자 어떻게 진화할 것인가』, 원화, 1991

＿＿＿＿,『원불교 교리의 이해』, 원화, 1992

＿＿＿＿,『원불교 훈련의 이론과 실제』, 동남풍, 1994

＿＿＿＿,『자기완성의 길잡이』, 동남풍, 1995

＿＿＿＿,『새시대의 종교』, 솜리, 2003

이용희,『인간주의 정치선언』, 학민사, 1989

이은석,『정전해의』, 원불교출판사, 1985

이효범,『효란 무엇인가』, 공주대학교 출판부, 1998

이효재,『가족과 사회』, 경문사, 1983

임동권,『한국의 민속』, 서문문고, 1974

장응철 역해,『노자의 세계』, 도서출판 동남풍, 2003

장일순,『나락 한 알 속의 우주』, 녹색평론사, 1997

장준하, 『민족주의자의 길』, 사상계, 1985

전목 저, 추헌수 역, 『중국의 역사정신』교양총서 5, 연세대학교 출판부,
    1975

전원배, 『철학』, 원광대학교 출판국, 1983

전재옥, 『기독교와 이슬람』, 이화여자대학교 출판부, 2003

정순일, 『인도불교사』, 원광대학교 출판국, 1999

정약용 저, 이을호 역, 『목민심서』, 현암사, 1977

정옥분, 『발달심리학』, 학지사, 2006

정재기 외, 『한국의 다문화 상황과 사회통합』, 한국학중앙연구원, 2011

정종복, 『제자백가선』, 집문당, 1980

제임스 레이첼즈 저, 김기순 역, 『도덕철학』, 서광사, 1989

제임스 사이어 저, 김헌수 역, 『기독교세계관과 현대사상』, 한국기독학
    생회 출판부, 2007

조남국, 『한국사상과 근대사조』, 교육과학사, 1989

존 롤즈 저, 황경식 역, 『정의론』, 이학사, 2005

존 H. 힉 저, 황필호 역, 『종교철학개론』, 종로서적, 1991

중촌원 저, 양정규 역, 『불교의 본질』, 경서원, 1991

지교헌, 『한국의 효사상』, 민속원, 1997

진교훈, 『의학적 인간학』, 서울대학교 출판부, 2004

차석기, 『서양교육사』, 집문당, 1983

차용준, 『효도하는 방법』, 전주대학교 출판부, 2004

채옥희·홍달아기·송순·정은미, 『현대사회와 가정복지』, 신정, 2004

최성규, 『효학개론』, 성산효도대학원대학교, 2004

_____, 『한국인의 효』, 한국청소년보호협회, 2004

_____, 『효신학개론』, 성산서원, 2007

최성규 외, 『효실천』, 성산서원, 2002

최성재·장인협, 『개정판 노인복지학』, 서울대학교 출판부, 2002

최재희 외, 『철학 개론』, 서울대학교 출판부, 1981

최종덕, 『부분의 합은 전체인가』, 소나무, 1995

최준식, 『한국종교 이야기』, 한울, 1995

최준하 역저, 『효에 대한 유·불 경전의 역주 및 비교고찰』, 충남대학교
    출판부, 2003

최현배, 『조선민족갱생의 도』, 정음사, 1962

쿨슨·리들 저, 박영신 역, 『사회학에의 접근』, 민영사, 1993

키무라 키요타카 저, 장휘옥 역, 『중국불교 사상사』, 민족사, 1995

편자 미상, 최은영 역, 『부모은중경』, 홍익출판사, 2008

폴 틸리히 저, 이계준 역, 『문화와 종교』, 전망사, 1984

Philip K. Bock 저, 조병노 역, 『현대문화인류학 입문』, 경기대학교 학술
　　진흥원, 1991

하인리히 오트 저, 김광식 역, 『신학해제』, 한국신학연구소, 2003

한국국민윤리학회 편, 『사상과 윤리』, 형설출판사, 1991

한국국민윤리학회 편, 『한국사상과 윤리』, 형설출판사, 1992

한국노년학회편, 『노년학의 이해』, 대영문화사, 2001

한국노인문제연구소, 『노인 어른을 대하는 예의범절』, 사단법인한국노
　　인문제연구소, 2000

한국종교연구회, 『종교 다시 읽기』, 청년사, 2001

한기두, 『원불교 정전연구』, 원광대학교 출판국, 1996

한길량, 『열달 태교 십년 스승』, 월드 사이언스, 2000

한명희 외, 『종교성, 미래교육의 새로운 패러다임』, 학지사, 2007

한범숙, 『교육심리학』, 재동문화사, 1982

한상진, 『현대사회와 인권』, 나남출판, 1998

한정석, 『원불교 정전 해의』, 동아시아, 1999

＿＿＿, 『원불교 대종경 해의』상·하, 동아시아, 2001

한종만, 『원불교 신앙론』, 원불교출판사, 1998

＿＿＿, 『한국 불교사상의 전개』, 민족사, 1998

함석헌, 『인간혁명』, 제일출판사, 1975

＿＿＿, 『역사와 민족』, 제일출판사, 1965

＿＿＿, 『생각하는 백성이라야 산다』, 생각사, 1979

함창기, 『기독교와 성서의 교훈』, 총신출판사, 1998

황경식, 『개방사회의 사회윤리』, 철학과현실사, 1997

황주흥, 『미래학 산책』, 조선일보사, 2002

홍두수·구해근, 『사회계층·계급론』, 다산출판사, 1995

효학연구소, 『성경의효』, 성산서원, 2001

60년사편찬위원회, 『신용양로원에서 원광효도마을까지』, 원광효도마
　　을, 2007

J. B. 노스 저, 윤이흠 역, 『세계 종교사』 상·하, 현음사, 1992

Albert Hourani, A History of The Arab Peoples, Harvard University
　　Press., 1991

Bokin Kim, Concerns and Issues in Won Buddhism, Won Publications, Philadelphia, 2000

Bongkil Chung, The Scriptures of Won Buddhism, University of Hawaii Press, 2003

Fishkin, James S., The Limits of Obligation, Yale University Press, 1982

Gordon, M., The Nuclear Family in Crisis. N.Y : Harper & Row, 1990

Jang Eung-Cheol, The Moon of the Mind Rises in Empty Space, Seoul Selection, 2011

James Van Praagh, Talking to heaven : a medium's message of life after death, Penguin Putnam Inc., 1997

Ken Wilber, The Integral Vision. Random House Inc., 2007

Kwangsoo Park, The Won Buddhism(Wonbulgyo) of Sotaesan : A Twentieth-Century Religious Movement in Korea, International Scholars Publications, 1997

Karen Armstrong, A History of God, A Division of Random House, Inc., 1993

Paul Tilligh, What Is Religion?, Harper&Row, Publishers, Inc., 1973

Norman Kutcher, Mourning in Late Imperial China Filial Piety and the State, Cambridge University Press, 1999

Raymond A. Moody, JR., Life After Life, Arrangement with Mockingbird Books, 1976

Rachlin, Howard, Behavior and Mind : The Roots of Modern Psychology, Oxford University Press, 1994

Rowe, J. W. and Kahn, R. L, Successful Aging, New York : Pantheon, 1998

Robert Rosenthal, Lenore Jacobson, Pygmalion in the Classroom, Holt, Rinehart and Winston, Inc., 1968

R. Panikkar, The Intrareligious Dialogue, Paulist Press, 1978

Shirley Maclaine, Going Within A Guide for Inner Transformation, Bantam Books, 1990

Thomas S. Kuhn, The Structure of Scientific Revolutions, The U. of Chicago Press, 1996

Ven Jeong Dae, What is Korean Buddhism?, Korean Buddhist Chogye Order, 2000

3. 학위논문 및 연구논문

강우철, 「효와 사회교육」, 『충효사상』, 단국대학교 출판부, 1980

고영섭, 「불교효사상의 현대적 의미와 성찰」, 『효 3통 7행―성산최성규 목사목회30년기념논문집』, 성산서원, 2009

구중서, 「서양문화의 이입과 전통문화와의 관계」, 변형윤·송건호 편, 『역사와 인간』, 두레, 1982

김낙필, 「원불교학의 동양해석학적 접근」, 『원불교 사상』 제12집, 원불교 사상연구원, 1988

_____, 「은사상의 생철학적 조명」, 『원불교 신앙론 연구』, 원광대학교 출판국, 1996

_____, 「한국 근대종교의 삼교융합과 생명 영성」, 『원불교 사상』 제39집, 원불교사상연구원, 2008

_____, 「근세성리학과 원불교」, 『정신개벽』 제1집, 신룡교학회, 1982

김도종, 「문화적 생산양식 속의 종교」, 『원불교 사상』 제20집, 원불교사상연구원, 1996

_____, 「종교는 21세기 문화통합의 주체일 수 있는가」, 원불교사상연구원, 《21세기 불교의 전망과 과제》, 원광대학교, 2001

김승혜, 「죽음에 대한 종교학적 이해」, 한국종교학회 편, 『죽음이란 무엇인가』, 도서출판 창, 1990

김성관, 「심성설에 관한 연구-원불교사상과 융사상의 비교고찰을 중심으로」, 원광대학교 박사학위논문, 1986

김시우, 「성경적 효의 체계론적 연구」, 성산효도대학원대학교(현 성산효대학원대학교) 박사학위논문, 2005

_____, 「'효행장려법'시행에 따른 효교육 강사양성 방안」, 한국효학회, 《효행장려법 시행에 즈음한 효교육 포럼》, 한국노인학술단체연합회, 2008년 10월 24일

김영두, 「원불교혁신예법의 특징고찰」, 『원불교사상』 제7집, 원불교사상연구원, 1983

_____, 「혁신예법과 새 생활운동」, 『원불교 70년 정신사』, 원불교출판사, 1989

_____, 「원불교 선사상의 연구」, 원광대학교 박사학위논문, 1990

_____, 「원불교 혁신예법의 특징」, 『원불교사상』 제15집, 원불교사상연구원, 1992

_____, 「정산종사의 예사상」, 『원불교사상』 제15집, 원불교사상연구원, 1992

_____, 「원불교의 의례」, 『한국종교의 의식과 예절』, 문화체육부, 1996

_____, 「예전 형성기의 사회적 배경과 특징」, 『원불교학』2, 한국원불교학회, 1997

_____, 「세계화와 송정산의 삼동윤리」, 『범한철학』22, 한국원불교학회, 2000

_____, 「21세기 도덕교육의 방향」, 『원불교학』 제9집, 한국원불교학회, 2003

김월덕, 「다문화시대 민속학의 새로운 관점과 과제」, 전주대학교 교육과학연구소, 《다문화와 디아스포라》, 제47회 국어문학회 국제학술대회, 2009년 7월 24일

김이선, 「다문화사회의 전개 양상과 문화정책 방향」, 《다문화사회를 향한 전망과 정책적 대응》, 한국여성정책연구원 세미나, 2008년 10월 2일

김인철, 「소태산 대종사관」, 수위단회사무처, 『원불교사상시론』1집, 원불교출판사, 1982

김인철, 「소태산사상의 기본구조」, 『인류문명과 원불교사상』상, 소태산대종사 탄생백주년성업봉찬회, 1991

_____, 「정산종사 사상에서 본 세계평화 삼대요소」, 『정산종사의 사상』, 원불교출판사, 1992

김일명, 「삼국유사에 나타난 가족 윤리에 관한 연구」, 동국대학교 박사학위논문, 1995

김일열, 「조선조 소설에 나타난 효와 애정의 대립」, 서울대학교 박사학위논문, 1983

김종현, 「효자인증 프로그램 개발 및 효과 연구」, 성산효대학원대학교 박사학위논문, 2009

김주곤, 「시조에 나타난 효」, 『한국시가와 충효사상』, 국학자료원, 2000

김진동, 「부모보은에 관한 연구」, 『원불교학연구』 제9집, 원광대학교 원불교학연구반, 1979

김진우, 「중국고대 효사상의 전개와 국가권력」, 고려대학교 박사학위논문, 2006

김태길, 「사회정의, 그 이념과 현실」, 크리스챤 아카데미 편저, 『정의의 철학』, 영학출판사, 1984

김팔곤,「원불교 사회윤리의 기초」,『원불교사상』제20집, 원불교사상연구원, 1996

김학권,「예치구현을 위한 순자의 철학적 지향」,『범한철학』제35집, 범한철학회, 2004

김현숙,「결혼이주여성의 사회 통합 유형에 관한 연구―부산 지역을 중심으로」, 부산대학교 박사학위논문, 2007

김형철,「정보사회의 윤리」,『철학과현실』1996 가을, 철학문화연구소, 1996

김홍철,「원불교의 윤리관」,『원불교 사상논고』, 원광대학교 출판국, 1982

나학진,「동서 종교윤리의 비교―사회 변혁을 중심으로」,『종교와 윤리』정신문화문고 2, 한국정신문화연구원(현 한국학중앙연구원), 1995

노권용,「불타관의 연구」, 원광대학교 박사학위논문, 1987

_____,「기신론의 일심삼대사상을 통해 본 일원상신앙 소고」,『원불교사상』제6집, 원불교사상연구원, 1982

_____,「사은사상의 신앙적 의미의 재조명」,『원불교사상』제41집, 원불교사상연구원, 2009

류병덕,「원불교의 사회관」,『원불교사상』제10·11집, 원불교사상연구원, 1987

_____,「일원상 진리」,『원불교와 한국사회』, 원광대학교 출판국, 1978

류성태,「맹자의 효사상에 대한 연구」,『범한철학』제7집, 범한철학회, 1992

_____,「유교의 교화개념 연구」,『정신개벽론집』제16집, 신용교학회, 1997

문소정,「가족 이데올로기」,《한국 가족 문화의 오늘과 내일》, 여성한국사회연구회, 1994

박경준,「현대사회와 불교의 효사상」,『부처님이 들려주는 효 이야기』, 조계종출판사, 2000

박광수,「원불교 출현의 역사적 배경」,『원불교70년 정신사』, 원불교출판사, 1989

_____,「원불교의 천도재 의례」,『원불교사상』제31집, 원불교사상연구원, 2005

박대일,「부모은과 생명구원운동」,《원광》제200호, 월간원광사, 1991

박명제,「원불교 효사상의 연구―부모은을 중심으로」, 원불교사상』제19집, 원불교사상연구원, 1995

박상권,「원불교 신앙론」,『인류문명과 원불교사상』, 원불교출판사, 1991

_____, 「소태산의 최초법어 연구」, 원광대학교 박사학위논문, 1993

_____, 「휴머니즘과 개교의 동기」, 『소태산 사상과 원불교』 원광문고 8, 월간원광사, 1991

_____, 「팔조에 대한 연구」, 『원불교사상』 제26집, 원불교사상연구원, 2002

_____, 「원불교 신앙론」, 『원불교 신앙론 연구』, 원광대학교 출판국, 1996

_____, 「원불교의 계율정신─대승계, 십계명, 삼십계문 비교 고찰」, 『원불교 수행론 연구』, 원광대학교 출판국, 1996

_____, 「은적 유기체로서의 생명」, 『원불교사상』 제22집, 원불교사상연구원, 1998

박성자, 「원불교 효사상 연구─부모은을 중심으로」, 원광대학교 석사학위논문, 1994

박재간, 「전통적 효개념과 현대인의 과제」, 『노인어른을 대하는 예의범절』, 한국노인문제연구소, 2000

박충구, 「기독교와 유교윤리」, 『한국 사회와 기독교윤리』, 성서연구사, 1995

박판수, 「풍수사상과 효의 결합에 관한 고찰」, 영남대학교 박사학위논문, 2005

박헌묵, 『원불교의 은사상 연구』, 원광대학교 박사학위논문, 2001

박희종, 「소태산의 사실적 도덕의 훈련 연구」, 원광대학교 박사학위논문, 2003

백준흠, 「원불교의 도덕관」, 원광대학교종교문제연구소, 『한국종교』제20집, 동남풍, 1995

서울대학교종교학연구회편, 『종교학 연구』 제7집, 서울대학교 인문대학 종교학과, 1988

서인균, 「학대경험이 노인의 자살생각에 미치는 영향 연구」, 원광대학교 박사학위논문, 2009

서호철, 「연구개관」, 『한국의 다문화 상황과 사회통합』, 한국학중앙연구원출판부, 2011

선현규, 「유교 사상과 개호사상에 관한 연구」, 『노인복지연구』 통권 25호, 평화당, 2004

성성이, 「한국사회 기혼여성의 효윤리 변화에 대한 체계론적 연구」, 성산효대학원대학교 박사학위논문, 2007

소광희, 「존재의 문제」, 『철학개론』, 서울대학교 출판부, 1986

손봉호, 「효사상과 정의문제」, 『효사상과 미래사회』, 효사상 국제학술회의, 1995

송순, 「유교·원불교사상에 나타난 가족 윤리와 아동교육」, 동국대학교 박사학위논문, 1993

손인수, 「한국인의 가치관」, 『교육가치관의 재발견』, 문음사, 1979

송재운, 「왕양명 심학의 연구」, 동국대학교 박사학위논문, 1985

송천은, 「원불교 효사상」, 『일원문화산고』, 원불교출판사, 1994

_____, 「원불교의 은의 윤리」, 『원불교사상』 제3집, 원불교사상연구원, 1979

송형래, 「효와 친자간의 권리의무에 관한 상관적 연구」, 청주대학교 박사학위논문, 1997

신성현, 「불교 경전에 나타난 효」, 『부처님이 들려주는 효 이야기』, 조계종출판사, 2000

안종운, 「공자·맹자의 정치철학에 관한 연구」, 고려대학교 박사학위논문, 1985

오성춘, 「현대 가정의 위기와 효」, 《월간목회》 5월호, 2006

유승국, 「한국고유사상에 나타난 인본사상」, 『원불교사상』 제2집, 원불교사상연구원, 1997

유인균, 「효의 인식과 가족환경, 가족관계 및 성격적 특성의 상관관계」, 서울대학교 박사학위논문, 1996

윤경희, 「다문화가정의 사회문제요인 탐색을 통한 경찰의 대응방안 연구」, 원광대학교 박사학위논문, 2009

원익선, 「불교의 효사상」, 원광효도마을노인복지연구소, 《현대사회와 원불교 효사상》, 제1회 원광효도마을노인복지연구소 효학술세미나, 2009년 6월 12일

이건인, 「원불교의 인간 교육론」, 『원불교사상』 제17·18집, 원불교사상연구원, 1994

이경애, 「꾸르안에 나타난 이슬람의 효 연구」, 성산효도대학원대학교 석사학위논문, 2005

이계학, 「교육방법론으로서의 효」, 『효사상과 미래사회』, 한국 정신문화연구원(현 한국학중앙연구원) 효사상 국제학술회의, 1995

이공주, 「효행에 대하여」, 《원광》 제17호, 월간원광사, 1956

이그랄 헬미, 「이집트의 효사상」, 『효사상과 미래사회』, 한국정신문화연구원, 1995

이기동, 「유교의 종교철학」, 『종교철학연구―용산송천은박사화갑기념논총』, 원광대학교 출판국, 1996

이동화, 「원불교 윤리와 자연법」, 『원불교사상의전개』, 교문사, 1990

이명수, 「유교의 효와 그 미래적 효용성의 모색」, 『효 3통 7행—성산최성
규 목사목회30년기념논문집』, 성산서원, 2009

이상순, 「효사상의 본질과 현대사회」, 『효사상과 미래사회』, 한국정신문
화연구원, 1995

이성전, 「율곡의 수양론과 원불교의 삼학」, 『원불교학』 제6집, 2001

이성전, 「원불교 윤리관」, 수위단회사무처, 『원불교사상시론』 제3집,
1998

_____, 「부모은—무한한 사랑과 자비의 화신」, 《원광》 제150호, 월간원
광사. 1987

이성택, 「원불교 수행론」, 수위단회사무처, 『원불교사상시론』 제1집, 원
불교출판사, 1982

_____, 「원불교사상의 사회윤리적 접근」, 『원불교사상』제13집, 원불교
사상연구원, 1990

_____, 「사요의 사회변동적 접근」, 『인류문명과 원불교사상』상, 소태산
대종사탄생백주년성업봉찬회, 1991

이성택, 「신앙 방법으로서의 사요의 재인식」, 『원불교 신앙론 연구』, 원
광대학교 출판국, 1996

이은석, 「일원상의 본질」, 《원광》 제56호, 월간원광사, 1956

이태건, 「현행 학교 효교육 내용과 방법 고찰」, 한국효학회, 《21세기 정
신문화와 효》, 효학연구소 연례 학술회의, 2003

_____, 「마르크스의 사회인식 체계에 관한 연구」, 서울대학교 박사학위
논문, 1989

_____, 「북한의 효(孝) 개념 정치화에 관한 연구」, 『윤리연구』 제59호, 한
국윤리학회, 2005

_____, 「효개념의 현대화—최성규의 '조화의 효'를 중심으로」, 한국윤리
학회·중국윤리학회, 《제16회 한-중 윤리학 국제학술대회 발표논
문집》, 2008

_____, 「북한사회에서 '효'의 함의와 그 한계」, 『제4회 효학술대회 발표
논문집』, 2002

_____, 「현대사회와 효사상의 실천」, 원광효도마을노인복지연구소,《효
사상의 현대적 실천》, 제2회 원광효도마을 노인복지연구소 효학
술세미나, 2010년 6월 24일

이현택, 「원불교 은사상」, 『원불교 신앙론 연구』, 원광대학교 출판국,

　　　　　1996

이희덕, 「고려천문, 오행설과 효사상의 연구─고려유가정치사상을 중심
　　　으로」, 연세대학교 박사학위논문, 1983

이희승, 「인간교육이냐 물질교육이냐」, 『인간회복을 위한 교육』, 문학예
　　　술사, 1985

임수무, 「효의 철학적 근거」, 『국민윤리 연구』 제16집, 1983

장병원, 「고령화사회의 노인요양보장정책 방향」, 보건복지부, 《건강한 사
　　　회, 함께하는 세상, 노인요양보장제도의 한국적 모델 개발》, 2004

장하열, 「원불교 교무론 연구」, 원광대학교 박사학위논문, 2002

장하열·강성경, 「한국의 전통상례와 죽음관 연구」, 『종교교육학연구』 제
　　　10권, 한국종교교육학회, 2000

정순일, 「신앙성을 강화한 법회의식의 모색」, 『소태산 사상과 원불교』,
　　　월간원광사, 1991

＿＿＿, 「화엄성기사상사 연구─중국 화엄종을 중심으로」, 원광대학교
　　　박사학위논문, 1988

＿＿＿, 「원불교의 삼교원융사상」, 『유·불·도 삼교의 교섭』, 원불교사상
　　　연구원, 1992

＿＿＿, 「원불교의 삼교원융사상」(Ⅰ), 『원불교사상』 제17·18집, 원불교
　　　사상연구원, 1994

＿＿＿, 「사은 신앙의 형성사적 연구」, 『원불교사상』 제21집, 원불교사상
　　　연구원, 1997

＿＿＿, 「은사상에 대한 또 하나의 시각」, 『원불교사상』 제41집, 원불교
　　　사상연구원, 2009

＿＿＿, 「법계개념고」, 『원불교사상』 제10·11집, 원불교사상연구원, 1987

＿＿＿, 「은사상의 법계연기적 조명」, 『인류문명과 원불교사상』, 원불교
　　　출판사, 1991

＿＿＿, 「실천적 이념화의 방향에서 본 사대강령」, 『원불교 신앙론 연구』,
　　　원광대학교 출판국, 1996

＿＿＿, 「대산 김대거 종사의 소자론」, 『원불교와 평화의 세계』, 원불교
　　　출판사, 2014

정재기, 「한국인의 다문화 의식 : 인구학적 속성 및 가치관의 영향을 중
　　　심으로」, 『한국의 다문화 상황과 사회통합』, 한국학중앙연구원
　　　출판부, 2011

정태선, 「한국전통윤리에서 본 충효관」, 『공자사상과 현대』, 사사연, 1986

조남국, 「효의 본질과 사회적 적용방안」, 『효사상과 미래사회』, 한국학중 연구원, 1995

조법현(정현), 「원불교와 제 종교의 효사상」, 원광효도마을노인복지연구 소, 《현대사회와 원불교 효사상》, 제1회 원광효도마을노인복지연 구소 효학술세미나, 2009년 6월 12일

조성남 외, 「고령화, 정보화시대의 효문화 실천방안 연구」, 이화여자대학 교 사회과학연구소, 2004

조정현, 「자선복지현장에서의 깨달음」, 『신용양로원에서 원광효도마을 까지』 원광효도마을, 2007

조정현, 「사회적 효에 대한 소고」, 원불교사상연구원·한국원불교학회, 《개교 100년과 원불교문화》, 원불교 개교백년기획 Ⅵ 제28회 원 불교사상연구 학술대회, 2009

_____, 「효행이 강물처럼 흐르는 세상」, 『효도』 제30호, 한국효도회, 2009

_____, 「원불교 효사상의 본질」, 『효학연구』 제10호, 한국효학회, 2009

_____, 「사은과 원불교 효사상의 실천」, 원광효도마을노인복지연구소, 《효사상의 현대적 실천》, 제2회 원광효도마을노인복지연구소 효 학술세미나, 2010년 6월 24일

_____, 「원불교 효사상의 현대적 구현에 관한 고찰」, 원불교사상연구 원·한국원불교학회, 《인류정신문명의 새로운 희망》, 제30회 원불 교사상연구 학술대회, 2011년 1월 25일

_____, 「대산 김대거 종사의 효사상」, 『원불교와 평화의 세계』, 원불교 출판사, 2014

진교훈, 「효교육의 관점에서 본 효도법 고찰」, 《효도법 제정을 위한 학적 고찰》 Ⅱ, 한국효학회, 2003

채무송, 「효의 본질과 현대적 의의」, 『효사상과 미래사회』, 한국학중앙 연구원, 1995

최영길, 「코란이 인류에게 끼친 영향과 비평」, 『외국문학』, 열음사, 1997

최영신, 「원불교 수행 과정의 교육학적 해석」, 서울대학교 박사학위논 문, 1999

최왕규, 「한국인의 가정갈등과 효도관에 관한 연구」, 인하대학교 박사학 위논문, 2007

최재희, 「사회와 역사의 문제」, 『철학 개론』, 서울대학교 출판부, 1981

최병대, 「원불교의 효 윤리 연구―효교육과 관련하여」, 성산효도대학원 대학교 석사학위논문, 2004

하정남, 「한국신종교의 남녀평등사상에 관한 연구—소태산의 탈가장부적 종교운동을 중심으로」, 원광대학교 박사학위논문, 1997

한기두, 「은으로 본 원불교의 윤리관」, 『교학연구』 제4집, 원광대학교 교학연구회, 1970

＿＿＿, 「원불교 선의 의미에서 본 공부」, 『원불교사상』 제17·18집, 원불교사상연구원, 1994

＿＿＿, 「정산종사의 교단관」, 『원불교사상』 제15집, 원불교사상연구원, 1992

한영진, 「부자자효교육프로그램 개발연구」, 숙명여자대학교 박사학위논문, 2004

한완상, 「한국교인의 신앙충성과 윤리적 결단」, 《기독교사상》 6월호, 1977

한정석, 「부모은」, 《원광》 제240호, 월간원광사, 1994

한종만, 「원불교의 기본사상」, 『원불교사상』 제5집, 원불교사상연구원, 1981

＿＿＿, 「원불교의 삼학 수행과 고락의 문제」, 『원불교사상』 제17·18집, 원불교사상연구원, 1994

＿＿＿, 「정산종사의 건국론고」, 『원불교사상』 제15집, 원불교사상연구원, 1994

＿＿＿, 「원불교 신앙강화의 교화방안」, 『원불교사상』 제16집, 원불교사상연구원, 1993

＿＿＿, 「최초법어연구」, 『원불교사상』 제2집, 원불교사상연구원, 1977

홍미령·박재간, 「효문화 확산을 위한 사회정책」, 『현대사회와 효의 실천방안』, 한국노인문제연구소, 2000

Eglal I. Helmy, 「Filial Piety's Development in Egypt」, 『Filial Piety & Future Society』, The Academy of Korean Studies, 1995

Hans Kung, 「Global Ethic for a New World Order」, 『Religions in Our Future Society』, International Symposium for the 100th Anniversary of the Birth of Master Chŏngsan, 2000

Jiao, Guo-Cheng, 「Filial Piety & Chinese Society」, 『Filial Piety & Future Society』, The Academy of Korean Studies, 1995

Lewis Lancaster, 「The Role of Filial Piety in Buddhism」, 『Filial Piety & Future Society』, The Academy of Korean Studies, 1995

Song Chon-Eun, 「Ethics of Triple Identity of Master Chŏngsan」, 『Religions in Our Future Society』, International Symposium for the 100th Anniversary of the Birth of Master Chŏngsan, 2000

Tu Wei-Ming, 「Humanity as Embodied Love : Exploring Filial Piety in a Global Ethical Perspective」, 『Filial Piety & Future Society』, The Academy of Korean Studies, 1995

4. 신문·간행물 및 기타

《경향신문》, 2010년 9월 9일자
《서울신문》, 2008년 6월 10일자
_____, 2009년 1월 19일자
_____, 2011년 4월 18일자
〈원불교신문〉, 1997년 5월 9일자
《조선일보》, 2008년 11월 22일자
〈효도실버신문〉, 2009년 2월 27일자
김기천, 「사은찬송가」, 『회보』제17호, 1935
김형오, 「효행을 표창함」, 『회보』제23호, 1936
송도성, 「오! 사은이시여」, 『회보』제24호, 1936
이공주, 「사은 사요의 필요」, 『회보』제26호, 1936
한국자살예방협회 홈페이지 : www.suicideprevention.or.kr

찾아보기

(ㅇ)

(ㅊ)

원불교 효사상 연구

저자 약력

▌조 정현(曺 正鉉)

전북 고창(高敞) 출생
원불교 성직자(교무), 법명(法名)은 법현(法玄), 법호(法號)는 해산(海山)
원광대학교 원불교학과 졸업(BA)
원불교 대학원대학교 졸업(MA)
원광대학교 일반대학원 불교학과 (원불교학 전공) 철학박사학위취득(Ph.D.)
민족학교 1기 졸업(민주통일 민중운동 연합)
서울대학교 사범대학 한국어교육 지도자과정 수료
미국 Pacific State University 최고경영자과정 수료
KAIST 미래전략대학원 국가미래전략과정 수료
제10회 아세아문예 신인상 시인 등단
한길유학원 대표
원불교 미국 오렌지카운티(Orange County) 교당 부교무
원광효도마을 수양의집 · 노인복지센터 · 효도의집 교무
원광효도마을 노인복지센터 센터장 · 효도의집 원장
서울대학교총동창회 이사
한국효도회 이사(전)
원광효도요양병원 이사
성산효대학원대학교 겸임교수
원광대학교 '종교와 원불교' 강의 9년
원광대학교 '선과 인격수련' 강의
원광보건대학교 '종교와 원불교' 강의
원광효도마을교육원 '직업윤리' 강의
원불교 사회복지연구소 연구위원
원광효문화연구원 효문화연구분과위원장
한국재가노인복지협회 회원
한국노인복지중앙회 회원
인성교육범국민실천연합 전북지부 연구교수
한국효운동단체총연합회 회원
한국효학회 회원
한국윤리학회 회원
한국윤리교육학회 회원

수상내역

원광대학교 교학대학 최우등상
원불교 대학원대학교 최우수상, 우수논문상
전라북도 익산시장 감사패(나눔문화 확산 공로)
전라북도 도지사상(경로효친사상 고양)
보건복지부장관표창(효사상 연구와 실천)
국무총리표창(경로효행실천과 국가발전 기여)

주요 발표 논문

 1. 사회적 효에 대한 소고
 2. 원불교와 제종교의 효사상
 3. 사은과 원불교 효사상의 실천
 4. 효지도사 양성을 위한 교육교재의 방향성 연구
 5. 교육의 현대적 과제와 효의 구현에 관한 고찰
 6. 학교폭력에 대한 인성교육적 대처방안 연구
 7. 원불교 효사상에 관한 연구
 8. '효행 장려 및 지원에 관한 법률' 고찰
 9. 대산 김 대거종사의 효사상
10. 원불교 효사상의 본질
11. 인성교육진흥법과 원불교 효사상 고찰
12. 원불교 효사상의 현대적 이해